ミネルヴァ日本評伝選

# 本居宣長

天地万物、皆吾ガ賞楽ノ具ナルノミ

田尻祐一郎著

ミネルヴァ書房

# 刊行の趣意

「学問は歴史に極まり候ことに候」とは、先哲荻生徂徠のことばである。

歴史のなかにこそ人間の智恵は宿されている。人間の愚かさもそこにはあらわだ。この歴史を探り、歴史に学んでこそ、人間はようやくみずからの正体を知り、いくらかは賢くなることができる。新しい勇気を得て未来に向かうことができる。徂徠はそう言いたかったのだろう。

「ミネルヴァ日本評伝選」は、私たちの直接の先人について、この人間知を学びなおそうという試みである。日本列島の過去に生きた人々の言行を、深く、くわしく探って、そこに現代への批判を聴きとろうとする試みである。日本人ばかりではない。列島の歴史にかかわった多くの異国の人々の声にも耳を傾けよう。

先人たちの書き残した文章をそのひだにまで立ち入って読み、彼らの旅した跡をたどりなおし、彼らのなしとげた事業を広い文脈のなかで注意深く観察しなおす——そのとき、はじめて先人たちはいまの私たちのかたわらによみがえってくる。彼らのなまの声で歴史の智恵を、また人間であることのよろこびと苦しみを、私たちに伝えてくれもするだろう。

この「評伝選」のつらなりのなかから、列島の歴史はおのずからその複雑さと奥ゆきの深さをもって浮かび上がってくるはずだ。これを読むとき、私たちのなかに新たな自信と勇気が湧いてきて、その矜持と勇気をもって「グローバリゼーション」の世紀に立ち向かってゆくことができる——そのような「ミネルヴァ日本評伝選」にしたいと、私たちは願っている。

平成十五年（二〇〇三）九月

上横手雅敬
芳賀　徹

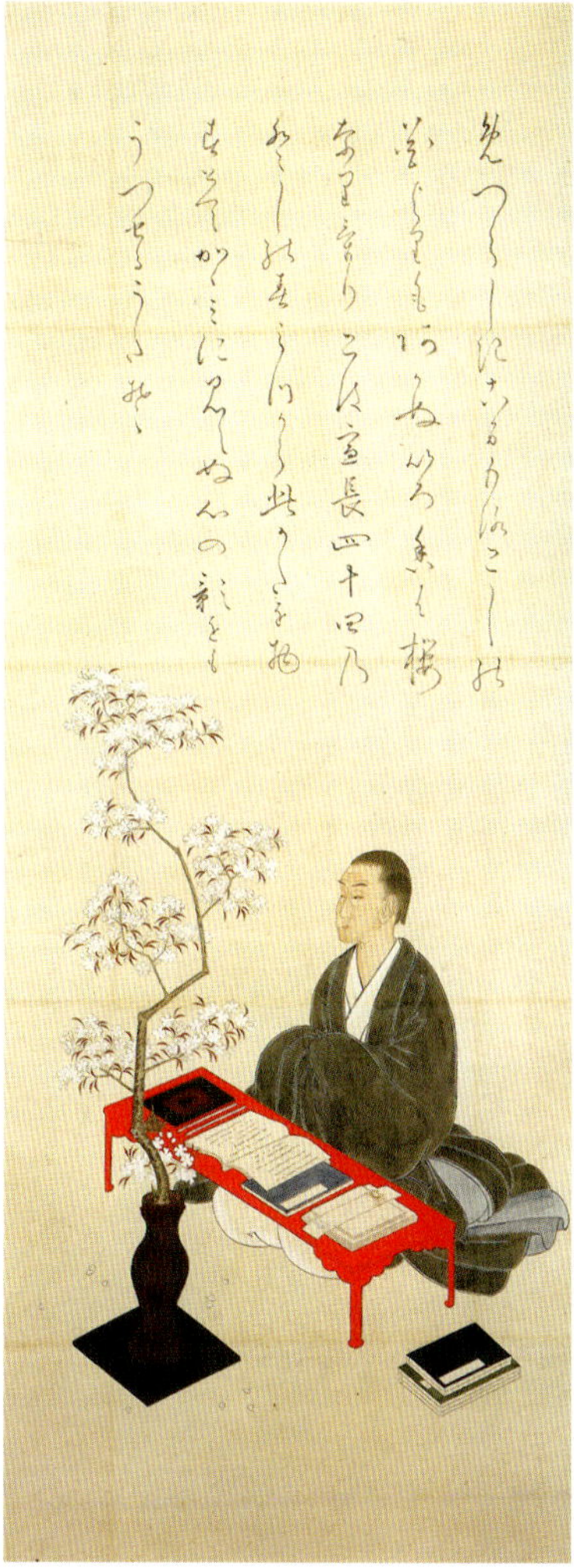

本居宣長四十四歳自画自賛像

（本居宣長記念館蔵）

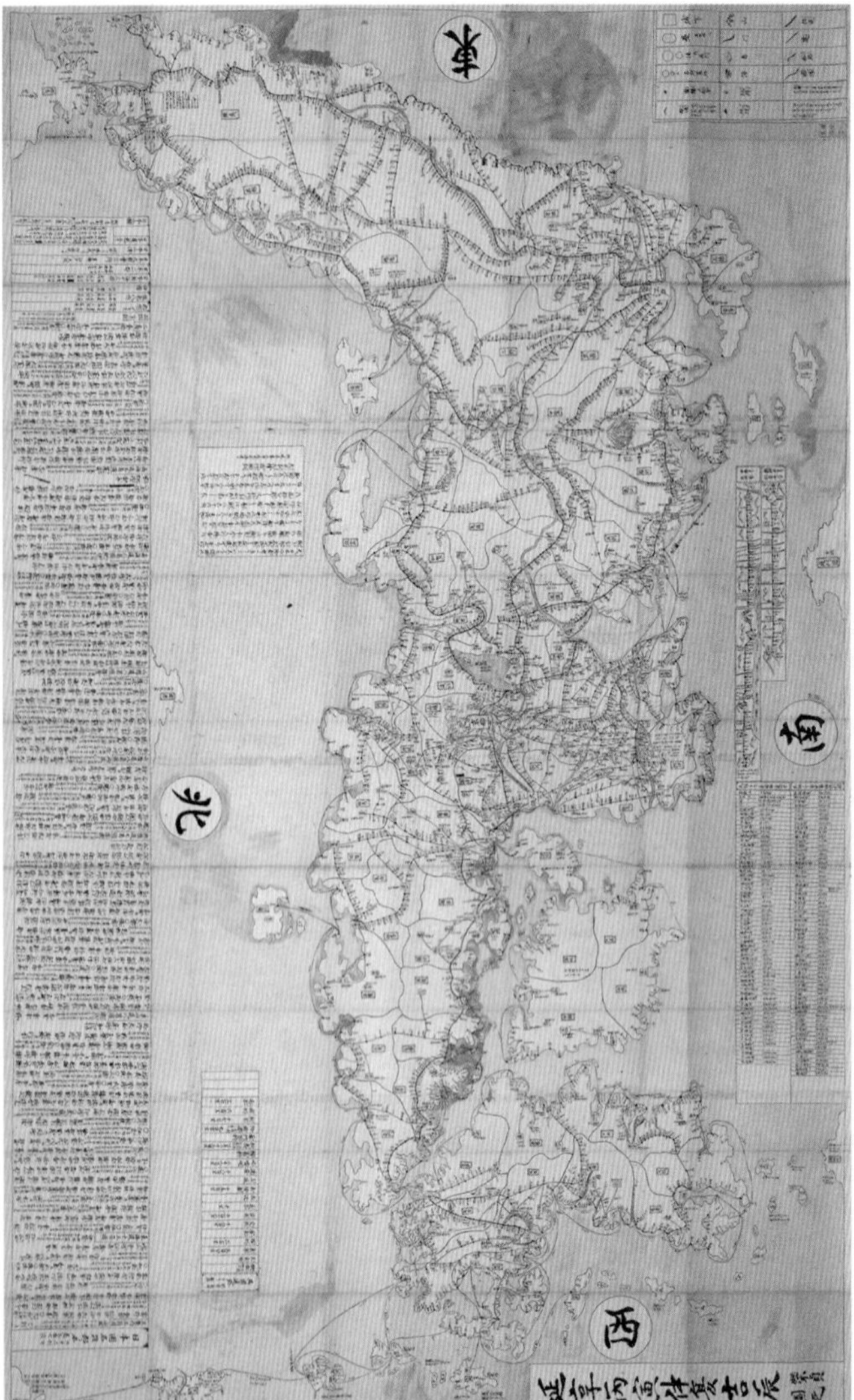


大日本天下四海画図（本居宣長記念館蔵）

鈴屋全景

（写真提供：本居宣長記念館）

鈴屋

（写真提供：本居宣長記念館）

『古事記伝』（再稿本）四十四巻

（本居宣長記念館蔵）

本居宣長奥津城

（写真提供：松阪市観光協会）

# はしがき

本居宣長という名前を耳にして、まずどのようなことを思い浮かべるだろうか。江戸時代の国学を代表する学者・思想家、『古事記』研究の大成、師である賀茂真淵とのいわゆる「松坂の一夜」、おそらく、こういった答えが返されることだろう。「物のあはれ」を説き、「敷島の大和心を人問はゞ朝日に匂ふ山桜花」と詠んだ人物といった声も聞こえてきそうだ。あるいは、ゆっくりした独特の衣を身に纏った、穏やかで、しかしキッと何かを見据えたような自画自賛像を思い浮かべる方もいることだろう。

こういうイメージに包まれた宣長は、私の見るところ、深々として底知れない幾つもの問題を発掘し、その問題としての意味を考えぬいた開拓者である。それらの発掘によって宣長が切り開いた問いの豊かさたるや驚くべきもので、ただ圧倒されるばかりである。光の当て方によってその問題群は多様な相貌を現わすが、仮に次のように要約することができるだろうか。まず言語や文字とは何か、社会の秩序（分節と統合）を支えるものは何か、こういう問いが基底に定められ、しかもそれが、言語や秩序にとって美とは何かという問題として突き詰められていく。それはまた、人の心の真実態をどう理解するのか、心と心とは何をもって共感するのか、あるいは運命を受け容れて生きるとはどういうことなのか、といった次元の問題にも連続していく。そして同時に、それらの探求が、天皇とは何者なのかという大きな問いにも回路を通じていくのである。宣長が切り開いた問いの豊かさ、その輪郭は、とりあえずこういったものだと私は思う。

そして宣長の個性は、右に述べたような問題群を抽象的・思弁的に扱うのではなく、古典や古文献の正確な解読によって、過去の日本の姿を明らかにすることを通じて探ろうとしたところにある。古語に対する学者としての厳格な姿勢には、その方法的な自覚がよく示されている。もっとも、こういう取り組みが、もっぱら過去の日本像を再構成することで試みられたことは、日本至上主義者としての宣長という、もう一つの難しい論点に繋がっていくことにもなる。

宣長が向き合った問題群の豊かさを、少しでもわかりやすく伝えられたらというのが、本書に込めた私の思いである。出来るだけ宣長自身に語らせたいということで、原文からの引用が多くなってしまい、読みづらいと思われるかもしれないが、それは許していただこう。その用語法や文体・文勢から、宣長その人を感じ取っていただければ幸いである。古典との格闘を通じて宣長が問うたものの大きさを、さあ追いかけてみよう。

本居宣長——天地万物、皆吾ガ賞楽ノ具ナルノミ

目次

図版一覧

# 本居家（小津家）系図

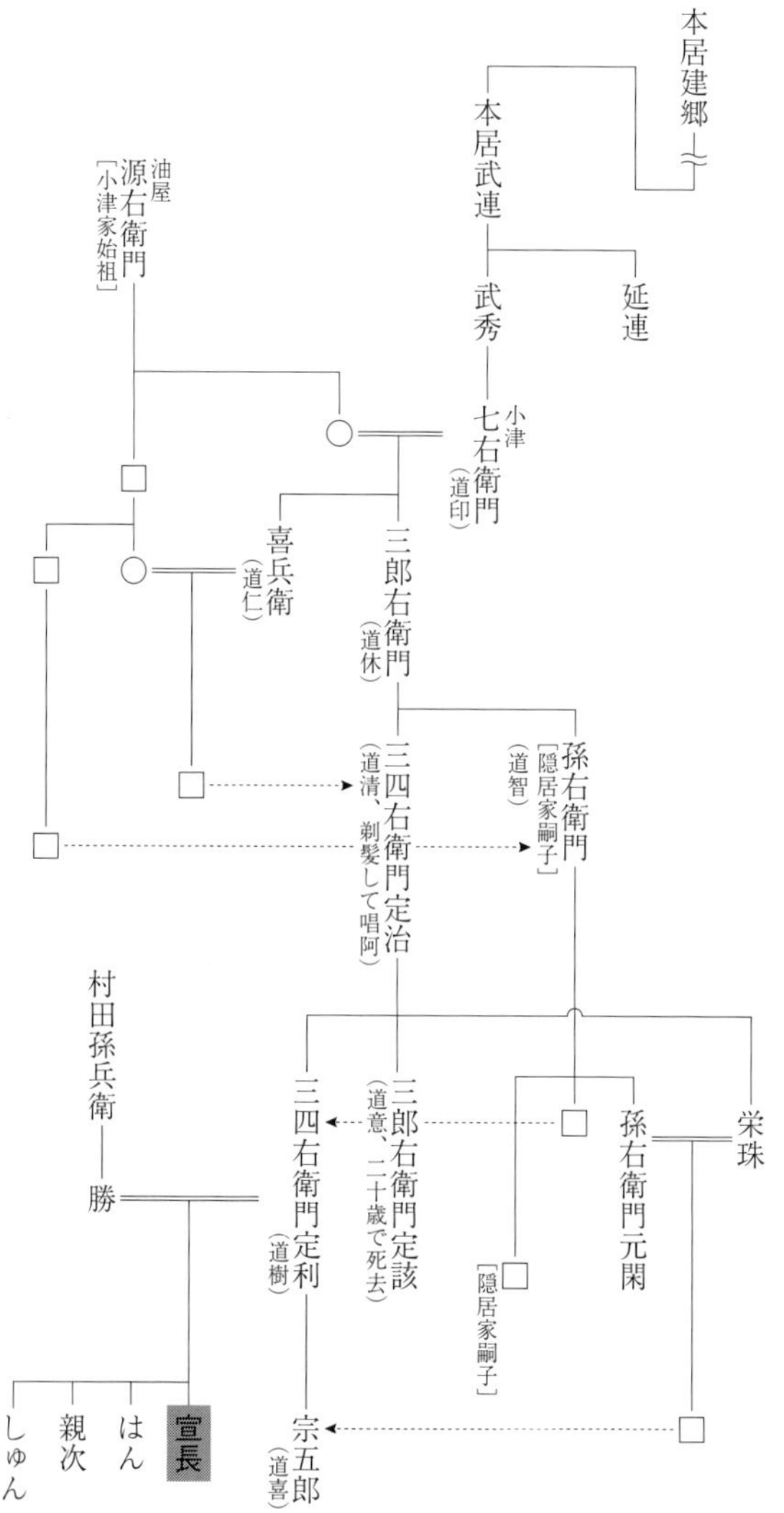


□は男子を、○は女子をあらわす。
（　）内は法号、═は婚姻関係、
┈▸は養子であることを示す。

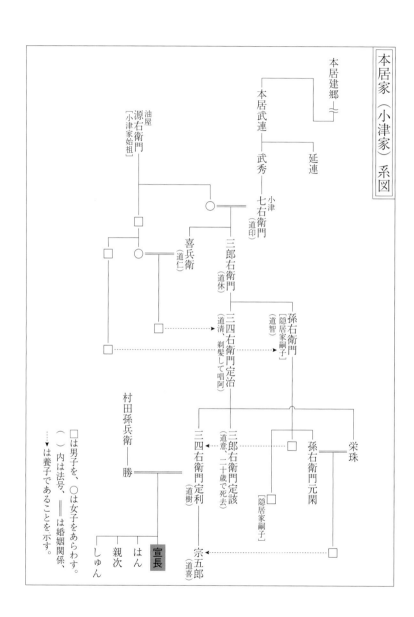

# 凡例

一、本居宣長からの引用は、すべて『本居宣長全集』（筑摩書房、全二十巻・別巻三巻、一九六八〜九三年）によった。

一、引用にあたっては、原則として旧字体を通行の字体に改めた。宣長による細注は〈……〉で引用し、引用者（田尻）が補ったものは［……］で表記した。傍点・傍線・圏点などは、原文のものである。

一、原文中の擡頭・闕字・平出などには従っていない。

一、和暦に付された西暦は便宜的なものであり、完全に和暦に対応するものではない。

一、改元の年は新元号を用いた。

一、年齢は、いわゆる数え年である。

# 第一章　青　春

## 1　誕　生

### 松坂と伊勢商人

本居宣長は、享保十五年（一七三〇）五月七日子の刻（午前零時ごろ）、伊勢国飯高郡松坂本町（現、三重県松阪市本町）に生まれた。三十年の長きに及ぶことになる徳川吉宗の治世の折り返しの頃である。思想史の年表を繰れば、前年には、石田梅岩（貞享二～延享元年、一六八五～一七四四）が京都で初めて心学の講席を開き、さらにその前年には、荻生徂徠（寛文六～享保一三年、一六六六～一七二八）が江戸で没している。

宣長が生まれた松坂の地は、古くから伊勢街道の宿駅として栄え、さらに蒲生氏の城下町として発展し、江戸時代には、紀州徳川家の直轄領として松坂城代の支配下にあった。近郷の農村では木綿の栽培が盛んで、この木綿を扱って、江戸や京都・大坂に出店を構え財を成したのが伊勢商人であった。豪商として名高い三井高利（元和八～元禄七年、一六二二～九四）も松坂の人で、江戸で呉服店を開き、「現金掛値なし」の店頭販売で大成功をおさめ、後の三井財閥の基礎を築いた。

## 水分神の授かり子

宣長の父、小津三四右衛門定利（元禄八～元文五年、一六九五～一七四〇）も、伊勢商人として江戸で木綿問屋を営んでいた。母の勝（かつ）（宝永二～明和五年、一七〇五～六八、かつ、於勝などとも表記される）は、松坂の商人であった村田孫兵衛豊商（とよあき）の娘で、定利の後妻であり、宣長は、父三十六歳、母二十六歳の時の子であった。母方の村田氏は、近江商人の出だという。

定利は、先妻の連れ子であった定治（宗五郎）を養嗣子と定めていたが、勝との間に実子の生まれることを望んで、子授けの神として知られた吉野の水分（みくまり）神社に祈願を重ねた。この水分ノ神について、宣長は、後年に著わした随筆『玉勝間』（十二の巻）「吉野の水分神社」において、元来は「田のために水を分り（クバ）施し給ふ神」であったが、「みくまり」が「みこまり」「みこもり」に訛（なま）り、子守り・子授けの神になったのだろうと述べている。こうして生を享（う）けた待望の子は、両親にとって水分ノ神からの授かりものである。

十三歳になった宣長は、店の手代らに連れられて吉野の水分神社にお礼参りをし、その三十年後に再び詣で、さらにその二十七年後、三度目の参詣を果たした。この時、七十歳の宣長は

水分神社にまうつ
みくまりのかみのちはひのなかりせはこれのあか身はうまれこめやも

と詠んでいる（『鈴屋集』四之巻）。「ちはひ」は、神の加護である。

## 2　父祖

### 『家のむかし物語』

寛政十年（一七九八）六月、『古事記伝』を完成させた宣長は、本居家の歴史を記した『家のむかし物語』の執筆にかかった。『家のむかし物語』は、「吾家の先祖は、系図にしるすところ、桓武天皇三十二代の孫、尾張ノ守平ノ頼盛ノ六代ノ後胤、本居県判官平ノ建郷、……」と書き起こされて、建郷の曾孫の代からは、「八世相継て」伊勢の国司であった北畠氏に仕え、北畠氏が滅びた後は、蒲生氏郷（弘治二～文禄四年、一五五六～九五）に仕えたとされる。宣長自身、「三十二代の孫」は信じ難いとしながらも、「吾家」は、桓武平氏の流れを汲む武門の家柄だというのである。

氏郷は、豊臣秀吉に重用された武将で、天正十二年（一五八四）から松坂十二万石を治め、九州攻略や小田原の陣での武勲により、秀吉から会津四十二万石を与えられて国替えをした。氏郷はまた、キリシタン大名の一人としても歴史に名を残している。氏郷に仕えたのは、本居延連と武秀の兄弟である。本居宗家を継いだ兄から分かれ、氏郷に従って会津へ移った武秀こそが、『家のむかし物語』によれば「吾家の祖」とすべき人物である。

本居左兵衛平ノ武秀主、法号は真理院常誉道観居士と申す。本居惣助武連主の次男、母君は大宮兵部某の息女也。天文廿二年癸丑に誕生。会津ノ宰相蒲生氏郷卿につかへ給ひて、禄は五百石也こう紹介する宣長の筆も、誇らしそうである。会津に居を定めて間もなく、北奥羽の南部氏が九戸氏の侵攻を受けて秀吉に援軍を求めた時、氏郷は、秀吉の意を受けて出陣をする。そして氏郷の軍に加わっていた武秀は、天正十九年（一五九一）、あえなく討死をしてしまう。享年三十九であった。「吾家の祖」としての武秀に寄せる宣長の思いは深く、寛政二年（一七九〇）十月には武秀の二百回忌の供養を行ない、討死の正確な月日さえ判明しないことに胸を痛め、晩年まで、武秀の事蹟や討死の様子を明らかにする努力を惜しまなかった。

武秀の死を知って、懐妊していたその妻は会津から伊勢に戻り、壱志郡小津村の油屋源右衛門のもとで男児を出産した。どういう因縁によって源右衛門を頼ったのか、そもそも源右衛門がどういう人物なのか、後々まで武秀の妻は一切を明さなかったということで、『家のむかし物語』も、延連との感情的な行き違いがあったのかもしれないとしながら、「こまかなることは、いかなりけん、しるべきにあらずかし」と述べている。源右衛門は、小津村から松坂へ出て小津を姓としたが、この母子も一緒に松坂に移った。男児は成長して、源右衛門の娘と結婚して小津七右衛門（法号は道印）となり、夫婦の間には四男二女が生まれた。

七右衛門の次男は、小津三郎右衛門（道休）を名乗ったが、兄弟の中で最も商才に恵まれ、江戸の大伝馬町に二店の木綿問屋と一店の惣問屋を構えるほどの成功をおさめた。『玉勝間』（十四の巻）「伊勢国」には、

松坂は、……富る家おほく、江戸に店といふ物をかまへおきて、手代といふ物をおほくあらせて、あきないせさせて、あるじは、国にのみ居てあそびをり、うはべはさしもあらで、うち〳〵はいた

くゆたかにおごりてわたる

とあるが、この時の小津家はまさにその「富る家」であった。三郎右衛門について『家のむかし物語』は、江戸店を営む富商の「その中にも、すぐれたる中にかぞへられ給へり」と述べて、「吾家の中興の祖」と呼び、「かくいみしく富栄え給へりければ、嫡家のごとくになりて、祖先の祀をも、此家にて物する也」と記している。この三郎右衛門は、篤い浄土信仰の持ち主であり、小津家の菩提寺である樹敬寺（じゅきょうじ）に祠堂を寄贈している。『家のむかし物語』は、この祠堂において「今にいたるまで年ごとに、九月十七日の夜より、廿六日の夜まで、十夜法事といふ事有也」と伝えている。三郎右衛門は、元禄元年（一六八八）、享年七十七で没した。

三郎右衛門には実子がなく、小津の血筋から甥に当たる男子を養子に迎え、三四右衛門定治（道清）を名乗らせた。『家のむかし物語』は定治について、「道休君の後をつぎ給ひ、いよ〳〵富栄えて、又江戸の堀留町に、烟草店と両替店とを創メ置キ給ふ」と記している。定治もまた浄土教の熱心な信者であり、四十九歳で剃髪して唱阿と号した。享保十四年（一七二九）、享年七十二で没した。

定治の後継については、少し事情が複雑である。「吾家の中興の祖」である三郎右衛門が興した別家を、小津の本家に対して隠居家と呼ぶが、その隠居家の小津孫右衛門（道智）の長男に孫右衛門（元閑）があり、最初、定治の娘の栄珠はこの孫右衛門（元閑）に嫁いで男児を得た。しかし、定治の後を継ぐはずだった長男の三郎右衛門（道意）が二十歳で亡くなってしまったために、定治は、間もなく夫の孫右衛門（元閑）を失った栄珠を実家に戻させ、孫右衛門（元閑）の弟を自らの嗣子に定めて栄珠と結婚させ、さらに定治からすれば外孫にあたるその男児を、その次の代の後継者に指名したのである。この孫右衛門（元閑）の弟が、三四右衛門定利（道樹）であり、宣長の父となる。宣長の父は、定治の意向に沿って、かつての兄嫁を妻とし、兄の子を次の後継者にすることで本家を守るという道を選んだ。

油屋源右衛門を祖とする小津一族は、小津党などと呼ばれる強固な結束で知られる。宣長が誇る武門の血脈も、このように小津党の中で婚姻や養子縁組を重ねることで保たれていた。

### 父の急死

吉野の水分ノ神への父の祈願については先にもふれたが、『家のむかし物語』はこう伝えている。

> 大和国吉野の水分(ミクマリ)ノ神は、世俗に、子守明神と申シて、子をあたへて守り給ふ神也と申すによりて、此神に祈り給ひて、もし男子を得しめ給はば、其児十三になりなば、みづから率キて詣て、かへり申シ奉らんといふ願をたて給へりしが、ほどなく恵勝大姉はらみ給ひて、……

恵勝大姉は、宣長の母の勝である。享保十三年（一七二八）に栄珠と死別した定利は、その年のうちに村田氏の娘の勝を後妻にしていた。こうして男児を授かった父は、その誕生をどれほど喜び、その成長に目を細め、水分ノ神への父子のお礼参り（十三参り）の日を心待ちにしたことだろう。しかし、その日は訪れなかった。

元文五年（一七四〇）閏(うるう)七月二十三日、四十六歳の定利は、大伝馬町の江戸店で急死してしまった。勝は三十六歳、そして十一歳の宣長と長女はん九歳、次男親次六歳、次女しゅん一歳という四人の子どもが残された。父の死の報が届いた時の様子を、『家のむかし物語』は、そも〲そのをりの事よ、かくれ給ひぬるよし江戸より、早便リして告おこせたる、それよりさきに、おもく病み給ふよし告たる状と、事きれ給へるよし告たると、同じ夜に、ふけて来つきて、門たゝきてもて来たるに、恵勝大姉のいみしく驚きて、かなしみ泣給ひしこと、われもわらは心に、いとかなしかりし事など、今もほのかにおぼえたるを、思ひ出るも、夢のやうにかなし

と振り返っている。重篤の連絡と死去の知らせが一晩のうちに続けて届けられ、驚きと悲しみに母は泣き崩れた。

その母は、寛保二年（一七四二）、十三歳の宣長を水分神社へのお礼参りに行かせた。宣長は、御嶽（金峰山（きんぷせん））詣での一行に加えてもらい、七月十四日に松坂を発ち、十六・十七日に吉野の水分神社に詣で、御嶽詣でも無事に終えて二十二日に松坂に帰った。『家のむかし物語』には、「事なくかへりぬれば、恵勝大姉涙おとしてぞよろこび給ひける、道樹君〔定利〕の御事、いかにおぼし出けむ」とある。

その年末に、宣長は半元服をし、延享元年（一七四四）、十五歳で元服をした。

## 3　少青年期

### 十代の宣長

童名を富之助と名乗った宣長は、「日記」（「宝暦二年迄之記」）によれば、八歳の時から師匠について手習いを始め、まず童蒙のための手習本である「千字文」を習い、さらに「今川状」や「江戸往来」などへ進んだ。十一歳からは『小学』（朱子学で重んじた教訓書）や「四書」（『大学』『中庸』『論語』『孟子』、朱子学が最も重んじた古典）、二十歳からは『易経』『書経』『詩経』

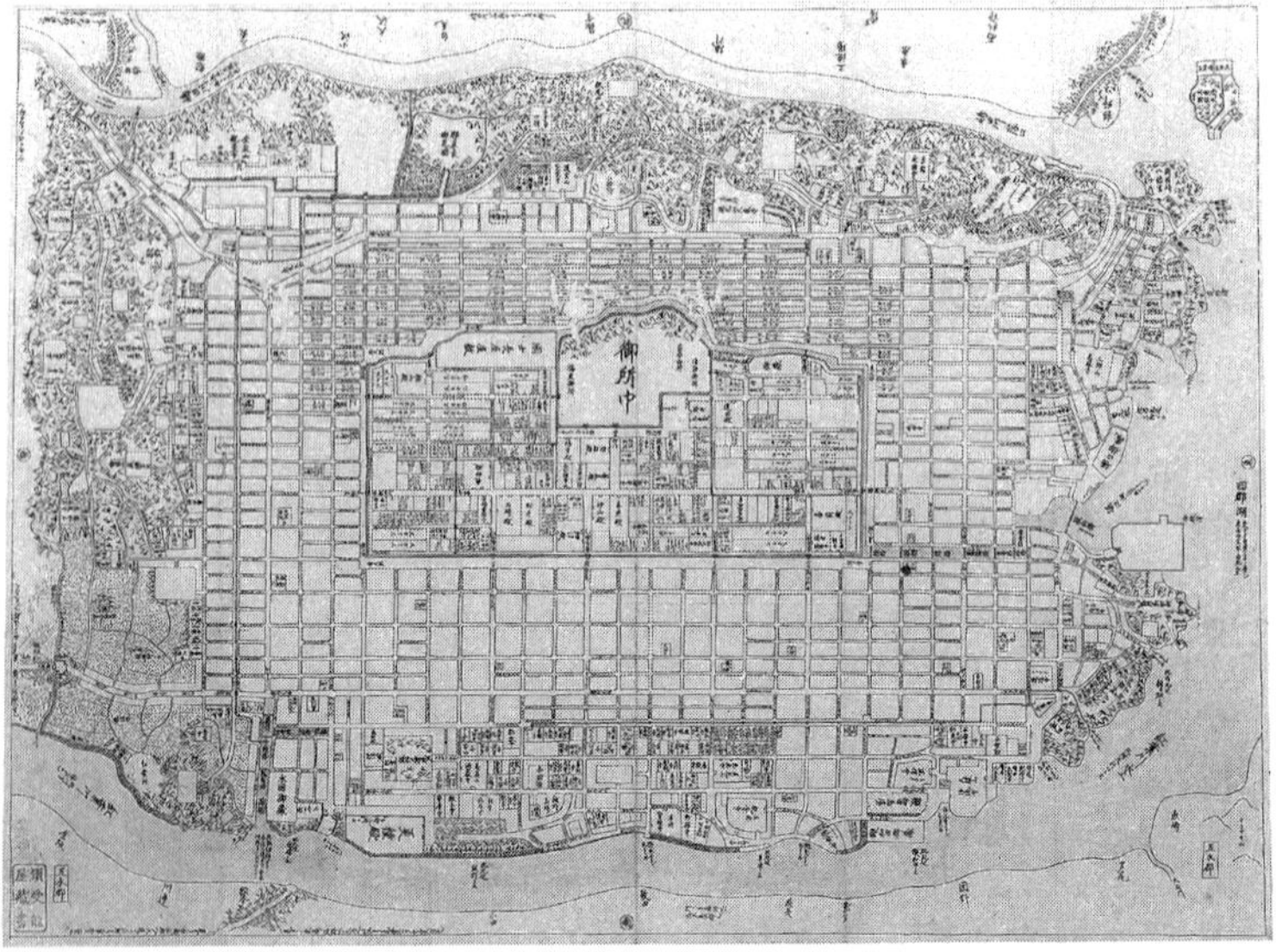


「端原氏城下絵図」

といった、より難解な古典の素読を始めている。他方、十代の宣長は謡（うたい）の稽古に励み、茶道に親しみ、弓も習っている。『玉勝間』（十四の巻）にも「京のあき人つねに来かよふなり」とあるように、松坂は京都との結びつきが強かったから、これらは、京都風の上層商人としての嗜みだったのだろう。

　この時期の宣長は、地図や系図にただならない興味を示している。まず十五歳の宣長は、「神器伝授図」や「中華歴代帝王国統相承之図」を書写した。前者は、伝説的な三皇五帝から清朝に至るまでの中国の歴代王朝の細密な系図であり、後者は、その略図である。翌年には、「本朝帝王御尊系並将軍家御系」を書写した。地図について見れば、十七歳の時に「大日本天下四海画図」（口絵）と「洛外指図」を写した。十九歳になり、「端原（はしはら）氏系図」を作り、「端原氏城下絵図」を描いた。「端原氏系図」は、宣長が空想した架空の名族である端原氏の系図であり、大道先穂主（オホミチザキホノヌシ）を始祖とし、宣政公を家祖とする本家と、その分家の系譜が記され、それに邦客などの系図が併せられ、それぞれの人物について、生年や官位などの説明が加えられている。地名や年号なども、すべて宣長の想像によるものである。この「端原氏系図」に対応して描かれたのが「端原氏城下絵図」であり、京都絵図を参照したものらしく、碁盤の目のような整然とした区分の町並が端原氏の居城を囲んで広がり、系図に記載された武士たちの屋敷が、家格に応じて緻密に配置されている。

十五歳の秋、宣長は、樹敬寺で談義僧の語り聴かせた赤穂浪士討入の講釈を、帰宅後に復元して書き留めている。それは「赤穂義士伝」として残されているが、「我ヵ愚耳ニき、しとをりヲ書シルシをく也」と書き出される通りのもので、その抜きん出た記憶力を証明している。

### 浄土信仰

小津家も母方の村田家も、熱心な浄土宗の家柄だったから、宣長は、少年時代から敬虔な浄土信仰の雰囲気に包まれて育った。母の実兄は、後に増上寺真乗院主となる察然である。「日記」（「宝暦二年迄之記」）によれば、十歳の宣長は、走誉上人（江戸小石川伝通院二十七世主）から血脈を受けて英笑という法名を授けられ、十五歳で「融通念仏百反（返）」を日課にしている。十九歳の時の「覚」には、毎夕、父母兄弟親類から一切衆生に及ぶ「現世安穏、信心堅固、念仏相続、滅罪生善、臨終正念、往生極楽、一蓮託生」を祈るとある。そしてこの年、宣長は樹敬寺において、浄土宗の奥義というべき五重相伝を受けて、翌日から七日間、毎日称名一万遍、最終日は二万遍の行を修めている。

同じ寛延元年（一七四八）、十九歳の宣長は、父を偲んで次のような歌を作っている。

父定利の忌日に追福のため南無阿弥陀仏を沓冠にをきて釈教の心を
南によりもた丶有難し本願をふかく頼みて浅く思ふ南
無始よりも造し罪のこと〳〵く消るは弥陀の誓成ら無
阿さからぬ罪は有共たすかると思て頼め深き誓を
弥陀仏の国はいのちもはかりなく苦みなくて楽めるの弥
陀い慈悲のふかき願ひも成就して今は西方正覚の弥陀
仏法のをしへはあまた多けれとたくひはあらし南無阿弥陀仏

「追福」は、追善と同義である。この他にも、このころの宣長は多くの釈教歌を詠んだものと思われるが、二十二歳の時の作として、

いく程もなき身はよしやいかにせむかねてもたとる後の世のやみ
みつからの力をよはぬ末の世に誰かは弥陀を頼まさるへき
西へ行しるへの御名のなかりせはいつ迄六の道にまよはむ

などが残されている（『石上稿』栄貞詠草）。

## 和歌への関心

十代の読書体験と和歌への関心について、宣長は、『玉勝間』（二の巻）の中で「おのが物まなびの有しやう」と題してこう回顧している。

おのれいときなかりしほどより、書をよむことをなむ、よろづよりもおもしろく思ひて、よみける、さるははか〲しく師につきて、わざと学問すとにもあらず、何と心ざすこともなく、そのすぢと定めたるかたもなくて、たゞからのやまとの、くさ〲のふみを、あるにまかせ、うるにまかせて、ふるきちかきもいはず、何くれとよみけるほどに、十七八なりしほどより、歌よままほしく思ふ心いできて、よみはじめけるを、それはた師にしたがひて、まなべるにもあらず、人に見することなどもせず、たゞひとりよみ出るばかりなりき、集どもゝ、古きちかきこれかれと見て、かたのごとく今の世のよみざまなりき

本人も周囲も、商人としての人生を疑っていない十代の宣長は、読書を無上の喜びとし、漢籍であれ和書であれ、古いものであれ新しいものであれ、手当たり次第に読んだのであろう。そういう中から和歌への興味が起こり、「十七八なりしほどより」自ら歌を詠むようになった。宣長は十八歳の冬から、『和歌の浦』と題した和歌や歌学に関する抜書ノートを作り出している。「日記」（「宝暦二年迄之記」）には、「今年ヨリ専寄二此道於心一」とあって、その年、二十歳の三月から山田の宗安寺の法幢和尚の添削を受けたとあるから、まったくの独学というわけではないが、それまでは「たゞひとりよみ出るばかり」だったのだろう。今日に伝わる詠歌としては、寛延元年（一七四八）の

此道にこゝろさしてはしめて春立心を読侍りける
新玉の春きにけりな今朝よりも霞そそむる久方の空

が最も若い時の作となる（『石上稿』栄貞詠草）。

元服の翌年、延享二年（一七四五）四月から約一年、宣長は江戸に下って、大伝馬町にあった叔父の小津源四郎の店で修業をしている。こうして、商人としての人生は動き出していた。系図や地図に愛着を持ち、和歌に心引かれる宣長には、江戸での修業時代があったのであるが、宣長は何一つ書き残していない。

### 京都への憧れ

江戸への冷淡ぶりとは対照的に、京都への憧れは募るばかりである。宣長が初めて上京したのは、延享二年の二月から三月にかけて、江戸へ発つ直前のことで、この時は、北野天神に参詣した。二度目の上京は、寛延元年（一七四八）、十九歳の時で、四月五日に松坂を発ち、石上寺や三井寺を参詣しながら京都に入り、五月六日に松坂に帰るという長期のもので、四月二十一日から二十四日までは大坂に足を伸ばし、道頓堀で芝居見物に興じ、宇治に回って平等院や黄檗山を訪ねて京都に戻っている。京都では、知恩院をはじめ寺社を中心に各所を巡り、禁裏や仙洞御所、二条城などを回り、四月の中酉日(なかのとりのひ)に催される葵祭（賀茂祭）や徳川家重の将軍襲封を祝うための朝鮮通信使の行列を見物している。

一ヶ月に及ぶこの京都滞在を挟(はさ)んで、十七歳から二十二歳の間、宣長は、『都考抜書(とこうばっしょ)』を編んでいる。これは、古今の書から京都の地理・歴史・文物・風俗などに関する記述を抜書きして集成しようとするもので、宣長は、史書・神書・仏書をはじめ、和歌・物語・随筆・紀行文などを渉猟して止まる所を知らない。まさに「あるにまかせ、うるにまかせて」という読書生活なしには成り立たない企てである。

寛延元年七月、京都から松坂に帰った翌々月、山田の御師(おし)で紙問屋であった今井田家へ養子に入ることが決定し、十一月に山田へ移り、翌年から今井田家の別宅で「紙商売」(「宝暦二年迄之記」)を始めた。しかし二年ほどでこの養子縁組は破綻し、寛延三年(一七五〇)、二十一歳の宣長は松坂に戻った。『家のむかし物語』は、「ねがふ心にかなはぬ事有しによりて」離縁したとだけ述べて多くを語らない。

翌年、二十二歳の宣長は再び江戸へ下った。この年の二月に義兄の定治(道喜)が江戸で亡くなったため、その家財の整理が目的であった。この兄は、家督を継がせるという父の定利の意向にもかかわらず、宣長に遠慮したのであろうか、江戸に出て自力で商売をしたという。享年四十である。宣長は、三月から七月まで江戸に滞在し、その帰途、須走口から富士山に登っている。

**母の決断**

今井田家時代の宣長は、新たに『源氏物語覚書』という小冊子をまとめている。歌作に励み、『都考抜書』を書き溜(た)めながらの執筆であろう。全体は、「かなつかひ」から始まる五章立てであるが、その中の「源語訳解」では、三百九十余の古語について口語訳を試みながら解説を施している。例えば、桐壺巻の冒頭に見える「やむごとなき」には、「タイセツナ、重キト云事也、又高位高官ノ人ヲ云、俗ニレキ〳〵ト云ト同シ……」とあり、後に宣長の『源氏物語』理解のキーワードとなる「あはれ」については、「シツホリトオモシロイ、シホラシイ、アイスル心、カハイガルト云事、愛スル心ヨリシテ悲ヲ生スル事、悲字、哀字」とある。この時点で宣長には、『源氏物語』を、その言葉に即して分析的に味わうという志向が芽生えている。

小津家では、宣長が「吾家の中興の祖」と称えた三郎右衛門から三四右衛門定治、三四右衛門定利へと続く家筋を本家、三郎右衛門が興した別系を隠居家と呼んでいたことは既に述べた。義兄は家の資産を隠居家に預け、その利息を勝ら一家の生活費に充てていたが、義兄の死によって宣長が家督を継いだ時、母の勝は大きな決断を下した。『家のむかし物語』を見れば、こうである。

恵勝大姉みづから家の事をはからひ給ふに、跡つぐ彌四郎〔宣長〕、あきなひのすぢにはうとくて、たゞ書をよむことをのみこのめば、今より後、商人となることも、事ゆかじ、又家の資も、隠居家の店おとろへぬれば、ゆくさきうしろめたし、もしかの店、事あらんには、われら何を以てか世をわたらん

母は、宣長には「商人」として家業を立て直す器量はなく、これまでの家産運用の方法も危険が大きいと判断したのである。そして母の下した結論は、

彌四郎は、京にのぼりて学問をし、くすしにならむこそよからめ、とぞおぼしおきて給へりける

薬師（くすし）（医者）とすべく、宣長を上京させるというのである。『家のむかし物語』には、

すべて此恵勝大姉は、女ながら男にはまさりて、こゝろはか〴〵しくさとくて、かゝるすぢの事も、いとかしこくぞおはしける

とある。聡明で決断力を備えていたということだろう。母が危惧したように、隠居家は間もなく家運が傾き、かつて義兄が預けておいた質産も手代によって持ち逃げされてしまった。

われもしくすしのわざをはじめざらましかば、家の産絶はてなましを、恵勝大姉のはからひは、かへすかへすも有がたくぞおぼゆる

と宣長は述べている。

宝暦二年（一七五二）、宣長は一月末から二月初めまで、外祖母の御忌詣(ぎょき)でに同道して京都に上った。三度目の上京である。御忌とは、知恩院での法然の年忌法会で、浄土宗では最も重要な行事とされた。そしてその一ヶ月後の三月五日、宣長は明け方に松坂を発ち、七日に京都に入り、柳馬場三条北町にあった村田家の店舗である木地屋店に止宿した。木地屋は、村田家の家号である。母の実弟である村田清兵衛も上京していて、宣長は、この叔父と木地屋店の当主である伊兵衛に迎えられた。母より三歳年下の清兵衛はこの時四十五歳で、常に姉の力になっていた。宣長を上京させて医者にするというのは母の決断であったが、実家の村田家と緊密に連絡を取り合って事が進められていたのだろう。

## 4 堀景山

入門

三月十六日、宣長は、儒学の師となるべき堀景山（元禄元～宝暦七年、一六八八～一七五七）に謁した。藤原惺窩（永禄四～元和五年、一五六一～一六一九）の門で、林羅山・松永尺五・那波活所と並んで四天王と評され、名古屋藩や広島藩に仕えたのが堀杏庵（天正一三～寛永一九年、一五八五～一六四二）である。景山は、杏庵の曾孫（玄孫とも）として京都に生まれ、儒者として広島藩に仕えていたが、京都居住を許されていた。宣長を入門させた時、宣長より四十二歳年長の六十五歳

である。詩人としても高名で、日本で最初の漢詩史である江村北海の『日本詩史』（明和八年刊）には、「堀景山、名ハ正超、字ハ君燕、……杏庵ノ玄孫為リ、……篤学精通ニシテ、和厚人ニ近シ、循循トシテ後学ヲ奨掖ス、ココヲ以テ従遊ノ士多ク彬雅ニ嚮フ、ソノ詩、結構整斉、亦タ一時ノ作家……」と評されている。名門の出らしく、奇を衒うことのない文雅の士で、若い世代から慕われ、周囲に穏やかな感化を与える人物だったのだろう。そういう世評は、京都に店を構えていた村田家にも十分に知られていたものと思われる。

宣長の「在京日記」には、カナ混じり文でこうある。

同〔三月〕十六日、先生ノ許ニ行テ謁ス、酒吸物出ル、藤重藤俊老同道、先生ハ堀禎助、号㆓景山先生㆒、綾小路室町西町南方ニ住ス、同時、同子息禎治殿ニモ始テ対面、今度上京已後、予闍㆓小津家名㆒、而用㆓本居旧号㆒矣

景山は、嗣子である禎治（名は正亮、号は蘭沢、宣長より八歳年長）にも宣長を引き合わせている。景山宅に寄宿して学ぶことになる宣長は、十九日に景山宅に移り、翌々日からは『易経』の素読が始まった。そして宣長は、この時から町人としての家名である小津を閣めて、本居を用いるようになる。それ迄にも、例えば十七歳の時の「洛外指図」に本居を用いた署名をしていたから、本居への復姓の思いがこの時に急に起こったというわけではないだろうが、母の期待に応えて商人の道を断ち、医者として家を支えるという決意がこの「用㆓本居旧号㆒」には込められている。

医者を目指す宣長が、まず儒学を学ぶのは、『玉勝間』（二の巻）に「くすしのわざをならひ、又そ

のために、よのつねの儒学をもせむ」（「おのが物まなびの有しやう」）と当時を振り返っているように、直接には漢籍の医書を読む能力を修得するためであるが、同時に広い学問的な素養や人格的な品性を身につけるためでもあった。では、宣長の儒学の師である景山とはどういう人物なのだろうか。その主著『不尽言』に言うところを聴いてみよう。『不尽言』は、人君たる者には何が必要か、人君を育てる時のポイントはどこにあるのかという広島藩の重臣某氏の質問に答えるという形をとって、景山が自らの思いを綴った和文の随筆である。書名は、「書不レ尽レ言、言不レ尽レ意」（『易経』繫辞上伝）による。

### 徂徠への共感

景山は、「書〔漢籍〕ヲ読ニハ日本人ノ心持ヲトントトハナレテ、中華人ノ心持ニナリカハツテ見ネバ、正真ノ事ニテハナキ也」と言い、「日本人ノヤウニ下カラ上へ反リ、倒読ノ義理ヲ合点スル事ハ、ドウジャゾト疑ヒ惑フベシ」と言う。返り点などに頼った旧来の漢文訓読法でもって「中華人ノ心持」が分かるのだろうかというのである。「古聖賢ノ書ハ、皆中華人ノ語也、古聖賢ハコト〳〵ク中華人ナレバ、中華人ノ語勢ト字義トヲ通達セズシテハ、何ヲ以テ古聖賢ノ語意ヲ合点スベキゾヤ」と景山は考える。ここには、「古聖賢ノ書」は、日本語とは語法・語順・語義などの異なった「中華人ノ語」で記されたものであり、「中華人ノ語勢ト字義」に通じることが不可欠だという自覚がある。その上で景山は、「先（まづ）字義ト語勢トヲヨク弁ジテ、ソレヲズイブンチガハヌヤウニソロ〳〵ト和語ニ翻訳シ合点スルガ、最第一ノ事ナルベシ」と主張している。

景山のこのような問題意識は、明らかに徂徠を受けたものである。徂徠は『蘐園随筆』（正徳四年刊）において、「和訓顚読之法」（返り点式の訓読法）を「和語」と「華言」の差異を無視したものとして斥け、日本人が「華言」を正しく理解できないのは、訓読法によって漢文を読んでいるからだと論じていた。続いて刊行した『訳文筌蹄』（正徳四～五年刊）で徂徠は、和訓を同じくする漢字の語感の差を口語訳によって説明し、漢文が読めるというのは、原文に応じて硬軟自在の「訳」ができてこそだと説いた。そして徂徠は、「文は秦漢、詩は盛唐」を掲げた明代の文学運動に刺激を受けて、古言への習熟を強調する古文辞学を提唱するのである。

こういう徂徠の議論に関心を懐いた景山は徂徠に書簡を送り、徂徠は、二十二歳年少の景山に「屈景山ニ答フ」（中国風の姓らしく表記した）として力の込もった長い返書を認めた。徂徠の返書からは、景山が「古言ハ簡ニシテ文、今言ハ質ニシテ冗、……亦必ズ古文辞ニ従事シテ而ル後ニ倭人之疾ヲ医ス可シ」（原漢文）と論じて、徂徠の古文辞学の主張に強く共感していたことが読み取れる。同時に徂徠の返書には、「来喩又摸擬剽窃ヲ以テ二公ヲ痛ムトシ、古ハ自カラ古、今ハ自カラ今ヲ以テ論ヲ立ツ」とあり、景山が、明代古文辞運動の指導者で徂徠が顕賞した李攀竜と王世貞の「二公」について、古言や古文の「摸擬剽窃」に堕してしまうのではないかという不安を徂徠に伝えていたことが窺える。ちなみに徂徠の景山宛書簡は、『徂徠先生学則』（享保一二年刊）に附録として収載された。

**詩と「実情」**　『不尽言』に戻ろう。景山が、人君に求められる資質として重視するのは、人情に通じることである。そして「貴賤上下、色々様々ナル人情ノ善モ悪モ酸モ甘イモ」を知るためには、『詩経』の学習が最適だとする。景山によれば、「我シラズフット思フトオリヲ云出ス」もの、「実情ノカクサレヌ」ものが詩であって、「ソレユヘ詩ト云モノハ恥カシキモノ」である。詩を「恥カシキモノ」と言う景山は、デリケートな文学的感性の持ち主であったに違いなく、そういう景山が、文学の真価を勧善懲悪に求める朱子学の発想を容認するはずはなかった。「愚拙、経学ハ朱学ヲ主トスル事ナレドモ、詩ト云モノ、見ヤウハ、朱子ノ註ソノ意ヲ得ザル事也」と景山は明言している。

『詩経』国風には、男女の密会を歌った詩が含まれている。『詩経』は、孔子が編纂したものとされたから、そういう詩を孔子が削除しなかったのはなぜかが論じられてきた。朱子は、勧善懲悪の立場から、こういう淫らな詩を読めば、読者は恥ずかしく感じて身を慎しむ、孔子はそこを狙ったのだと解釈した。これに対して景山は、「カノ戯場ノ淫劇ヤ時様淫奔ノ浄瑠璃小歌」などに刺激されて男女の心中が流行する現実を見ても、朱子学の主張には説得力がないと論じ、人々の営む感情生活がどういうものか、人々の「実情」がどういうものか、そのありのままを人君となるべき者に教えるという点に孔子の思いが込められていると説いた。

『不尽言』の議論は、和歌にも進む。詩が「実情」の表現なら、「和歌ノ道モ此トホリニ少シモカハル事ハナキモノ」であり、「別シテハ万葉集時代ノ和歌ハ、詩経ノ詩ニ能ク似タルモノ、殊勝ナルモノ也」と景山は言う。その上で景山は、「恋ノ歌ヲ以テ最モ大事トシ、重キ事トシタ」ところに和歌の特色があって、とくに『万葉集』の相聞歌を、「温柔敦厚、詩之教也」（『礼記』経解）に引き付けて評価していく。景山は、『万葉集』の相聞歌の中に「楽(たのしむ)ト云気味」を発見し、「楽ムト云意味ハ、天性自然ノナリニテ一物ノワダカマリナク、互ノ心、物ズキ、ユキアヒ打クツロギ、琴瑟鐘鼓ノ調子拍手ヨクアヒ、少シモ違フコトナク、相共ニ和楽シテ、温柔敦厚ニ、春風ノ中ニ坐スル如キ情思ヲイヘル也」と言う。こういう男女の「和楽」が景山の理想とする恋であり、その対極にあるのが、「私愛ニ溺レ、淫欲染シツコク、何モ角モ打忘レ、昏迷流蕩シテ」やまぬ後世の恋だとされる。これら二つの恋の違いは、琵琶と三味線に譬(たと)えられる。琵琶は、「高古遠雅」で聴く者の心を静め「イツトモナク清浄ニナルヤウニ覚ユル」ものであるが、三味線は、「人ノ耳近ク、花手ニシテ面白スギタル声」

であり聴く者の心を「蕩シ躁ガシ、起リモセヌ淫欲ヲ誘ウ」ものなのである。

### 朝廷と幕府

もう一つ、朝廷と幕府をめぐる『不尽言』の議論を取り上げておく。景山は、武家による統治の下で、なぜ朝廷が存続しているのかを問う。それは「武士ノ方カラハ武家ノ天下ジヤト心得テイレドモ、今ノ世ニテモ天子ヲ奉ジテ主トセザレバ、忽チ天下ノ人心ノ離レ叛ク事明白ナル事也」と述べられるように、天皇を戴くことで「天下ノ人心」の離反を防げるからだと景山は考えている。統治者としての武家の及ばない価値を朝廷が体現し、武家の側もその意味を熟知しているからである。景山は、「一向ノ事ニ天子ヲ推シ下（オロ）シテ、取テ代ラセラレウト侭（ママ）ノ事ナレドモ、ジツト謙損シ天朝ヲ尊仰ナサルヽ事、御尤ナル事ト思ハルヽ也」とも述べている。幕府支配の本質は、景山の見る限り、「ヒタスラニ武威ヲ張リ耀ヤカシ、下民ヲオドシ、推シツケヘシツケ」する武威と強制による統治である。そうした力の支配をカバーし、「天下ノ人心」を掌握するために、幕府は「謙損」して朝廷を「尊仰」してみせるし、それは幕府にとっても賢明な政策だというのである。

では、朝廷の威信は何に由来するのだろうか。景山は、「吾国人皇ノ始、神武天皇ト申シ奉ルハ、日本創業ノ君、天照太神ヨリ五代ノ孫ニテ、今上皇帝マデハ三千余年ニ及ビ、皇統相承ケテ一王ノ血脈相続シ、万民是ヲ天子ト仰グ事、実ハ中華ニモ例ナキ事也」として、さらに、今に至るまでアマテラスを祀る伊勢神宮への人々の参詣が絶えないことからみても、アマテラスは「至徳ノ聖人」だったに違いなく、その正体は呉の太伯（泰伯）だったのではないかと論じている。太伯は、周の文王の伯父で、王位継承をめぐる争いを避けるために自ら蛮地に身を隠したとされ、『論語』（泰伯）にも「泰伯其可レ謂二至徳一也已矣」を称えられた聖人である。蛮地に逃れた太伯が、さらに日本に渡って、アマテラスとして「日本創業ノ君」になったと景山は捉えている。

こうして朝廷が保ってきた威信の源泉を、「中華」の聖人の「徳」に求めた景山は、いわゆる神道なるものに対しては、「神道者ハ只日本ハ神国也トテ、神ト云モノヲ奇怪幻妖ナルモノ、ヤウニ思ハセ、日本ニハ別ニ日本ノ道アリトテ、吾道ヲ神妙不測ニセント拵（コシラ）ヘタルモノ也、神道トテアルベキ事ナラズ」と一蹴している。

中華文明の「徳」の普遍性を信じ、家学としての朱子学を守りながら、それを墨守するのではなく、徂徠の古文辞学に共感し、詩や歌を勧善懲悪の倫理で縛ることを拒む人物、そして力による支配の強さと弱さを見据えた文化人、それが景山であった。

## 5　京都での日々（一）

### 漢学と医学

宣長は、宝暦三年（一七五三）七月二十二日に堀元厚（貞享三〜宝暦四年、一六八六〜一七五四）に入門して以降、本格的に医学の学習に取り組むことになるが、それまでの一年四ヶ月ほどは、もっぱら景山門下の漢学生としての生活を送った。漢学生としての宣長の学習は、既に述べたように『易経』の素読から始まり、翌月には『詩経』へ進み、年内に五経の素読を終えた。五経の素読と並行して、『史記』と『晋書』の会読に加わり、さらに蘭沢による『左伝』の講義が始まった。会読とは、一語一句も忽（ゆるが）せにせずに、その意味を参加者が対等な立場で検討していく学習法である。宣長の漢学学習のペースは、例えば宝暦二年、入門の年の六月で見れば、『史記』と『晋書』の会読が各々五回、『左伝』の受講が四回、その間に『礼記』の素読を終了させるというような具合であった。

漢学生としての宣長の学習は、景山と蘭沢の指導によるものであろうが、史書の学習に重点が置かれている。これは、「見聞広く事実に行わたり候を学問と申事に候」として「朱子流の理窟」を斥け、「事実」の尊重という意味で「学問は歴史に極まり候」と主張した徂徠を想起させる（『徂徠先生答問書』）。景山は、後学の指導という面においても、徂徠から得る所が大きかったのではないだろうか。

宣長が医学の師として選んだ元厚は、『医案啓蒙』や『医学須知』を著した医学者である。入門の四日後、七月二十六日から元厚の講義は開始されたが、テキストは『霊枢』『素問』、『局方発揮』その他であった。医薬の創始者とされる伝説上の帝王である黄帝に託された最古の医書が『黄帝内経』で、その一部として医学や養生の基礎を論じるのが『霊枢』と『素問』であり、中国医学の古典として重んじられた。『局方発揮』は、元の朱震亨が撰述した医書である。しかし元厚は、翌年一月、六十九歳で没してしまう。

元厚の死の三ヶ月ほど後、宝暦四年五月朔日、宣長は、あらためて武川幸順（享保一〇〜安永九年、一七二五〜八〇）に入門した。宣長は二十五歳、幸順は五歳の年長である。武川家は、代々の小児科医の家柄として高名で、この時、幸順は医師として法橋（五位に准じる）の位にあり、英仁親王（後の後桃園天皇）の御典医でもあった。幸順は、また景山の門下生でもあったから、入門以前から宣長は、幸順との面識を得ていただろう。入門から約半年たった十月、宣長は景山宅から、室町四条南の幸順宅に移り、明の李時珍が著わした薬学の古典である『本草綱目』の会読に加わることになった。その後、会読のテキストは唐の孫思邈が著わした『千金要方』と明の魯伯嗣による小児科の医書『嬰童百問』へと進んだ。

幸順宅で寄宿生として医学を学びながら、宣長の漢学の学習は継続され、景山による『易学啓蒙』

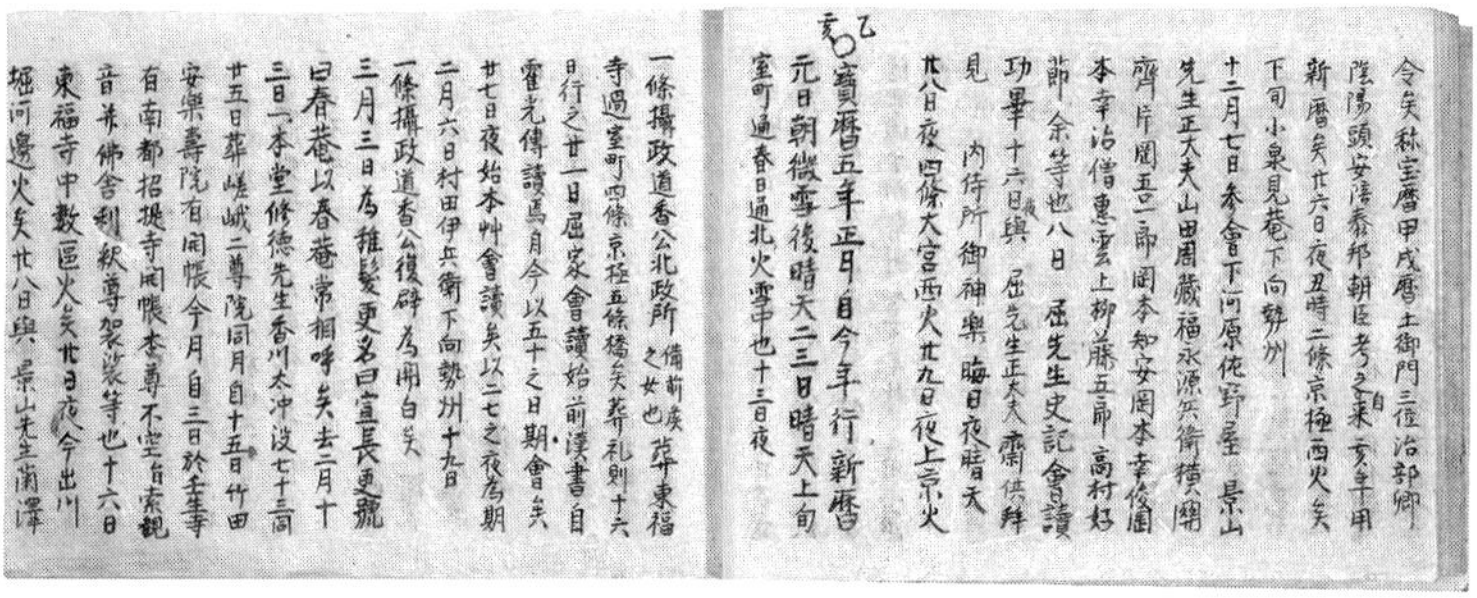

「在京日記」

の講義を受けている。『易学啓蒙』は、五十歳代の朱子が著わしたもので、宣長もこういう形で、朱子学による形而上的な世界観に接していた。

景山は、門人を連れて、花見や月見、近郊の寺社への参詣、時には宇治川にまで足を伸ばしての船遊びなどに興じ、折々に詩や歌を作って楽しんだ。ある時は、酒席で平曲を披露して宣長を驚かせた。景山を広島に送る宴に、幸順が加わったこともあった。『不尽言』にある通りの芯の通った物の見方を持ちながら、「和厚人ニ近シ」と評された穏やかな人柄の景山のもとで、宣長は充実した漢学生・医学生生活を送っていた。しかしその景山も、宝暦七年（一七五七）、宣長二十八歳の春から体調を崩し、その九月十九日の晩方に亡くなってしまった。享年は七十。三日後に南禅寺帰雲院に葬られたが、まさに紅葉の盛りで

先生の年比もみちをこのみ給ひしこと思ひいて、かたりあはせて、折にあへることをあはれに思ひいひて、みななき侍りぬ

と宣長は「在京日記」に書き留めている。

景山は、京都でも有数の学問の家系として朝廷とも繋がりがあり、妙法院宮（霊元上皇の皇子）の漢学の師でもあった。そういう縁もあってのことか、宣長も何度か禁裏に参内している。それまでも、景山や蘭沢らの供をして宮中で神楽を鑑賞したりしたが、宝暦六年（一七五六）一月十一日、宣長は、紫宸殿で後七日御修法の壇場を見学している。後七日御修法は、毎年、宮中の真言院で催された儀式で、護国経典としての金光明最勝王経が講読されて、玉体安穏と五穀豊穣を祈るものである。後七日とは、正月の八日から十四日までの七日間を指し、その間、大極殿は仏事にふさわしく飾られ、本尊となる盧舎那仏が安置された。「在京日記」から引いてみよう。

禁裏へまいりて、御修法の壇場をおかみ奉りける、いともかしこき紫宸殿にのほり奉りて、おかみ奉ること、いとおそろしき迄そおほゆ、御修法の間は、殿内みな壇場にかさられて、東寺よりつとめ奉る、賢聖の障子なとも、あさやかにはみへ侍らす、はつれ〳〵かけ物の間より見えたり、左右桜橘のうはりたるわたり、むかし覚へてえもいはすたふとし、清涼殿のかたも見やられて、絵にかけるやうなり、内侍所の、あたらしくきらゝかにたゝせ給へる、いとたふとく、目もあやなり

平安時代前期、寛平の治で知られる宇多天皇の代に作られたという「賢聖の障子」は、古代中国の賢者三十二人を描いたもので、高御座（玉座）の背後にあるが、それが掛け物の間から垣間見えたという。中央正面の階段の東には桜、西には橘が植えられ、左右の近衛府の武官がこれを目印に整列したことから左近の桜、右近の橘と言われてきたが、宣長の思いは、そこで「むかし覚えて」とあるように、華やかな王朝時代へと飛んでいる。そして「公卿殿上人」の姿を目にして、こうも述べられる。

　むかしのさかんなりし御代の大内のさま、おもひやられて、立こともわすれてしはらくやすらひ侍
　りける

宣長の眼には、もはや真言密教の儀礼の舞台ではなく、「むかしのさかんなりし御代」の内裏の姿しか見えていない。宣長の心に映っていたのは、桐壺帝が紫宸殿で催した宴で、左近の桜が満開の下、この世のものとも思えぬ麗雅な舞を披露した光源氏や頭中将の姿だったのかもしれない（『源氏物語』花宴巻）。

「在京日記」は、当初は漢文体で記されていた（例外はある）。「夜遊二于四条河原一、納涼之諸子続レ踵、灯燭映レ水、戯鼓響レ空、天下無双之美観也」（宝暦二年六月一〇日）というようにである。しかし、宝暦六年（一七五六）正月から和文体となる。それにより叙述はより細やかになり、宣長の心の襞も伝わり、宣長自身も文章を綴ることを楽しんでいるかのようである。次に引くのは、宝暦六年の年末の記事である。

　廿六七日ころになりぬれば、諸人いとせはしうしてさはき侍る、やつかれなとは、さのみ世のいとなみも、今はまたなかるへき身にしあれと、境界につれて風塵にまよひ、このころは、書籍なんとは手にたにとらぬかちなり、かくてをくりむかふるいとなみのみにあかしくらすほとに、はや晦日になりぬ

これに続いて、日が暮れれば灯明が点り、注連飾りが輝き、鏡餅が据えられるというように、新年

を迎えようとする「世のいとなみ」が描かれる。とくに精彩を放つのは、削掛（けずりかけ）の神事をめぐる描写である。

けつりかけとて、祇園へ人〳〵まうて侍る、予もまいりける、こよひはいとさむき夜にて、社の内の手水鉢（ちょうず）にかゝり侍るに、水みなこほりて、露ほとも手あらふ水なし、みな人むなしうして、手あらはて拝し侍らんかし、宝殿のまへ所せう、神人めくもの、ゆうたすき［木綿で作った襷（たすき）］かけなとして鈴うちふり、はらへなといひて、人の銭をこひ侍る、おひせんとのはらひなんといひ侍る、はたかの行者なともゐ侍る、西門をいつれは、石段の下よりして、四条通は万里小路高倉あたりまても、両かわ道のほとり、こつしき出ゐて、ひともし、座をしめて、ゆきかふ人に銭もらひ侍る、こよひけつりかけの火をとりかへりて、明朝の竈の火にたきつけ侍るとて、みな人ひなわなとにつけてかへり侍る、四条通はいとにきはしきこと也、又かはりしことこそあれ、こよひ祇園より四条通を過る間、道ゆく人かたみに行ちかふ人を見て、故なくのりあひ侍るこそめつらしけれ、よひの程はさもなきに、夜ふくるまゝに、いとゝつようのりあひ侍る、かけとりなとのいそかはしかるへきものも、しはし立やすらひて、悪口いひかはし侍る、いとおかし、こよひは、深更まて祇園へまうて侍る

宣長は、大晦日の深夜、祇園社で行われる神事を、厳寒の中、人込みに揉まれながら、興味が尽きないとばかりに見物している。拝殿で削り掛けの神木六本を同時に焼き、その煙の方向で新年の米作の出来を占うのである。「神人めくもの」「はたかの行者」「こつしき（乞食）」といった者の様子も、宣長は

見逃していない。灯火は消され、闇の中で神事は進み、参詣人はその火を分けてもらい、邪気を払うためであろう、大声で悪口雑言を言い合いながら家に帰り、その火で雑煮を作って一年の無病息災を願うのである。

見物といえば、宣長が最も心待ちしたのは祭り、とくに四月の葵祭と六月の祇園祭だった。葵祭は、平安京を鎮護する下鴨神社と上賀茂神社の祭礼で、四月中酉日（なかのとりのひ）に催される。祭りに先立って、斎院（賀茂の神に奉仕する未婚の皇女）が禊（みそぎ）に赴く時の行列の優美さで知られ、社前にも、勅使や供奉者の衣冠にも、両社の神紋である二葉葵が飾られていた。「在京日記」には、

> 雑色のかな棒のをと、例のおこそか也や、其跡に、十二三はかりの里の童部の、ははきもちて十四五人もつらなりゆくさまも、ことかはりてこたい（古体）也、其跡行烈の御ありさま、いつれもいつれもむかしのよそほひ、近衛使、山城使、検非違使など、みな馬上にていとうるはしく、又たくひなき行烈也、跡に御車ひかせられたる、うるはしきことといはんかたなし、何となくむかし思ひやられて、そゝろに涙おちぬへし、葵桂かけたるさま、牛のかさりのうるはしさ、いふもさら也や、大かた今の世にて御車を見奉ること、此御神事ならてはかたきこと也

とある。牛車を見て「むかし思ひやられて」涙する宣長は、葵の上の一行と六条御息所方との車争いの場面（『源氏物語』葵巻）を思い浮かべていたのかもしれない。

平安時代、疾病の流行は、非業の死をとげた人物の怨恨によるものと考えられ、その怨霊を鎮め慰めるためになされたのが御霊会（ごりょうえ）である。祇園社の御霊会がよく知られ、これが京都の町衆の祭りと

しての祇園祭となった。宣長は、京都遊学の年から祇園祭の山鉾巡行を見学している。ここでも「在京日記」から引こう。宝暦六年（一七五六）、在京五年目で、宣長は二十七歳である。

〔六月〕六日はよみや［よいみや・よいやま、山鉾巡行の前祭（さきまつり）］、にきはしきことといはんかたなし、まつ鉾は、四条東洞院の西に長刀鉾、同烏丸の西に函谷鉾、俗にかんこ鉾といふ、同室町の西に月鉾、室町四条の北に菊水鉾、……

と町々の鉾について延々と記され、「世にかゝる事おひたゝしきわさはあらしとそ思ふ」と述べられる。祭の山車（だし）で、これほど豪勢なものは他にないというのである。

よみやには、星のことくに、てふちん〔提灯〕多くともし侍りて、かね太鼓笛にてはやし侍る、いとはなやかに、にきはしきことかきりなし、……家々思ひ〳〵に、幕うちすたれかけわたし、程〳〵につけつゝ、金屏風ひきまはし、毛氈しき、燭台ともしなと、をのかしゝかさりたて、きよらをつくし、けふあすは、祭ならぬわたりの親類ちかつきよひまねきて、酒のみ物くひ遊ひ侍る、大かた夜みやの景気は、いとよき物也

翌日は、山鉾の巡行である。

七日、日よりよくすゝしくて、いと心よき祭礼也、けふは山鉾ねりわたり侍る

と書き出され、

山鉾共に、例年かはらぬこととはいへと、年ことに見るにもあかれぬ物也、水引幕なとのかさり、大かたうるはしきことのかきりならめ、はしめて京にのほりて見る人は、目をおとろかすわさ也

と続く。祭りの期間中は、何も手につかないといった様子である。そして宣長は、

か丶る事は、江戸難波にもあらしと思ふ、ましてさらぬゐなかなとはさら也

として、京都を称えるのである。

東の祇園に対して、西の花街は嶋原であり、嶋原の灯籠見物も宣長の大きな楽しみだった。同じ宝暦六年、ここでも「在京日記」から引く。

［八月］十二日の夕つかた、蘭沢公とともなひて、西廓の灯籠見にまかりける

景山の嗣子の蘭沢は、宣長にとって、遊びの先輩でもあったようだ。二人とも「去年にもまさるにきはひ」に感心したが、宣長は

さて灯籠は、端の茶屋よりはしめて、北むきなといふわたりまで、町〳〵のこるかたなく風流をつ

> くして、はなやかなること也や、まして揚屋町は、いふもさら也、中にもめてたくつくりなせるは、上の町の桔梗屋といへるくつわ〔遊女屋〕かもとの、龍宮城のありさまをつくれる、いはんかたなく美麗なる物なりし、……すへてこの灯籠、いつれも紙細工にて、羅絹のたくひをあしらひ、あるはひいとろなとにてかさりなせる、みな中へ火をともしたれは、其ひかりうつれるさま、いとうるはしき物也

と述べている。宣長は、翌年もこの灯籠見物をして、やはり桔梗屋の細工を「めもあやにみこと」と評している。嶋原は、江戸の吉原、大坂の新町と並ぶ公許の遊郭であったが、元禄の頃を最盛期として、次第に祇園に押されていったという。

宝暦六年一月二十四日、宣長は、蘭沢、友人の岩崎栄良と三人で、知恩院に参詣した。栄良は肥前の人で、生没年は未詳であるが、宣長は「学文に心をいれてはけまれける」（「在京日記」）としてその人柄を認め、親しく交わっていた。知恩院では、一月十九日から二十五日迄、法然の年忌を修する法会（御忌（ぎょき））が賑（にぎ）やかに催されている。日も暮れかかった帰途、祇園にさしかかってのことである。「在京日記」によれば、

> 人〱いふやう、例の青楼へしはしとすゝめ侍れと、けふは常の日にもあらされは、暮けれとなをつゝしみて、いなみ（拒）侍る

二人から「例の青楼」へ登ろうと誘われた宣長は、「けふは大人（うし）の忌日」、この日が医学の師であっ

た元厚の月命日に当たることを理由に二人に同道せず、「つゝしみて」帰ったというのである。なお、「在京日記」には、後に何人かによって破り棄てられたと思われる箇処がある。そこには、より直截に登楼の記述があったのではないかと推測する研究者も多い。

### 母の心配

ここで立場を変えて、宣長を京都に送り出した母の思いに焦点を当ててみよう。母の勝は、二十五歳の宣長に「ねひへ」をせぬように注意し（宣長宛書簡、宝暦四年五月一六日付）、無沙汰を咎めて小忠実（こまめ）に手紙を寄越すように求め、松坂での自分達の暮らしも余裕のあるものではないと訴えた（同七月二三日付）。「外の義ニ心うつし不レ申、たゝ〳〵一筋ニいしや（医者）ノ方心かけ」るように宣長を励まし、万が一にも医者への道から逸（そ）れれば、それは「おやノはち（恥）」であり親に対する「大ふかう（不孝）」だとも書き送っている（同前）。宣長が自重して、「人ニわらわれ（笑）ゆひさし（指）申されぬやうニ、心をつけ」て医学の学習に専念し、立派な医者として松坂に戻り、家長として家を立ち直らせることだけが母の願いであった。

その母の耳に、京都の村田伊兵衛を通じて気になる話が伝わってきた。宣長が「大酒」に耽（ふけ）っているというのである。「さて〳〵おとろき入候てあんし（案）申候」として母は、「さかつき（盃）ニ三つよりうへたべ申されましく候」と酒量を制限し、それ以上の誘惑は、母の顔を思い出して断るようにと書き送っている（宝暦六年七月一九日付）。宣長はまた煙草好きでもあり、煙草をめぐるあれこれの話題を擬古文で綴った「おもひぐさ」を、宝暦三年に著わしているほどである。

母が宣長の「大酒」を戒めた少し前、宝暦六年の四月、宣長は亡父の十七回忌のために帰省している。十九日に京都を立ち、東海道を下り、津に草深玄周を訪ね、「酒のみ物語して」草深家に一泊し、二十一日に松坂に着いた。玄周は、津の藤堂家の侍医の嫡男で、宣長より五歳の年少、同じ景山の門

であった。草深家とは、後に深い縁を結ぶことになる。久しぶりの帰郷を、「在京日記」は

> 未の刻［午後二時ごろ］過、まつ坂につきぬ、四年をへたてて、けふ母君のかはらぬおもてを見まいらせて、うれしさいはむかたなし、其外、はらから親属にも、久しくてあひ侍る

と記している。

宝暦七年（一七五七）十月三日、宣長は、二十三歳から二十八歳までの京都での日々に別れを告げた。

> 二日の夜に入りて、人〳〵にいとまこひして、こよひより四条高倉の西なる伊兵衛座敷へうつり、明日たつ也、清兵衛君も此座敷に逗留しておはしけり、初夜［午後八時頃］過る程に、武川氏をしまひて四条へうつる

そして翌三日の夜明け前に、宣長は、村田清兵衛と一緒に京都を立った。前年の帰郷の時とは違い、今回は奈良路である。

> さて五条の橋をわたる程、やうやう都をはなるゝと思へは、いと名残のみおしくて、……四方をのそめと、やみの夜なれは、いつこも〳〵あやなくて、見なれし東山のかたちさへ見えす、いと口おし

宣長らは、木津川を渡り、奈良に入り、興福寺・東大寺・春日社などを巡って、伊賀の名張を越えて、六日の夕方、松坂に着いた。

## 6　京都での日々（二）

### 中国の史書

宣長は、晩年に至るまで倦むことなく読書の摘録や見聞の記録、考証や覚書などの小文を書き留めている。膨大なそれらの文稿は、後人の手で『本居宣長随筆』十四巻としてまとめられたが、その第二巻は、京都時代の諸書の抜書から成っている。この抜書から、宣長の京都時代の読書生活の一端を探ってみたい。

まず目を引くのは、『漢書』『後漢書』をはじめとする中国の正史から、日本に関する記述を丹念に写し取っていることである。例えば『晋書』の「東夷伝」から、「倭人ハ帯方東南大海中ニ在リ、……自カラ太伯ノ後ト謂フ、……旧ハ男子ヲ以テ主ト為ス、漢末倭人乱ル、攻伐シテ定マラズ、乃チ女子ヲ立テテ王ト為ス、名ヲ卑弥呼ト曰フ」（原漢文）というようにである。『宋史』が伝える東大寺僧の奝然（ちょうねん）のエピソード、つまり日本が「国王一姓」で臣下は世官であるという奝然の言葉に、太宗が「此レ蓋（けだ）シ古ノ道也」として嘆息したという話も漏らすことなく書き留められている。

### 詩と歌

第二に、詩とは何か、歌とは何かを正面から主題に据えた抜書が目立つ。宣長は、景山から『不尽言』の自筆本を借りて摘録しているが、多岐にわたる『不尽言』の論点の中で、最も注目したのはその詩歌論であったと思われる。「和歌ト云モノモ、本ハ詩ト同シ物ニテ、紀貫之、古今集ノ序ニ、人ノ心ヲ種トシテ万ノ言ノハトハナレリケリトイヒ、見ルモノ聞モノニツケテイヒイタセルトイヘレハ、詩ノ本意ト符号セルモノ也、此万ノ字面白シ」と抜き出され、続けて景山が「万ノ字面白シ」とする理由である「人情ハ善悪曲直千端万緒ナルモノナレハ、人ノ心ノ種ノ内ニ発生ノ気ノ鬱シタルカ、見モノ聞モノニ触テ、安排工夫ナシニ、思ハズ知ズフットイヒ出セル詞ニ、スグニソノ色ヲアラハスモノ也」が引かれている。この他にも、景山の「実情」論、恋の歌を重んじた和歌の伝統をどう考えるべきかという議論、『万葉集』の恋歌への景山の高い評価などを宣長は抜粋している。

宣長の関心は、垂加派の歌論にも向かっている。この時期、最も有力だった儒家神道が、山崎闇斎（元和四～天和二年、一六一八～八二）の神道説を奉じた垂加派である。闇斎から玉木正英（寛文一〇～元文元年、一六七〇～一七三六）へという学統を継いだ谷川士清（宝永六～安永五年、一七〇九～七六）との交流については後に取り上げるが、宣長は京都時代に士清の大著『日本書紀通証』からの長大な抜書をしている。その中で、和歌の始まりともされるスサノヲの八雲詠「八雲立つ出雲八重垣妻ごめに八重垣作るその八重垣を」について、『日本書紀通証』が引用した谷秦山（寛文三～享保三年、一六六三～一七一八、土佐の垂加神道家）の評語「吾ガ心清清ノ明ヲ以テ出雲ハ重墻ノ敬ヲ守リ、発シテ三十一字ノ詠ト為リ、遂ニ千万世我国ノ教ヲ興ス、アア偉ナル哉」（原漢文）が写されている。詩や歌の土台には、道徳的な価値――ここでは「清明」や「敬」――が不可欠だという垂加派の信念を、宣長は的確に理解していた。

おそらく景山との日常の学談の中でも、徂徠の名はしばしば登場したものと思われるが、宣長は徂徠の議論にも注目している。そもそも宣長は、京都時代、『弁道』『弁名』は言うまでもなく、『徂徠先生答問書』『蘐園随筆』『論語徴』『徂徠集』を手に取り、『蘐園談余』のような通俗的なものにまで目を通していた。次に紹介するのは、『徂徠先生答問書』からの宣長の摘録である。「詩経ト申物……古ノ人ノ、ウキニツケウレシキニツケウメキ出シタル言ノ葉ニ候ヲ、其中ニテ人情ニヨクカナヒ、言葉モヨク、又其時其国ノ風俗ヲシラルヘキヲ、聖人ノ集メヲキ人ニ教ヘ玉フニテ候」「洞（ホカラカ）ニ人性ニ通達スル事、詩経ノ教ニテ、人性ニ通達不レ申候ヘハ、物中事ハ成不レ申物ニ候」、そして朱子学の文学観への批判「宋儒ノ……詩ハ勧善懲悪ノ為ト申事、是大キナル誤ニ候」、和歌への評価「此方ノ和歌ナトモ同趣ニ候得共、ナニトナク只風俗ノ女ラシク候ハ、聖人ナキ国故ト被レ存候」となる。詩と歌とが「同趣」だというのは、人情の表現という意味で等しいことを指している。

### 神道

第三に注目されるのは、神道をめぐる抜書である。一方の極には垂加神道があり、宣長は、士清の『日本書紀通証』から闇斎の語「神道ノ宗源ハ土金ニ在リテ、其ノ伝ハ悉ク此書〔日本書紀〕ニ備ハル」（原漢文）を引き、「四時」「百物」の秩序は「土金」の徳によるものであり、それを朱子学では「敬」と説き、倭語では「土地之味（つつしみ）」「土地之務（つつしむ）」と言うのだと闇斎らの主張をまとめている。

垂加神道の対極には、日本で言われる神道なるものは、中国が文華の国として発展する前段階の、より素朴で祭政一致的な風俗が日本に伝来し根付いたものだとする歴史主義的な神道像があった。アマテラスは「呉ノ太伯ナルヘシ」とした景山の『不尽言』から、宣長は、「太伯ハ元ト殷ノ世ノ人ナレハ、殷ノ世ノ人ハ鬼神ヲ尚（タトフ）風俗ナルユヘ、殷ノ余風カノコリテ、日本ニハ神ヲ尚トフ事トミエタリ」を引く。「殷ノ余風」の残存を、日本人は、日本固有の道であるかに錯覚しているというのである。

こうした歴史主義的な理解を、文明の発展への普遍的な洞察に裏づけながら徹底させたのは徂徠であり、宣長は、並々ならぬ関心をもって徂徠の神道論を追っている。宣長は、「子欲レ居二九夷一、或曰、陋如二之何一、子曰、君子居レ之、何陋之有」（『論語』子罕）をめぐる徂徠の議論を『論語徴』から引いた。「夫レ祖ヲ天ニ配シ、神道ヲ以テ教ヲ設ク、刑政爵賞、降リテ廟社ヨリス、三代皆爾リ、是レ吾邦ノ道、即チ夏商ノ古道也」（原漢文）、徂徠は、「聖人以二神道一設レ教、而天下服矣」（『易経』観）を踏まえて、祭政一致的な社会の在り方も「夏商古道」だとする。「商」は殷の王朝である。礼文によって装飾され洗練された周代の文明とは区別された。より古い「道」が「吾邦ノ道」として生きていたと徂徠は見ている。そして宣長が引く『論語徴』は、後世の儒者による「道」の理解は狭いのであり、「神道」とは、神の霊威を振りかざしたり、心身の清浄や心における神との合一を教義として押し出すような次元のものではないと説く。日本にも中国にも共通して存在した、天や祖霊に対する素朴な畏怖を基盤にした社会の在り方を指しているのである。「神道」とは教説ではなく、社会の在り方そのものだという徂徠の着眼は、宣長によって深く受けとめられた。

最後に二つ付け加えたい。一つは、アマテラスを太伯とする見方を否定し、また唐土を「中国」「中華」と呼称することを認めない闇斎の主張を、宣長は摘録している。あるいは、宣長より一世代前の神道家である多田南嶺（元禄一一〜寛延三年、一六九八〜一七五〇）の随筆『南嶺子』からも、「我国ヲ夷狄ト心得、異国ヲ中華トイヒ、華音華物ナト云ハ、我本邦ニ対シテノ罪人ナルヘシ」といった文章が写し残されている。唐土こそは「天地の間にて正中の国」と信じて疑わない景山の『不尽言』は、一貫して唐土を「中華」と呼ぶが、闇斎や南嶺を読みながら、宣長は何を思っただろうか。

もう一つは、仁斎についてである。この時期に京都で学んだ宣長が、伊藤仁斎（寛永四〜宝永二年、一六二七〜一七〇五）に関心を持たないはずはなく、仁斎から嗣子の東涯へ、さらにその子の東所へと継がれた古義堂の学問には関心を払っていただろう。宣長は東所と同じ年であり、宣長の京都時代の古義堂は、東所の叔父にあたる蘭嵎が後見人のような立場にあった。宣長の摘録の中にも、「理」は「死字」で「道」は「活字」だという仁斎の議論（『語孟字義』理）と、「禍福」をなす「神霊」はすべて「鬼神」と謂うという議論（同、鬼神）が見える。

詩に対する仁斎の理解を支持した徂徠の文章も、宣長は引いている。『蘐園随筆』の一文がそれで、「詩ノ用ハ、本作者ノ本意ニ在ラズシテ、多クハ読者ノ感ズル所ノ如何ニ在ル也」（原漢文）という仁斎の捉え方、つまり詩の意味は固定的に定まったものではなく、読者の感性によって自由に読まれていくものだということであるが、徂徠はこれに強い賛同を寄せたのである。徂徠が紹介した仁斎の主張は、『語孟字義』の「詩」の項にあるもので、仁斎から徂徠へ繫がる文学論にも、宣長は親近感を懐いていたものと思われる。

京都時代からは外れるが、二十八歳から四十四歳ぐらいの間に書き溜められたとされる『舜庵随筆』で、宣長は、「伊藤氏ノ、性ハムマレツキト云事也トイヘル、甚面白キ事、性ノ義、此上ハアルマシキ事也」と述べている。朱子学の性即理説を否定する仁斎の「性ハ生ナリ、人ソノ生ズル所ニシテ加損スル無キ也」（『語孟字義』性）への共感である。ちなみに東涯の『訓幼字義』も、性を「人の生れ付」と解説しているが、おそらく「ムマレツキ」は宣長自身の言葉であろう。

# 7　京都での日々（三）

同じ景山門下の清水吉太郎は京都の人で、宣長より十二歳の年少でありながら詩文に秀れ、宣長も「世にたくひなき英才」（「在京日記」）と認めた人物である。この吉太郎との書簡の往復の中で、宣長は、次のように述べている。漢学生の遣り取りであるから、「再辱㆓書教㆒、感佩何限、古人有㆑言曰、……」と書き出されるように書簡は漢文体である（以下の引用は書き下し文による）。まず吉太郎は、宣長が和歌に夢中であることを批判してきた。京都時代の宣長は、上京した年の九月に、新玉津嶋神社の社司で冷泉為村の弟子であった森川章尹（あきただ）に入門し、その後、宝暦六年（一七五六）、地下（ぢげ）の二条派歌人である有賀長川（あるがちょうせん）（享保二一～安永七年、一七一七～七八）に入門している。この吉太郎の批判に対して、宣長は、吉太郎が儒学を偏愛しているのも、同じように問題ではないのかと返したのである。吉太郎からすれば、天地を貫く真理を学ぶ儒学と、私的な楽しみ事である和歌とを同じ次元で論じる宣長の態度は、儒学、或いは学問への冒瀆と思われただろう。吉太郎のそういう反発を待ち構えるように、宣長は言う。

## 「物」と「大同」

是レ何トナレバ則チ儒ナル者ハ聖人ノ道也、聖人ノ道ハ、国ヲ為（オサ）メ天下ヲ治メ民ヲ安ンズルノ道也、
私シニ自ラ楽シム有ル所以ノ者ニ非ザル也、今吾人ハ国ノ為（オサ）ムベキ無ク、民ノ安ンズ可キ無ケレバ、
則チ聖人ノ道、抑（ソモ）ソモ何ヲカ為サン哉

為めるべき国も安んずるべき民も持たない者にとって、儒学の学習にどういう意味があるのかと宣長は問う。そして宣長は、孔子ですら道を天下に行なう機会を得られず、ましてそれ以降の儒者たちは口先で高論を吐くだけで、天下国家の役に立っていないではないかと論じ、こう語を継いだ。

此ノ方、伊仁斎物徂徠ノ如キニ至リテモ、亦皆是ニ外ナラズ、足下以テ何如(イカン)ト為スカ

当代の代表的な儒者でも同じではないかと言うのである。仁斎の姓である伊藤、徂徠が自らの先祖だとした物部、これを中国風に単姓にして呼ぶのは、徂徠の好みに倣ったのだろう。そして宣長は、執政の任に就かぬ者が儒学を学ぶのは、「屠龍ノ技」（『荘子』列御寇）、つまりは無益の技を習うようなものだとし、さらに「天下ヲ安ンズルノ道」を一市井人である者（吉太郎）が学んで、楽しいのかと尋ね、自分自身に触れる。

僕不佞、幼ニシテ学ヲ好ミ、長ジテ愈(イヨ)イヨ益マス甚ダシ、稍々(ヤヤ)六経ヲ取リテ之ヲ読ムコト歴年、略(ホ)ボ大義ニ通ズ、乃チ謂(オモ)ヘラク美ナル哉(カナ)道也(ヤ)、大ニシテハ以テ天下ヲ治ム可ク、小ニシテハ以テ国ヲ為(オサ)ム可シト、然レドモ吾ガ儕(トモガラ)ハ小人ニシテ、達シテ明ラカニスト雖モ、亦タ何ノ施ス所ゾヤ

「不佞」は、徂徠が好んだ一人称の謙詞である。「小人」は、ここでは庶民、市井人を指す。君師の任に就く身分でもない「小人」が儒学を学ぶことの意味を重ねて問うのである。そして宣長は、話題を和歌に移す。

僕ノ和歌ヲ好ムハ、性也、又癖也、然レドモ又見ル所無クシテ妄リニ之ヲ好マン哉

和歌の楽しさについて、宣長はこう語る。

足下僕ノ和歌ヲ好ムヲ非トスルハ、其ノ楽シミヲ知ラザル也、請フ嘗（ココロ）ミニ足下ノ為ニ之ヲ言ハン、心ヲ和ニ遊バシメ、而シテ物ニ大同シ、静ニシテ陰ト徳ヲ同ジフシ、動ニシテ陽ト波ヲ同ジフシ、六合ニ横タハリテ、而シテ逆ラフ物無ク、宇宙万物ハ、猶ホ藩牆（ハンショウ）ノ物ノゴトキ也、心ニ任セテ致サザル莫（ナ）シ

和歌の楽しさは、言葉の持つ想像力によって、心を自由に解き放つことにある。時間の壁も空間の縛りも軽々と超越して、心は伸びやかに飛翔し、天地宇宙の「万物」を、まるで庭先の垣根の中の物のように思いのままに動かせる世界、すなわち「物」と「大同」する世界が和歌によって開かれるのだと宣長は説いている。これを言うために、この書簡は書かれたかのように、宣長の筆は進む。『荘子』応帝王篇を踏まえて、和歌によって得られる自由の境位は、

夫ノ莽眇ノ鳥ニ乗リ、逍遙乎トシテ壙埌ノ野ニ遊ビ、彷徨乎トシテ無何有ノ宮ニ出入ス、亦楽シカラズ乎

とも描かれる。現実世界では越えられない境遇や定め、身分、性差などへのこだわり、それらから自

由な理想郷である「無何有ノ宮」に心を遊ばせる、これ以上に楽しいことがあるだろうかと宣長は吉太郎に迫っている。

この後、吉太郎から返書があり、吉太郎は和歌は「淫靡浮華ノ辞」を弄ぶものだという非難を投げてきた。これに対して、宣長は次のように反論している。

> 和歌ハ不佞ノ好ム所也、浮華ノ辞ハ、則チ不佞ノ好ム所ニ非ザル也、適(タマ)タマ其ノ辞ノ浮華ナルハ、是レ和歌自然ノ勢ヒ也、今ノ世、人情浮華ナレバ、則チ其ノ詠ズル所ノ歌辞、豈(ア)ニ亦浮華ナラザルヲ得ンヤ、和歌ハ情語也、則チ人情ニ随ヒテ変化スルハ、固ヨリ其ノ所也

吉太郎からすれば、「淫靡浮華ノ辞」を弄ぶことは背徳であるが、宣長に言わせれば、和歌が「情語」によって成立する以上、「今ノ世」の「人情」が「浮華」ならば、それを詠う言葉も「浮華」になるのは「自然ノ勢ヒ」とすべきなのである。

### 「自然ノ神道」

もう一つ、宣長から出された論点、すなわち市井の人間が国天下を治める「道」を学ぶことの意味について、吉太郎は、治世安民だけが「道」の趣意ではなく、人間らしい道徳性や礼儀正しさを体得するのもまた「道」の学習によるのだと論じた。吉太郎は、徂徠に拠って「道」の政治的性格を強調する宣長とは違って、「道」の道徳的性格を第一義とする正統的な理解に立って論じている。これを宣長は、こう切り返した。

> 足下駁シテ曰ク、人ニシテ礼義無クンバ、其レ禽獣ヲ如何(イカン)セント、是レ足下将(マサ)ニ聖人ノ書ヲ読ミテ

道ヲ明ラカニシ、而シテ後ニ禽獣為ルヲ免レントスルカ、亦迂ナル哉、知ラズ異国人ハ其レ然ルヤ、吾ガ神州ハ則チ然ラズ、上古ノ時、君ト民ト皆其ノ自然ノ神道ヲ奉ジテ之ニ依リ、身ハ修メズシテ修マリ、天下ハ治メズシテ治マル、礼義ハ自ズト有リテ存ス、又奚（ナ）ンゾ聖人ノ道ヲ須（モチ）ヒンヤ

宣長は、身分上は「君」と「臣」に分けられながらも、同じ「自然ノ神道」を奉じることで「上古」の「神州」は、道徳的にも政治的にも円滑に事が進んでいたと主張するのである。「自然ノ神道」については、それが「大日霊貴（オホヒルメノムチ）ノ寵霊」によるもので、この「寵霊」によって人間は、人間らしい知恵や道徳性を備えているのだと言われるが、それ以上の言及はない。オホヒルメノムチは、『日本書紀』の「神代巻」に見える日の神で、その別名がアマテラスである。瑣末な事であるが、宣長がここで「寵霊」の語を用いたのは、明代の古文辞学との出会いを「天ノ寵霊」（『弁道』）と表現した徂徠を意識してのことだろう。

**「少年ノ至楽」**　同じく景山門である岩崎栄令への書簡を見てみよう。栄令は、知恩院の帰りに「例の青楼」へと誘われた時に一緒だった友人である（「在京日記」には栄良とも記されているが、書簡は栄令宛である。「令、良、音が通ずるので」同一人物かとする『全集』の判断に従う）。肥前の人で、代々大村侯の侍医の家柄であった。

栄令への書簡の中で、宣長は、自分の立脚地が、最初は「道学」（儒学）、次に『荘子』、そして現在は「鄭声」へと変化したと述べた。「鄭声」は、孔子によって「鄭声ヲ放ツ」（『論語』衛霊公）と評された、鄭の地方の淫らな音楽である。その上で宣長は、「鄭声」を好む者にもそれなりの美学がなければならないとして、栄令のお気に入りの嶋原を、狭く、寂れて、汚ならしいではないかと攻撃す

る。宣長は「東方ノ遊楽ヲ嘗メテ而シテ始メテ西廓ノ楽シミト為スニ足ラザルヲ知ル」と言うように、西の嶋原に対して東の祇園の素晴らしさを強調する。宣長は、祇園の情趣をこう描く。

夫レ妓街ノ地為ルヤ、南ハ乃チ沃野千里、清水建仁、梵刹甍ヲ聯ネ、北ニ望メバ、則チ叡嶽比良、峻々トシテ高ク聳へ、春雪雲ニ沖リ、東ニ華頂ノ青山有リ、西ニ鴨河ノ清流有リ、而シテ祇園ノ林、其ノ中央ニ於テ翠々タリ、春ハ高台ノ桜花ヲ観、夏ハ祇林ノ杜鵑ヲ聞ク、安井ノ明月ニ、秋吟朗トシテ、霊山ノ積雪ニ、冬望粲タリ、夫レ南門ハ、下川原ニ出デ、西門ハ扉ヲ開ケバ、第四街ニ当ル、左右ノ青楼簷ヲ争ヒ、家名ノ暖簾、翻々トシテ春風ニ飛揚ス、二八ノ娘子ハ障子ニ倚リ、竊カニ知客ノ過グルヲ候フ

宣長の筆は止まらず、描写は続くが、書簡は

夫レ以フニ人生少年ノ至楽ハ、婦女ノ悦ブ所ト為リ、而シテ交情ヲ尽シ、偕老ノ契リヲ結ブニ如ク莫キ也、足下深ク諸ヲ察セヨ

と結ばれている。気心の知れた間での、漢文の技量を争うような、内容的にも戯文というべきものではあるが、それだけに取り繕うことのない本音が顔を出しているのかもしれない。

### 「天地万物、皆吾ガ賞楽ノ具ナルノミ」

もう一人、同門の友人である上柳敬基に宛てた、宝暦七年（一七五七）三月某日の書簡を見てみよう。敬基も、吉太郎と同じ京都の人で、宣

長よりも七歳の年少である。敬基は前便で、宣長が虚空蔵菩薩の霊験を讃え（たた）たことを責めたのであるが、それに対する宣長の応答である。

> 嗟呼（アア）、足下ハ道学先生ナル哉（カナ）、経儒先生ナル哉、何ンゾ其ノ言ノ固ナル也（ヤ）、何ンゾ其ノ言ノ険ナル也、不佞ノ仏氏ノ言ニ於ケルヤ、之ヲ好ミ之ヲ信ジ且ツ之ヲ楽シム、啻（タダ）ニ仏氏ノ言ニシテ之ヲ好ミ信ジ楽シムノミニアラズ、儒墨老荘諸子百家ノ言モ亦皆之ヲ好ミ信ジ楽シム、啻（タダ）ニ儒墨老荘諸子百家ノ言ニシテ之ヲ好ミ信ジ楽シムノミニアラズ、凡百ノ雑技歌儛燕游、及ビ山川草木禽獣蟲魚風雲雨雪日月星辰、宇宙ノ有ル所、適（ユ）クトシテ好ミ信ジ楽シマザルハ無シ、天地万物、皆吾ガ賞楽ノ具ナル已（ノミ）

と反論した。吉太郎に対して宣長は、和歌の楽しみは、「物ニ大同シ」た世界に遊ぶところにあるとしたが、ここでは、思想や宗教の世界も含めて、天地宇宙の万物は、自分にとっての「賞楽ノ具」だと宣言している。自分がそれを賞（ほ）め楽しみとすればそれでよいという、居傲なまでの言い方である。そういう宣長からすれば、異端の教えに関心を持ったり、その霊験を讃えたりすることを許そうとしない敬基の窮屈さ、卑小さは、笑うべきものでしかない。そして、そういう眼で「天地万物」に向き合う時、実はそこに意味のない物、否定されるべきものなど存在しないのではないか、「天地万物」がそれぞれの形や仕様をもって「賞楽」されるべきものなのではないか——こういう感情の高揚が宣長にはあったのだろう。「仏氏ノ言」から「儒墨老荘諸子百家ノ言」へ、そして「凡百ノ雑技歌儛燕游」へ、さらに「山川草木禽獣蟲魚風雲雨雪日月星辰」へと畳みかけていく文勢は、そういう宣長の心の弾みを表わしているかのようである。

## 8 契沖

**契沖と景山**

『玉勝間』（二の巻）の「おのが物まなびの有しやう」で、宣長は、「京に在しほど」を回想して、こう述べている。

さて京に在しほどに、百人一首の改観抄を、人にかりて見て、はじめて契沖といひし人の説をしり、そのよにすぐれたるほどをもしりて、此人のあらはしたる物、余材抄［『古今集余材抄』］勢語臆断などをはじめ、其外もつぎ〳〵に、もとめ出て見けるほどに、すべて歌まなびのすぢの、よきあしきけぢめをも、やう〳〵にわきまへさとりつ

契沖の学問に出会い、「歌まなびのすぢ」を知ったことが、京都時代の大きな収穫だというのである。契沖（寛永一七～元禄一四年、一六四〇～一七〇一）は真言宗の僧で、仏教言語学とも言うべき悉曇（しったん）学を高野山で学んだ。『万葉集』の注釈を徳川光圀から委嘱された下河辺長流が病に倒れたため、友人としてその事業を継いで、『万葉集』の初の全巻注釈としての『万葉代匠記』を完成させ、晩年は、大坂の円珠庵に隠棲した。契沖の古典注釈は、『古今集』『伊勢物語』『源氏物語』さらに「小倉百人一首」と多岐にわたっているが、宣長は、契沖の『百人一首改観抄』によってその学問に触れて深い感動を受けたのである。

宣長を契沖に導いたのは、景山である。景山は和学にも秀れた見識を持ち、契沖の高弟である今井似閑の門人であった樋口宗武という人物と親交を深め、寛延元年（一七四八）には、宗武と協力して『百人一首改観抄』を公刊するほど契沖を敬仰していた。『不尽言』でも、「契沖師ハ水戸ノ文庫ノ秘書ヲモ偏（あまね）ク覧（み）、ソノ外（ほか）歌学ヲ極メシ宏覧逸材ノ人」と契沖を評価している。宣長が「百人一首改観抄を、人にかりて見て」と言うのは、景山からの借覧を言うのであろう。

## 「歌まなびのすぢ」

では、宣長が契沖から学んだという「歌まなびのすぢ」とは何なのだろうか。『排蘆小船』において宣長は、

> 近代難波ノ契沖師此道〔歌〕ノ学問ニ通シ、スヘテ古書ヲ引証シ、中古以来ノ妄説ヲヤフリ、数百年来ノ非ヲ正シ、万葉ヨリハシメ多クノ註解ヲナシテ、衆人ノ惑ヒヲトケリ、ソノ著述多ケレトモ、梓行セサレハ世ニ知ル人マレナリ、オシイカナ

と述べている。契沖の古典解釈が、「古書ヲ引証」しながら進められていることに、「中古以来ノ妄説」との質の違いを見ているのである。古歌に向き合うには、一言一句について「古書」に照らして実証的にその語義・語感を明らかにした上で、その歌意を捉えねばならない。これが「歌まなびのすぢ」であろう。宣長は、契沖を「中興ノ歌学者」と称え、「古書ヲバヒロク考ヘズシテ、タヽミタリニ自分ノ憶（ママ）説ニテスマシ……タヽ一スヂニ、御家ノ悪説ヲマモル」ことに汲汲としている多くの歌学者と比べて、

契沖師ハ、ハジメテ一大明眼ヲ開キテ、此道ノ陰晦ヲナゲキ、古書ニヨツテ、近世ノ妄説ヲヤフリ、ハシメテ本来ノ面目ヲミツケエタリ、大凡近来此人ノイツル迄ハ、上下ノ人々ミナ酒ニヱヒ、夢ヲミテヰル如クニテ、タハヒナシ

として、契沖の歌学の学問としての確かさを強調している。

宣長が京都時代に残した読書摘録には、契沖の『万葉代匠記』から、「大宰帥大伴卿〔旅人〕讃酒歌」についての契沖の評言が引かれている。「代匠記曰、モロコシニハ、豪邁不羈ノトモカラヤ、モスレハ此ノオモムキ〈酒ヲ賞スル事〉ヲ詩文ニモ作レリ。本朝ニハ……古今ヨリ後ノ集ニハ……酒ナトヨメル事マレ也、大底異国ハ飲食ニフケリテ、此国ハ色ヲ好メリ」がそれであるが、ここには比較文学的に問題を大きく見渡す視点がある。宣長は、契沖のこうした面も見逃してはいない。

# 第二章　「物のあはれを知る」

## 1　『排蘆小船』

五年半の京都時代は終わった。松坂に帰ってからの日々を、『家のむかし物語』「くすしのわざ」は

> 同〔宝暦〕七年十月に、京より松坂にかへり、これよりくすしのわざをもて、家の産(ナリ)とはして、もはら皇朝のまなびに心をいれて、よるひるといはずいそしみつとめぬ

と記して、本文「家の産とはして」の後に、次のような細注を挟(はさ)んでいる。

> 医のわざをもて産とすることは、いとつたなく、こゝろぎたなくして、ますらをのほい(本意)にもあらねども、おのれいさぎよからんとて、親先祖のあとを、心ともてそこなはんは、いよ〳〵道の意にあ

らず、力の及ばむかぎりは、産業（なりわひ）をまめやかにつとめて、家をすさめず、おとさざらんやうをはかるべきものぞ、これのりながゝろ也

医師（くすし）として生計を立てることは、宣長個人とすれば「つたなく」、つまり見苦しいことで「ますらをのほい」ではないが、自分一人の都合や意向で「家」を傾かせるわけにはいかなかった。ここでは触れられていないが、母を悲しませたくないという思いとも重なっただろう。同時に、医師を目指した時点で本居姓に復した宣長の意識の中で、「吾家の先祖は、……尾張守平頼盛六代後胤、本居県判官平建郷……」と名乗られる「ますらを」としての矜持がいかに強いものだったかが伝わってくる。

帰郷から五年間の日記は「日録」として残されているが、その始まりが

宝暦七年丁丑十月六日、自二京師一帰二松坂一、称二本居春庵一、行二医事一

であるように、事項が簡潔に漢文体で記されるだけで（例外的に和文体のこともある）、そこには何ら感情的な叙述はない。ちなみに号の春庵は、蕣庵・蕣菴とも表記されるが、京都時代の宝暦五年三月から、寛政七年（一七九五）二月に中衛に改められるまで用いられた。十月の記録はこれだけで、翌月も同じ調子で

十一月朔、参宮、其夜宿二山田浦口古森氏一〔母方の伯母の嫁家〕

二日、還

のみである。何も語らず、黙々として医業に従った宣長が生の喜びを実感できるのは、「皇朝のまなび」のために机に向かう時だけだった。

### 「歌ノ本体」

歌論『排蘆小船』（内題は『あしわけをぶね』）は、漢字カナ混じり文で書かれた未定稿で、長く篋底に秘められて世に知られることはなかった。帰郷の翌年である宝暦八年（一七五八）か九年の執筆ではないかとされるが、京都時代の作とする見解もある。いずれにせよこの作品は、宣長の京都時代の勉学と思索の結晶である。書名は、『万葉集』の恋歌「湊入りの葦わけ小舟障多みわが思ふ君にあはぬころかも」（巻十一）に拠り、宣長は、湿原の葦を掻き分けながら「わが思ふ君」に逢うために湊に着岸しようとする小船に自らをなぞらえている。

『排蘆小船』は、次のような問いから始まる。

歌ハ天下ノ政道ヲタスクル道也、イタツラニモテアソヒ物ト思フベカラズ、コノ故ニ古今ノ序ニ、コノ心ミエタリ、此義イカ、

歌は遊戯ではなく、「政道ヲタスクル道」であり、それは『古今集』の「仮名序」に言われている通りだというのである。返答は、こうである。

答曰、非也、歌ノ本体、政治ヲタスクルタメニモアラズ、身ヲオサムル為ニモアラズ、タ、心ニ思フ事ヲイフヨリ外ナシ

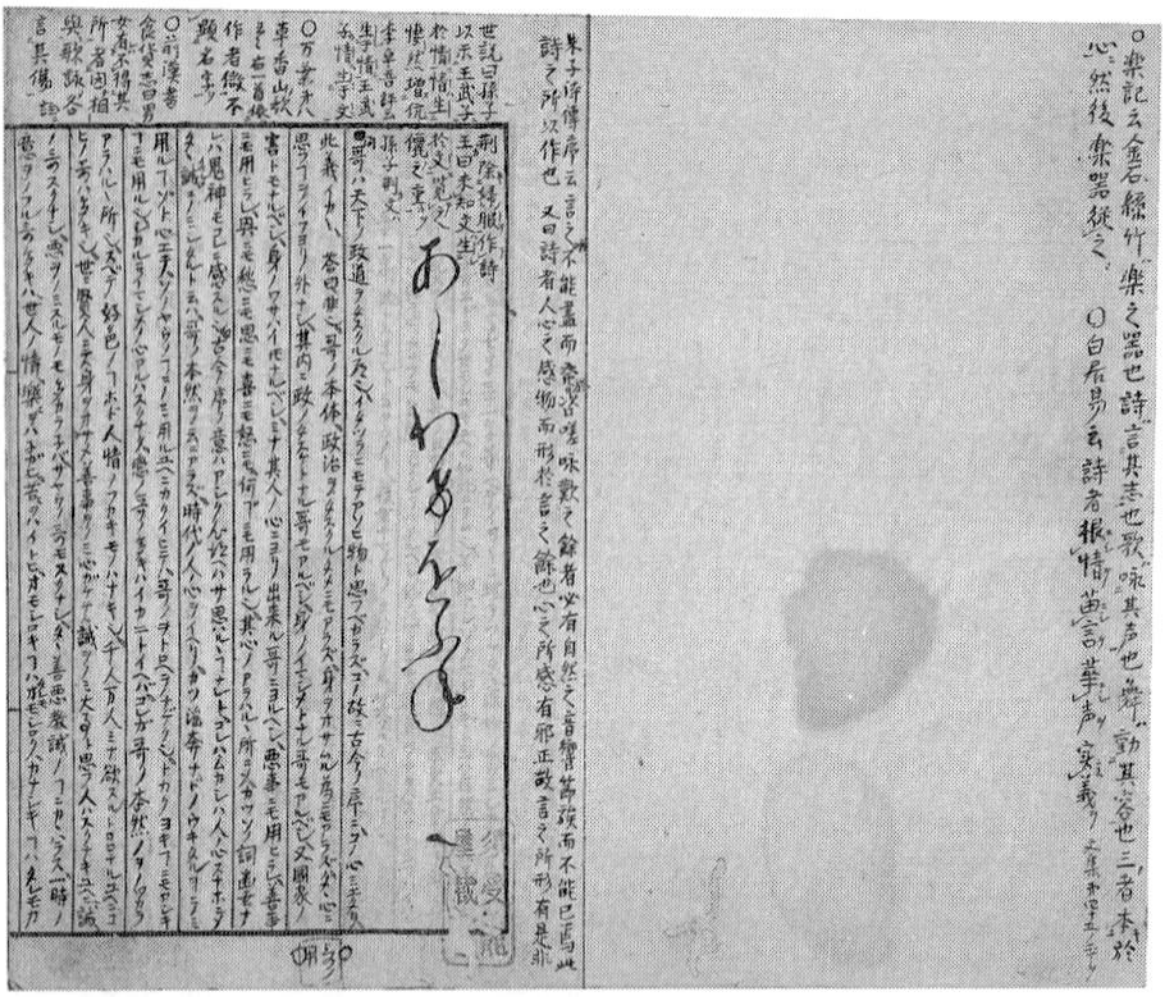

『排蘆小船』

宣長が問題にするのは「歌ノ本体」、つまり歌の本質である。そして問いにはなかった「身ヲオサムル為」も加えながら、「歌ノ本体」は、政治や道徳との関わりにおいて捉えられるべきものではなく、「心ニ思フ事ヲイフ」という一点で考えられなければならないと主張している。宣長も、為政者が民情を知る、一身の訓戒にするといった効用を歌が持つことを否定するものではない。ただ「歌ノ本体」はそこにはないと力説する。

歌とは何かという問題について、広く承認された理解は、冒頭の質問者も引照したように『古今集』に紀貫之が寄せた序文であり、それはこう述べられていた。「やまとうたは、人のこころをたねとして、よろづのことのはとぞなれりける、世の中にある人、ことわざしげきものなれば、心におもふことを見るものきくものにつけていひいだせるなり、花になくうぐいす水にすむかはづのこゑをきけば、いきとしいけるもの、いづれかうたをよまざりける、ちからをもいれずして、あめつちをうごかし、めに見えぬおに神をもあはれとおもはせ、をとこをむなのなかをもやはらげ、たけきもののふの心をもなぐさむるはうたなり」、これが貫之の序（「仮名序」）の説く歌の在りようである。そして、「仮名序」は、かつて天皇が、献上された歌によって廷臣の賢否を知った古き良き時代を懐しみ、いつの間にか歌が「いろごのみ」の弄び物のようになってしまった現実を嘆き、自然界や幽冥界にもその力が届き、人間社会に和合をもたらした歌徳を復活させるべく勅撰の和歌集を編纂しようとする事業の偉大さを讃えるのである。これに対して宣長は、「仮名序」が著された状況からしてやむを得ないとはいえ、貫之の論旨は、結果として「和歌ノ用」に傾き過ぎて、その「本体」についての論及が足りないと見ている。

天下政道ノタスケトナルハ、和歌ノ用也、又好色活計ノタメニナルモ、和歌ノ用也、ソノ中ニテ、政道ノタスケトナルハ、大ニシテ善ナル用也、好色ノタメニスルハ、小ニシテ悪ナル用也、タ、善悪大小ハ、ソノ用ヒヤウニヨル事ニテ、和歌ノ本体ニ、善悪大小ハナキ也、貫之ノイハレシモコレ也

貫之自身は、歌の本質と効用を区別していたが、後の祖述者たちは、「天下政道ノタスケトナル」ところに歌の意義を認めるようになってしまった。これが宣長の見解である。

「ヨキ歌」　「歌ノ本体、……タ、心ニ思フ事ヲイフヨリ外ナシ」とした宣長は、では「心ニ思フ事ヲイフ」だけで歌になるのかと自問して、「ヨキ歌」「ウルハシキ歌」とは何かという問題、つまり歌にとって美とは何か、技巧・修辞とは何かという問題に進んでいく。このように問題を立て直すことで、宣長の思索は深められていく。歌が歌であるためには、何が必須なのか。

文字ノ数ヲサダメズ思フマヽニイフハ、歌ニアラズ、ツネノ言語也、ホトヒヤウシヨキヲ歌トス

文字数の約束、程(ほど)や拍手(ひょうし)の心地よさ、これがなければ、歌とはいえない。

イカニ情ガフカキトテ、悲シカリケリ悲シカリケリナトイヒテ、鬼神ハ感ズマジ、深切ナル心情ヨリ出テ、其歌シカモ美(ヨ)ケレハ、ヲノツカラ感応モアルベシ

そしてそれは、何を歌うのかにも関わる。どれほど「深切ナル心情」であっても、名誉欲や金銭欲、憎悪や怨恨を歌ったところで、「ヨキ歌」「ウルハシキ歌」にはならない。

歌の美を、宣長は「風雅」として捉えた。文字数も自由とし、俗語も取り込み、ありのままに詠めばよいという主張に対して、宣長は、こう論じている。

和歌ハ……風雅ナル中ニ風雅ヲ求ントスル事ナレハ、ヲノツカラセハク事スクナクナル理也、俗間ノイヤシキ事態ヲアリノママニ詠シ、ツタナキ詞ヲモノゾカズニイハバ、歌ハ歌ナガラヨキ歌トハイハレヌナリ

こうも言う。

世ノウツリカハルニシタカフテ、ツネノ言語ハナハダカハリ、キタナクナリユキ、人情モヲノツカ

ラ軽薄ニナリタル世ナレハ、詞ヲカザラズシテ、心ノアリテイヲヨマムトオモヘハ、甚タ下劣ノ歌ニナルヘシ、今ノ世ノ情ヲ、今ノ世ノ詞ニテヨミタラバ、イトミニクカルヘシ

「風雅」の世界を開くのが「ヨキ歌」で、拙劣な、あるいは汚い言葉で「俗間ノイヤシキ事態」をそのまま詠むのは、宣長からすれば「下劣ノ歌」でしかない。

では、「俗間ノイヤシキ事態」が歌の素材として不適切とされるのはなぜだろうか。宣長は、『排蘆小船』の頭書（後日の書込みであろう）で次のように述べている。

天地ノアイタニアリトアル事、古今ノ事態性情ナニ事ニテモ、歌ニヨマレズト云事ナシ、歌ハ広大無辺ナルモノニテ、天地万物ミナ歌ニモルル事ナシ

こういう言い方の中に、かつての「物ニ大同ス」や「天地万物、皆吾ガ賞楽ノ具ナルノミ」に通じるものを見て取ることは出来るだろう。しかし宣長の言葉は、こう続く。

然ルニ今歌道ノセハクシテ、ヨム事ノスクナキハ、ヨキガ中ニモヨキヲエラムユヘノ事也、スヘテナニ事モ、ヨキヲエラヒ〳〵スル時ハ、セハクチイサクナル也

「天地万物ミナ歌ニモルル事ナシ」とは言いながら、例えば春の花ならまず梅、そして何よりも桜が詠まれ、桜が散れば藤や山吹である。美は、それらにおいて典型化され、歴代の歌人は、飽くこと

なくそれらを詠み続けた。春の鳥は鶯であり、夏は郭公（ホトトギス）というように、歌に詠まれる対象は「セハク」「スクナキ」ように限定される。宣長はそれを、視野の狭窄とか着想の類型化などとは全く考えない。そうではなく、長い歳月をかけて、才能ある多くの歌人たちが磨き上げてきた美意識によって、多くの春の花の中から、梅・桜・藤・山吹が選び取られたのだと考える。「ヨキ歌」「ウルハシキ歌」を詠むためには、この美意識に連らなり、それを体感し体得しなければならない。美の典型は、四季それぞれの植物や動物、景物、あるいは年中行事などでも選び取られている。恋を詠うにしても、下品に堕ちない情感豊かな詠い方の典型があって、それを真似（まね）ることが必要だと宣長は言うのである。

では、真似るとはどういうことだろうか。「軽薄ニナリタル世」に生きる者が、何をどうすればよいのだろうか。

### 「風雅」の体得

此道ハ風雅ヲ本トスル事ナレハ、随分ツネ〱、心ヨリハジメ、スヘテノフルマヒ、温雅ヲムネトスヘシ、野鄙ナル事、麁相ナル事、セハ〱シキ事ナトハ、キラヒテ、心詞行儀マテ、イカニモヲタヤカニ、和ヲムネトシ、ヤスラカナルヲヨシトス

「野鄙ナル事」「麁相ナル事」「セハ〱シキ事」を避け、「ヲタヤカニ」振る舞うことが第一の前提だと宣長は言う。歌を詠む時にどうあるべきかという前に、「ツネ〱」の暮らしぶり、日常の挙措が問題だというのである。しかし、と宣長は続ける。

サレハトテムリニツトメテ向上フリ、ヤサカタメカントスルハ、ナヲ〱ウルサクニクキモノ也、

> タ、何トナクヤスラカニ、温和ナルヘシ

そこに「ヤサカタ（優形）メカン」とする作為性があってはならず、「タ、何トナク」自然に「ヤスラカ」で「温和」であることが望ましい。こう述べる宣長であるが、同時に、

> 人情ニ通シ、物ノコ、ロヲワキマへ、怨心ヲ生シ、心バセヲヤハラクルニ、歌ヨリヨキハナシ、春タツ朝ヨリ、雪ノ中ニ歳ノクレユクマテ、何ニツケテモ、歌ノ趣向ニアラサル事ナシ

というように、歌を詠むことで「心バセヲヤハラクル」という面にも着目している。「温雅ヲムネ」とした日常が「ヨキ歌」を詠む前提ではあるが、問題は、その一方向で捉えられるような単純なものではない。歌人の眼をもって日常の物事に接することで、より温かくそれらに向き合い、「物ノコ、ロ」を知る、そういう日常を生きられたなら、すべての物事は「歌ノ趣向」にかなうものになるとも宣長は述べている。

もう少し、「風雅」の体得について宣長の言うところを聞いてみよう。

> 古人ノヨミヲケル歌トモニ心ヲヒソメ、起居ソレニナレシメバ、又ヲノツカラ情モ化シテ、古人ノ雅意心ニ生シ、自然ノ風雅モアルヤウニナル也

こうも言う。

伊勢源氏枕草子狭衣ナント、其外アハレナル文トモ、ツネニヨミナントスレハ、ヲノツカラ心モエン（艶）ニヤサシクナリユキテ、古人ノ心ニナリユキ、花鳥ニ心ヲト、メ、月雪ニ目ヲヨロコハシ、四季オリ〳〵ウツリカハルアリサマ、ソノ外ウキ世ノウレシキカナシキニツケテモ、ヲノツカラ心ト、マリ、趣モアルヤウニナリユケハ、ヨミイツル歌モ、自然ノ情ニナリモテユク也

「起居ソレニナレシメバ」と言うほどに、王朝文学に親しみ、古歌を味わうことで、その美意識と一体化すれば、古人と同じように「花鳥」「月雪」を詠わずにはいられないのである。「風雅」は、学ぶべき対象として外在するものではなくなり、自らの情感や身体に深く浸透したものとなる。それを宣長は、「古人ノ心」に「化」する。あるいは「古人ノ雅意」「自然ノ風雅」が身に備わると捉えている。

このように説きながら、宣長の議論はそれに尽きるものではない。表現という行為に、完璧なコピーはありえないからである。

歌ハフルキ詞ニテモ、一字二字ノワカチ、テニハノツカヒヤウナトニテ、各別ニ新シクトリナサル、也、……詞モ情モ少シノ事ニテハナハタ新シク面白クナル事也

古歌の「一字二字」を変えることで、あるいは助詞（テニハ）の使い方を工夫することで、思わぬ新しさ、面白さが生まれるというのである。新奇を狙った歌は卑しいが、古人の「風雅」に倣いながら、そこに今を生きる者としてのセンスが活かされることは望ましい。「少シノ事」の工夫によって

「新シク面白クナル」、そこに歌の技巧の展開があるわけで、それが可能なのは、今を生きる者の中に、「古人ノ雅意」「自然ノ風雅」が血肉化されていればこそだと宣長は考えている。

## 『古今集』と『新古今集』

では、歌の歴史を顧みて、「ヨキ歌」の手本とすべきは何だろうか。『古今集』と『新古今集』について、宣長はこう述べている。

和歌ノ道ニヲキテ、第一ニ古ヘノ風体ヲミ、ヨキ歌ノサマヲマナフニ、此古今集ヲ以テ規矩トスル事、末代迄カハル事ナシ

『新古今集』は、「此道ノ至極セル処」「善ツクシ美ツクシテ、此上ナキ歌道ノ全備」と評価されながらも、それは「規矩」とすべきものではない。「規矩」はまず『古今集』、やや広く言えば、『古今集』に続いた勅撰集である『後撰集』と『拾遺集』を加えた三代集である。「三代集ヲズイブンマネテヨミツクレハ、当世テウドヨキ歌ニナル也」とも宣長は述べている。

新古今ノヨキ歌ドモハ花実アヒグシテモツトモメテタキモノ也、サレトモコレヲマナンテコノ風ニヨマムトスル時ハ、花ノミニナリテ実ナキ歌ニナル也、ソレユヘ新古今ヲマネル事ヲキラフ也

歌を学ぶというのは、歌を真似ることである。芸術性という点からは、『新古今集』こそが絶頂であるが、それを真似ようとすれば、技巧の華麗さを追うだけで終わって、「実ナキ歌」になってしまうと宣長は言っている。

契沖や景山が好感を寄せた『万葉集』は、詠歌の手本としてはどうだろうか。宣長は、「アマリニ古雅ナルホトニ、後世ノ人ノ耳ニ可ナラズ、反テ鄙俗ニオツル也」として、「万葉ヲマネテヨマムトスルハ大ナルヒカ事也」と主張している。ちなみに宣長は、「冲師ハ訓話ニノミ力ヲツクシテ、歌ノヨミカタ風体ナトノ事ニ論ジ及ホサス」と述べて、契沖について、歌学者としての業績と、作品の文学性を見ぬく眼力のほどとを区別している。

話を進めよう。宣長は、

歌ト云モノハ、心ニ思ヒムスボル、事ヲ、ホトヨク言出テ、ソノ思ヲハラスモノ也

と述べるが、それは素朴な「実情」論ではない。歌の本質を「心ニ思フ事ヲイフヨリ外ナシ」とする立場は揺らがないが、それを「ホトヨク」表現する、他者に効果的に伝えるという問題の重さを宣長は自覚している。

ソノ歌ノヨキヤウニトスルモ、又歌ヨム人ノ実情也、……我実心トタカフ事ハアルベキ也、ソノタガフ所モスナハチ実情也

虚構によることで伝えられる真実もあるだろう。景山は、詩や歌を「実情」の表出としたが、宣長はその「実情」論を受けながらも、そこに虚構も含めて、より「ヨキヤウニ」修辞を工夫するという文学的創造の次元にまで視野を広くとって論じるのである。

さて『排蘆小船』には、次のような問答がある。登場するのは、身分の高い何事にも自身に満ちた人物である。

「恋ノ歌」

一縉紳先生アリ曰ク、歌ハ吾国ノナラハセナレトモ、何トナク言（コトハ）モ女童ノヤウニテ、心モハカナクアダ〳〵シキモノ也、大丈夫ノワザニアラス、コトニ恋ノ部ヲタテテ、ソノ歌甚多シテ、イト淫靡ナルモノ也、恋歌ニアラヌモ、花鳥風月ノアタナル事ノミニテ、正実ナル事ハタエテ詠セス、今日ノ用ナシ、無益ノ物也、返テ人ヲシテ心トラケ、淫乱ニ導クノハシタラシム、決シテ詠スル事ナカレト

「アダナリ」は、浮ついていること、「アダ〳〵シ」は、浮気だ、不誠実だということである。「大丈夫」（『孟子』滕文公下）を理想とするこの人物――和歌は「淫靡浮華ノ辞」を弄ぶと論難してきた学友の清水吉太郎を連想させる――の批判について、宣長は、

和歌ハ……只思フ事ヲ程ヨク云ツヽクルマテノ事也、然シテ人間ノ思情ノウチ、色欲ヨリ切（セツ）ナルハナシ、故ニ古来恋ノ歌尤多シ、……人欲ノ切ナル所ユヘニ、恋ノ歌ニハ別シテ名歌多シ

と述べ、別の箇所では、「人ノ妻ヲ犯スナト云事」を話題にして、

スマジキ事トハアクマテ心得ナカラモ、ヤムニシノビヌフカキ情欲ノアルモノナレハ、コトニサヤ

ウノワザニハ、フカク思ヒ入ル事アル也

と言い、さらに

イヨ〳〵人情ノ深切ナル事、感情フカキ歌ノヨツテ起ル所也、源氏狭衣ノアハレナル所以也

と述べられ、その頭書には

歌ノ道ハ善悪ノギロンヲステテ、モノノアハレト云事ヲシルヘシ

として「モノノアハレ」という言葉が見える。縉紳先生との問答に戻れば、宣長はこの遣り取りの頭書で、「欲ト情トノ差別」について論じている。

欲ト情トノ差別アリ、欲ハカリニシテ情ニアツカラヌ事アリ、欲ヨリシテ情ニアツカル事アリ、又情ヨリシテ欲ニアツカル事アリ、情ハカリニシテ欲ニアツカラヌ事アリ、コノ内歌ハ情ヨリイヅルモノナレハ、欲トハ別也、欲ヨリイツル事モ情ニアツカレハ歌アル也、サテソノ欲ト情トノワカチハ、欲ハタ、ネカヒモトムル心ノミニテ、感慨ナシ、情ハモノニ感シテ慨歎スルモノ也、恋ト云モノモ、モトハ欲ヨリイツレトモ、フカク情ニワタルモノ也

『排蘆小船』の冒頭には、「タ、心ニ思フ事ヲイフ」のが歌だとされていたが、この頭書では、「感慨」の有無で「情」と「欲」が区別され、「モノニ感シテ」心の中に引き起こされる「感慨」の表現が歌だと踏み込まれている。

縉紳先生は、和歌の用語や心意は「女童ノヤウ」だと難じたが、宣長は、それを切り返すように、

人情ト云モノハ、ハカナク児女子ノヤウナルカタナルモノ也、スベテ男ラシク正シクキットシタル事ハ、ミナ人情ノウチニハナキモノ也

として、「正シクキットシタル事」は、世間態を気にして取って付けられたものだと批判し、

モトノアリテイノ人情ト云モノハ、至極マツスクニハカナクツタナクシドケナキモノ也

と主張した。「人ノ情ノアリテイハ、スベテハカナクシドケナクヲロカナルモノ也」とも言われる。「シドケナシ」とは、しまりがなく、だらしないことである。

宣長は、人情の飾らない姿を、弱く、締まりがなく、愚かしいものと捉え、それが隠しようもなく切実に現われるのが、恋をした時だとし、その人情の真実を詠うのが歌だと考えた。これに対して、「正シクキットシタル事」をよしとするのは「近世武士ノ気象、唐人議論ノカタギ（気質）」だとする。立て前を優先させて人情の真実を見ようとしないのは、儒教を典型とする中国の伝統であり、それに染まっているのが武士のモラルだと考える宣長は、例えば武士の場合、「イサキヨク」死ぬべきだと教え

られていても、最後の瞬間には、「故郷ニノコシヲキタル妻ヤ子」「老タル親」にもう一度会いたいと思いながら死ぬものであり、それが人情の本当の姿だと論じている。

**古今伝授**

最後に、堂上歌壇に対する宣長の見方と、古今伝授をめぐる議論を紹介しておこう。堂上と地下(ぢげ)は、清涼殿への昇殿を許された者とそれ以下の者の区別であるが、ここでは、宮廷歌壇と民間歌壇に置き換えてよいだろう。宣長は、「歌ハ堂上ニヨラデハカナハヌ事也、地下ノ歌ハ一向用ヒカタシ」という通念の根強さを取り上げて、

古今ノ序ニ、イキトシイケルモノハ、鶯蛙マテモヲノレ〳〵ガ歌ヲヨムトアルニ、マシテヤ人トシテ、ナトカハ歌ヲエヨマサラン、ソノヨム歌ニ、ヨシアシハアルハヅナレトモ、ソレモ貴賤ニヨルヘキ事ニアラズ

と論じ、藤原定家の歌論書『詠歌大概』から、「和歌ニ師匠ナシ、タ、古歌ヲ以テ師トス」の一節を引いて、堂上の権威を振りかざすような風潮を批判した。

『古今集』の特定の語句の解釈を秘伝とするのが、古今伝授である。宣長によれば、足利義政に仕えた武将で歌人・連歌師であった東常縁(とうつねより)がそれを言い出し、宗祇、三条西実隆(逍遙院)、細川幽斎を経て、後水尾院に伝えられた。古今伝授は、貫之から始まり定家も認めていた由緒あるもののように喧伝されているが、すべて歴史の偽造である。宣長は、「コレハ東野州常縁ナトノツクリコシラヘテ、貫之ヨリ次第相伝ト矯(いつ)ハリタル事ニマキレナシ」と断言して、古今伝授は「此道ノ大厄」、常縁は「此道ノ大罪人」とまで言っている。しかし一方の現実として、古今伝授を「歌道ノ血脈」「朝廷ノ重

典」として尊信してやまない人々も多い。古今伝授にどう向き合うべきか、宣長は次のように述べる。

御代々ツタハリ来ル重事ヲ、今詮ナキ事也トテ廃シ玉フヘキニモアラス、只ソノ本ノワケヲヨク〳〵心得居テ、マトハスシテ、サテ敬ヒ尊フヘキ也、予ハ古今伝授ハオカシキ事也ト思ヘト、今ソノ重典ナル事ヲ敬スル也

すべてを承知した上で宣長は、代々の朝廷がそれを重んじ、人々もそれを尊いものとしてきた、その事実を事実として引き受けて、事々しく異を唱えることをしない。事がらとしては何の意味も認めないが、それを尊信してきた人々の気持ちを傷つけることはしない、これが宣長の立場であった。

## 2　歌会・講義・結婚

帰郷の翌年、宝暦八年（一七五八）五月、京都の医家からの養子縁組の話があり、宣長も心が動いたらしく上京しているが、結局この件は流れた。

### 嶺松院歌会

松坂での宣長は、宝暦八年二月、嶺松院（れいしょういん）の歌会に加わった。嶺松院は、小津家の菩提寺である樹敬寺の塔頭（たっちゅう）（敷地内の小院）の一つで、そこでは享保年間から歌会が催されていた。京都時代の宣長が、新玉津嶋神社の森川章尹の、後には有賀長川の歌会に加わっていたことは既に述べたが、長川の指導は、宣長の帰郷後も一年半ほど、宣長が詠草を送り長川が添削して返すという形で続いている。十八歳の冬から始められた歌学ノート『和歌の浦』も、京都時代を通じて書き継がれていた。京都時

代の宣長の歌を一つ、紹介しておこう。宝暦六年（一七五六）三月の「在京日記」から引く。

廿三日、景山先生、武先生父子［武川幸順と父の幸哲］に供なひて、高台寺の春光院にて花見侍りける、……景山公のよみ給へる

春風にあらそひかねて山さくらちらぬ花さへしつ心なき

やつかれ［謙遜の自称］もよめる

咲花に風も心やとまるらんさはく梢のちるとしもなき

此外、景山先生も歌多くよみ給へる、いとおもしろきこと共なりし

景山門では、花見・月見・萩見などに歌は欠かせないものだった。

嶺松院の歌会に戻ろう。宝暦八年、宣長は

としころ京にすみけるか故郷にかへりて初春に

春くれはこゝも霞の立そめてしのふみやこの花のおもかけ

わかれてはいく度雪もふるさとの空めつらしく立かへる春

と詠って、六年ぶりに故郷での新年を迎えている（『石上稿』）。嶺松院歌会への最初の出詠は、

嶺松院月次兼題［予め出されている題］　風光日新

きのふまてひはらにくれし鐘の音も花にあけゆくをはつせの山
なにはえやきのふつのくむ蘆の葉もみとりになひくけさの春風
さすかまたきのふは雪のみよしのも花まつほとにかすむ山のは

の三首であった（同前）。この後、月二回（一一日と二五日が定日）の歌会には、五十歳代の半ば過ぎまで、ほぼ毎回欠かさずに出席している。

嶺松院歌会に加わる前後、その年の一月から三月にかけて、宣長は『万葉集』と二十一代集（『古今集』から『新古今集』までの八つの勅撰和歌集である八代集と、その後の十三代集の総称）を通読して、その中からおよそ千九百首に近い秀歌を選び、それらを部立てして、春・夏・秋・冬を上巻に、恋・雑・別・旅・哀・神・釈・賀を下巻とした詞華集を編んで『古今選』と名付けた。そこに選ばれた歌は、『新古今集』からのものが三百四十首で最も多く、『古今集』からが二百二十三首でこれに次いでいる。歌人別では、定家が百三十八首で群を抜いている。かりに『排蘆小船』が宝暦八〜九年の成立とすれば、歌とは何かを正面から論じた『排蘆小船』の主張を揺るぎないものにするために、和歌の歴史を自分なりに総括しておこうとしたのかもしれない。

**『源氏物語』開講**

さて、帰郷から一年三ヶ月ほどたった宝暦九年（一七五九）一月の「口録」に、和文体でこう記されている。

十三日、夜源氏物語開講、此源氏の講談は、去年の夏よりはしめけるが、冬中に葵巻までおはりて、こよひ榊［賢木巻］より又はしめぬ宣長は、嶺松院歌会に出席するようになった年の夏から、自宅で『源氏物語』の講義を始めていた。その聴講者の多くは、歌会の会員だったらしい。

『源氏物語』の講義は続けられながら、宝暦九年三月からは、『伊勢物語』の講義が開始された。『伊勢物語』の講義は、その年の十二月に終業し、『源氏物語』は、年末に玉鬘巻の半ばまで進んだ。年が明ければ、一月から『土佐日記』の講義に取り掛かり、五月に『土佐日記』が終わると『枕草子』へ進み、その後も契沖の『百人一首改観抄』から『万葉集』へと、講義は精力的に進行した。二・六・九（後に一〇）の日を定日として月に九回行われた『源氏物語』の講義を柱として、その他古典の講義を並行させるというのが宣長のスタイルであり、ほぼ隔日、夕食後に講義がなされている。

『源氏物語』全巻の講義は、開始から八年をかけて、明和三年（一七六六）七月に完了した。宣長は、すぐに第二次の全巻講義に入り、これも八年余の後、安永三年（一七七四）十月に終え、第三次の講義を翌年一月から天明八年（一七八八）五月まで、十三年余を費して果たし、翌月からは第四次の講義に取り組んだが、この講義は、宣長の死によって中断されることになる。

『源氏物語』の講義を始めた宝暦八年夏から数年以内、遅くとも宝暦十三年までに著わされたと思われるカナ混じり文の小冊子が、『古言指南』である。十四項にわたり、「古言」を理解するための要点を論じているが、その書名や、物語に限定して論じられていることから、実際に王朝文学を講義していく中で、とくに聴講生の注意を喚起したい問題を覚え書として記したものではないだろうか。

『排蘆小船』でも宣長は、「文字ハ異国ノ文字ニテ仮リ用ルマテノ事也、音声ニ付テハ、随分ギンミスヘシ」と述べていたが、その趣旨は、歌にとって文字表記は二次的なもので、歌の生命は「音声」にあるということだった。『古言指南』でも宣長は、漢字は「借り物」だと論じているが、そこでの関心は、「古言」と漢字表記の間のズレにある。例えば「かなし」という「古言」を「哀シ」と表記すれば、「かなし」と「哀シ」は大体の意味では重なるが、ぴったりと一致しているわけではない。そこには必らずズレがあるから、「古言」を理解するには、「哀」という漢字に引きずられることなく、「かなし」の原義や文脈の中での意味を探らなければならないと宣長は説いている。そういう能力や感覚を養うための訓練として有効なのは、「今ノ俗語」で訳を試みることだとして、『源氏物語』帚木巻から例を引いて、「いとよかゝなり」は「キツウヨカラウ」、「ことなることなければは、きゝさし給ひつ」は「ベツノコトモナイニヨツテ、オキ、サシナサツタ」と訳してみせている。ここには、今井田家時代の『源氏物語覚書』でなされた難解な用語の口語訳を継ぐものがあると同時に、それが文章全体の訳に進んでいるところに新しい挑戦がうかがえる。

さて、「ヨキ文章」の要件を

スヘテ倭文ハ、ナダラカニ、ハカナク書クガナラヒ也、サテヨキ文章ハ、ハカナクナダラカナル内ニ筆勢ハソナハリテ、力ハアクマデアル事也

と説く宣長は、『源氏物語』を「倭文」の頂点とし、『伊勢物語』や『枕草子』などをそれに次ぐものと評価する。そして、

古物語ヲ見ルニ、其詞ヲ一々我物ニシテ、我ヵ文章ノ材木ニ使ハント心ガケテ見ルトキハ、ヲノツカラ其文ノ意味ノ深キ処モヨク聞エ、其詞ミナ我物ニナリテ、イザ文章カヽント思フトキニ、ソノ

材木ヲトリ出タシテ心ノマヽニ用ユヘシ

と論じて、「古物語」の言葉づかいを自分の中に蓄えて、それを自分の文章において活用することが大切だとする。書いてみることで、読む力も深まるというのである。

**結婚**　ここで、宣長の結婚について述べておこう。宝暦十年（一七六〇）九月、三十一歳の宣長は、母の縁戚に当たる村田彦太郎の娘である美可（みか）を嫁に迎えた。「日録」によれば、その年の一月に、

廿六日、旧冬清兵衛殿［母の弟］以二世話一、聘二村田彦太郎女一、今日可二許嫁一由有二返事一

とある。京都遊学についても何かと援助をしたと思われる村田清兵衛の「世話」であった。九月には、

十一日、夕雨天、自二村田氏一贈二美可荷物一来、使者手代佐助、下人九人也
長持二棹　簞笥二棹　葛籠一荷

とあり、さらに「十四日、乙卯、晴天、卯刻［午前六時ごろ］美可入家」と記され、「日録」とは別に、十一日に新婦の嫁入道具を運んだ者を慰労した献立や祝儀から始まり、十四日の、盃の廻順をはじめとする細々しい婚礼の進行、さらに進物や土産品の一覧などの詳細な記録が「婚姻書紀」として残されている。

しかし、この結婚はうまくいかなかった。三ヶ月後の十二月の「日録」には、

十八日、美可帰レ里、離縁
廿四日、夜返二美可荷物一

とだけ記されている。『家のむかし物語』も含めて、この離縁について宣長はそれ以上を語らない。

### 再婚

そして翌年、宝暦十一年（一七六一）の「日録」には、宣長の再婚について次のような記事が見える。

十一月四日、自二去七月一、津岡藤左衛門以レ媒聘二草深玄弘女一、昨三日、藤左衛門迄二本町入来、有二返事一、今日藤左衛門入来、母人対面、弥許嫁スヘキノ旨也、草深氏者藤堂和泉守医臣也

岡家は魚問屋を営む津の富商であり、藤左衛門は、その五代目だという。

婚礼は、翌年正月に行われた。この正月から「日録」は「日記」と名を改められたが、「日記」には、

十七日、晴天、無風、夜深有レ風○婚礼也、午剋〔正午ごろ〕、新婦到二著本町源四郎殿宅一、媒岡藤左衛門同伴

とあり、列席者の名、料理、土産物や祝儀などが簡潔に書き留められている。そして草深氏側からの

希望で、新婦は宣長の母の名を譲り受けたと記されて終わっている。

新婦について、『家のむかし物語』は、

宣長が妻草深氏、はじめの名はたみ、寛保元年（一七四一）辛酉の十二月十二日に生る、はじめ阿濃津の藤枝九十郎某に嫁す、九十郎死て家にかへる、宝暦十二年（一七六二）正月に、宣長が妻となる、名をかつと改む、これ恵勝大姉の名なりしを、ゆづり給へる也

と述べている。たみは、宣長より十一歳の年少で、この時二十二歳であった。

草深氏は、「藤堂和泉守医臣也」とあったように、津藩の藤堂家の侍医を勤める家柄で、たみの兄である草深玄周（享保二〇～寛政八年、一七三五～九六、後に父を継いで玄弘を名乗る）は、宣長から一年遅れて景山に入門し、宣長とは、一緒に寺社詣りや月見などを楽しむ気の合った友人同士だった。宣長が、宝暦六年（一七五六）四月に父の法事で帰省した折には、津で宣長を迎えて一泊させている。この宣長の再婚をめぐって、大野晋は、草深家に一泊した時に宣長は旧友の妹であるたみを見染め、一方的に恋心を懐いたものの、たみは宣長の気持ちを知るはずもなく、藤枝某に嫁いでしまった。その後、一度はたみをあきらめて結婚した宣長であったが、たみが夫と死別して実家に戻ったことを知り、結婚したばかりの嫁を離縁させて、あらためてたみを妻としたのではないかと推測している（「語学と文学の間――本居宣長の場合」）。その論証を紹介する余裕はないが、大野は、この時の身を切るような経験が、宣長の文学観に決定的な影響を与えたはずだと論じている。

## 3 『紫文要領』

**『安波礼弁』**

寛延二年（一七四九）から翌年、二十歳から二十一歳にかけて、『源氏物語』研究ノートと言うべき『源氏物語覚書』を作っていた宣長は、松坂で『源氏物語』講義を始めた二十九歳の年、宝暦八年に『安波礼弁』と『紫文訳解』という小冊子を編んでいる。『安波礼弁』は、漢字カナ混じり文で著わされ、藤原俊成の歌「恋せずは人は心も無らまし物のあはれも是よりぞしる」にいう「アハレ」とは何かという問いを置いて、その意味を、『旧事本紀』『古語拾遺』『古事記』『日本書紀』などに見られる「アハレ」の用例から帰納的に明らかにしようとしたものである。なお『旧事本紀』は、聖徳太子の遺志によって蘇我馬子が編纂した史書とされていたが、宣長はこの五年後に著わした『石上私淑言』では、これを偽書として斥けることになる。「アハレ」とは何かという問いに対して、宣長が暫定的に出した見通しは、「アハレ」の原義は「天晴（アメハレ）」で、それが促音便によって「アッハレ」となり、時代とともに意味が多義化していったというものである。この理解に立って宣長は、

> スベテ和歌ハ、物ノアハレヲ知ルヨリ出ル事也、伊勢源氏等ノ物語ミナ、物ノアハレヲ書ノセテ、人ニ物ノアハレヲ知ラシムルモノト知ルベシ

と述べている。「天晴」説はほどなく『石上私淑言』で否定されるが、この時期、宣長は「物ノアハ

レヲ知ル」ことを和歌や物語の本質だとする見方を獲得していた。
宣長が、『源氏物語覚書』や『古言指南』において俗語訳を試みていたことは既に紹介した通りであるが、それらに続いて、『源氏物語』中の古語三十七語について、俗語訳を用いながら解説したのが、『紫文訳解』である。例えば「幾古由流（キコユル）」について、

> 俗ニマウスト云事也、……大カタ人ヲ敬シテイフ時ニ言（モノイ）フ事ヲマウスト云也、人ニ対シテモノヲイフ也、人ニ対セズシテヒトリ言ヲ、キコユルト云事ナシ、心ヲツクヘシ

というように、平明な解説と注意点が記されている。

## 『紫文要領』

さて、宝暦十三年（一七六三）六月七日付の奥書（おくがき）をもって、『紫文要領』二巻は著わされた。『源氏物語』全巻の講義を始めて五年、宣長は三十四歳である。「紫文」は『源氏物語』を指し、全体は「作者之事」「述作由来の事」「述作時代の事」「作者系譜の事」「紫式部と称する事」「准拠（ナスラヘ）の事」「題号の事」「雑々の論」「註釈の事」「大意之事上」ここまでが巻上、続いて「大意之事下」「歌人此物語を見る心はへの事」の十二項から構成されているが、その中心は「大意之事」にある。

『紫文要領』の内容に入る前に、宣長の思いの溢れる奥書（自跋）を見ておこう。

> 右紫文要領上下二巻は、としころ丸か心に思ひよりて、此物語をくりかへし心をひそめてよみつゝ、かむかへいたせる所にして、全く師伝のおもむきにあらす、又諸抄の説と雲泥の相違也、見む人あ

やしむ事なかれ

「丸（マロ）」は、宣長が用いる自称で、『石上私淑言』でも使われる。この書き出しで宣長は、『紫文要領』は長い時日をかけて独力で到達した『源氏物語』論であって、決して一時的な思い付きではなく、内容の独創性は密かに自負するところだと述べている。そして、

よく〳〵心をつけて物語の本意をあちはひ、此草子とひき合せかむかへて、丸がいふ所の是非をさたむへし、必人をもて言をすつる事なかれ

「此草子」（『紫文要領』）の読者にあっては、権威や常識から一度離れて「物語の本意」、つまり物語とは何かという問題を考え、その上で「丸がいふ所の是非」を判断してほしい、無名の論者の議論だからということで頭から否定することのないようにというのである。奥書は、

かつ文章かきざまはなはたみたり也、草稿なる故にかへりみさる故也、かさねて繕写するをまつへし、是又言をもて人をすつる事なからん事をあふく、とき宝暦十三年六月七日　舜菴　本居宣長

（花押）

と結ばれた。整わない文章だということで、内容を検討することなしに捨ててしまわないでほしいと宣長は言っている。「かさねて繕写するをまつへし」と記した通り、未定稿であった『紫文要領』は、

後に補訂されて『源氏物語玉の小琴』となり、更に手が加えられて『源氏物語玉の小櫛』となる。『源氏物語玉の小櫛』が仕上がったのは寛政八年（一七九六）、『紫文要領』の実に三十三年後、第二回と第三回の『源氏物語』全巻講義を挟んでのことであり、擱筆から三年の後に『源氏物語玉の小櫛』は公刊された。宣長は、半生をかけてその『源氏物語』論を彫琢していったのである。

『紫文要領』は、『源氏物語』を読むために不可欠の注釈書として、室町時代に著された『河海抄』（四辻善成著）と『花鳥余情』（一条兼良著）、そして江戸時代前期の『湖月抄』（北村季吟著）を挙げ、『河海抄』は「事跡故実由縁出処」に詳しく、『花鳥余情』は『河海抄』をよく補正し、『湖月抄』は「地下の人の作」ということで軽視されることもあるが「簡便」で「よき物」だと評価している。そして契沖の『源註拾遺』について、「古書を引て証せらる」その堅実な学風を讃えながらも、従来の注釈と同じく「物語の本意」に踏み込もうとしない点を遺憾としている。

右古来諸抄、のこる所なく註解こまやかなりといへとも、文章の意味まことの所をつくしてこれを解したることとなし、みな一わたり聞ゆるを詮として、其上の深きあちはひを求めす

「物語の本意」を明らかにするためには、「文章の意味まことの所」を尽くさなければならないのであって、契沖も含めて従来の注釈の延長では、到底「深きあちはひ」には到達しえない、『紫文要領』の「註釈の事」において宣長はこう論じている。奥書の中で、自らの議論を「諸抄の説と雲泥の相違也」と押し出したのは、従来の注釈の姿勢に対するこのような批判を背景にしてのことだった。

『紫文要領』は『源氏物語』について、宇治十帖も含めて作者は紫式部であること、式部が石山に

籠って須磨明石の巻から書き出したという所伝が「妄説」に過ぎないこと、光源氏に特定のモデルがいたわけではないことなどを論じていくが、それらについては立ち入らない。ここからは、『紫文要領』の「大意之事」について、その内容を追っていこう。

宣長はまず、物語というジャンルが「異国の書」にはない独自の様式であることを言う。

凡此物語を論するに、異国の儒仏の書をもて、かれこれいふはあたらぬ事也、異国の書とは大きに類のことなるもの也

では、物語とはどういうものなのだろうか。

物語といふ物は、いかなる事をかきて、何のためにみる物そといふに、世にありとあるよき事あしき事、めつらしき事おもしろきこと、おかしき事あはれなることのさま〲を、しとけなく女もしにかきて、絵をかきましへなとして、つれ〲のなくさめによみ、又は心のむすほゝれて物思はしきときのまきらはしなとにするもの也、……さていつれの物語にも、男女のなからひの事のみおほきは、……人の情の深くかゝること、恋にまさることなき故也

何事であれ、人々の興味を喚起させる事がらを「女もし」で記して、読者はその内容に思いを馳せて「つれ〲のなくさめ」にする、それが物語であるが、人情の自然として「男女のなからひ」が話題としては好まれる。読者は物語に何を求めるのか、この点をもう少し踏み込んで言えば、

むかしの事を今の事にひきあてなそらへて、昔の事の物の哀をも思ひしり、又をのか身のうへをも昔にくらへみて、今の物の哀をもしり、うさをもなくさめ、心をもはらす也

となる。物語の世界に感情移入して、時空を超越した共感に浸り、鬱屈した感情の痼を晴らすのである。『排蘆小船』でも、歌を詠むことで鬱情を晴らすとされていたが、それは作者について言われていた。宣長はここで、読者の側に比重を置いて、文学的共感を論じている。

### 『源氏物語』の中の物語論

『源氏物語』には、物語に夢中になっている玉鬘に、光源氏が語り聞かせた物語論がある（蛍巻）。宣長は、物語の中で開陳されたこの物語論を、紫式部が「源氏物語をつくれる心ばへ」を光源氏に託して語らせたものと見て、『紫文要領』において全文を引いて、そこに込められた式部の真意を敷衍している。

まず光源氏は、物語などは「すゝろこと」ばかりだと言って玉鬘をからかう。これを宣長は、

すへて物語は、なき事を作りたる物にて、実に有し事は、多くの中にもまれ〳〵也、すゝろこととは、たゝ何の心もなく、すゝろにかける浅はかなる物と也

と説明し、そういうものに心を奪われるのは無意味なことだとして、光源氏に意地悪を言わせたのだと解釈する。しかし光源氏は続けて、「つれ〳〵をなくさめ」「此いつはり共の中に、けにさもあらんと哀をみせ」るものとして、物語は無駄なものとばかりも言い切れないとも言葉を継ぐ。宣長は、式部が光源氏に「哀をみせ」と言わせたことに注目して、

全体は偽なれ共、その中にけにさもあるへき事と見えて、感する所あるもの也、……物の哀をしるといふは、こゝの事也、その哀をしらさむための源氏物語也

と論を進める。そして、

古来源氏物語を、勧善懲悪のため、ことには好色のいましめにかくといふは、大にひか事也

と述べた。『源氏物語』ではこの後、光源氏が、いずれにせよ物語は、嘘を言い馴れた人の口から出たものだろうと冗談めかし、それに対して玉鬘が、嘘の上手な光源氏らしい発想だと切り返す。宣長は、

源氏物語を見ん人、これはみな空言ぞと思ひて見るときは、感ずる事浅く、哀もふかからず

として、物語世界を「まことの事」と思ってすっかり心を奪われてしまう玉鬘のような読み方に共鳴する。思いがけない玉鬘からの反撃を受けて、光源氏は、「神代よりよにある事をしるしをけるなり、日本記(紀)なとはたゝかたそ(片側)は〔物事の一面〕そかし、これらにこそ、みち〳〵しくはしきことはあらめ」と応じる。宣長はこれを、

玉かつらの、むつかりて、誠のことと思ひ侍るとの給へる故に、たはふれてことはりをの給ふ也、

……此物語共にこそは、道の事くはしき事はあるへけれと、わさとたはふれての給也

玉鬘のひたむきさに押された光源氏が、それを躱わすために「たはふれ」を装いながらも、「ことはり」を述べたものと解釈する。そして光源氏は、物語は「ありのまゝ」を記すものではないが、作者が「後の世にもいひつたへさせまほしきふしくを、心にこめかたくて」書き著わしたものだと語る。光源氏のこの言葉を宣長は、物語というものは「そら言なからそら言にあらす」と受け止める。虚構の力によって、事実以上の真実を描き出すということだろう。これを踏まえて、「そら言」を組み立てる作者と、そこに感情移入する読者を跨ぐ感動の本質を、宣長は

すへて見る事聞事につきて、おもしろし共おかし共、おそろし共めつらし共、にくし共、いとおし共哀共思ひて、心のうこくは、みな感する也、さてその物事につきて、よき事はよし、あしき事はあし、、かなしき事はかなし、哀なる事は哀と思ひて、其ものごとの味をしるを、物の哀をしるといひ、物の心をしるといひ、事の心をしるといふ

と説いている。あらゆる物事には、「物の心」「事の心」があるのであり、その味わいを知ることが「物の哀をしる」ことだというのである。文学的な感動とは、作者と読者が「物の哀をしる」という「心のうこく」体験を共有するところにあると宣長は捉えている。

ここまでを語った宣長は、光源氏の言葉から離れて、「わが国の物語」の特徴について滔滔と論じ出す。

異国の書は、何の書も、とかく人の善悪をきひしく論弁して、物の道理をさかしくいひ、人ことにわれがしこにいひなし、……何となくさかしくかしこけに見ゆる也、わが国の物語は、物はかなくしとけなけにて、すこしもさかしたちかしこけなる事はなく、とかくに人情の有のまゝをこまかにかきいたせり、すへて人の心といふものは、実情はいかなる人にても、おろかに未練なるもの也、それをかくせばこそ、かしこけには見ゆれ、まことの心の内をさくり見れは、たれも〳〵児女子の如くはかなきもの也、異国の書は、それをかくして、おもてむき、うはへのかしこけなるところをかきあらはし、こゝの物語は、その心の内のまことを、有のまゝにいへる故に、はかなくつたなくみゆる也

こう述べて、「われがしこ」に「道理」を押し出す文学と、「人情の有のまゝ」を繊細に描いていく文学の相違を言うのである。

**「物の哀をしる」**　ここまでが、玉鬘に語られた光源氏の物語論をめぐっての宣長の議論である。ここからは少し別の角度から、『紫文要領』で言われる「物の哀をしる」とはどういうことかを見ていこう。

人の哀なる事をみては哀と思ひ、人のよろこふをきゝては共によろこふ、是すなはち人情にかなふ也、物の哀をしる也

他者の哀歓に共感することが「物の哀をしる」ことであるが、それだけではない。

四季おり〳〵の景気は、殊に物の哀を感する物也

とあり、

はかなき器にても、よく作りたるをみてよしと思ふは、則物の心をしり物の哀をしるの一端也

とも言う。「物の哀をしる」とは、他者の感情生活に対する共感の能力を核にして、自然の景物や四季の移ろいに感慨を味わう繊細さ、器物にも及ぶ美的感受性などを含むものであって、宣長は「世にあらゆる事にみなそれ〳〵の物の哀はある事也」とも言っている。

そういう意味で、「物の哀をしる」のが、光源氏である。

源氏君の本末を考ふるに、淫乱なることあけていひかたし、空蟬朧月夜薄雲女院〔藤壺〕なとの事は何といふへきそ、別してはかの女院との事なと、儒仏の教、尋常の了簡にていはは、無類の極悪、とかく論するにも及はぬほとの事也、……かくの如く、不義淫乱をはうちすてゝかゝはらす、源氏君をよき人にしたるは、人情にかなひて物の哀をしる人故也

「物の哀をしる人」は「よき人」とも呼ばれ、女性では藤壺と紫上が「よき人」として挙げられる。そして宣長は、これらの「よき人」が、いずれも「あた〳〵しからぬ」ことを指摘する。「あた〳〵し」は、既に述べたように、浮気っぽいこと、不誠実なことであり、「あたなるは物の哀しらぬに近

し」とも宣長は言う。光源氏と藤壺の密事は「不義淫乱」の極みではあっても、軽い浮気心からのものではなかった。ちなみに、朧月夜には「あたなる」ところが見られるとされる。また柏木の女三の宮への恋は、「あたなる」恋の対極にあって、「身をいたつらになすほとの、物おもひの深き心のほと」が痛々しいと評されるが、柏木は「よき人」には数えられない。「あた〳〵しからぬ」だけでも、「よき人」には届かない。

## 『源氏物語』と仏教

さて、「物の哀をしる」「よき人」である光源氏も藤壺や紫上も、いずれも強い出家願望を懐いていた。光源氏は、栄華の絶頂期から出家に心引かれ、藤壺は、光源氏との子（後の冷泉帝）を産んで出家してしまう。紫上は、女三の宮が光源氏の妻に迎えられてから、一途に出家を願ったものの果たさずに世を去ってしまう。「物の哀をしる」ことと出家願望の間には、何か内的な関係があるのだろうか。宣長は、

仏道は物の哀をすつる道にして、返て物の哀の有事おほし、……殊に物の哀しりてよき人は、やゝもすれは此世をいとひて、世をのかるゝのそみある事を［『源氏物語』は］かけり、これ此世のはかなき事、心にまかせすうき事を思ひしる故なれは、すなはち物の哀をしる也

と述べている。出家とは、俗世の恩愛を断つことであって、人情において忍び難いものである。出家後の勤行もまた、「物の哀をしらぬ人」にならねば出来るものではないと『紫文要領』にはある。ではなぜ、「物の哀をしる人」ほど、世を厭い、世を逃れようと望むのであろうか。それは、「物の哀をしる人」ほど、恩愛に絡まれた世のはかなさ、世の憂さを「しる」ことが身に切実だからだ、宣長は

こう考えている。そして、自らの執着の深さ、罪業の重みに向き合おうとする「よき人」の中に、「物の哀をしる」人間の姿を浮かび上がらせようとする、そこに『源氏物語』の深さを見ようとするのである。

宣長のこうした『源氏物語』への視線の背後には、仏教の成立に関わって、

もと仏〔釈迦〕の深く物の哀をしれる御心より、此世の恩愛につなかれて、生死をはなるゝ事あたはさるを、哀とおほすよりの事なれは、しはらく此世の物の哀はしらぬものになりても、実は深く物の哀をしる也

とまで言われるような、「深く物の哀をしる」者としてのシャカへの共感さえあったのである。ここには、「此世の恩愛」に縛られて「生死をはなるゝ事」の出来ない凡俗に対する宗教的な慈悲を、「物の哀をしる」という観点から捉え返す可能性がある。

しかし『紫文要領』の宣長は、その可能性を自ら閉ざし、方向を転換させる。『源氏物語』が、「よき人」に出家願望を懐かせたのは、そういうものとして当時の王朝社会があったから、その時代の「風儀人情」をありのままに写したということであり、それ以上のものではないとして、次のように説く。

仏の道は深く人情を感動せしむる物にて、智者も愚者も此道には心をかたふくるもの也、ことにわか国はいにしへより、世のうき事あるときは、必かたちをやつし此道にいる事、世間普通の風儀人

情也、……紫式部はをのが見識をたててかたよれるにはあらすとしるへし

「よき人」の出家願望も、「世のうき事」に出会った時の「智者」「愚者」を問わない一般的な志向であり、そこに作者の信条や価値観の反映を読み取ろうとするのは誤まりだと宣長は言っている。

## 『紫家七論』への批判

物語の中から、そこに作者が密かに織り込んだ教説や訓戒を引き出そうとする読み方は、宣長の最も斥けようとしたものである。

此物語を春秋の褒貶をまなひて勧善懲悪のためにかくといひ、又内外の書籍に悪逆無道なる人の事をかけるは、みなそれをみてこらさむためなれは、此物語も好色淫乱の事をかきて、見る人をしてこらさむためにかくといひ、又人をして仁義五常の道にひきいれ、つゐには中道実相の妙理をさとらしむといひ、又盛者必衰会者定離のことはりをしらしめ、煩悩即菩提の理をさとらしむといひ、又男女の道をもととせるは、関雎螽斯の徳［夫婦の和合と多産］、王道治世の始たるにかたとるといひ、又天台四教五時の法門［シャカの生涯を五つの時期に区分し、その教説の内容を四つに分類する天台宗の教え］を引合せて見るへしといへるなと、こと〳〵しく聞えて、けにと思ふ人あるへし、それは大なるひか事にて、返りて愚昧なる事也

宣長はこう批判したが、そういう読み方は、新しい衣を纏（まと）って何度でも現われる。安藤為章（ためあきら）（万治二年～享保元年、一六五九～一七一六）は、契沖にも学んだ水戸藩彰考館の古典学者で、『紫家七論』を元禄十六年（一七〇三）に著わした。京都時代の宣長は、この著を筆写している

（「宝暦二年以後購求謄写書籍」）。『紫家七論』の立場は、「事を好色によせて」「婦人のために諷諭す」と述べられていたように旧来からの諷諭説であるが、「をのこのいましめ」も『源氏物語』には多いと論じた点に目新しさがあった。

『紫家七論』は、光源氏と藤壺の間の子が、桐壺帝の子として育てられて皇位を継いだことを「皇胤のまぎれ」だとする。しかし『源氏物語』は、ほどなくこの冷泉帝を譲位させ、桐壺帝の長子で先帝であった朱雀院の東宮を即位させて今上とさせることで「皇胤のまぎれ」を解消させた。為章はこれを、「源氏淫姦の罪重しといへども、皇胤のまぎれおもはずなるかたにあらず、桐壺帝の御為には正しく子なり、孫なり、神武天皇の御血脈なり、伊勢宗廟其祀をうけたまひ、天下の蒼生其まつりごとをいたゞき奉るべし、それすら猶冷泉院の御後をすてゝ、朱雀院を正統にかへせるは、いとも厳しき筆にあらずや」と解釈する。この場合の「皇胤のまぎれ」は、天皇家の血統の外から異分子が入ってもたらされたものではない。冷泉帝は、まぎれもなく桐壺帝の血脈を「子」として——実は「孫」として——受けている。それでも式部は、それを正して、冷泉院の男子を皇位の継承者とせずに朱雀院の側に皇位を戻させたわけであり、為章はそれを、作者の「厳しき筆」と読み解いたのである。『源氏物語』は、女性のためには「好色」を誡め、男性のためには「皇胤のまぎれ」を常に正すべき政治的厳格さを教えている、こう『紫家七論』は主張した。

宣長の『紫文要領』は、為章のこのような理解を、「もろこしのふみの道〳〵しき心」による誤読として一蹴し、もしその理解が正しいなら、式部は何よりもまず、「皇胤をみだりたる大罪」を招いた光源氏に禍害を下していたはずだと衝いている。宣長によれば、冷泉帝の即位は、栄華の頂点としての准太上天皇の位を光源氏に与えるための文学的筋立てであり、同時にそこから、自らの誕生の秘密を知った冷泉帝の、実父を臣下として扱ってきたことへの苦悩が生まれ、物語としての深みがもたらされるのである。

『紫文要領』からは離れるが、ここで熊沢蕃山の『源氏物語』論と宣長によるその批判を簡単に紹介しておこう。蕃山（元和五〜元禄四年、一六一九〜九一）は、陽明学に学びながら独自の「心法」の学を唱え、経世家として才能を発揮した江戸時代前期の思想家であり、その著『源氏物語外伝』においてユニークな『源氏物語』論を展開していた。宣長は、安永元年（一七七二）以降二十年余にわたって記された『飯高随筆』において『源氏物語外伝』を抜き書きし、コメントを付けている。蕃山は『源氏物語』を、「好色のたはふれこと」を描きつつ、その中に「上代の美風」、具体的には「礼の正しくしてゆるやかに、楽の和して優なる体、男女共に上臈しく、常に雅楽を翫て、いやしからぬ心もちひ」を伝えるものと捉えた。蕃山によれば、そこで多くの恋が描かれるのも、「たけきを和らけ、人倫をむつましく」させることで、結果的に統治を円滑に進める効能が恋には備わっているからだとされる。この蕃山の議論を宣長は、「一向本文の意にはかなはす、たゝ源氏物語の詞をかりて、おのかいはまほしきことを、心にまかせていへる物也」と酷評した。

## 4　『石上私淑言』

**歌の発生**

宝暦十三年（一七六三）、宣長三十四歳の年には、物語論としての『紫文要領』と並んで、歌論『石上私淑言（いそのかみのささめごと）』三巻が著された。その年の六月に成った『紫文要領』から少し遅れて書き上げられたものだろうとされる。書き上げられたとはいっても、巻三の途中で終わった未

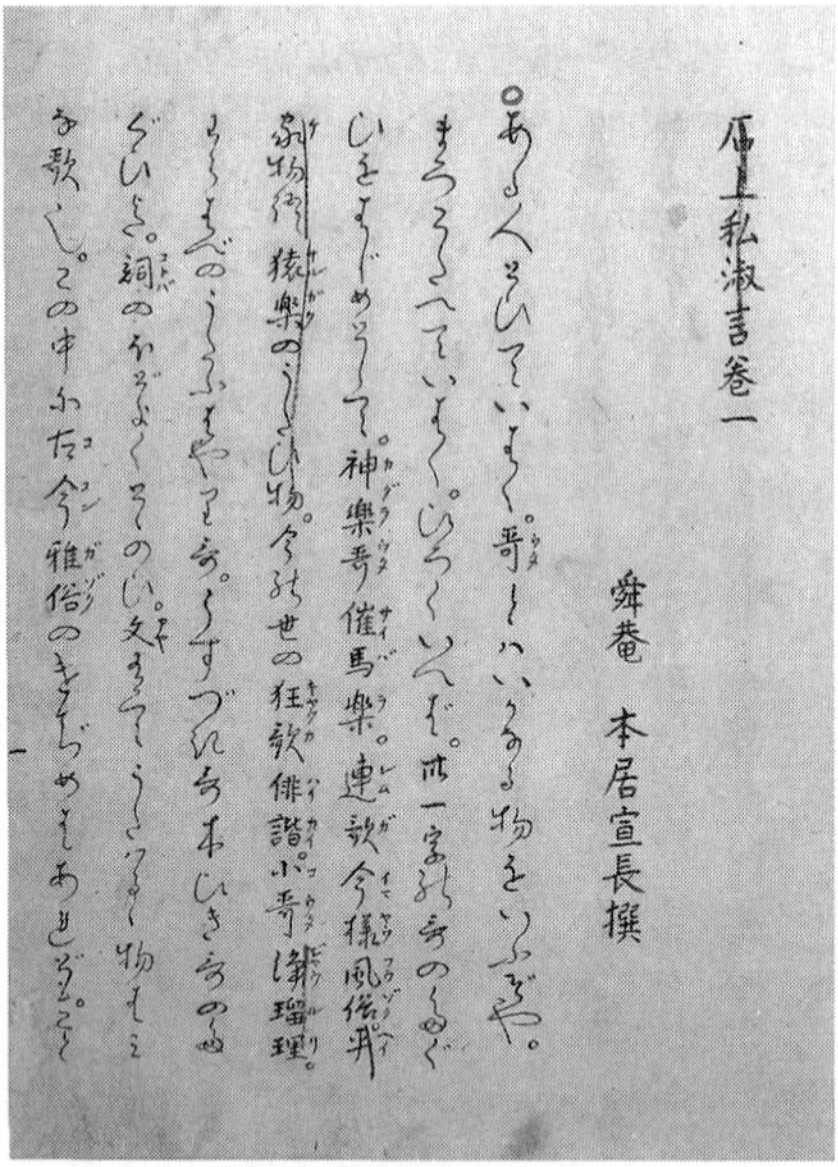


『石上私淑言』巻一

完成のもので、そのままに置かれ、『排蘆小船』と同様、世に知られることのなかった作品である。内容としては『排蘆小船』を発展させたもので、百二段の問答から構成され、漢字かな混じり文で、その文章は堂々として、『排蘆小船』に時として見られた逸(はや)るようなところはない。「石上」は「古(ふ)る」の枕詞で、「さゝめごと」は声をひそめての話である。宣長は「石上」の語を好み、石上散人を号とし、三十歳代に編んだ自撰の歌集を『石上集』と名付け、自らの戒名「高岳院石上道啓居士」にもこの語を用いている。

『石上私淑言』は、「物のあはれをしる」ところから歌が生まれると論じる。

> 歌は物のあはれをしるよりいでくるものなり

また、

歌はその物の哀をしる事の深き中よりいでくるなり、……物に感ずるがすなはち物のあはれをしる也、感ズルとは……事にふれて心のうごく事也

あるいは少し詳しく、

歌よむは物のあはれにたへぬときのわざ也、……せんかたなく物のあはれなる事ふかきときは、さてやみなんとすれども、心のうちにこめては、やみがたくしのびがたし、これを物のあはれにたへぬとはいふ也、さてさやうに堪がたきときは、をのずから其おもひあまる事を、言のはにいひいづる物也、かくのごとくあはれにたへずして、をのづからほころび出ることばは、必長く延(ヒキ)て文(アヤ)あるもの也、これがやがて歌也、……さてかく詞にあやをなし、声をながく引ていひ出れば、あはれ〳〵とおもひむすぼゝれたる情(ココロ)のはるゝ物也

と宣長は述べている。かつて『排蘆小船』本文では一ヶ所、「スベテ此道ハ風雅ヲムネトシテ、物ノアハレヲ感スル処ガ第一ナルニ」とあり、さらに別の箇所の頭書として「歌ノ道ハ善悪ノギロンヲステテ、モノノアハレト云事ヲシルヘシ」とあったが、「物のあはれをしる」ことで歌が生まれると押し出されることはなかった。「物に感ずる」「心のうごく」、これが「物のあはれをしる」ことであるが、とくに深く切実に「感ずる」のは、

人の情のさま〳〵に感(ウゴ)く中に、おかしき事うれしき事などには感く事浅し、かなしき事こひしきこ

となどには感くこと深し、故にその深く感ずるかたを、とりわきてあはれといふ事ある也

とされるように、感情生活のうち「かなしき事こひしきこと」だと宣長は捉えている。「物のあはれをしる」は、悲哀や恋慕を核にしている。

歌を詠むことで鬱情を晴らすとは、『排蘆小船』でも言われていたが、『石上私淑言』において議論は、こう展開される。

歌といふ物は、物のあはれにたへぬとき、よみいでてをのづから心をのぶるのみにもあらず、いたりてあはれの深きときは、みづからよみ出たるばかりにては、猶心ゆかずあきたらねば、人にきかせてなぐさむ物也、人のこれを聞てあはれと思ふときに、いたく心のはるゝ物也

同じ趣旨で、

きく人感（アハレ）と思はざれば、こなたの心のぶる事すくなし、……されば歌は人のきゝて感（アハレ）とおもふ所が緊要也

とも言われる。詠歌は、自分一人に閉じた営みではない。秀れた歌には、時空を超越して作者と読者を繋ぐ力があって、その力を実感した時に作者は、そしておそらく読者もまた、「心のはるゝ」体験を持つのである。既に見たように、作者と読者を架橋するものとして文学的共感を捉える視点は、

『紫文要領』の物語論でも強調されていたところである。

「もろこしの詩」

　さて宣長は、『排蘆小船』以来、日本であれ中国であれ上代の素朴な人情には大きな違いはなく、双方の文学的な出発点には通じ合う部分が多いと見ている。『石上私淑言』でもその見方は変わらず、『詩経』について、

風雅三百篇の詩を見るに、ことばは唐めきたれ、心ばへはわが御国の歌といさゝかもかはることなし、人の心のゆくゑはいづこも〳〵同じ事なるべければ、さも有ぬべきことなりかし

と述べている。しかし、宣長の筆はこう続く。

もろこしの詩も、かの詩経のころのはなを上ッ代のすなをなりし心ばへの残りて、あはれになつかしきふしおほかるを、かしこの人ごゝろはすべてさかしげなる事をたふとひて、いさゝかなるわざにも人のよしあしをこちたく論らひ、なに事もわれがしこに物いふ国のならはしなるが、周の代の中ごろよりこなたはいよ〳〵年月にそへて、さのみなりもてきぬれば、詩も其心より作りいづるほどに、人情のあはれなるすぢはうせて、いひといふ事こと〴〵しくしたゝかなることのみ也

「したゝか」は、相手に対して尊大な態度に出る、仰々しく大袈裟だといった意味であろう。「人の善悪をきひしく論弁して、物の道理をさかしくいひ、人ことにわれがしこにいひなし」ていくのが「異国の書」の性格だという『紫文要領』の一節に符合するが、「周の代の中ごろ」からその傾向が加

速したと宣長は捉えている。
このような宣長の議論は、「もろこしの詩」についての論評に止どまらない。

かの国は神の御国にあらぬけにや、いと上つ代よりして、よからぬ人のみおほくて、あぢきなきふるまひたえず、ともすれば民をそこなひ国をみだりて、世中をだしからぬ［隠やかではない］おりがちなれば、それをしづめ治めむとては、よろづに心をくだき思ひをめぐらしつゝ、とにかくによからん事をたどりもとむるほどに、をのづから賢く智（サト）り深き人も出来、さるからいとゞ万の事に、さるまじき事にもいたく心をもちひて、目に見えぬふかきことはりをもあながちに考へくはへなどしつゝ、いさゝかのわざにも善（ヨ）さ悪（アシ）さをわきまへあらそふをいみじき事にして、をのづからさる国のならはしになりぬれば、人ごとにをのれかしこからんとのみする故に、かの実の情の物はかなくめゝしきをば恥かくして言にもあらはさず、まして作りいづる書（フミ）などは、うるはしく道〳〵しき事をのみかきすくめて、かりにもはかなだちたる心は見えずなんある

そして、

から人は、……物のあはれといふ事は忘れはててかへりみぬやうになれるから、物はかなくめゝしき事をば人わろくおろかには思ふぞかし

と括られる。「かしこの人ごゝろ」や「国のならはし」を問題とした宣長は、人心が劣り民度が低く、

野心家が跋扈して政治が乱れる一方の現状を治めるため、賢者が上に立ち、何事にも是非善悪を厳しく問い正し、自己の正当性を頑なに主張して譲らないのが中国の文化風土であり、その中で「物はかなくめゝしき」人間の実情を見失っていったのだと論じている。

『排蘆小船』にも、中国の文学が「実情」から離れて「大丈夫ノ意」を装うようになったといった言及はないではないが、『石上私淑言』のこの有無を言わさぬような議論の烈しさには驚かされる。「から人」が「いつはれるうはべをのみよろこびて、まことの心をわすれたる」のは、「はかなき鳥虫にもおとれる」ものだとさえ宣長は言っている。こうした論調が、「かの国は神の御国にあらぬけにや」と説き出されたように、「神の御国」としての日本という捉え方を前提としているとすれば、『石上私淑言』において「神」の問題がどのように論じられているのかを見なければならない。

### 「神代の心ばえ」

「うるはしく道〳〵しき事」をよしとする中国に対して、日本はどうだろうか。

宣長は、次のように語り出す。

吾御国は天照大御神の御国として、佗国々(アダシクニグニ)にすぐれ、めでたくたへなる御国なれば、人の心もなすわざもいふ言の葉も、只直くみやびやかなるまゝにて、天の下に事なく穏(オダヒ)に治まり来ぬれば、人の国のやうにこちたくむつかしげなる事は、つゆまじらずなむ有ける

人々の「心」「わざ」「言の葉」が一体のものとしてあって、その三つが「直く」「みやびやか」であり続けたのが「天照大御神の御国」としての日本だ、こう宣長は述べている。「みやびやか」が、平安時代の貴族文化に限定されず、神々の時代からの歴史を通じたものとして言われている点に注意

しておこう。

ただしその日本においても、国家の統治機構や法制の整備のために、「こちたくむつかしげなる事」が社会的に求められるのは避けられない。そして唐風文化の全盛期を迎え、ついには『凌雲集』をはじめとする勅撰の漢詩集が編まれ、歌は、知識人の興味をひくものではなくなってしまった。しかし、それは歌にとって不幸な事態だったとは言い切れないと宣長は言う。

歌は歌にて衰へながらも神代の心ばへのまゝにては伝はれりける、さて後の世にいたりては、いよ〳〵唐やうに何事もなりはてぬれど、猶歌のみ今も神代のまゝに御国のをのづからの意詞(ココロコトバ)にて、露ばかりも異国のやうをまじへぬは、いみしくめでたきわざならずや

すべてが「唐やう」になった時代の流れの中で、歌は知識人の好みから外れ、文化の外縁に押しやられていたために、「神代のまゝに」その「直くみやびやか」な「意詞」を保つ小世界として残っているると宣長は捉える。

此歌の道のみ神世の心を失はぬは、よろこびても猶あまりある事になん

とも宣長は言っている。

仮定として、歌語として漢語が多用され、「道々しき」理詰めの発想の歌がよしとされ、「大丈夫ノ意」を競うような歌風が他を圧倒したとしたら——そう思えばこそ宣長は、歌の衰退とも見える事態

が、「神代の心ばえ」を伝える歌の在りかたを守ったという逆説を喜ぶのである。

『排蘆小船』では、「自然ノ神道」を「吾邦ノ大道」とし、歌詠もそれから離れるもの「歌の道」と「神の道」ではないと言うものの、神や神道へのそれ以上の言及はなく、歌にとっての神の意味を問うこともなかった。これに対して『石上私淑言』は、「神の御国」ならざる中国の文学を睨(にら)みながら、神そのものについて語って尽きない。

まづすべてあめつちの間にある事は、よきもあしきもみな神の御心よりいづる物なるが、万のわざはひおこりて上も下もやすからぬ時も、〔歌によって〕あらぶる神の御心をなぐさめ奉れば、をのづから其わざはひはしづまりなをりておだやかになるは、力をもいれずして神をあはれとおもはする〔歌の〕徳也

「仮名序」をめぐる論述であるが、宣長は議論の前提として、そもそも神とはどういうものかを説いている。天地の間に生起する物事は「よきもあしきも」、凶悪な事件や自然の災厄なども含めて「みな神の御心よりいづる物」だとして、「万のわざはひ」を鎮めるためには、荒振る神の心をなぐさめ、「神をあはれとおもはする」歌の「徳」に頼るしかないのだと宣長は述べている。

では神は、人間の祈願に応じてくれるのだろうか。

神は心のまことをこそうけ給ふべけれとおもふも、……大きなるひが事也

人間の側が「心のまこと」をもって祈れば、神はそれを受けとめてくれるのかといえば、決してそういうものではないと宣長は言い切る。

その故は天地のあひだにある事の理（コトハリ）は、たゞ人の浅き心にてこと〴〵く考へつくすべきにあらず

人間の誠意に対して神は応答するはずだという思考法には、神を人知の及ばない不可思議なもの、人間と隔絶したものとする感覚、神とはひたすらに畏怖すべきものだという心性が欠落しているのであり、そこを宣長は問題にしている。宣長は、「神の御心はよきもあしきも人の心にてはうかゞひがたき事」とも述べている。

人間の価値観や倫理の延長上にはない、一途に畏怖すべきものとしてある神の姿は、「から書（ブミ）」に説かれる「道理」では捉えられない。

されば吾御門（みかど）［天皇、朝廷］にはさらにさやうのことはりがましき心をまじへず、さかしだちたる教をまうけず、只何事も神の御心にうちまかせて、よろづをまつりごち給ひ、又天の下の青人くさ［庶民］も只その大御心を心としてなびきしたがひまつる、これを神の道とはいふ也、されば歌の道もよしなきからぶみの道理をすてて、この心ばへをもて思ふべき事なり

天皇が自らのさかしらを捨てて「神の御心」に任せて「まつりごち給［ふ］」ように、「青人くさ」も天皇に倣った「心ばへ」をもって生きるのである。それは、物事を「ことはりがましき心」でもっ

て理づめに了解しようとするのではなく、抗うことなくすべてを「神の御心」によるものとして受容し、受容することで喜怒哀楽の思いを深くしていくということだろう。それが「神の道」であり、そこで営まれる感情生活の中から――時には心の鬱屈を晴らすものとして、あるいは神をなぐさめるべきものとして、または恋心を伝えるものとして――歌が詠まれていくということだろう。

### 漢字表記と「神代の古言」

「神の道」や「歌の道」に関連して、「道」についての『石上私淑言』の議論に眼を転じてみる。

> 美知（ミチ）は御路（ミチ）にて、知（チ）といふが本語也、今も山路野路舟路通ヒ路などは、知（チ）とのみいふをもてしるべし、それに美（ミ）をそへて美知とはいふなり、……是神代の古言（フルコト）也

宣長によれば、大和言葉の「みち」は、「ち」に美称「み」を被（かぶ）せたものである。

> されば知（チ）といふも美知（ミチ）といふも同じ事にて、共に道路の意のみにて、其外の義は上古はさらに無かりしなり、然るに外国（トツクニ）より文字渡りては、……道徳道義天道人道道心道理など其外もさま〴〵の意を兼たる文字なるを、此方にて美知といふ言に用るによりて、……後にはをのづから美知の言をも道（ダウ）の字の義どもにいづれにも用ることにはなれる也

後に漢字が伝えられ、「美知」に「道」の字を借りたことで、漢字としての「道」が持つ意味が全面的に浸透して、文字以前の、音の連なりとしてあった「神代の古言」としての「美知」の意味が暗

まされてしまった。

後世の学者このわきまへなくして、道徳などの道ノ字の義をもて美知の言の義をいふは、大に牽強附会のことにていはれなし、事の本末をよくわきまへをくべき也、神道は吾御国の大道なれども、それを道と名づくることは上ッ代には無りし也、……さて後には、それに准へて……歌よむことをも歌の道といひ、後には音にて歌道ともよぶ也

「文字ハカリ物」、漢字表記は大和言葉の上に被せられたもので、大切なのは「文字」の下に隠れている音の連なりとしての和語の方だというのは、『排蘆小船』からの宣長の着眼であるが、ここではその問題が孕む重大性が正面から論じられている。かつて徂徠は、漢字の上に安易に和語を被せてしまうから、例えば「静」も「閑」も「しずか」と訓ませるから、漢字の間のニュアンスの差異が不明になってしまうと論じたが（『訳文筌蹄』）、宣長はそれを裏返すかのように、和語に漢字を被せることで何が見えなくなってしまうのかを問う。宣長は、「神の道」や「歌の道」といった観念を上代からのものと思い込んではならず、「本」としての和語と「末」としての文字表記という視点を忘れてはならないと説いている。

音によって伝えられた「神代の古言」を、漢字を借りて文字表記として定着させることで、逆に見えなくなるものがあるという問題意識は、『古事記』や『日本書紀』にどう向き合っていくのかという大きな課題に直結していく。歌の起源をめぐって、イザナギとイザナミが天の御柱を巡る場面を取り上げて、宣長は言う。

> 伊弉諾伊弉冊二神、磤馭盧嶋に天降て共為夫婦とて天之御柱をめぐりて、かたみに唱へ給へる辞……其詞は古事記云伊邪那岐ノ命先言二阿那邇夜志愛袁登賈袁一後妹伊邪那美ノ命言二阿那邇夜志愛袁登古袁一とある是也、かくのたまへる御詞の意は、神代紀に妍哉可愛少男歟、妍哉此レヲ云二阿那而恵夜一、可愛此レヲ云レ哀トこれにてしるべし、古事記は古語のまゝを仮字にてかき、神代紀は文字に訳して、其義をあらはしたる物也

『古事記』は音としての「古語のまゝ」を伝え、『日本書紀』の神代紀は、例えば、「妍」が麗しいという字義をもつように、それを表意文字としての漢字に「訳し」たものだとするのである。宣長は念を押すように、

> 古事記の愛は仮字にて、音をかる計にて、字に意なし、神代紀の可愛は、文字の義をとる也、混ずべからず

と説明している。

そして宣長の議論は、『古事記』と『日本書紀』の全体的な性格へと進む。

> 日本紀はすべて漢文をかざりて、うるはしからむとかける故に、古語にかゝはらず、たゞ文章を主としてかける事多し、古事記は文章にかゝはらず、古語を主としてかける物也

そこから導き出された結論は、こうである。

然るに末の代には、たゞ文章のうるはしき方にのみなづみて、古語を考ることなし、このゆへにもはら日本紀をのみ用ひて、古事記ある事をしらず、よりて古語は日々にうしなひゆく也、詞は本にして文字は末なる事をしらずかなしきこと也、……すべて何もく、古事記を本文（ホンモン）とし、日本紀を註解（チュウカイ）として見るべき事也

長く正史として重んじられてきた『日本書紀』に代わって、真に尊重されるべきは『古事記』でなければならない、これが宣長の結論となる。

# 第三章　「道」とは何か

## 1　賀茂真淵

『冠辞考』　宣長が賀茂真淵の名を知ったのは、松坂に帰って間もなくだった。『玉勝間』（二の巻）の「おのが物まなびの有しやう」には、こうある。

国にかへりたりしころ、江戸よりのぼれりし人の、近きころ出たりとて、冠辞考といふ物をみせたるにぞ、県居ノ大人の御名をも、始めてしりける

県居は真淵の号、『冠辞考』は、宝暦七年（一七五七）、宣長の帰郷の年に公刊された、真淵の枕詞研究の書である。

かくて其ふみ、はじめに一わたり見しには、さらに思ひもかけぬ事のみにして、あまりことゝほく、

伝円山応震画　賀茂真淵画像

あやしきやうにおぼえて、さらに信ずる心はあらざりしかど、猶あるやうあるべしと思ひて、立かへり今一たび見れば、まれ〳〵には、げにさもやとおぼゆるふし〴〵もいできければ、又立かへり見るに、いよいよげにとおぼゆることおほくなりて、見るたびに信ずる心の出来つゝ、つひにいにしへぶりのこゝろことばの、まことに然る事をさとりぬ

『冠辞考』は、最初、宣長にとって「あまりこととほく」、要するに信頼しきれない書物だった。議論が飛躍して付いていけないということだろう。しかし何度も読み返すうちに、宣長の印象は変わっていく。

『冠辞考』は、およそ三百二十余の枕詞を、アイウヱヲ、カキクケコという五十音順に並べ、『万葉集』をはじめとする古い文献からその用例を集め、その被枕（懸かる詞）を記し、その意味を解説している。『古事記』と『日本書紀』については、『古事記』の方がより誤まりなく「上つ世の心ことば」を伝えているとしながらも両書を重んじ、『旧事本紀』は偽書として斥けられている。

一二の例を引いてみよう。「母」を被枕とする「たらちねの」について、『冠辞考』は、「赤子を育つゝ日月を足しめ成人（ヒトヽナス）は母のわざ也、よりて日足根の母てふを、日を略（ハブ）き、志と知と通はせ、根てふほめ語を添て、たらちねの母とはいふ也」と説明している。「ひたらしね」が「たらちね」に変化したというのである。その上で、「垂乳根と書は例の借字なるを、字に泥て乳を垂るは母の常なりと思ふ人あれと、古言にさる理りめきていふ事はなし」として、「借字」としての漢字表記に惑わされてはならないと注意している。もう一つ、「神」に懸かる「ちはやふる」を見てみよう。『冠辞考』は、「ちはやふる」は、「たゞ崇はしく荒き神てふ意」であり、「上の世は荒ぶる神と猛き人などにのみ冠らしめたるを、中っ世より転り行て、よし悪のわかちなく、神てふ冠辞とのみなりたり」と説明する。上古には神の善悪が明らかで、荒ぶり祟りをなす神には「ちはやふる」が、善神への冠辞としては「たまぢはふ」が用いられていたが、中世からその使い分けがなされなくなったというのが『冠辞考』の理解である。宣長は、この書を繰り返して読むことで、その真価が分かってきたと述べていたが、「借字」としての漢字表記に惑わされることへの警戒をはじめ、枕詞研究という範囲に止まらない刺激を『冠辞考』から受け取ったに違いない。

真淵は、元禄十年（一六九七）、神職であった岡部氏の子として遠江国に生まれた。岡部氏は、京都の名族である賀茂氏の末裔である。まず、徂徠の高弟であった太宰春台（延宝八～延享四年、一六八〇～一七四七）の門人の渡辺蒙庵に漢籍を学び、歌学や神学の研究で知られた荷田春満（寛文九～元文元年、一六六九～一七三六）の門人の杉浦国顕に和歌を学んだ。蒙庵は、老荘思想に共鳴していたと言われる。その後上京した真淵は、春満に入門したが、春満が没すると江戸に出た。春満の甥である荷田在満（宝永三～宝暦元年、一七〇六～五一）の庇護を得た真淵は、江戸で和学を教授し、延享三年（一七四六）に田安家の和学御用として召し抱えられた。田安家は三卿の一つで、当主である田安宗武（正徳五～明和八年、一七一五～七一）は吉宗の次子であり、宗武の子は、白河藩松平家を継いで松平定信（宝暦八～文政一二年、一七五八～一八二九）となる。宗武は、文芸世界のパトロンとしてだけではなく、歌人としては万葉調の歌を詠み、歌学者としては『歌体約言』を著した。

真淵は、どのような思想を懐いていたのだろうか。「上つ代には、人のこゝろひたぶるに、なほくなむ有ける」（「歌意考」）とする真淵は、「高く直きやまと魂」（「にひまなび」）を掲げ、上代の日本人が持っていた率直で雄々しい心を理想とした。そういう心の文学的精華が、真淵にとっての『万葉集』である。その「高くはたを、しき心ならひ」（「歌意考」）は、奈良時代までは保持されてきたが、平安時代に入ると急速に堕落してしまったと真淵は見ている。堕落の深刻さは、端的に歌風に現われて、「古今歌集のころとなりては、男も女ぶりによみしかば、をとこをみなのわかちなくなりぬ」（同）とされ、「ますらをの道を用ゐ給はず、たをやめのすがたをうるはしむ国ぶり」（「にひまなび」）になってしまったと真淵は嘆いている。

堕落の一つの方向がこの軟弱化だとすれば、もう一つは、儒教の受容に関わってのことである。真淵によれば、「たゞ唐国は、心わろき国なれば、深く教てしも、おもてはよき様にて、終に大なるわろごととして世をみだせり」（「国意考」）というべき歴史を繰り返す中国において、「理りめきたること」（同）を立て、「世をうばひ君をころしまつる」（同）行為を正当化するのが儒教である。これに対して、儒教に汚される以前の日本は、「天地の心のまに〳〵治めたまひて」（同）作為的な統治を必要としない緩やかで素朴な世界だった。その無垢の理想郷に、「天地に背て、急速に佶屈」（同）な、つまり天地の大らかさに反した小賢（こざか）しい儒教が入り込んだことで、「天武の御時、大なる乱［壬申の乱］出来て、夫（それ）よりならの宮のうちも、衣冠調度など、唐めきて、万（よろづ）うはべのみ、みやびかになりつゝ、よこしまの心ども多くなりぬ」（同）という堕落が始まったというのである。かつての「高く直きやまと魂」の国は、「たをやめのすがた」に美の基準を求め、「よこしまの心」で自己正当化をもっぱらにする「国ぶり」になってしまった――これが真淵の歴史像である。

真淵の根底には、「天地の心のまに〳〵」といった表現から想像できるように、人間の理性、知恵、善意などは小さなもので、人間は「天地の心」に身を委(ゆだ)ねた時に人間らしさを回復するという考え方があった。それは、真淵自身が「老子てふ人の、天地のまに〳〵、いはれしことこそ、天が下の道には叶ひ侍るめれ」(同)と言うように、『老子』の無為自然の哲学にヒントを得たものかもしれないが、そこには、書物を通じて学んだ思想というよりも、真淵の身に備わった物の捉え方がある。真淵は、「凡(およそ)天地の際に生とし生るものは、みな虫ならずや、それが中に、人のみいかで貴く、人のみいかむことあるにや」(同)と言う。人間は鳥獣より貴いものだというのも、人間の勝手な思い込みではないのか、互いにいがみ合い殺し合ったりするのは人間だけではないのか。「今鳥獣の目よりは、人こそわろけれ、かれに似ることなかれと、をしへぬべきものなり」(同)とも真淵は言っている。人間中心の考え方から離れたこのような感覚があるからこそ、『老子』に心を寄せたとすべきであろう。

こういう発言もある。「今より先っ世、大きに乱て、年月みな軍(いくさ)して人殺せり、其時一人も殺さで有しは、今のなほ人どもなり、人を少し殺せしは、今の旗本侍といふ、今少し多く殺せしは、大名と成ぬ、又其上に、多く殺せしは、一国のぬしと成ぬ、さてそを限りなく殺せしは、いたりてやむごとなき御方とならせたまひて、世々栄え給へり」(同)、話は、より多くの人を殺戮することで権力を手にした者にも、これといった「むくひ」があったとは聞かないから、仏教の説く因果論には説得力がないと続くのであるが、それにしてもその論拠としてこういう例話が出されるのは、真淵の心底に、戦乱や権力闘争の結果として作られた秩序に対する強い不信や憤慨があればこそであろう。

真淵は、秩序や権力を全否定したわけではない。奈良時代は、儒教によって「よこしまの心」が広まったものの、まだ健全な時代だったと真淵は捉えている。「そも〳〵上つ御世〳〵、その大和国に宮敷まし丶時は、顕には建き御威稜〔天皇の威光〕をもて、内には寛き和をなして、天の下をまつろへまし丶からに、いや栄にさかえまし、民もひたぶるに上を貴みて、おのれもなほく伝はれりしを、山背の国に遷りまし丶ゆ、かしこき御威稜のや丶おとりにおとり給ひ、民も彼につき是におもねりて、心邪に成行にしは何ぞの故とおもふらんや」（『にひまなび』）というような具体的イメージをもって、奈良時代と平安時代の間に決定的な断絶を置くのである。真淵は、「古の歌もて、古の心詞をしり、それを推て、古への世の有様を知べし、古の有様をしりてより、おしさかのぼらしめて、神代のことをもおもふべし」（『国意考』）と述べているが、その時の「古」は、「顕には建き御威稜」「内には寛き和」をもって秩序が保たれた時空としての「古」でなければならない。

## 真淵との対面

宝暦十三年（一七六三）、三十四歳の年の五月二十五日、宣長は真淵に対面した。真淵は、万葉学の大家として世に知られ、この年六十七歳である。「おのが物まなびの有しやう」は、その経緯をこう伝えている。

かの冠辞考を得て、かへす〲よみあぢはふほどに、いよ〲心ざしふかくなりつ丶、此大人をしたふ心、日にそへてせちになりしに、一年此うし、田安の殿の仰セ事をうけ給はり給ひて、此いせの国より、大和山城など、こ丶かしこと尋ねめぐられし事の有しをり、此松坂の里にも、二日三日とゞまり給へりしを、さることつゆしらで、後にき丶て、いみしくくちをしかりしを、かへるさまにも、又一夜やどり給へるを、うかゞひまちて、いと〲うれしく、いそぎやどりにまうでて、はじめて見え奉りたりき

真淵は、宗武の指示を受けて、門人である村田春郷・春海の兄弟を伴い、大和・山城の遺跡調査の旅にあった。大和へ向かう途中、松坂に泊った真淵に会う機会を逸した宣長は、帰路の真淵を「うかゞひまちて」、真淵一行が投宿した新上屋で対面することが出来たのである。宣長の「日記」には、

廿五日　曇天○嶺松院会也○岡部衛士当所一宿新上屋、始テ対面ス

とあるから、嶺松院の歌会を終えてから、新上屋に向かったのである。この頃の「日記」のスタイルの通り、事実が短く記されているだけで、面会の様子、交わされた話の内容、真淵の印象などは全く書かれていない。

『玉勝間』に戻ると、「おのが物まなびの有しやう」に続く「あがたゐのうしの御さとし言」に、次の様に述べられている。

宣長三十あまりなりしほど、県居ノ大人のをしへをうけ給はりそめしころより、古事記の注釈を物せむのこゝろざし有て、そのことうしにもきこえけるに、さとし給へりしやうは、われももとより、神の御典ミフミ〔『古事記』〕をとかむと思ふ心ざしもあるを、そはまづからごゝろを清くはなれて、古へのまことの意をたづねえずはあるべからず、然るにそのいにしへのこゝろをえむことは、古言を得たるうへならではあたはず、古言をえむことは、万葉をよく明らむるにこそあれ、さる故に、吾はまづもはら万葉をあきらめんとする程に、すでに年老て、のこりのよはひ、今いくばくもあらざれば、神の御ふみをとくまでにいたることえざるを、いましは年さかりにて、行さき長ければ、今よりお

こたることなく、いそしみ学びなば、其心ざしとぐること有べし

宣長は、「三十あまりなりしほど」から、『古事記』の注釈をしたいという思いを懐くようになっていた。『古事記』を本文、『日本書紀』をその注解にという『石上私淑言』の一節が想起されるが、こういう思いは、歌論や物語論を構築し執筆していく中で、ゆっくりと固められ温められていったのだろう。その思いを語るに足る人物は他にはいない――宣長は、新上屋での対面の場で、その宿志をぶつけてみた。これに対して真淵は、自分の『万葉集』研究は、「神の御典」としての『古事記』を明らかにするためになされたものであるが、自分にはその目的地まで行くべき時間は残されていないと述べて、若い宣長を励ました。その後で、真淵はこう続けた。

たゞし世ノ中の物まなぶともがらを見るに、皆ひきゝ所を経ずて、まだきに［一気に］高きところにのぼらんとする程に、ひきゝところをだにうることあたはず、まして高き所は、うべきやうなければ、みなひがことのみすめり、此むねをわすれず、心にしめて、まづひきゝところよりよくかためおきてこそ、たかきところにはのぼるべきわざなれ、わがいまだ神の御ふみをえとかざるは、もはら此ゆゑぞ、ゆめしなをこえて、まだきに高き所をなのぞみそと、いとねもころになん、いましめさとし給ひたりし

真淵は、宣長の志を称えながらも、才気にまかせた早急さを戒めた。『万葉集』が伝える「古言」に沈潜して「いにしへのこころ」を体認してから、「神の御ふみ」へ進むべきだと真淵は説いたので

ある。「古言」への沈潜なしには、「からごゝろを清くはなれ」ることも出来ないという点も強調されただろう。そして宣長は、真淵の教示に従い、本格的に『万葉集』の研究に取り組む。

> 此御さとし言の、いとたふとくおぼえけるまゝに、いよいよ万葉集に心をそめて、深く考へ、くりかえし問ヒたゞして、いにしへのこゝろ詞をさとりえて見れば、まことに世の物しり人といふものの、神の御ふみ説（トケ）る趣は、みなあらぬから意のみにして、さらにまことの意はええぬものになむ有ける

宣長は、真淵の指導を受けながら『万葉集』の「こゝろ詞」を学ぶことで、世の学者たちの神典解釈がいかに「から意」に染まったものかを痛感していく。

真淵と対面した年に『紫文要領』と『石上私淑言』が著され、この両著の中核が「物の哀を知る」というところにあったことは既に見た通りである。真淵との対面の時点で、これらの書がどこ迄書き進められていたのかは確かめられないが、少なくともその大体は、宣長の中で確立していただろう。その歌論・物語論の独創性についても、宣長には明確な自覚と自信があったはずである。とすれば、宣長は、その「物の哀を知る」を柱とする文学論を熱を込めて真淵に語ったと考えるのが自然であろう。しかし宣長は、この点については沈黙している。「たをやめのすがたをうるはしむ国ぶり」を堕落とする真淵は、宣長の「物の哀を知る」論に不満や反発を見せたのだろうか。真淵の冷淡を感じ取った宣長が、その話題に深入りすることを避けてしまったのだろうか。大野晋は、真淵との対面からほどなく書かれた『紫文要領』の跋文が、「平静な文章を書く」宣長にはめずらしい「激越な文

章」であるとして、その理由を「物の哀をしる」論が真淵に通じなかったことの不満に求めている（前掲論文）。

その年の暮れ、「日記」に

> 廿八日朝雲、雨天〇去五月、江戸岡部衛士賀茂県主真淵当所一宿之節、始対面、其後状通入門、今日有㆓許諾之返事㆒

とあり、宣長は真淵から入門を許されている。『玉勝間』の「あがたゐのうしの御さとし言」に続く「おのれあがたゐの大人の教をうけしやう」に、

> 宣長、県居ノ大人にあひ奉りしは、此里に一夜やどり給へりしをり、一度のみなりき、その後はたゞ、しば〳〵書かよはしきこえてぞ、物はとひあきらめたりける

とあるように、入門後は、宣長から質問の手紙を送り、真淵がそれに答えるという形での遣り取りが、真淵の死に至るまでの六年間続けられた。

## 『万葉集』の研究

宣長は、真淵と対面する二年前から『万葉集』の講義を始めていたし（定日は四の日）、『万葉集』への関心は、十八歳の冬から書き溜めたノート『和歌の浦』からも窺うことが出来るが、『万葉集』の研究に半生を捧げた真淵を師とすることで、その水準は一気に高いものとなった。宣長は、巻一から逐次読み進め、疑問を真淵に質（ただ）していく。師弟の遣り取りは、

『万葉集問目』としてまとめられているが、その多くは、訓(よ)みの定まらない言葉や解釈の難しい字句についての質疑応答である。しかし、時には次のような往復もあった。

宇志ノアラハシタマヘル書ハ、冠辞考ノ外ニナホモアラン、……梓ニ上リシ物モアリヤ、ハタソノ外モアラン、ソノ名ヲダニ示シタマヘ

これに対して真淵は、公刊した著述は『冠辞考』のみで、「五意てふ物をかゝんとす、歌意、文意、語意、書意、国意の五つ也、是は皆いまたはし〳〵のみ書侍り」と答えている。

また、宣長が『万葉集』の中の難語――この時は「臣女」（巻四）――の意味を尋ねたのに対して真淵が答え、さらに「本文を定むるには、自古歌をよみ得し上に有事ぞ、契冲、自歌わろき故に、本文を定誤りし事多し」というような真淵の率直な所感が添えられることもあった。『万葉集』の解釈にとって、古写本（二十巻揃いの写本の最古のものは鎌倉時代後期になる）の草書体を読み、誤字や脱字を正し、「本文を定むる」ことが難関であり、それと万葉仮名による漢字表記をどう訓(よ)むべきかという問題とが絡み合っている。真淵は、この困難な壁を越えられるのは、「自古歌をよみ得」ている自分以外にはいないという自負を表明しているのである。

では真淵はどういう歌を詠んだのであろうか。ここで、真淵の長歌を一つ紹介しておこう。大和・山城の旅の帰路、真淵は生家に立ち寄ったが、その時の歌、題詞は「岡部の家にてよめる（宝暦十三年の六月也）」である。「とし〴〵に　しぬびまつれば　ふるさとに　いますがごとく　常はしも　おもひてしものを　なにしかも　もとなかへりて　あふ人に　ことゝひぬれば　ちゝの実の　父はいまさず

は、そばの　母もいまさず　しかはあれど　吾妹（わぎも）なねの　かしらには　しらかみおひて　かな戸よりいづるを見れば　母とじは　いましにけりと　立（たち）はしり　いりてし見れば　おもてには　しわかきたりて　よろぼへる　われをしも見て　妹（いも）なねは　父来ましぬと　いぶかしみ　おもいたりけり　かたみに　ことをもとはず　しら玉の　なみだかきたり　むかひゐて　むかしべしぬぶ　ことぞさねおほき」（『賀茂翁家集』）、実の父母は既に亡くなっていないが、兄と妹は、老いた互いの姿の中に生前の父母に生き写しのものを認め合って昔を懐しんだというのである。

ところで宣長は、真淵に対面する二年前の宝暦十一年（一七六一）三月に、「天地訓為二阿毎菟知一非二古言一也、地当レ訓二矩爾一」と書き出される漢文体の小論文「阿毎菟知弁」をまとめ、古典の中の「天地」は「アメツチ」と訓むべきではなく、「アメクニ」が正しいと論じていた。『万葉集問目』によれば、宣長は「雑問」としてこの自説を提示し、真淵の意見を求めている。

マヅ古キ語ニ、天（テン）ト地（チ）トヲ対ヘテ云事、数シラズサハナル中ニ、一ツモ阿米ニ都知ヲ対テイヘル事ヲ見ズ、コトコトク久爾ヲムカヘタリ、神ノ名ナドニモ多キ事也

と述べた宣長は、

然ルヲ奈良ノ代ニ至リテハ、モハラカラ文ヲ学フ事ニテ、文字ヲムネトスルヤウニナリテハ、アメクニノ古語ハヤウヤウワスレテ、タヽ天地（テンチ）ノ字ヲノミ常ニモハラトスルカラ、新タニアメツチテフ訓ヲ設ケシモノナラン

として、「アメクニ」に「天地」という漢字表記を当てたことで、「アメクニ」という和語が忘れられ、「アメツチ」という訓みに取って変わられたものと考えるが、どうだろうかと真淵に問うた。これに対して真淵は、後日、「久邇弖致考」を著して、「アメクニ」を否定して「アメツチ」と訓むべきことを説いた。宣長もこれを受け容れ、『古事記伝』において、『古事記』の冒頭「天地初発之時」の「天地」を「アメツチ」と訓ませて、自らの旧説「アメクニ」に触れて、

後に師の久爾都知の考へを見れば、なほ阿米都知ぞ古言なりける、彼ノ考に云く久爾と云名は限の意なり、……さて都知とは、皇祖神の天沼矛以てかきなし賜へりし始メを以名ナッけたるなり、か丶れば地ツチは天と等しく広く、国は限リあれば狭きに似たり

と述べて、「天」に対する「地」は、「国」のような「限リ」をもつものではないから、「アメクニ」と訓むべきではないという師説を紹介している。

## 『万葉集』の成立

真淵との書簡の往復の中で、宣長は「万葉集重載歌及巻の次第」という短い文章を送っている。そこで宣長は、『万葉集』の成立について考えるところを述べてみた。

まつ廿巻ともに家持撰也、……その類を分るに付て、まづ分て前後二度の撰とす、前の撰は、一二三四六七八九十十一十二十三十四十六、この十四巻也、後の撰は、五十五十七十八十九廿、この六巻也

『万葉集』二十巻は、第一次の編集になる十四巻本と、第二次の六巻本の合体であり、いずれも撰者は大伴家持だと宣長は見たのである。これに対して真淵は、激しく憤慨した書簡を返している（明和三年九月一六日付）。「万葉撰者巻の次第等の事御記被レ遣候、是は甚小子が意に違へり」とした真淵は、「いまだ万葉其外古書の事は知給はで異見を立らるゝこそ不審なれ、か様の御志に候はば向後小子に御問も無用の事也、一書は二十年の学にあらでよくしらるゝ物にあらず、余りにみだりなる御事と存候」と認めて、それでもなお怒りを押さえられぬようである。真淵は、橘諸兄（家持より一世代前の廷臣・歌人）が撰録した六巻本のいわば原『万葉集』があったとする独自の『万葉集』成立論を構想していたのだが、それより何より、研究に足を踏み込んだばかりの宣長が、『万葉集』の「撰者」や「巻の次第」を喋々すること自体の軽々しさが腹に据えかねたのである。真淵は、宣長が態度を改めないなら「是までの如く答は為まじき也」とまで言い渡した。これに驚いた宣長は、擬古文体で綴った謝罪文「県居大人の御前にのみ申せる詞」（『鈴屋集』六）を捧げた。「のむ」は、首を垂れて祈ることだから、真淵の「二十年の学にあらでよくしらるゝ物にあらず」という一喝と、師弟の関係を断つこともありうるという強い姿勢が宣長に与えた衝撃を窺うことが出来るだろう。その中で、宣長はこう述べている。

のりながかつたなき心に、おふけなく［身の程を弁えず］思ひえたる事どもをも、かつ〴〵かきまじへて、よきあしきことわり給へと、こひ申せる、をぢ〴〵の中に、いとよこさまにしひたることども、これかれまじれり、今より後、かくさまのことは、つゝしみてよと、深くいさめ給ふ、みことをかゞふりて、いとも〳〵かしこみ、はぢ思ふが中に、かの集の巻のつぎ〳〵、かりこものみだれてあるを、浅茅原つばら〳〵にわきため［弁別し］正し給へる、うしの御心にたがひて、これはたおのがおもほしきまに〳〵、ことさまにしも論ひさだめて、こゝろ見に、見せ奉りし事はしも、いま思へば、いとゐやなく［無礼で］、かしこき［恐れ多い］わざになも有ける

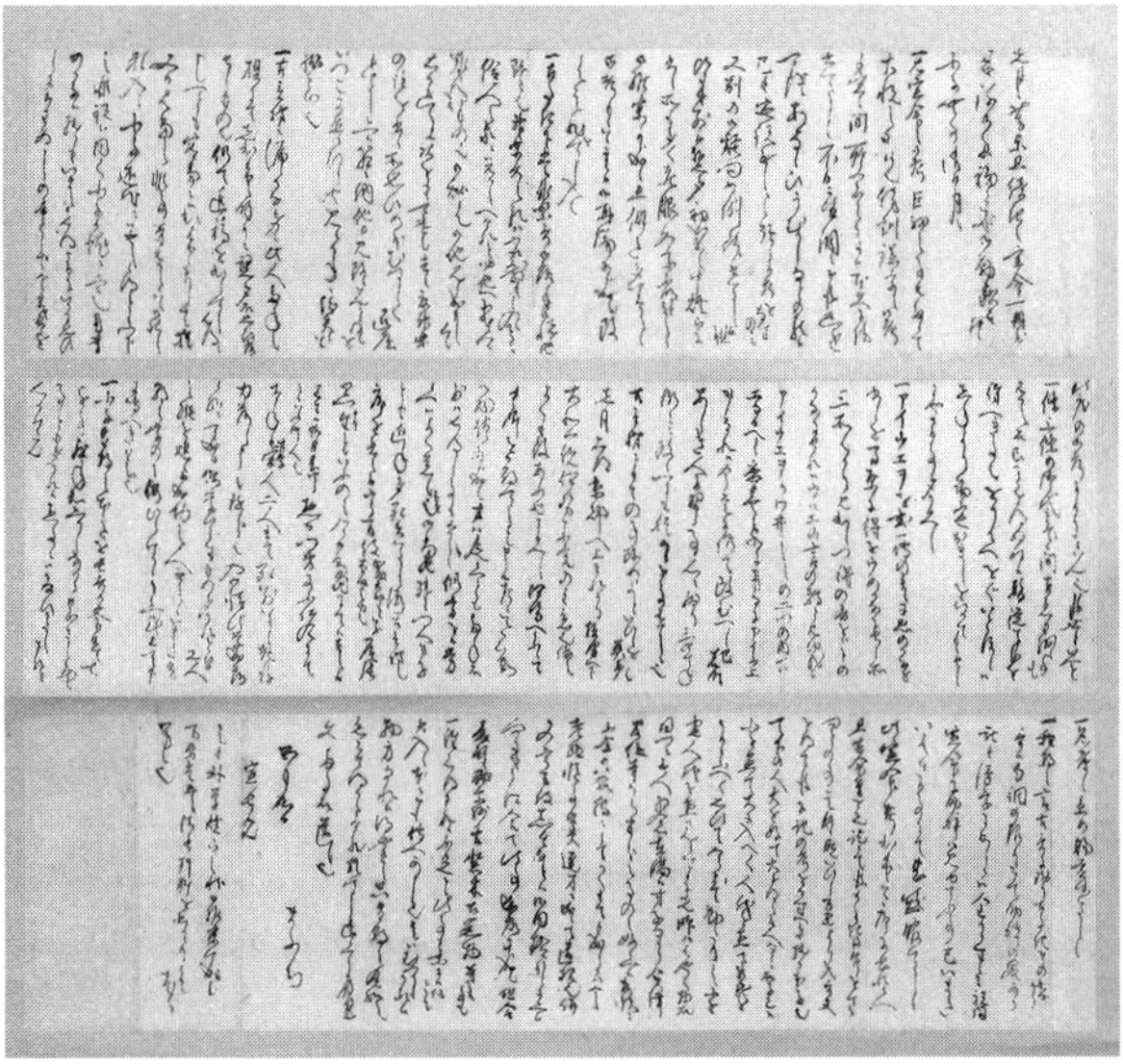

賀茂真淵書簡

宣長の反省の気持ちに疑うべき点はないが、心のどこかでは、あるいは老人の癇癪を見ていたのかもしれない。

### 宣命の中の難語

『万葉集』についての質疑応答は、明和五年（一七六八）六月、全巻を二巡して終わり、続いて『続日本紀』に収められている六十二篇の宣命をめぐる遣り取りが始まった。この往復は、『続紀宣命問目』として残されている。宣命とは、勅命を宣布する文書で、漢字で表記されるが日本語の語順を踏み、用言の語尾や助詞・助動詞などは、万葉仮名で右側に寄せて記される。例えば、「高天原爾事始而遠天皇祖御世中今至麻弖爾……」（『続日本紀』第一詔）と表記して、

「タカマノハラニコトハジメテトホスメロギノミヨミヨナカイマニイタルマデニ……」と訓ませるのである。真淵は、「古への宣命・祝詞（のりと）などは、全く古への文也」（『にひまなび』）と理解していたから、それだけに宣命の文章をどう訓（よ）むのかは重大な問題だった。

一つだけ例を引けば、真淵が「キミオミ」と訓んでいる「君臣」である。

君臣、カラブミニハ、君臣トツネニ対ヘテ云ヘドモ、此方ニテハ古言ニサル事見エズ、臣ノ字ヲ於美トヨムモ、其人ヲ尊ミテ呼フ称ト聞エタレハ、君ニ対スル臣ノトキハ、於美ト訓ンモイカニゾヤ覚ユ

というのが宣長の疑問であり、「オミ」も尊称だから「君ニ対スル臣」の訓みとして不適切だと言いたいのである。宣長は、『古今集』仮名序に、「君臣」の意味で「キミモヒトモ」とする用例があることから、「キミヒト」と訓んではどうかと真淵に提案してみた。これを受けて真淵は、「きみはかみ（上）のみ（身）、おみはおほみ（大身）にて、其大身は下身（タミ）の中に官位有にてあかめいふ言なるは本よりなれど」として、宣長の議論を半ば認めながらも、「おのつからさる官人の称と成て久しければ、きみおみとつゝけもいふへし」と答え、「仮名序」には「後世好事の加筆」も多いので慎重に扱うべきだと注意している。

## 詠草の添削

『草菴集』は、二条派中興の祖とされる南北朝時代の歌僧、頓阿（正応二〜応安五年、一二八九〜一三七二）の歌集である。宣長はこの頓阿について、『排蘆小船』の中で「新古今ノコロニクラフレハ、同日ノ談ニアラス、オトレル事ハルカ也」と述べながらも、他方で「頓阿ハ名人」「モツハラ正風ヲヨミテ名高カリシ」というように高く評価し、晩年に著わされた『う

ひ山ぶみ』でも、初心者のための「よき手本」として『草菴集』の名を挙げている。

嶺松院歌会の会員で、宝暦八年から始まった宣長の『源氏物語』講義の聴講者の一人だった稲掛棟隆（享保一五年〜寛政一二、一七三〇〜一八〇〇）のたっての要望により、宣長は、『草菴集』から三百五十余首を撰び、当時その手引きとして通行していた『草菴集蒙求諺解』や『草菴集難註』の理解を斥けた独自の注解を試みた。こうして著された『草菴集玉箒』の前篇五巻は、明和五年（一七六八）に出版された。宣長にとって、初めての著作の公刊である。後篇と続篇も、その十八年後に刊行された。書名の由来について棟隆は、「かの諺解難註の塵(チリ)あくたにうづもれし艸のいほりはききよめつる心もて、玉ばゝきとつけてん」という戒言(かいごん)（松坂の天台宗来迎寺の僧、嶺南院歌会の一人で宣長の講義を聴講）の発案だったと伝えている（同書「はし書」）。嶺南院歌会から、宣長を師として歌や古典を学ぶグループが立ち上がっていく様子が目に見えるようである。

しかし真淵は、宣長の『草菴集玉箒』に対して強い不快感を持った。「草菴集之注出来の事被二仰越一致二承知一候、併拙門ニ而ハ源氏迄を見セ候て、其外ハ諸記録今昔物語なとの類ハ見セ、後世の歌書ハ禁し候へハ可否の論に不レ及候、元来後世人の歌も学もわろきハ立所の低けれハ也」とは、『草菴集玉箒』の出版の翌年の正月二十七日付の宣長宛書簡の一節であり、そこには「頓阿なと歌才有といへとかこみを出るほとの才なし、かまくら公［源実朝］こそ古今の秀逸とハ聞えたれ」とも書かれていた。「かこみを出る」とは、時代の常識や限界を越えるという意味だろう。さらに後便では、「いかで、さ様のものを註せられ候にや、……甚後来の名を汚す事に候」（明和六年某月某日付）と宣長を叱責している。

眼を転じて、宣長が送った詠草への真淵の評価を見てみよう。次に引くのは、明和二年（一七六五）

に宣長が送ったものである。

山居梅
かくれかやうめ咲のきの山風に身のほとしらぬ袖の香そする
古寺落花
夕あらしはつせの花やさそふらんそてにちりくる入相の鐘
花埋苔
庭のおもは桜ちりしく春風にさそはぬこけの色そきえゆく

これに続く十二首は省略するが、真淵は、「右の歌とも一つもおのかとるへきはなし、是を好み給ふならは、万葉の御問も止給へ、かくては万葉は何の用にたゝぬ事也」（「賀茂真淵添削詠草」一）という厳しい返事を認めている。万葉風の歌を自らも詠むことで『万葉集』の理解を得ようとする真淵からすれば、宣長が送ったような歌には何の価値もなく、それはまた宣長の『万葉集』研究の真剣さをも疑わせるものに映ったのである。

年のくれに
あまきらひふりしく雪のしく〳〵もおもほゆるかも年のわかれを

で宣長は、上代語「天霧ふ（あまぎらふ）」を用いたが、真淵は、「古言もていへるのみにては、よろしからす」（同三）として否定的姿勢を崩さなかった。宣長は、「友たちの都へのほりけるをおくるとて」と題して長歌を詠んだこともあったが、真淵は、「させる難も聞えす、大かた理り有て聞ゆ、されとたゝ地をのみあゆむ心ちす、長きことは、天高く行心ちこそ有へけれ」（同五）と評した。無難に器用にまとめられているが、それだけだということだろう。

全体として真淵は、「新古今を御好之事、小子が意と甚違候、……小子ハ男子にハ万葉、女子にハ古今体を教候」（明和三年四月一五日付）「けに御詠を見るに風調不ㇾ宜聞ゆ」（同）「詠歌の事よろしからず候、……言よろしく心高く調子を得たるは、少しも巧みの無ぞよき也、……巧み有はいやしき也」（同年九月一六日付）と書き送ったように、宣長の歌風をよしとしなかった。

**真淵の励まし**

真淵は、宣長の詠歌については右に述べたような評価を変えなかったが、文献解釈の能力という点では宣長を認め、褒めるべきところを褒め、宣長を励ましている。『万葉集問目』からも、「よく考給ひたり」「いとよき問也」「面白き考也」「よき訓也」といった真淵の言葉を拾うことが出来る。さらに真淵は、「我朝之言古歌に残り、古事記その書なから、歌ハ句調の限り有て助辞の略あり、記も漢字に書しかハ全からす、たゝ祝詞宣命に助辞ハ見ゆてふ事、已いまたいはさる事にて、甚感服いたし候」（明和六年五月九日付）とあるように、古い時代の助辞（てにをは）の様態は祝詞や宣命に残っているのではないかという宣長の着眼を高く評価した。宣長は、『排蘆小船』において既に「吾邦一切ノ言語、コトコトクテニハヲ以テ分明ニ分ル、事也」と述べていたように（後述）、日本語の明晰さの根拠を「テニ（ヲ）ハ」に求めていたから、こういう着眼を得られたのであり、真淵はそこを見逃さなかった。

真淵は、「神の御ふみをとくまでにいたることをえざる」と自らを語っていたが、『古事記』の訓みを定めるための準備を進めていた。宣長は、真淵の訓みが施された『古事記』の借覧を懇願するが、真淵は容易には応じない。「古事記之事秘惜といふにハあらねと、小子本ハ自二先年一騒忙中ニさまさま書、或ハ抹滅多候て他見ニハ弁かたく候まゝ、春中得二小閑一候而、其紛乱を白粉もてぬり明め候て後可レ遣候、先万葉を御出精可レ被レ成候」（明和二年一二月二一日付）「古事記之事、度々御申越ニ候、万葉済て後かし可レ申候、……惣て自ら古体をよくよみ得、古文をかき、万葉其外古文古歌に通したる上ならてハ、古事記日本紀の新意を得ましき事也」（明和三年四月一五日付）といった具合で、真淵は、「即成を好むハ実学にあらす」（同）「万葉ハとかく四十年之熟覧ならてハ成落いたしかたし」（明和四年正月五日）とまで言っている。「まだきに高き所をなのぞみそ」という最初の教えは、こうして堅持されている。

そして明和四年の冬、ようやく真淵の許可が出た。「古事記之事致二承知一候、併拙本ハ先年より種々書ちらし、いまた非をも抹去をも不レ致候へハ、遣候而却御不審多く可レ有レ之候間、門人之本をかり候て可レ遣候也、其中に、訓之方を専らとして傍ニ所々字を付たるも有レ之候、仍其本を先かり候て可遣とも存候、此訓之事数度会読いたし候事也、先本文をよく訓候て後、意ハ考有へき事なれハ也」（明和四年一一月一八日付）と真淵が書き送ったように、意味内容の検討は後の課題として、本文を正しく訓むことに力を集中し、何度かの「会読」の成果として『古事記』本文の訓みを定めたものだった。真淵は、宣長からの礼状を受けて、「古事記訓遣候御謝承候、……無二御遠慮一御考も候ハハ可レ被二仰聞一候」（明和五年六月一七日付）と伝えている。

宣長の『古事記』研究のために、真淵は、架蔵の貴重書を貸与したこともあった。「神楽催馬楽等の古書、……何れも甚高直（値）にて調候事故、其書みたりニ他へハ遣しかたく候へとも、貴兄ハ格別ニ存候間、此度先神楽部を遣し候、……必他へ御見せ候事無用也」（明和六年三月一七日付）という一節にある「貴兄ハ格別」は、晩年の真淵の偽らざる気持ちだったのではないだろうか。

　明和五年（一七六八）頃から、真淵は、宣長に自らの老衰を告げるようになる。「小子無事ニハ候得共、年々惣体衰を覚候、しかしなから、いまた学事にハ毫失も無レ之、眼気も衰なから、猶眼鏡不レ用、細筆もいたし候、但疝積［胸や腹の急な痛み、差し込み］常有レ之、歩行等不自由ニ候、日夜著述ニかゝり候得共、老情猶諸事はかとらす」（明和五年六月一七日付）、こう書いた時、真淵は七十二歳である。「惣而門弟に不仕合にて去年も才学宜人二人まで死別いたし、老後力落し申候」と書かれた書簡は、「万葉より入歌文を得て後に記の考をなすへきハ拙が本意也、……人代を尽て神代をうかゝふへく思ひて今まで勤たり」と続き、「孤独ニしてかくまても成しかハ今老極、憶事皆失、遅才に成候て遺恨也」と記された（明和六年五月九日付）。

　明和六年（一七六九）、真淵は七十三年の生涯を閉じた。宣長のもとには、真淵門の楫取魚彦（享保八～天明三年、一七二三～八三）から、「大人所労之事、先日申上候通ニ御座候処、終無二回復一、十月晦日暮六ツ時遠行被レ致候」という十一月二十日付の通知が、翌月の四日に届けられた。その日の宣長の日記には、

　四日　師賀茂県主去十月晦日酉刻卒去之由、自二同門楫取魚彦一告レ之、其状今日到来、不レ堪二愛惜一

　○今夕新古今集講釈全部終

とある。

後のことであるが、宣長は、天明元年（一七八一）十一月に真淵の十三回忌追善の歌会を催し、真淵追悼の歌文を集めて『手向草』を編んでいる。宣長自身が寄せた歌は、「琴の音に昔をしのぶ」と題して、「かきひくやことのねきけば琴がみにいます御影の今も見るごと」であった。

## 2　医業と家庭

**講釈と会読**　先に見たように、帰郷の翌々年、宝暦八年（一七五八）の夏から宣長の『源氏物語』講義は始まり、それは晩年まで倦むことなく続けられ、全五十四帖を三巡し、四巡目の途中で終わった。この他、『万葉集』の講義が二巡、『古今集』が四巡、『新古今集』が二巡されている。これらの講義に、宣長がどれほど精力を注いでいたか。例えば明和三年（一七六六）の「日記」から記事を拾ってみよう。

（正月）十八日……夜開講神代紀
　　　三十日……今夕（源氏）蜻蛉巻講釈終
（三月）十日……今夕神代紀講終業
　　　廿八日……今夕新古今集開講、此後以二八之夜一為二定日一
（六月）廿二日……今夕（源氏）手習巻講談終
　　　三十日……今夕（源氏）夢浮橋巻講釈終、右源氏物語講釈、始二于宝暦八年戊寅夏一至二今夕一、一部五十四帖終業

（七月）廿六日……今夕源氏物語開講、自二桐壺巻一始
（八月）廿四日……今夕万葉第八講釈終
　　　　廿六日……今夕（源氏）桐壺巻講釈終
（十月）十日……今夕（源氏）帚木巻講釈終
　　　　廿二日……（源氏）空蟬巻講釈終

この年は、毎二・六・十日の夜が『源氏物語』、毎四日が『万葉集』、三月迄の毎八日が『神代紀』、その後は『新古今集』と続くから、講義のペースは隔日ということになる。昼は医師としての診療、夜はほぼ隔日の講義という生活が、乱れることなく続けられた。

「講釈」を基本とした宣長であるが、「今夕栄花物語会読校合終業」（安永四年六月七日）や「今夕会読万葉集始」（同年一〇月二四日）といった記事もあるように、会読のスタイルがとられることもあった。「会読」とは、京都時代に史書や医書の学習で宣長も経験していたが、少人数の読書会・勉強会である。これについて宣長は、『玉勝間』（八の巻）「こうさく　くわいどく　聞書」の中で、

今やうの儒者などは、［講釈を］よろしからぬわざとして、会読といふことをぞすなる、……よの中に此わざするを見るに、大かたはじめのほどこそ、こゝかしこかへさひ、あげつらひなどさるべきさまに見ゆれ、度かさなれば、おのづからおこたりつゝ、一ひらにても、多くよみもてゆかむとするほどに、いかにぞやおぼゆるふし〴〵をも、おほくなほざりに過すならひにて、おほかたひとりゐてよむにも、かはることなければ、……

最初のうちは細かく疑問を出し合って討論していても、早く先に進みたいという思いが勝って、時とともに内容の検討もルーズになってしまう例が多いというのである。そして「会読」のもう一つの欠点は、

うひまなびのともがらなどは、いさゝかもみづから考へうるちからはなきに、これもかれも聞えぬことがちなるを、こと〴〵にとひ出むこともつゝましくて、聞えぬながらに、さてすぐしやるめれば、さるともがらなどのためには、猶講釈ぞまさりては有ける

と述べられるように、初学者が、質疑・討論の輪に入れずに取り残されてしまうということである。こういう理由から、宣長は「会読」について消極的であった。

講義は宣長宅で行なわれたが、時には門人の家を借りることもあった。須賀直見は嶺松院歌会の会員で、『源氏物語』講義の最初からの聴講者である。その直見宅では、明和二年（一七六五）十月から月次（つきなみ）の歌会が催され宣長も参加していたが、明和九年からは『栄花物語』の会読（定日は毎三日）の会場にもなっている。

## 李朱医学と古医方

さて、ここからは医師としての宣長を追ってみよう。宣長が一人前の医師として立ったのは、京都時代の宝暦五年（一七五五）三月である。「在京日記」には、

三月三日、稚髪ヲ為ス、名ヲ更メテ宣長ト曰フ、号ヲ更メテ春菴ト曰フ、春菴ヲ以テ常ニ相呼ブ（原漢文）

とあり、当時の医師が剃髪して僧形をなしたのに従い、髻を切って名や号を改めたことが見える。十徳（医師・絵師・儒者などの礼服）を着用し、脇差を携えるようになった。これを聞いた母は、「そもし殿事も、弥いしや相そくの心かけニて、名も御改、十徳節供より着被レ申候由、めでたく悦申候」として医師宣長の誕生を祝いながら、「わきさし」「はおり」「帷子ひとへもの」などを揃えられるのか心配している（宝暦五年三月一二日付書簡）。なお、春菴（舜菴）の号は、寛政七年（一七九五）に中衛に改められるまで用いられた。

宣長が医学を学んだ時代は、それまでの李朱医学（後世方）を批判して、古医方と呼ばれる新しい医学が台頭しつつある過渡期だった。金・元の時代、李東垣や朱丹溪らが主唱したことからその名のある李朱医学は、陰陽五行説や五逆六気説を前提とした自然哲学に基礎づけられた観念的性格の濃いものだった。これに対して新興の古医方は、こうした自然哲学に基づく医学説を空理空論として斥け、漢代の医書『傷寒論』への回帰を主張し、経験主義的な性格を特色としていた。古医方は、京都の人、名古屋玄医（寛永五〜元禄九年、一六二八〜九六）を先駆とし、後藤艮山（万治二〜享保一八年、一六五九〜一七三三）、艮山に学んだ香川修庵（天和三〜宝暦五年、一六八三〜一七五五）、同じく艮山に学んだ山脇東洋（宝永二〜宝暦一二年、一七〇五〜六二）らによって発展していった。彼らは、いずれも京都を活躍の場とし、修庵は、古義堂を主宰していた東涯から仁斎の儒学を学んだこともあった。宣長も修庵には関心を寄せて、「在京日記」の先に引いた一節に続いて、「去二月十三日、一本堂修徳先生香川太冲［修庵］没、七十三、同廿五日、葬二嵯峨二尊院一」と記している。東洋は、刑屍体の腑分け（解剖）に立ち合い、西洋の解剖図の正確さに打たれ、『蔵志』（宝暦九年刊）の中で、五臓六腑説に立つ限り人体の構造を捉えることは出来ないと主張したことで知られている。

では、宣長はどのような医学説に拠っていたのだろうか。この点を伝える史料は少ないが、「藤文輿ノ肥ニ還ルヲ送ルノ序」（『詩文稿』、原漢文「送藤文輿還肥序」）は、京都時代の宣長の医学観の一端を窺わせるものである。藤文輿とは、宣長と親しかった友人の岩崎栄令で、肥前の大村侯に仕える医家の子であった。本姓は藤原氏、号が文輿であり、宝暦六年二月に栄令が帰郷するに際して餞（はなむけ）として書かれたのがこの文章である。そこで宣長は、まず李朱医学について、それを「宋元明医ノ固陋」による「僻説」と断じて、それを信奉する者の「愚昧」ぶりを軽蔑している。一方、古医方については、

頃者（このごろ）本邦医人、往々素霊陰陽旺相五行生尅ノ説ヲ以テ迂誕ト為シ、擯（シリゾケ）テ棄ツ、甚シキ者ハ五臓六腑十二経絡ノ目ヲ廃スルニ至ル、蓋（ケダ）シ後藤氏首（ハジ）メニ之ヲ唱ヘ、香川氏之ヲ継グ

として簡単に紹介し、「其ノ論千古ニ卓絶ス」と高く評価している。「素霊」は、古代中国医学の聖典である『素問』と『霊枢』であり、長く自明とされてきた陰陽五行説に基づいた医学理論を、古医方家と並んで宣長もまた「迂誕」と見て信用していない。しかし宣長は、古医方の立場を無条件に受け容れているわけではない。艮山から修庵へという学統への信頼は篤いが、「甚者云々」の一節から読み取れるように、その主張の行き過ぎには警戒的な姿勢も保っている。この餞の文章にも、「山脇氏ノ如キハ、則チ識見高キニ過テ、反リテ鄙陋ナリ」という名指しの批判を見ることが出来る。

## 臨床医としての立場

そもそも疾病とは何であり、臨床医としてそれにどう対処すべきなのか、宣長はそれを「藤文輿ノ肥ニ還ルヲ送ル序」の中で、「煕然ノ一気」「元気」「真気」といった概念を用いながら論じている。

夫（ソ）レ病ハ軽剤薄薬ノ能ク治ムル所ニ非ザル也、唯ダ熙然（キゼン）ノ一気、独リ能ク病ニ抗シテ之ヲ制ス、其ノ気為ルヤ、神ニシテ測ル可カラズ、本諸（コレ）ヲ天ニ稟（ウ）ケテ諸ヲ身ニ充ツル者也、後世之ヲ元気ト謂（イ）ヒ、此ノ気有レバ適（マサ）ニ人ト為リ、無ケレバ則チ尸（シ）タルノミ

天から与えられた光り輝く根源の「一気」、それを言い換えれば「元気」や「真気」であるが、それが一身に充ちる時、人は健康であり、それが弱まれば病気となり、それが消えれば人は死んでしまう、こう宣長は言う。「尸」は、しかばねである。

外邪内傷、四百四病、皆其ノ盛衰ヨリ発ス、死生ハ唯ダ此ノ気ノ有無已（ノミ）、五臓六腑ヨリ四支九竅ニ至ルマデ、此ヲ得テ後ニ各（オノ）オノ其ノ用ヲ相ヒ為ス

すべての疾病の原因は、つきつめて言えば、「一気」の衰弱に由るということだろう。臨床医に求められるのは、患者の「真気」の状態を見極めることである。

苟（イヤシ）クモ真気ノ趣ムク所ヲ察セズ、妄リニ攻撃シ温補ニ及べバ、則チ啻（タダ）ニ功無キノミナラズ、亦能ク人ヲ賊（ソコナ）フ、故ニ治病ノ枢機ハ真気ノ勢ヲ察スルニ在ルナリ

病状に対する治療法も、個々の患者の「真気ノ勢」に対応するのが「治病ノ枢機」なのである。そして宣長は、患者に即して「攻」（攻下薬、下剤）「補」（補益薬、強壮剤）「温」「涼」といった処方を適

切に選んでいくべきことを説いている。そして宣長の結論は、こう述べられる。

攻補ノ間ヲ周旋シテ不偏不固ナレバ、善医ト謂フ可キ已（のみ）

患者の「真気」を養う、つまり回復力を高めることを第一にして、理論的には古医方に親近感を懐きながらも、臨床の医師としては、特定の立場にこだわらず対応していくというのが宣長の姿勢だった。

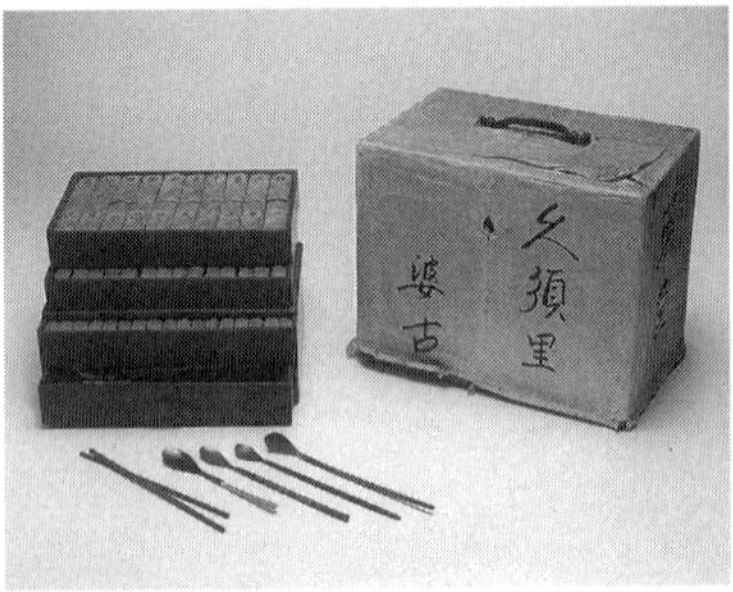

薬箱

松坂で内科小児科医として開業した宣長の、日々の投薬の帳簿が、『済生録』として残されている。支払いが半年単位であったために、帳簿でも半年ごとに集計されている。開業時から記録されていただろうが、現存するのは、安永七年（一七七八）から没年までのもので、宣長が、亡くなる十日前まで患者の診察にあたっていたことが判明する。服部敏良「医師本居春庵」によれば、「春庵の医業生活の中、最も忙がしかったのは安永九年で、この年、診療人数四六二人、調剤数八四二九、収入九五両二分余となっている」ということで、服部は、「これだけの収入では、或は生計も必ずしも楽でなかったかも知れない」と推測している（『本居宣長全集』月報十六）。薬剤の仕入の帳簿もあったはずであるが、これは残っていない。医業は「ますらをのほい」ではないと感じながらも、「親先祖」のために精一杯の努力を惜しまなかったと『家のむかし物語』で回顧した宣長であるが、門人宛の晩年の書簡に次のような一節がある。

> 此辺夏以来殊外痢疾流行仕、至レ今世上病人夥敷、因レ茲療用一向不レ得二寸暇一、昼夜繁冗ニ付、諸方文通用事返書等、一向ニ得取掛リ不レ申（寛政六年九月二六日、千家俊信宛）

その二年前の書簡でも、宣長は「よなか暁といはず、はしりありき侍るに、ものまなぶいとまもすくなく」と述べている（寛政四年正月六日、加藤千蔭宛）。急患への対応であろう。老身にはこたえたはずで、千蔭宛の書簡では、腰痛が辛いとも述べている。

宣長はまた、家伝の薬の販売もしていた。「小児胎毒丸」や「むしおさへ」などであるが、ここでは宣長が筆をとったという「精製六味地黄丸」の効能書を紹介しておこう。

> 精製　六味地黄丸　百目代銀札五匁　六味地黄丸功能ノ事ハ、世人ノヨク知ルトコロナレハ一々コ、ニ挙ルニ及ハス、……此度手前ニ製造スル処ノ六味丸ハ、第一薬味を令二吟味一、蜜ニ至迄何れも極上品を撰ミ用ひ、尚又製法ハ、少しも麁略無レ之様ニ随分念ニ念を入、其功能各別ニ相勝レ候様ニ令二製造一、且又代物ハ、世間並ヨリ各別ニ引下ケ売弘者也

「六味」は、苦・酸・甘・辛・鹹・淡で、「六味地黄丸」は一種の強壮剤であろう。

## 二男三女の誕生

宝暦十二年（一七六二）一月、たみを嫁に迎えた宣長の母は、四月十七日に信濃の善光寺に参詣し、秩父巡礼に足を伸ばし、江戸へ出て、六月四日に松坂に帰った。五十八歳の母は、善光寺で剃髪し、貞雲という法名を得ている。

義母の名を継いで勝となった新妻は、翌年二月に男児を出産した。宣長の「日記」から拾う。まず

前年八月、

廿五日……勝自二去頃一懐妊、今月五箇月也、仍今日著帯

「著帯」ということで、津の草深家から祝いの品が届けられた。そして宝暦十三年の二月、勝は実家に帰っている。

三日……未(み)刻半自レ津使来、告二今巳(み)刻前勝安産、男子出生、母子無レ恙之由一

四日……遣ス二使ヲ津ニ一、熨餅贈レ之

九日……行レ津、暁発足、……今日七夜也、酒鰹節持参、産着等持参、小児名二健蔵一、予旧名也、酉刻半帰着

誕生した男児に、宣長は、宝暦五年三月三日の「宣長」改名まで、京都時代に用いていた「旧名」を与えた。ちなみにこの男児は後に春庭を名乗ることになるが、春庭もまた、その長男に「健蔵」の名を付けることになる。そして宝暦十三年の四月、

廿三日……勝将二健蔵一自レ津帰

こうして、宣長の新しい家庭生活が始まった。真淵との対面の、約一ヶ月半ほど前にあたっている。

この後、明和四年（一七六七）、宣長三十八歳の正月十四日、「夜亥(い)刻半勝安産、男子出生」「廿二日……今日祝㆓七夜㆒、小児名㆓恭次郎㆒」とあるように次男（後の春村）が、明和七年（一七七〇）、宣長四十一歳の正月十二日、「申(さる)刻勝安産、女子出生」「十八日、七夜也、小児名㆓飛驒㆒」と長女が、安永二年（一七七三）、宣長四十四歳の正月二日、「辰(たつ)刻勝安産、女子出生」「八日、七夜也、小児名㆓美濃㆒」と次女が、さらに安永五年（一七七六）、宣長四十七歳の正月十五日、「夜六半時、勝安産、女子出生」「廿一日、七夜也、小児名㆓能登㆒」と三女が生まれた。宣長は、二男三女の父となった。

他方、「日記」にはこういう記事もある。天明元年（一七八一）、宣長五十二歳の十一月二十日、「夜亥(い)刻勝安産、小児死胎也、此小児号㆓速弁童子㆒、以㆓廿一日㆒為㆓忌日㆒」、また天明三年（一七八三）、宣長五十四歳の十一月二十七日、「今夕戌(いぬ)刻勝安産、小児死胎也、此児号㆓善縁童女㆒、同夜中葬㆓於道樹大徳墓側㆒也」とも見える。この女児は、樹敬寺の父定利の墓の側に埋葬されたのである。

明和五年（一七六八）、宣長三十九歳の年の正月に、母が世を去った。「日記」は、例のように最小限の事実を記している。

勝＝宣長
- 春庭（宝暦一三～文政一一年、一七六三～一八二八）
- 春村（明和四～天保七年、一七六七～一八三六）
- 飛驒（明和七～嘉永二年、一七七〇～一八四九）
- 美濃（安永二～天保九年、一七七三～一八三八）
- 能登（安永五～享和三年、一七七六～一八〇三）

宣長の五人の子

朔日　庚寅　晴天〇午(うま)刻母人卒去給、
享年六十四歳、自㆓旧冬十二月十六日㆒
傷寒煩給
三日　雲〇酉(とり)刻母人奉㆑土㆓葬樹敬寺㆒

「傷寒」は、急な発熱である。剃髪し

て尼となっていた母は、西方浄土を念じながら濁世での生を終えたのであろう。母に旅立たれた時の歌が、『石上稿』八に収められている。

正月朔日のひるつかた母なる人のやまひいま〳〵となり給へる比しも鶯の始て鳴ければ
春来ぬときくにつけてもたらちねの立も帰らぬ別をそ思ふ
思ひきやけふ鶯の初声にわれも鳴音をそへん物とは

## 3 谷川士清

**垂加神道** 『玉勝間』(二の巻)の「おのが物まなびの有しやう」に、「神書」の学習をめぐってこう述べられている。

さて又道の学びは、まづはじめより、神書といふすぢの物、ふるき近き、これやかれやとよみつるを、はたちばかりのほどより、わきて心ざし有しかど、とりたててわざとまなぶ事はなかりしに、京にのぼりては、わざとも学ばむと、こゝろざしはすゝみぬるを、かの契沖が歌ぶみの説になずらへて、皇国のいにしへの意をおもふに、世に神道者といふものの説(とく)おもむきは、みないたくたがへりと、はやくさとりぬれば、師と頼むべき人もなかりしほどに……

「道の学び」への志向は「はたちばかりのほど」からのもので、「京にのぼりて」から一層その思いは強まったものの、その手掛かりを得られずにいたこと、京都時代に契沖の実証的な古典研究の方法に出会い、世に言われる神道説の虚妄を痛感したことが語られている。契沖のような実証的な方法によって、「皇国のいにしへの意」を明らかにする——これが、宣長の向き合おうとする課題となった。それを宣長は、「道の学び」と呼ぶ。

京都時代の宣長が、谷川士清の『日本書紀通証』を熱心に読み、抜書をしていたことは既に述べたが、松坂に帰って八年たった明和二年（一七六五）の八月、宣長は、草深氏を介して士清に書簡を送った。士清は、宝永六年（一七〇九）に伊勢国安濃郡の医師の子として生まれ、京都で学び、帰郷後は医業を継ぎながら、神道や和学の研究に打ち込んでいた（宣長も士清も、後に登場する上田秋成も、いずれも町医者である）。淡斎を号とし、宣長より、二十一歳の年長になる。既に簡単に触れたように、当時、神道を思想的にリードして大きな影響力を発揮していたのは、山崎闇斎が唱えた垂加神道であり、士清も、闇斎の高弟であった玉木正英について垂加神道を学んでいた。闇斎は峻厳な朱子学者である一方、陰陽五行説や『易』の哲学を援用して神道の理論化に努め、心の敬虔や主上への絶対的忠誠を強調した。それらは、『神代紀』や「中臣祓」、中世の伊勢神道で重んじられたいわゆる「神道五部書」の解釈を通じて導き出された道徳的・政治的な教説であり、旧来の神道説に濃厚であった祭祀行法に頼った秘儀的性格を脱した理論的な新しさを持っていた。この神道を垂加神道と呼ぶのは、倭姫命（アマテラスを伊勢に祭った皇女）の託宣として闇斎が顕彰した「神垂以二祈禱一為レ先、冥加以二正直一為レ本」（神ハ垂ルルニ祈禱ヲ以テ先ト為シ、冥加ハ正直ヲ以テ本ト為ス）に由来する。「神垂云々」の意味は、敬虔な祈り、正直な心、神々はそれらをお守り下さるということだろう。士清は、垂加神道家の中でも博学をもって知られ、『日本書紀通証』の他にも、五十音順の国語辞典の嚆矢である『和訓栞』の撰者としても著名である。

宣長が士清に送った書簡は、「与二谷川淡斎一」という漢文体のもので、「飯高本居宣長啓二安濃谷川先生足下一、先生筆研無レ恙」（飯高ノ本居宣長、安濃ノ谷川先生足下ニ啓（けい）ス、先生筆研恙（つつが）無キヤ）と書き出されている。続いて宣長は、同郷の先学として士清の学識をかねて仰いできたことを言い、「古書」に拠って「古言」を正確に把握するという契沖の方法を讃え、自らの神典研究へと話を進める（以下、引用は書き下し文による）。

「谷川淡斎ニ与フ」

厥（ソ）ノ後［契沖の学問を知ってから］益マス古言ヲ求メ、稍稍トシテ源ニ泝（サカノボ）ル、古事記、日本紀ヲ窺読シテ、日夜懈（オコタ）ラズ、久シクシテ之ニ熟シ、古言ニ通暁スレバ、則チ古典ノ旨モ亦明ラカナリ、是ニ於テカ宇宙豁然（カツゼン）トシテ、……神典諸註家ノ謬誤モ、亦瞭然トシテ諸ヲ掌（タナゴコロ）ニ指スガ如シ

宣長は、契沖が『伊勢物語』や『万葉集』を読んだように、自らも『古事記』や『日本書紀』を読もうと努める中で、垂加神道をはじめとする従来の神典解釈がいかに恣意的なものであるかを知ったと述べている。「宇宙豁然」は、朱子『大学章句』の「一旦豁然貫通」を踏まえ、何か突き抜けてパッと視界が開けたということだろう。ちなみに、宣長は前年正月から、毎八日を定日として「神代紀」の講義を始めていた。

宣長は、ここから一つの虚構によって議論を展開させる。垂加神道を奉じて『日本紀考証』や『和訓釈』という書を著した「才識」豊かな「或人」が話題にあげられる。直接に士清の『日本書紀通

証』や『和訓栞』を論じることを憚ったのであろう。その「或人」に宛てられた批判的な書簡の一節を引くという凝った設定で、宣長は筆を進めるのである。宣長は、こう述べる。

> 垂加ノ輩〔闇斎〕ノ如キハ、則チ惟レ神典ヲ仮リテ儒道ヲ説ク者ナリ、安クンゾ其ノ神道ヲ為スニ在ランヤ、大抵漢人ハ喜ンデ事物ノ理ヲ言フ、精ナルハ則チ精ナリ、而シテ其ノ実ヲ要ムレバ之有ルコト莫シ、皆己ノ臆度ヨリ出ヅ、夫ノ陰陽乾坤五行ノ説ノ若キモ、亦惟レ空理ナル而已

宣長の批判は、垂加神道の説くところの「事物ノ理」は、「陰陽乾坤五行」といった観念の組み合わせに過ぎず、「事物」それ自体から遊離しているという点に向けられている。

> 天地ハ自ラ天地、日月ハ自ラ日月、肥美豆ハ自ラ肥美豆ナリ、豈ニ別ニ陰陽乾坤ナル者有ランヤ

「肥美豆」は「火水」、木火土金水（五行説）で言われる「火」や「水」ではないという思いが、この表記になっている。「事」そのもの、「物」そのものを見よと宣長は言う。「陰陽乾坤五行ノ説」の正しさを証明するための道具立てとして「事物」に対する時、「事物」が備えていた個性は消され、「事物」と出会った時の驚きや不思議さの感覚は見失なわれて、ただ予定調和的に待ち構える秩序の中に収められてしまうからである。

宣長の議論は、その先に進む。

神代ノ事、多クハ是レ奇異、蓋シ不測ノ妙有リテ存ス、区区タル常理ノ能ク尽クス所ニ非ザル也

「神代ノ事」に向き合うとは、「常理」の及ばない「奇異」を「奇異」として、その不可思議さ、霊妙さに心を動かされることでなければならない。しかし『日本紀考証』や『和訓釈』の著者をはじめ、従来の「神典諸註家」はどうだっただろうか。

学者ハ乃(スナハ)チ己レノ心ヲ以テ、妄リニ之ヲ思議ス、是レ神道ノ神道為(タ)ル所以ノ者ヲ知ラザル也、……殊(コト)ニ知ラズ、人ハ神ニ非ズ、孰(タレ)カ能ク神ノ心ヲ知ラン、神ノ心ハ唯(ただ)神ノミ知ルト為ス、足下自(ミズカ)ラ以テ神トナス歟(カ)、僭妄ト謂フ可シ

儒教の「理」の立場は、普遍的な「理」の在りようからして、かくあるべきだ、かくあるはずだとして事物を説明し了解しようとする。それが神に向けられれば、結局は、自分たちの奉じる教理や価値観でもって、神々の行動や心理を解釈してみせることになるのではないか、それは傲慢なのではないかと言っている。

そしてこの議論の最後を、宣長は次のように締め括った。

其(ソ)レ惟(コ)レ足下ノ命世ノ器宏覧ノ才ヲ以テ、而シテ且ツ猶(ナ)ホ俗学ノ弊ヲ免ガレズ、僕竊(ヒソ)カニ之ヲ怪シム、豈(ア)ニ禍津日神(マガツビノカミ)ノ祟リヲ為ス耶、庶幾(コヒネガ)ハクハ此ノ鄙言ヲ以テ檍原中瀬(アハギハラノナカツセ)ト為シ、旧染ノ理学ノ汚習ヲ祓除シ、神道ノ清清タル域ニ至リテ、早ク大直日(オホナホビ)ノ光ヲ見ンコトヲ

「旧染ノ理学ノ汚習ヲ祓除シ」は、朱子『大学章句』に言う「去二其旧染之汚一」（経一章）「滌二其旧染之汚一」（伝二章）を踏まえる。宣長は、士清ほどの学者が「俗学ノ弊」を免れないのは、必ずやマガツビの「祟」の結果に違いないから、その「祟」を祓い除いて、ナホビの神の側に立つようにと、垂加神道からの転向を呼び掛けたのである。

## 士清との交流

この激烈とも言うべき書簡に対して、士清がどのように反応したのかは不明である。しかし両者の文通は続き、宣長から士清宛のものは、この書簡を含めて八通、士清からの来簡は十四通が残されている。それらの多くは、写本を含む書物の貸借、古語・古事・有職などの知識の交換を内容としている。例えば、明和八年（一七七一）霜月二日付の宣長から士清宛書簡を見てみよう。

岡部［真淵］が語意［『語意考』］かし給はり、いとうれしくよみ侍る、今しばしゆるしおき給はれかし、栞［『和訓栞』］四冊見せ給ひ、よるひるよみ侍る、例の思ひより侍る事共つゝまず申侍る、又々つぎ〳〵見せ給へ、出雲風土記久しくかしおき給はり、いといとうれしくこなたにもうつしおき侍る、この御本はことによろしく見え侍りて、……京にてよき本をうつしおきつるをうしなひて、年ごろなげきわたり侍りつるを、君の御徳によりなん、いやまさりてよきをえ侍る事、かへすかへすうれしう侍る

ここで宣長は、『語意考』や『出雲風土記』といった書物を士清から借覧し、必用があればそれを写し、また士清の『和訓栞』の稿本を読んで気付いた点を「つゝまず」書き送っている。文体も、漢

文体で身構えた最初の書簡とはうって変わり、和文体での穏やかな遣り取りである。もう一つ引けば、

栞四まき、見はて候故かへし奉り候、……次の巻々又見せ給へ、……古事記伝五ノ巻見給ハハ、おほしよれる事つゝみ給はてしめし給へ、さらてハいとほい(本意)なくなん候める

（明和九年一月二二日付）

とある。『和訓栞』は、士清の没後に門人の手によって刊行されるが、九十三巻八十二冊の刊行が終わったのは、明治二十年（一八八七）のことである。互いのライフワークとなるべき著作の稿本を貸与して、率直に感想や意見を交換するほどに、二人の間に学者同士の信頼関係が築かれていた。

士清が、旧知の垂加神道家の著わした小著を宣長に貸与し、宣長が反論を返したこともあった。河北景楨「天祖都城弁」がそれで、そこには、「高天原」は歴史的には大和に在ったとすべきことが主張されていたが、宣長は、「天照大御神の都は……天上なること、古典の趣、いと明らか」と反駁して、改稿の後、「天祖都城弁弁」として公刊した。士清に返した反駁の中で、宣長は、こうも言う。

かの垂加にいたりて、いよ〱ます〱漢意の雲霧、ふかく立みちて、闇の夜のごとく、古への道は、見えがたくなりぬるを、……

闇斎の「闇」に掛けながら、垂加神道の影響力の大きさが、「古への道」を見えなくさせているというのである。

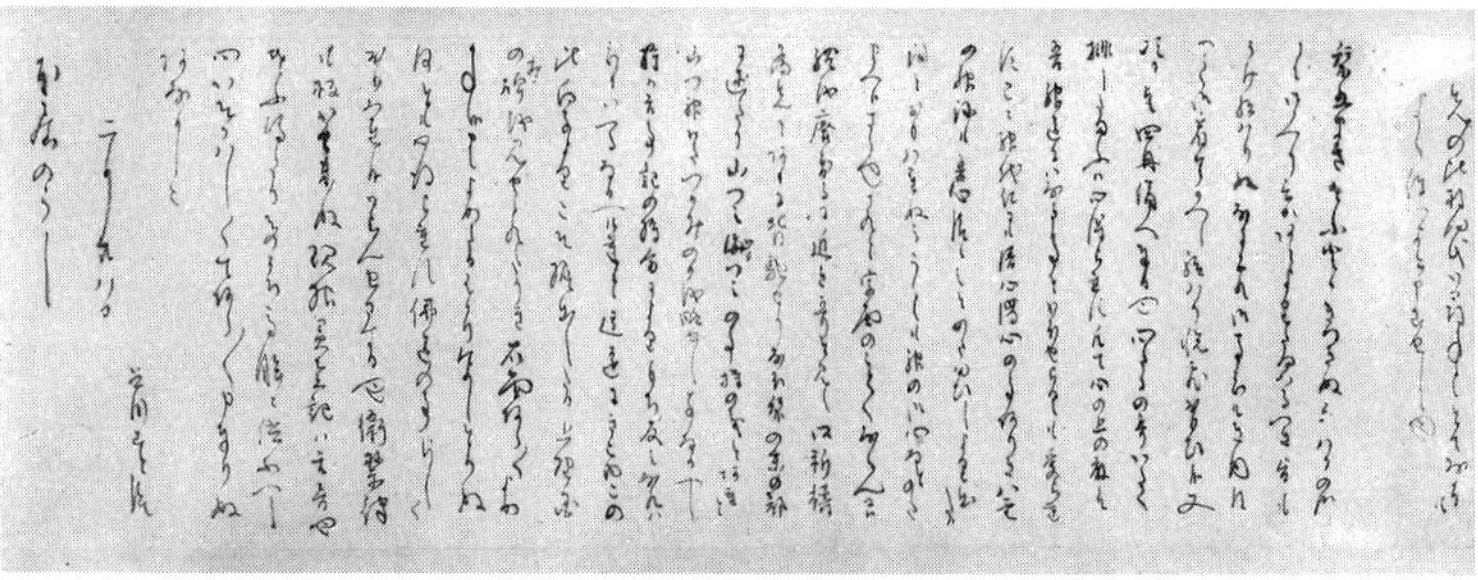

谷川士清書簡

## 士清からの反論

二人の信頼関係は、対立する論点には触れない範囲で成立していたのではない。士清もまた、宣長批判を試みている。

士清がまず取り上げるのは、「心の上の教」をめぐる宣長の主張である。士清は、「心たにの歌、いたく排したまふハ心得られす、凡て心の上の教は吾神道にハなき事とおほせらるゝも受られす、已ニ神代紀にも清心濁心の事ありき」（安永元年二月二八日付）と論じている。詳しい経緯は不明であるが、おそらく前便で宣長は、北野天神の神詠として世に知られた「心だにまことの道にかなひなば祈らずとても神や守らん」を話題にし、この神詠のように心の在り方にすべてを還元してしまう発想は、仏教や儒教のもので、古来の日本にはなかったはずだという持論を展開したのであろう。士清は、アマテラスとスサノヲによる「誓約（うけひ）」の段で心の「清」「濁」が主題になっている例を挙げて、宣長の議論は成立しないとした。

もう一つ、士清からの宣長批判は、「古事記の序とても神代巻と同し意なれハ、古事記の本文はかりにて、眇邈たる太古の大道真理と御心得候もいかゝ有なんやとこそおもハるれ」（同年七月晦日付）と述べられたように、『古事記』の序文は、宣長が排斥してやまない「陰陽」論に基づく世界観によって構成されているのであり、宣長のように『古事記』と『日本書紀』の断絶だけを重視するのは誤まりだとするものである。

宣長は、こうした議論の応酬について、「すへてあらそひ也とて物を論せぬハ、道を思ふ事のおろそかなる故也」として、さらに

こは後の世のためにも、くはしくあけつらひて、きはめおかまほしく、かねて思ひわたり候事也
（明和九年一月二二日付）

と記している。議論は平行線であっても、双方の主張を尽くし、次世代に論点を正確に伝えておくことは有意義だと宣長は考えていた。士清は、安永五年（一七七六）十月十日に亡くなった。宣長の「日記」には、

十日　今日津谷川淡斎死之由聞レ之、六十八歳

とある。

## 4 「直霊」

### 「直霊」の成立

宣長は、真淵と面会した翌年、明和元年（一七六四）から本格的に『古事記』の研究に取り組み、明和四年（一七六七）、研究の一つのまとめとして『古事記雑考』を

書き上げた。『古事記雑考』は、地名と姓氏の索引から始まり、「文法」「字法」「訓例上下」「題号」「日本紀之論」「修撰」「古事記上巻並序」「凡例」「道テフ物ノ論」から成り、『古事記』入門、あるいは『古事記』総論とでも言うべき内容である。このうち「道テフ物ノ論」は、推敲を経て「道云事之論」に改められ、さらに手を加えられて「直霊」となった。「直霊」が著わされたのは、明和八年（一七七一）のことで、内題は「なほびの御たま」と記されている。これが後に『古事記伝』一之巻に収められた「直毘霊」となり、「直毘霊」には、書名の下に「此の篇（くだり）は、道といふことの論（あげつら）ひなり」という自注が付けられた。

　文体について見れば、最初の「道テフ物ノ論」は、漢字カナ混じり文で「大御国ニ元（モト）道ト云事ナシ、美知ハタ、物へ行ク路ニシテ……」というように書き出され、次の「道云事之論」は、冒頭の一節を引けば、「大御国者（オオミクニハ）、闕麻久母（カケマクモ）畏伎（カシコキ）神祖（カミロギ）天照（アマテラス）大御神之（オホミカミノ）御生（ミアレマ）所坐（セル）大御国（オホミクニ）爾斯弖（ニシテ）……」というように万葉仮名で本文を記して、その右側に訓みをカナ書きし、本文の区切りごとに漢字カナ混じり文による自注を置く形式をとっている。右の本文については、「大御国ノ万ノ国ニ勝（スグ）レタル所由（ユエ）、先此（マヅココ）ニアリ、国云（トフ）国ニ、大御神ノ大御徳蒙（メグミカガフ）ラヌ国ヤハアル」がその自注になる。これに対して「直霊」は、漢字かな混じり文で「大御国（オホミクニ）は、かけまくも畏（カシコ）き神祖天照大御神（カムロギアマテラスオホミカミ）の御（ミ）あれ（生）ませる大御国（オホミクニ）にして……」で始まる本文と、「万国（ヨロヅノクニ）に勝（スグ）れたる所由（ヨシ）は、まづこゝにいちじるし、国といふ国に、大御神（オホミカミ）の大御徳（オホミメグミ）かゞぶらぬ国あらめやも」というように挿入された自注から成る。

　「直霊」には、「道テフ物ノ論」や「道云事之論」にはない奥書が付けられている。

玉しき平安宮（タヒラノミヤ）に御宇（アメノシタシロシメ）す、橿原宮（カシバラノミヤ）に御宇（アメノシタシロシメ）し天皇（スメラギ）よ（自）、もゝちまり（百余）とをこゝのつぎにあたります天皇の、天ノ下しろしめし始むる年の、かむな月こゝぬかの日、伊勢の国いひたかの郡の御民平宣長、かしこみかしこみもしるし奉りつ

後桃園天皇（在位一七七一～七九）の治世の元年に、天皇の「御民」として、平建郷を祖とする「平宣長」が謹んで著わしたと荘重に記されている。そして、この「直霊」が「直毘霊」として『古事記伝』一之巻に収められた時、この奥書は、

かくいふは、明和の八年といふとしの、かみな月の九日の日、伊勢ノ国ノ飯高ノ郡の御民、平ノ阿曾美宣長、かしこみかしこみもしるす

と改められた。「阿曾美」は、天武天皇が定めた八色姓の第二位である朝臣で、主に皇別の臣（橘氏・源氏・平氏など）に賜った。「直毘霊」は、語句の補正や一部の段落の順序の変更はあるものの、内容的には「直霊」をそのまま継いだものであり、文体も「直霊」と変わらないことから、成稿の時日を動かさなかったのであろう。「道」とは何か――この問題をめぐる考え方は、明和八年の「直霊」で骨格が定まったと宣長自身が認識していた。そしてその三年後には、自らの講義テキストとして「直霊」を用いている。それまで『源氏物語』をはじめもっぱら古典を講じてきた宣長とすれば、これは異例である（最晩年の享和元年、京都の旅宿において『玉くしげ』の講義をしている）。

### アマテラスの生まれた国

「直霊」は、何を語っているのだろうか。本文冒頭の一節とその自注を、再度引いておく。

> 大御国（オホミクニ）は、かけまくも畏（カシコ）き神祖天照大御神（カムロギアマテラスオホミカミ）の御（ミ）あれ（生）ませる大御国（オホミクニ）にして

この本文に、

> 万国（ヨロヅノクニ）に勝（スグ）れたる所由（ヨシ）は、まづこゝにいちじるし、国といふ国に、大御神（オホミカミ）の大御徳（オホミメグミ）かゞぶらぬ国
> あらめやも

という自注が付けられている。後にアマテラスが太陽そのものであることが説かれるが、日本は、万国がその恵みを受けているところのアマテラスが誕生した国として、他国に遙かに優越した尊貴性を体しているというのである。天地宇宙の始まりや始源に位置づけられる神ではなく、アマテラスとの関わりにおいて「万国に勝れたる所由」は語られる。そのアマテラスが、「吾御子（アガミコ）のしろしめさむ国なりと、ことよさして賜（タマ）へりしまに〳〵」、つまり自分の子孫が治めるべき国だと言い付けたその通りに治まってきた、それが「大御国」としての日本である。代々の天皇は、アマテラスの子孫として君臨したのであって、権力闘争に勝ち残った者としての他国の君主と同じ範疇で語られるべきものではないと宣長は捉えている。その治めぶりも他国とは違い、「直霊」の本文によれば「天（アマ）つ神（カミ）の御心（ミココロ）を大御心（オホミココロ）として」、その自注に

> 何（ナニ）わざも、己命（オノレミコト）の御心（ミココロ）もてさかしだち給はずて、たゞ神代（カミヨ）の古事（フルコト）のまゝにおこなひ給ひ治（ヲサ）め給ひつゝ、疑（ウタガ）ひおもほす事しあるをりは、御卜事（ミウラゴト）もて神（カミ）の御心（ミココロ）を問（トハ）して物し給ふ

と説明されるように、自分一己の判断で物事を決めず、「神代の古事」に則り、迷った時には「御卜事」（占い）でもって天上世界の神々の意思を問い、それに従うものとされた。こうして穏やかに治まっていたから、

古（イニシヘ）の大御世（オホミヨ）には道（ミチ）と云ふ言挙（コトアゲ）もさらになかりき

「道」をめぐる仰々しい議論など必要なかった。「言挙」は、声高く言い立てること。宣長はこの段の自注に、「あしはらの水穂（ミヅホ）の国は神随言挙（カムナガラコトアゲ）せぬ国」という柿本人麻呂の長歌の一節（『万葉集』巻十三）を「古語（フルコト）」として引いている。

### 「道」をめぐって

では、「道」とは何だろうか。かつて『石上私淑言』でも論じたように、古語としての「美知」は「物へゆく道」という即物的なものだった。宣長は、ここでも

そはたゞ物へゆく道こそ有けれ

と述べる。「直霊」の本文は、こう続く。

物の理（コトハリ）又あるべきすべ、万（ヨロヅ）の教（ヲシヘ）ごとをしも、何（ナニ）の道くれの道といふ事は異国（アダシクニ）の定（サダ）なり

摂理・規範・教戒などの意味を込めて「道」を言うのは、中国の発想である。ここで宣長は、長い

自注を加える。

異国(アダシクニ)は天照大御神(アマテラスオホミカミ)の御国(ミクニ)に非(アラザ)るが故に、定(サダ)まれる主(キミ)なくして、狭蠅(サバヘ)なす神所(カミトコロ)えつゝ、荒(アラ)ぶるによりて、人心(ヒトゴコロ)あしくならはしみだりがはしくして、国をしとりつれば、賤(イヤシ)き奴(ヤツコ)も忽(タチマチ)に君(キミ)ともなれば、上(カミ)とある人は下(シモ)なる人に奪(ウバ)はれじとかまへ、下(シモ)なる人は上(カミ)のひまをうかゞひてうばゝむと謀(ハカリ)て、かたみ(互)にあたみ(仇)つゝ、古(イニシヘ)より国治(ヲサ)まり難(ガタ)くなん有ける、そが中(ナカ)に威力(イキホヒ)あり智深(サトリフカ)くて人をなつけ、人の国をうばひ取(トリ)て、又人に奪(ウバ)はるまじき事度(コトバカリ)をよくして、しばし国をさめて、後(ノチ)の法(ノリ)ともなしたる人を、漢国(カラクニ)には聖人とぞいふめる

禅譲か放伐かという形式はともかく、いずれにせよ王権交替が繰り返され、一たび王権を奪ってしまえば既成事実を正当化させる、それが中国の歴史であって、それは、「天照大御神の御国」ではないために「定まれる主」が不在だからであると宣長は言う。王権簒奪とその正当化に長(た)けた「聖人」批判に繋げて、自注はまだ続く。中国では、「仁義礼譲孝悌忠信などいふこちたきなども(名目)」を作って「人をきびしく教へ」ようとするが、聖人がいかに「善人めきて」自らを装っても、「まづ己から其道に背て、君を亡し国を奪へるもの」であるという事実は隠せないから、人々の心服を得るはずはない。さらに宣長は畳み掛ける。

すべてかの国は事毎(コトゴト)にあまりこまかに心をつけて、かにかくに論(アゲツラ)ひさだむる故に、なべて人の心さかしだち悪(ワロ)くなりて、中々(ナカナカ)に事(コト)をし、こらかしつゝ、[こじらせて]、いよゝ国はをさまりがたくの

みなりゆくめり、されば聖人の道は、国を治めむために作りて、かへりて国を乱すたねとなる物ぞ、すべて何わざも大らかにして事足ぬる事は、さて有こそよけれ、かれ大御国の古は、さるこちたき教も何もなかりしかど、下が下迄みだるゝ事なく、天下は穏にをさまりて、天津日嗣いや遠長につたはり来坐り、さればかのあだし国の名にならひていはば、これぞうへもなき優たる大道にして、実は道あるがゆゑに道てふ言なく、道てふ言なけれど道ありし也けり

中国で「道」をめぐる議論が喧しいのは、そこに「道」がないからであり、日本に中国的な意味での「道」という言葉がなかったのは、日本が未開だった、幼稚だったということではなく、あえて言えばそこに「道」が実現していたからだ、こういう逆説的な主張を宣長は展開したのである。

### 歴史の下降とマガツビの神

「直霊」の本文に戻れば、次に描かれるのは、時代の下降である。文字や書籍が伝えられ、「いやます〳〵に漢国のてぶりをしたひまねぶ」時代が始まり、「天下の大御政もはら漢様に変はてて」、「青人草の心」もかつてのものではなくなった。これを宣長は、

難波の長柄宮［孝徳天皇、在位六四五年～六五四年］淡海の大津宮［天智天皇、在位六六一～六七一年］のほどに至りて、天の下の御制度もみな漢に成き、かくて後は古へのおほみてぶりはたゞ神事にのみ用ひ給へり

として、大化の改新（六四五年）から後、国制はすっかり変えられ、「古のおほみてぶり」は「神事」に残るのみだと述べている。人心の動向についても、

> 天皇尊の大御心を心とせずして、己々がさかしら心を心とするは、漢のうつれる也

と記されるように否定的に捉えている。大化の改新から律令制国家へと歩んだ時代は、宣長からすれば、小賢しい意匠をまとった、私的欲望によって動かされる時代の始まりなのである。

ここから宣長の筆は、歴史の堕落を嘆き、かつての無垢の時代への回帰・復古を掲げるのかといえば、そうではない。こうした歴史の下降を、宣長は「禍津日神の所為」として捉え、それを「いともかなしきわざ」として受け止めよと言うのである。

> 万の厄はみな此神の所為也、すべて此世に有りとある事は、春秋のゆきかはり、雨ふり風ふくたぐひ、又国のうへ人のうへに、吉凶きよろづの事、みな悉に神のしわざと知べし、さて神には善もあり悪きも有て、所行もそれにしたがへば、大かたよのつねのことわりをもて定めいふべきにあらず、きはめてはかりがたき物ぞ

時代の転変だけではなく、自然界の事象、国家の盛衰、個人の人生の浮沈まで、すべては人智の遠く及ばぬ「神のしわざ」だと宣長は説く。「つねのことわり」を超越した「神のしわざ」として歴史の展開があることを知れば、安易に復古などを言い出せるものではないと宣長は考える。

### アマテラスの神勅

宣長から見て、歴史の下降は否定しえないものであるが、それだけが真実であるわけではない。「直霊」の本文は、こう続く。

> 然れ共大御神なほ高天原に大坐々て、此ノ世を御照しまし〱、天つ璽はた伝はり坐ば、事依し給ひしまにまに、天ノ下は天皇命の天の下にして、天津日嗣の高御座はあめつちのむたときはかきはに動く世なきぞ、大御国の道の霊く奇く、万の道にすぐれて高き貴き證なりける

太陽そのものであるアマテラスは、「此世」を、つまり万国全人類を照らし、アマテラスの誕生した国としての日本は、アマテラスの神意の通りにその子孫が治めている、この国ぶりに何らの揺らぎもない。この段の自注で、宣長は天皇について、

> 此御国を生成給へる神祖の、御自さづけ給へる皇統にまし〱て、天地のはじめより大御食国と定まりたる天の下にして、大御神の勅命にも、天皇悪くまさば、莫伏そとはのり給はずあれば、善もあしくも側よりうかゞひ奉る事かなはず、天地のより合のきはみ、月日のてらし給ふ限りは、いく万代を経れども天皇の御国也

と論じている。「大御神の勅命」は、地上世界に降っていくニニギに対して天上のアマテラスが与えたとされる、『日本書紀』（神代下、第九段一書第一）が伝えるいわゆる「天壌無窮の神勅」を指し、そこには「葦原ノ千五百秋ノ瑞穂ノ国ハ、是、吾ガ子孫ノ王タルベキ地ナリ、爾皇孫、就デマシテ治セ、行矣、宝祚ノ隆ヘマサムコト、当ニ天壌ト窮リ無ケム」（原漢文）とあって、君主としての賢愚や統治の良否、道徳的な善悪などを超越した存在として、「吾ガ子孫」としての天皇が捉えられている。

さらに自注では、

> 然れこそ古語(フルコト)にも、当代(ソノミヨ)の天皇(スメラギ)をしも神と申て、すなはち神に坐(マシ)ませば、善悪(ヨキアシ)き御(ミ)うへの論(アゲツラヒ)をすてて、ひたぶるに畏(カシコ)み敬(キヤ)ひ奉仕(マツラフ)ぞ、大御国の道には有ける

として、「当代の天皇」が「神」として、ひたすら畏敬されるべきことを強調している。宣命の「現御神(あきつみかみ)」や、『万葉集』の「大君は神にしいませば云々」（巻三）といった「古語」の用例が思い浮かべられているのだろう。しかし宣長は、天皇を一般的に神だと言っているのではない。どこまでも、アマテラスの子孫としての神聖性を本質としての天皇なのである。

従って、後鳥羽院を隠岐に配流した北條義時・泰時や、後醍醐天皇に反旗をひるがえした足利尊氏ら、「天皇尊(スメラミコト)をなやまし奉れる穢悪(キタナ)き奴(ヤツコ)」の出現は、

> 今世(イマ)をてらし坐天津日(マスアマツヒ)やがて天照大御神(アマテラスオホミカミ)に坐(マス)ことを信(ウケ)ず、今の天皇尊(スメラミコト)やがて天照大御神の御子(ミコ)にましまます事を忘(ワス)れたる故也

と言われるように、天皇への尊崇心や忠誠心の欠如といった次元の問題ではなく、「今世をてらし坐天津日」としてのアマテラス、その子孫としての天皇の神聖性の本質が理解されているか否かというところから問われなければならないと宣長は論じている。

### 知識人の姿勢

宣長によれば、「道」という観念を必要としなかった「道」の在りようは、老荘思想の理想とする「天地(アメツチ)のおのづからなる道」でもなく、儒教的な「人の作れる道」でもなく、

> 畏(カシコ)きや高御産巣日神(タカミムスビノカミ)の御霊(ミタマ)によりて、神祖伊邪那岐命(カムロギイザナギノミコト)伊邪那美命(イザナミノミコト)のはじめ給ひて、天照大御神(アマテラスオホミカミ)のうけ給ひたもち給ひ伝(ツタ)へ給ふ道(ミチ)なり、かれこゝをもて神道(カミノミチ)とは申すぞかし

とされるように、天地宇宙の根源神であるムスビの神の霊威によって、イザナギ・イザナミ、アマテラスへと伝えられた「道」である。

この「道」の在りようが曖昧になり、それどころか不明になってしまったのは、究極的にはマガツビの神のなせるところであるが、より直接的な原因はどこにあるのだろうか。宣長は言う。

> 古へは道といふ事なかりし故に、古書(フルキフミ)どもに露ばかりも道々(ミチミチ)しき意(ココロ)も語(コトバ)も見えず、かれ(故)舎人親王(トネリノミコ)をはじめ奉りて世々の識者(モノシリビト)ども道の意(ココロ)をえとらへず、たゞかの道々(ミチミチ)しきことのみとけるからぶみにめなれて、……彼方(カナタ)へのみ流(ナガ)れゆくめり

舎人親王らによる『日本書紀』の編纂は、「道々しきこと」を語り出すことで、逆に「道」の姿を見えなくさせてしまった。

> いはゆる陰陽乾坤五行などの理も、うち聞(キク)にはおく深(フカ)げなれ共、はなれてよく思へば何ばかりの事もなく浅(アサ)はかなる事共也、大御国の言(コト)は神代(カミヨ)より伝へこしまゝにして、人のさかしらを加(クハ)へぬゆゑに、うはべはあさ〳〵と聞ゆれども、実(マコト)にはそこひもなく深き意(ココロ)ある物を、たゞかの言美(コトヨキ)にまよひて、是をしらぬこそいとかなしけれ

「道々しきこと」に深遠さを感じ、「さかしら」の加わらぬ言い伝えの言葉を「あさ〳〵（浅）」しいものとして取りあわない、知識人のそういう態度は、舎人親王の時代だけのことではない。宣長は、「近き代」の「神道の教」についても、まず本文で

> 故（カレ）おのがみゝ（身々）に受行（ウケオコナフ）神道（カミノミチ）の教（ヲシヘ）といひて、くさ〴〵近き代に物すなるも、みなかの道々の教事（ヲシヘゴト）をうらやみて、かまへ出たる私（ワタクシ）ごと也

と述べて、さらに自注で

> おの〳〵が胸の中に神はましますものぞなど教るは仏ぶみの真如仏性からぶみの明徳天理てふことをうらやみたるまねび言（コト）ぞ

と補い、「道々しきこと」を語りたがり、「さかしら」を「さかしら」と自覚できない知識人を衝き動かしているものが、仏教や儒教といった観念的・体系的な教説に対する「うらやみ」の感情であると露いてみせる。続く本文では、

> あなかしこ、すめらみことの天の下しろしめす道を、下が下として己がわたくしの物とせむ事よ

と嘆息するが、それは、「道々しき」教説への知識人のコンプレックスが、社会全体の在り方や国ぶ

りを内実としていたはずの「道」を、「かまへ出たる私ごと」「わたくしの物」に変質させてしまったことに対する非難でもあった。

### 庶民の倫理

最後に、「直霊」において、庶民の生活がどのように描かれていたのかを探っておこう。宣長は、本文で

> 人はみな産巣日(ムスビノ)神の御霊(ミタマ)によりて、生(ウマ)れつるまに〳〵、身に有ルべきかぎりの行(ワザ)は、おのづから知(シリ)てよく為(スル)ものにしあれば……

と述べて、その自注で

> いはゆる仁義礼譲孝悌忠信のたぐひ、みな人のかならず有べきわざなれば、有べき限リは教(ヲシヘ)をからねどもおのづからよく知(シリ)つゝなす事なるに……

と説いている。かつて京都時代の学友との討論で、「聖人ノ書」を学ぶことではじめて人間は禽獣を免れるのかと反駁していたことを想起させるが、宣長は、社会生活に必要な最少限の道徳性や共同性を、人間は神の恵みとして備えているものと考えている。

では、具体的に庶民の生活、暮らしぶりはどうなのだろうか。宣長は、「いにしへの大御世(オホミヨ)には、しもがしもまでたゞ天皇(スメラギ)の大御心(オホミココロ)を心として」人々は暮らしていたと言う。それは「天皇(スメラギ)の所思看(オモホシメス)御心(ミココロ)のまに〳〵奉仕(ツカヘマツリ)て、己(オノ)がわたくしごゝろはつゆなかりき」というような生き方だとされるの

であるが、ここに注を挿んで

> 天皇の大御皇祖神を拝祭坐が如く、臣連八十伴緒又天下の百姓にいたるまで、各祖神をまつる事はつねのわざにて、又天皇の、朝廷のために天ノ下のために、もろ〱の天神国神をも祭坐がごとく、下なる人どもも事にふれては、福を求むと善神にこひねぎ、禍をのがれむと悪神をも和め祭り、又たま〱も身に罪咎もあれば、祓清むるたぐひ、みな人の情にして、かならずあるべきわざ也

とする。「天皇の大御心を心として」生きることは、まず神々への向き合い方として捉えられている。天皇が「大御皇祖神」を祭るように、庶民も「祖神」を祭り、天皇が「もろ〱の天神国神」を祭るように、庶民も「善神」に福を求め「悪神」の荒ぶりを和め祭る。「罪咎」を身に帯びた時には、それを祓い清める。しかしそれは、庶民に厳粛な禁欲的生活を求めるものではない。宣長は、「理の当不をもて思ひはかるべきにあらず、たゞその怒を畏みて、ひたぶるにいつきまつるべきものぞ」とし、「堪たるかぎり美好物さはにたてまつり、あるは琴ひき笛ふき、うたひまひなど、おもしろきわざをしてまつる」のが「神代の古事」だと述べて、神を歓待すべきことを説いている。

神々への向き合い方として、もう一つ、宣長が強調するのは、

> 神をまつるには何わざよりもまづ火をむねと忌清むべき事、神代の書共の黄泉の段にそのよし見えたり

とあるように、神を祭る時、その火を清浄に保つべきことである。それは、

かの黄泉（ヨミ）の穢（ケガレ）より成坐（ナリマセ）る禍津日神（マガツビノカミ）ところをえて荒（アラ）ぶる故に、世ノ中によろづの禍事（マガコト）おこるぞかし

と言われるように、火の穢れに乗じてマガツビの神が「荒ぶる」ことから、災害や疫病をはじめとする「よろづの禍事」が起こるからだと説かれる。こういう解釈を打ち出したところから、宣長が、「神代の書共の黄泉の段」の検討を通じて、従来あまり注目されなかったマガツビの神の神格や役割の重要性について、独自の見方を得ていたことが看取される。

さて、「直霊」と題してこのように「道」について論じてきたことも、実は「あげつらふ」ことに他ならず、「道の意」に反することかもしれないが、それはやむを得ないこととすべきだと述べて、宣長は「直霊」を、

上（カム）のくだり、すべてのり長がおのが私の意もて謂（イフ）にあらず、一々（コトゴト）に古典（フルキフミ）に證（シルシ）ある事にあれば、よく見む人はうたがはじ

と結んだ。

## 5　吉野への旅

吉野は、宣長にとって特別の地である。父が吉野の水分神社に実子の誕生を祈願して、その水分の神からの授かりものとして生を享けたと信じていた宣長が、十三歳の年の七月にお礼参りをしたことは既に見た通りである。それから約三十年の時日が過ぎ、四十歳代前半に書かれたと思われる「毎朝拝神式」には、アマテラスやトユウケの神、タカミムスビやカムムスビの神と並んで、「吉野山尓座坐水分大神」に「柏手額突」すべきことが定められている。宣長は、毎朝、吉野の水分の神に柏手を打ち頭を深く垂れていたのだろう。そしてもう一つ、吉野山の桜を見ることは、宣長のかねての願望でもあった。

『菅笠日記』　明和九年（一七七二、一一月に安永に改元）の春三月、四十三歳の宣長は、門弟や友人、五人を供として吉野への旅に出た。五人は、戒言（既出）・稲掛棟隆（既出）・稲掛大平（棟隆の子）・小泉見庵（松坂の医師）・中里常雄（嶺松院歌会のメンバー、後に松坂の豪商である長谷川家の養子）である。この旅は、三月五日から十四日までのもので、その紀行文として『菅笠日記』（すがかさ）が綴られた。谷川士清との書簡の往復の中でも、士清が「よし野紀行御認被レ成候旨、こハ面白事共多かるへく、拝見仕度事ニ奉レ存候」とその借覧を希望し、宣長が「よし野紀行、清書いたし候所、こゝかしこより見せよと候ゆゑ、まづいそく方へ見せ候ひぬ。かへり候はん程、見せ奉りて賢評をうけ給りてん」と返信している。この往復は、その年の五月六月であるから、宣長は、旅から帰ってすぐに『菅笠日記』をまとめ、その評判が士清にも早々に届いたのであろう。

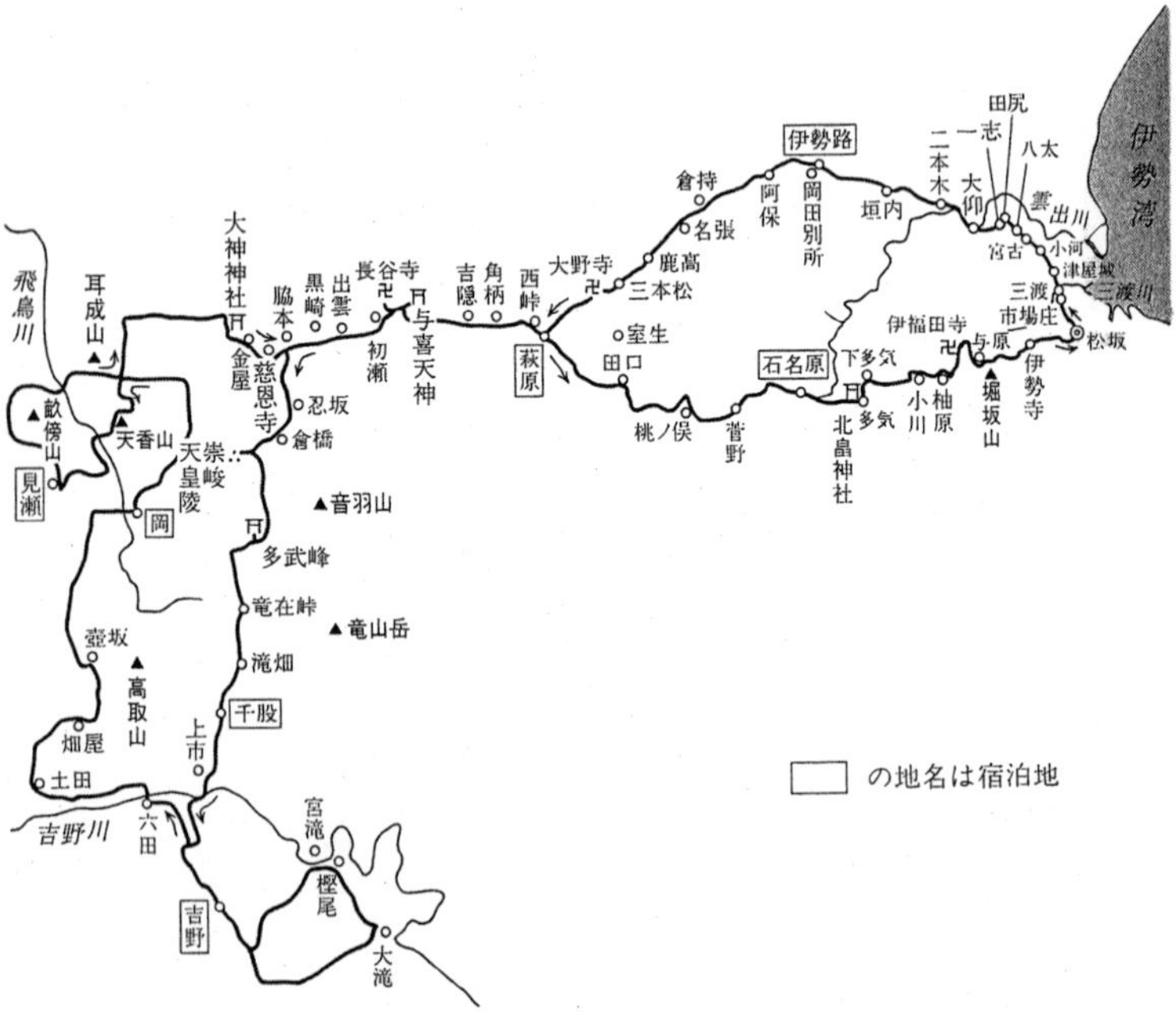

『菅笠日記』行程略図

（『近世歌文集（下）』岩波書店，1997年より転載）

『菅笠日記』は、擬古文体でこう書き出される。

ことし明和の九年といふとし、いかなるよき年にかあるらむ、よき人のよく見て、よしといひおきける、吉野の花見にと思ひたつ、〈万葉一に〉よき人のよしとよく見てよしといひし吉野よく見よよき人よく見つ〉そも〳〵この山分衣のあらましは、廿年ばかりにも成ぬるを、春ごとにさはりのみして、いたづらに心のうちにふりにしを、さのみやはと、あながちに思ひおこして、出たつになん有ける

「山分衣」は、山道を歩く時に着用する衣、「あながちに」は、衝動を抑えかねてということである。吉野の花見は、「廿年ばかり」の宿願であり、居ても立ってもいられずという思いだったのだろう。宣長が引いた『万葉集』の歌は、天武天皇が草壁をはじめ皇子たちを率いて吉野へ行幸した時の御製であるが、吉野のヨシを受けて、反覆されるヨシ・ヨキ・ヨクの弾むような音調も、浮き立つ宣長の心境によく叶っている。

三月五日未明に松坂を出発し、途中、古跡を訪ね古人を想いながらの旅である。

此わたりより名張のこほり也、いにしへいせの国に、みかどのみゆきせさせ給ひし御供に、つかうまつりける人の北の方の、やまとのみやこにとゞまりて、男君の旅路を、心ぐるしう思ひ

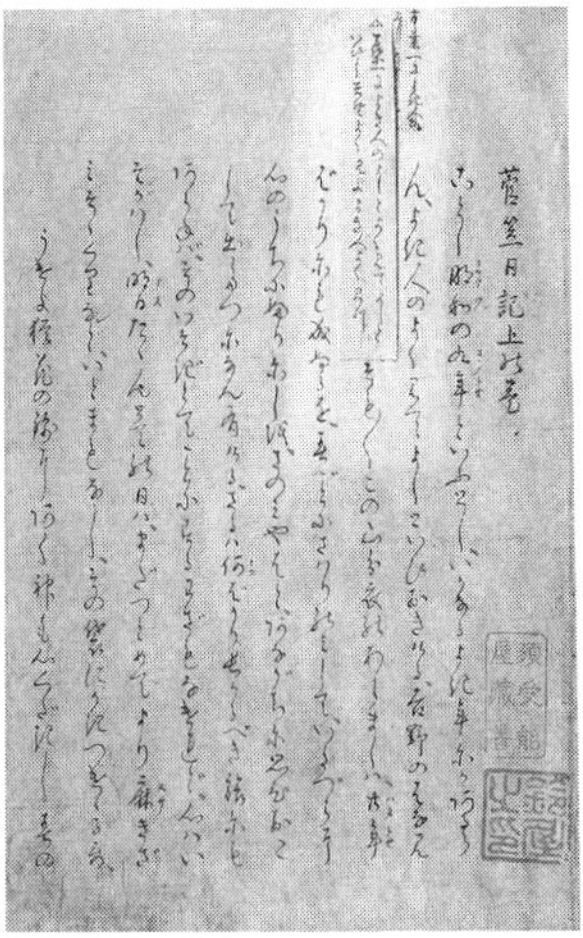

『菅笠日記』

やりて、〽なばりの山をけふかこゆらんとよめりしは、〈万葉一に〽わがせこはいづくゆくらんおきつものなばりの山をけふかこゆらん〉此山路の事なるべし

とは、旅の二日目の記事の一節である。歌は、持統天皇の伊勢行幸に従った当麻真人麻呂（たぎまのまひとまろ）の妻の作で、「沖つ藻の」は、名張の枕詞である。畿内東限の地とされる名張は、その先の旅の無事を祈るかつての妻の心配を思い起こさせ、宣長一行にとっては、いよいよ畿内に入るという喜びをかき立たせたのだろう。

翌日は、初瀬である。

初瀬ちかくなりぬれば、むかひの山あひより、かづらき山うねび山などはるかに見えそめたり、よその国ながら、かゝる名どころは、明くれ書にも見なれ、歌にもよみなれてしあれば、ふる里びとなどのあへらんこゝちして、うちつけにむつましく覚ゆ

一行は、「初瀬の御寺」とも呼ばれ観音信仰で知られた長谷寺に詣でた。宣長は、

名も高くはつせの寺のかねてよりきゝこしおとを今ぞ聞ける

と詠んだ。『源氏物語』で、夕顔の遺児である玉鬘が、筑紫から京に戻って光源氏に引き取られるきっかけは、玉鬘の初瀬（長谷寺）詣でであったし（玉鬘巻）、薫が浮舟に出会ったのも、浮舟の初瀬詣

での帰途とされるように（宿木巻）、初瀬は『源氏物語』で重要な役割を果たしているから、宣長の気持ちも高揚している。

## 吉野の桜と水分神社

四日目、いよいよ吉野に入るが、満開の桜が宣長らを迎えたわけではなかった。

花は大かた盛リすぎて、今は散残りたる梢どもぞ、むらぎえたる雪のおもかげして、所々に見えたる、……かくさかり過たらんとは、かけても思ひよらざりしぞかし

茶店で聞くには、二月末の暖かさで例年より開花が早まり、三四日前が盛りで、その後の雨と風で多くが散ってしまったということである。落胆しながらも、「まづちかき所々を見めぐらん」ということで、後醍醐天皇の吉野の行宮（あんぐう）であった吉水院を訪れ、宣長は

いにしへのこゝろをくみてよし水のふかきあはれに袖はぬれけり

と詠んだ。そして一行は、水分神社に向かう。宣長にとっては、三十年ぶりの参詣である。『菅笠日記』には、こう描かれている。

蔵王堂より十八町といふに、子守（コモリ）の神まします、此御（ミ）やしろは、よろづの所よりも、心いれてしづかに拝（ヲガ）み奉る、さるはむかし我父なりける人、子（コ）もたらぬ事を、深くなげき給ひて、はるぐ\とこ

の神にしも、ねぎことし給ひける、しるし有て、程もなく、母なりし人、たゞならずなり給ひしかば、かつ〴〵願ひかなひぬと、いみじう悦びて、同じくはをのこゞえさせ給へとなん、いよ〳〵深くねんじ奉り給ひける、われはさてうまれつる身ぞかし、十三になりなば、かならずみづからゐてまうでて、かへりもうしはせさせんと、のたまひわたりつる物を、今すこしえたへ給はで、わが十一といふになん、父はうせ給ひぬると、母なんもののついでごとにはのたまひいでて、涙おとし給ひし、かくて其としにも成しかば、父のぐわんはたさせんとて、かひ〴〵しう出たゝせて、まうでさせ給ひしを、今はその人さへなくなり給ひにしかば、さながら夢のやうに、

〽思ひ出るそのかみ垣にたむけして麻よりしげくちるなみだかな

袖もしぼりあへずなん、かの度は、むげにわかくて、まだ何事も覚えぬほどなりしを、やう〳〵ひととなりて、物の心もわきまへしるにつけては、むかしの物語をきゝて、神の御ンめぐみの、おろかならざりし事をし思へば、心にかけて、朝ごとには、こなたにむきてをがみつゝ、又ふりはへてもまうでまほしく、思ひわたりしことなれど、何くれとまぎれつゝ、過ギこしに、三十年をへて、今年又四十三にて、かくまうでつるも、契リあさからず、年ごろのほいかなひつるこゝちして、いとうれしきにも、おちそふなみだは一ッ也

前年に「直霊」を著わしていた宣長は、自分の目指すべきものが定まったという実感を持ったのではないだろうか。十三歳の時の参詣が、無事に成長したことへの感謝からのものなら、この時は、それから一家を構え、この時点で二男一女の父となり、医師としての生活も安定し、何より自分の志した学問についての見通しを得て、自分の為すべき大きな課題を自覚したことの報告と感謝、学者とし

ての自分の仕事を見守ってほしいという祈りの参詣だったように思われる。

翌日、五日目には、かつて西行が住んだという「一丈ばかりなる、かりそめのいほり」を訪れ、

花見つゝすみし昔のあとゝへばこけの清水にうかぶおもかげ

と詠んだ。『古今和歌集』にも「み吉野の山のあなたに宿もがな世のうき時のかくれがにせむ」（よみ人しらず、巻十八）と詠まれたように、吉野は隠遁の地でもあった。また、吉野川に落ちる滝を見ては、「岩にふれて、くだけあがる白波のけしきなど、おもしろしともおそろしとも、いはんは中々おろかに成ぬべし」と驚き、

いにしへ吉野の宮と申て、みかどのしば〳〵おはしましゝところ、柿本人まろ主の、御供にさふらひて、瀧のみやことよみけるも、この大滝によれる所なりけんかし

と想像している。人麻呂の詠んだのは、持統天皇の吉野行幸に従った時の長歌、「やすみしし　わが大君の　聞こしをす　天の下に　国はしも　さはにあれども　山川の　清き河内と　御心を　吉野の国の　花散らふ　秋津の野辺に　宮柱　太敷きませば　ももしきの　大宮人は　船並めて　朝川渡り　舟競ひ　夕川渡る　この川の　絶ゆることなく　この山の　いや高知らす　水そそく　滝の都は　見れど飽かぬかも」（『万葉集』巻一）である。

六日目は、南朝と深い関わりのある如意輪寺に参詣した。

寺は山〔吉野山〕のはらに、いと物ふりてたてる、堂のかたはらに宝蔵あり、蔵王権現の御像（ミカタ）をすゑたり

蔵王権現は、本地垂迹思想に立って修験道で重んじられた神で、魔障降伏の相をなしている。

この御づしのとびらのうらなる絵は、巨勢金岡〔平安時代初期の宮廷絵師〕がかけるといふを見るに、げにいと古（フル）く見どころある物也けり

そして、後醍醐天皇の御陵（みささぎ）へ向かった。

まうでて見奉れば、こだかくつきたるをかの、木どもおひしげり、つくりめぐらしたる石の御垣（ミカキ）も、かたへはうちゆがみ、かけそこなはれなゝど、さびしく物あはれなる所也

とあるように、宣長はその荒廃を悲しみ、「物あはれ」だと記している。武烈天皇陵として里人が言い伝える陵墓についても、「ちかき世」の「物の心もしらぬ、むくつけきもののふ」たちが、築城のために大石を奪い取ったままに放置されているのを目の当たりにして心を痛めている。武烈天皇陵という所伝は、もとより宣長の信じるものではないが、この後も、旅の途中で宣長は、里人が天皇陵とするところには注意を向けていて、その関心の強さは、自ら「ものぐるほしき迄、たづねまどひありきて」と記すほどであった。

翌朝は、夜の明けきらぬうちに宿を出て、厄除けの霊場として知られる真言寺院である岡寺に詣で、「御詠歌とかやいふ歌を、大声どもしぼりあげつゝ」歌う群集に驚き、その後、飛鳥寺に向かった。

## 飛鳥の里

飛鳥でらは里のかたはしに、わづかにのこりて、門なンどもなくて、たゞかりそめなる堂に、大仏と申し、大きなる仏のおはするは、丈六［一丈六尺、約五メートル］の釈迦にて、すなはちいにしへの本尊也といふ、げにいとふるめかしく、たふとく見ゆ

そして、天の香具山に着く。

此山いとちひさくひきゝ山なれど、古より名はいみしう高く聞えて、天の下にしらぬものなく、まして古をしのぶともがらは、書見るたびにも、思ひおこせつゝ、年ごろゆかしう思ひわたりし所なりければ、此度はいかでとくのぼりてみんと、心もとなかりつるを、いとうれしくて、

〽いつしかと思ひかけしも久かたの天のかぐ山けふぞわけいる
みな人も同じ心にいそぎのぼる

登ってみれば、「いづかたも〳〵いとよく見わたさるゝ」ことから、舒明天皇の国見の歌、「大和には 群山あれど とりよろふ 天の香具山 登り立ち 国見をすれば 国原は 煙立ち立つ 海原は かまめ立ち立つ うまし国そ あきつしま 大和の国は」(『万葉集』巻一)を口ずさむ者もいる。宣長は、

もゝしきの大宮人のあそびけむかぐ山見ればいにしへおもほゆ

と詠んでいる。

八日目には、畝傍山を間近に見て

うねびやま見ればかしこしかしばらのひじりの御世の大宮どころ

と詠み、畝傍山・耳成山・香具山のいわゆる「妻争い」の伝承について、その山容を、前二者は「をゝしく」、香具山は「女しき」と捉え、女山である香具山をめぐって男山である畝傍山と耳成山が争ったのだろうと解釈している。

九日目、帰路は、往路とは道を変えて赤羽根越えを選んだが、大和と伊勢の国境付近まで来た頃、「みの笠を吹はなちつゝ、ようせずは、谷の底にもまろびおちぬべう、ふきまどはす」ような強い風雨に苦しめられた。

十日目、最終日である。風雨は止んだが、険しい山路なので、宣長だけは駕籠を使った。峠を下ると、多気の里である。

こゝはおのがとほつおやたちの、世々につかうまつり給ひし、北畠の君の、御ン代々へてすみ給ひにし所也ければ、故郷のこゝちして、すゞろになつかしく覚ゆ

とあるように、平建郷の子孫が代々仕えた北畠氏ゆかりの地であり、宣長は、北畠氏を祭る八幡宮に詣でて、

　下草の末葉もぬれて春雨にかれにしきみのめぐみをぞ思ふ

と詠んだ。里の旧家では、「殿(トノ)より始めて、つかへし人々の家、あるは谷々の寺ども、町屋なンどまで」が描かれた絵図や、「つかへし人々の名ども」を記した古文書の閲覧を許され、その中に本居宗助なる人物の名を見出している。

　こうして三月十四日の暮れ方、六人は無事に松坂に帰った。宣長は、

　ぬぐもをし吉野のはなの下風にふかれきにけるすげの笠は

と詠んで、十日間の旅を締めくくり、「よしや匂(ニホ)ひのとまらずとも、後しのばん形見(カタミ)にも、その名をだにと、せめてかきとゞめて、菅笠(スガガサ)の日記(ニキ)」という一文を添えた。二十八歳で医師として帰郷した宣長は、それから五十歳代の終わりまで、まれに神宮参拝や津の草深家その他を訪ねる程度で、遠出をすることはなかった。唯一の例外が、この吉野への旅である。『菅笠日記』は、寛政七年（一七九五）に公刊された。

## 6　語学説

### 日本語の明晰さについて

ここからは、語学者としての宣長の主張を追ってみよう。宣長は『排蘆小船』の中で、「テニヲハ」について、

テヽニヲハト云モノ、和歌ノ第一ニ重ンスル所也、スヘテ和歌ニカギラス、吾邦一切ノ言語、コトヽトクテニヲハ以テ分明ニ分ル、事也、吾邦ノ言語万国ニスグレテ、明ラカニ詳ラカナルハ、テニハアルヲ以テ也、異国ノ言語ハ、テニハナキユヘニ、ソノ明詳ナル事、吾邦ニ及ハス、達セサル所モマ、アル事也、吾邦ノ言語ハ、只四十八音ヲ出テズシテ、シカモ詳ラカニ、至ラヌ所ナキハ、テニハニヨツテ也

と述べていた。「テニヲハ」（助詞、テニハとも）こそは日本語の明晰さを支えるものであり、漢文（中国語）には「テニヲハ」に相当するものがないから、明晰さという点で劣ると主張したのである。漢文には「テニヲハ」に代わるものとして、例えば「也」「矣」「乎」「於」「耳」というように、実字（名詞・動詞・形容詞など）を助けて文意を明らかにする「助字」があるではないかという議論に対しても、『排蘆小船』は、

助字トテニハトハ、大ニスヂノチガフ事也、助字ト云モノハイクヤウニモ用ヒカタモアリ、置ヤウ

モカハリ、又一向ニ助字ナクテモ、文章ハキコユル也、ヒツキヤウ助字ハ、文章ノ余勢ノヤウナルモノ也、テニハハ一字タガフトイヘトモ、ソノコトバ解セズ、甚ダ重キ事ナリ

と反論して、「テニヲハ」と漢文の「助字」の違いを力説している。

### 係り結びの法則

こうして「テニヲハ」の意義に早くから着目していた宣長は、助詞に呼応して文末の活用語が定まった活用形をとる規則性、つまり係り結びの法則を実証的に解明する作業を進めた。宣長以前は、この呼応は、作歌上の約束事として部分的に自覚され、秘伝として伝えられる程度であった。宣長は、その呼応法則を一つの図表にまとめ、「てにをは紐鏡」として明和八年（一七七一）に公刊した。そこでは、「は・も・徒〈徒（ただ）とは　は｜も｜ぞ｜の｜や｜何｜こそ　などいふ辞のなきを今かりにかくいふ也〉」「ぞ・の・や・何〈いかに・いく・たれの類みな同じ〉」「こそ」という三つの助詞群のそれぞれに呼応して、文末の用言が、今日の文法用語でいえば、終止形・連体形・已然形になることが示されている。宣長によるこの法則の提示がいかに画期的なものかは、「てにをは紐鏡」の公刊の翌年、谷川士清が宣長宛の書簡において、「ひも鏡之御印刻拝見仕候、古今独歩之御見識と奉二信仰一候」（明和九年五月七日付）と絶賛していることからも窺える。

「てにをは紐鏡」は、法則を示した一枚の図表であったが、『万葉集』から八代集までに当たってその証例を拾い実証してみせたのが『詞の玉緒（たまのを）』（安永八年自序）である。この書において宣長は、まず、『古事記』と『日本書紀』に収められた歌「長き短き合せて百八十余首」（『詞の玉緒』）について検討し、「てにをはの定まり」（係結びの法則）が守られていることを確認した。そして『万葉集』から八代集へ検証を進めるのであるが、その中で、「世くだりて」異例や誤用が現われてくることが証明さ

れていく。例を挙げれば、『古今集』から「ほとゝぎす峯の雲にやまじりにしありとはきけど見るよしもなき」（巻十）を引いて、「上にぞ の や 何等のてにをはなくしてきと留れる歌、八代集の中には此一首のみなり」と宣長は指摘している。「見るよしもなし」とあるべきだということだろう。あるいは、『新古今集』の「冬の来て山もあらはにこのはふり残る松さへ峯にさびしき」（巻六）について、「上にぞ の や 何等の辞なくて、しきと留れるは、八代集の中には、此一首のみ也、その後の十三代集にも、玉葉風雅にのみ有て、外の集には一首も見えず」と評している。「一首も見えず」と言い切るためには、「てにをはの定まり」の証例を集めるという一点に絞って、『万葉集』から始まり、『古今集』以下の勅撰集をすべて精査するという作業がなされている。

「玉葉風雅にのみ有て」と言われた両集に触れておこう。『玉葉集』は、鎌倉時代後期、十四番目の勅撰和歌集として京極為兼によって編集された。『風雅集』は、南北朝時代、光厳上皇によって親撰されたもので、十七番目の勅撰集ということになる。革新的とも評される京極家の歌風の色濃い両集を、宣長は『排蘆小船』の時から「ハナハタ風体アシヽ」として斥けてきたが、『詞の玉緒』では、この両集が「てにをはのとゝのはざるもいとおほき」という点から批判されている。宣長は、こう言っている。

後世の人、……此二ッの集のごとく、ぞ の や 何とかゝらずして、き共しきともむすぶがおほきはいかにぞや、てにをはを正さん人は、此格ゆめ〳〵よむべからず、調べとゝのはぬ琴の音をきくが如くにて、いと聞ぐるしくそゞろかなる物なりかし

「そゞろかなり」は、耳障りだということであろう。

### 「お」と「を」

「テニヲハ」の研究と並んで、宣長の語学研究のもう一つの柱は、漢字音（字音）、つまり漢字の読み方、音読みの研究である。漢字音の研究もまた、「てにをは紐鏡」が刊行された明和八年頃にはその骨格は固まっていたものと思われ、その成果として『字音仮字用格』が安永五年（一七七六）に、『漢字三音考』が天明五年（一七八五）に公刊された。

「此書ハ、漢字音ノ仮名ヲ正サン為ニ著セリ」と書き出された『字音仮字用格』は、『古事記』を「古言」のままに読むために、「漢字音ノ仮名」を定めようとするものであるが、その前提として宣長が直面した大きな問題があった。それは、

> タヾ弁ヘガタキハ、喉音三行〈アイウエオ、ヤイユエヨ、ワヰウヱヲ〉ノ差別ニテ、其いゐえゑおをノ仮字ハ、字音ノミナラズ、御国言ニ於テモ、後世多クハ錯乱シテ、善ク是ヲ弁ル人無クシテ、数百年ヲ経タリ

と述べられたように、「御国言」における「い」と「ゐ」、「え」と「ゑ」、「お」と「を」の区別であり、そこに長い間見落とされてきた「錯乱」があるのではないかという問題である。中国の音韻学では、唇音・舌音・牙音・歯音・喉音をもって五音と捉えるが、そのうち喉で調音される音が喉音である。その喉音というカテゴリーを「御国言」に当てはめれば、五十音図のア行・ヤ行・ワ行ということになる。宣長は、まず「喉音三行」を正しく把握することが先決だと考えた。

宣長は、「あいうえお」が出発点に据えられるべきだと理解する。

あいうえおノ五ノ音ノ下へ、又各あいうえおノ五ノ音ヲ重ヌレバ、自然トツヾマリテ、やいゆえよわゐうゑをノ音トナルユヱニ、別ニ此二行ハアルナリ

そして、あらためて「五十連音ノ図中ニ、いゐえゑおをノ所属」を誤まってはならないと力説しながら、とくに「お」と「を」について取り上げ、『字音仮字用格』の中に「おを所属弁」を立項して詳しく論じていく。「い」と「ゐ」、「え」と「ゑ」については、浄厳（契沖の師）の『悉曇三密鈔』や契沖の『和字正濫抄』などによって、旧来の五十音図の誤まりを指摘する議論が出されていたものの、「お」と「を」については、見るべき議論がなかったという（日本思想大系『近世神道論　前期国学』補注、四九二頁、阿部秋生執筆）。宣長が「お」と「を」に絞って論じていったのも、こうした研究状況と関わってのことかと思われる。

「おを所属弁」の議論を追ってみよう。

おハ軽クシテあ行ニ属シ、をハ重クシテわ行ニ属ス、然ルヲ古来錯リテ、をヲあ行ニ属テ軽トシ、おヲわ行ニ属シテ重トス、諸説一同ニシテ、数百年来イマダ其非ヲ暁（サト）レル人ナシ

「軽ク」「重ク」とは、oとwoの区別を指してのことだろう。「お」はア行に、「を」はワ行に置かれるのが正しい、その論拠を、宣長は挙げていく。まず古言において、「息（イキ）」が「於伎（オキ）」、「居（ヰル）」が「乎流（ヲル）」、「多和夜女（タワヤメ）」が「多乎夜女（タヲヤメ）」などとも発音される事例（通音）を見れば、「い」と「お」、「ゐ」と「を」、「わ」と「を」が同じ行にあるべきことが推定される。次いで地名について、「愛」が、尾

張の「愛智（アイチ）」、相模の「愛甲（アユカハ）」、近江の「愛智（エチ）」、山城の「愛宕（オタギ）」などと訓まれることから、「あ」「え」「お」は一行に連なるべきものと思われる。さらに宣長は、字余りの歌に関して、「必中（ナカラ）ニ右ノあいうおノ音ノアル句ニ限レルコト也、〈えノ音ノ例ナキハ、イカナル理ニカアラム、未レ考〉」という指摘をしている。

字余りの歌について、もう少し宣長の言うところを聞いてみよう。宣長は、古い時代の和歌の字余りの句には、必ず「あ」「い」「う」「お」という音が入っているから、詠んでいても不自然さを感じさせないのだと考えた。それは、「あ」「い」「う」「お」が母音であって子音を含まないので――母音・子音は宣長の語ではないが――口誦する時に抵抗が少ないからだというわけだろう。宣長は一例として源高明（平安中期の歌人）の歌「ほの〴〵と有あけの月の月影に紅葉吹おろす山おろしの風」を引いて、「コレハ卅四モジアレドモ聞悪カラヌハ、余レルモジミナ右ノ格ナレバ也」と説明している。「右ノ格」とは、「あいうえおノ五音」である。

こうして、鎌倉時代以来、五十音図において「アイウエヲ」「ワヰウヱオ」とあった「オ」と「ヲ」の配置の誤まりは正された。そもそも五十音図について宣長は、「マコトニ五十連音ノ図ハ、悉曇字母ニヨリテ、其学ノタメニ作レル者ニシテ、皇国ノ固有ニハ非ズ、又皇国ノ語音ノタメニ作レルモノニモアラズ」（『漢字三音考』）として、それが悉曇（しったん）学（サンスクリット語学）に由来することを認めていた。日本でも真言密教において、音の神秘性を明らかにするものとして用いられたのであるが、その由来には、宣長はこだわらない。母音の種類をそろえた段と、子音の種類をそろえた行の組み合わせによる配列の分かりやすさを評価して、「彼図ハタマ〳〵此［日本の］正音ノ妙用ニ符合セル故ニ、コレヲ借用ルノミ」と述べている。

『字音仮字用格』は、この後、一字一字の漢字について、その字音にどの仮字（仮名）をあてるべきかを定め、それを整理していく。その結果は、例えば「いゐの仮字」について

[い] 伊以異怡易已移夷肄〈以上九字、古書ニいノ仮字ニ用タリ、〉貽飴詒倚猗姨頤圯彝醫矣意懿〈以上廿二字、漢呉共ニい、〉衣依扆〈以上三字、呉ハえ、〉

[ゐ] 為韋位威謂渭偉委萎尉〈以上十字、古書ニゐノ仮字ニ用タリ、〉惟維唯帷遺逶恚洧鮪違圍闈慰畏胃彙緯葦

というようにまとめられる。「い」で見れば、九字が「古書」において「い」と訓むべき文字として用いられ、それ以外に、漢音・呉音ともに「い」と訓むべき文字が十三字、先の九字と併せれば二十二字、呉音は「え」とすべきが三字あることが示されている。「古書」に実例のあるものを区別してそれを先に置いたのは、宣長の字音研究が、『古事記』を正しく訓むためになされたものであるからだろう。宣長の字音研究に対しても、士清の讃嘆の言葉、「字音かな遣ひノ書為二御見一被レ下、さて〳〵よくも御考定、至宝之書と奉レ存候き」（明和八年二月七日付）が残されている。ちなみに士清の『和訓栞』の配列順は、「アイウエヲ」から始まっていた。

### 「皇国ノ正音」

宣長の字音研究は、『漢字三音考』としても実を結んだ。天明五年（一七八五）に刊行されたこの著は、漢音・呉音・唐音という三種の漢字音の歴史的背景や特徴を論じたものであるが、宣長は字音について述べる前に、「皇国ノ正音」と題した一段を置いて、こう語り出す。

> 皇大御国ハ、天地ノ間ニアラユル万ノ国ヲ御照シ坐マス、天照大御神ノ御生坐ル本ツ御国ニシテ、即其御後ノ皇統、天地ト共ニ動キナク無窮ニ伝ハリ坐テ、千万御代マデ天ノ下ヲ統御ス御国ナレバ、懸マクモ可畏天皇ノ尊ク坐マスコト、天地ノ間ニ二ツナクシテ、万国ノ大君ニ坐マセバ、異国々ノ王等ハ、悉ク臣ト称シテ、吾御国ニ服事ルベキ理リ著明シ

そして宣長は、日本語の音について

> サテ如此尊ク万国ニ上タル御国ナルガ故ニ、……殊ニ人ノ声音言語ノ正シク美キコト、亦夐ニ万国ニ優テ、其音清朗トキヨクアザヤカニシテ、……単直ニシテ迂曲レル事無クシテ、真ニ天地ノ間ノ純粋正雅ノ音也

と論じていく。宣長によれば、古い時代の日本語の音が「晴朗」だというのは、濁音が語頭にくることがなく、また鼻音がないことを指し、「単直」とは、二重母音がないことを意味している。それに対して、「彼国〔中国〕ノ音ハ、皇国ノ音ノ如ク晴朗単直ナラズ、朦朧タル渾成ノ音」だとされる。

鼻音については、

> 外国ニハ、韻ヲン｜トハヌル音殊ニ多シ、ン｜ハ全ク鼻ヨリ出ル声ニシテ、口ノ音ニ非ズ、……サレバ皇国ノ五十連音ノ五位十行ノ列ニ入ズシテ、縦ニモ横ニモ相通フ音ナク、タヾ孤リ立チナリ、……皇国ノ古言ニハ、ン｜ノ声ヲ用ル者一ツモアル事ナシ

と述べられ、濁音は「清音ノ変」「清音ニ摂スルモノ」として扱い、五十音図には加えないと説かれる。宣長は、こうも言う。

外国ノ引ク音曲ル音急促（ツマル）音ンノ音ハノ行ノ半濁音ハ、皆是不正ノ音ニシテ人ノ正音ニ非ズ、鳥獣万物ノ声ニ類セル者也

それは例えば、「東西ヲ今ノ唐音ニトン スヰト呼ガ如キ、トトント雑リ、ストヰト雑リ、又トヨリンヘ曲リ、スヨリヰヘ曲ル」ような音である。こうして、あらためて宣長は

皇国ノ古言ハ五十ノ音ヲ出ズ、是レ天地ノ純粋正雅ノ音ノミヲ用ヒテ、溷雑不正ノ音ヲ厠（マジ）ヘザルガ故也

という結論を確認する。

**字音の制定**　では、「トン」dōng と発音される「東」の字音が「トウ」に、「スヰ」xī の「西」が「セイ」あるいは「サイ」に定められたのは、どういう事情によるのだろうか。この点について、宣長は次のように推測する。

当時（ソノカミ）字音ヲ撰定セシハ、……百済国ノ博士阿直和邇（アヂキワニ）ナドナルベシ、……皇朝ノ賢キ人等ト共ニ相議テ、唐国ノ音韻ノ旨ニモ背カズ、此間（ココ）ノ音ニモ甚遠カラヌ、宜シキホドヲ考ヘ撰テゾ定メツラム、

……唐国人ノ参入テ留マリ居タルモ、此レ彼レト有ツレハ、其人等ナドモ共ニ相議シ事モアルベシ

阿直は百済の人で、応神天皇の時代に馬や太刀・鏡などを朝貢したとされ、和邇も同じく百済の人で、『論語』や『千字文』を朝貢したと『古事記』（および『日本書紀』）が伝えている。「百済国ノ博士」と「皇朝ノ賢キ人等」に「唐国人」も加わって、字音を定める作業は進められたのだろうと宣長は想像している。そしてその時、「漢国ノ音ヲソノマヽニ取用ヒム」とすることなく、

或ハ拗音ヲ直音ニツヾメ、或ハ通音ニ転ジ、或ハ鼻声ヲ口声ニ移シ、或ハ急掣ル韻ヲ舒緩ニ改メナド、凡テ不正鄙俚ノ甚シキ者ヲバ除キ去テ、皇国ノ自然ノ音ニ近ク協ヘテ、新ニ定メラレタルモノ也

と述べられるような配慮がなされたことが強調されている。

字音を定めるにあたって、「唐国ノ音韻」として認知されていたのは、北方系の漢音よりも南方系の呉音だったろうと宣長は理解している。地理的にも呉の方が日本に近く、かつ

其音モ実ハ漢ヨリハヤヽマサリテ、皇国ノ音ニ近ク親シクシテ、是ヲ聞ニモヤヽ平穏ナレバナリ

とされるように、呉音の方が「皇国ノ音」との親和性をもつからである。その後、時期は特定しえないものの、漢音による字音が定められ、字音として漢音が呉音に重層するようになり、さらに後にな

って、宋代以降の唐音が伝えられて、字音の重層がより複雑になったものと宣長は捉えている。今日でも、例えば「行」という漢字には、呉音として「ギョウ」、漢音として「コウ」、唐音として「アン」という三つの字音が当てられ、それらを使い分けながら日本人の言語生活は成り立っている。

さて、ここから宣長はユニークな論点を引き出してみせる。こうして百済と日本の知識人が中心となり、日本に居留していた中国人にも協力を求めて定められた「皇国ノ字音」は、それが日本の風土や人々の生活の中から生まれたものではなく、漢字を扱うごく一握りの人々の占有物であったために、それだけ国内の地域的な偏差や時代による変容を免れて、少なくとも漢音と呉音についていえば、「唐国ノ音韻」の古形に近いものを残しているとすべきではないか、というのが宣長の着眼である。「今伝ハルトコロ漢呉共ニ、古へニ定マリツルマヽ、ニシテ、訛レル事ナシ」とされる「皇国ノ字音」は、激しい歴史的変遷を経てきた現代の中国語（唐話）よりも、古い時代の中国語の音を残している可能性があると宣長は説いている。そして宣長は、「唐音［唐話］ヲ知ラデハマコトノ学問ハナリガタキ」と唱える「近世儒者」に論及し、彼らは、中国語の発音について「今ノ音ハ古へニ非ズ」という歴史的な視点を持てていないと批判している。徂徠に始まる、唐話の学習なしに漢文は読めないという衝撃的な主張を、宣長はこのような観点から斥けてみせた。

# 第四章　論客宣長

## 1　『答問録』

宣長の学問が深まり、思想が体系づけられていくにつれて、門人や身近な知友から様々な疑問が寄せられたり、宣長に対する外からの批判も多くなってくる。宣長も、疑問や批判に積極的に応答し反批判を返し、あるいは論争的なテーマについて自ら発言していくようにもなった。

### 寄せられた疑問

まず、宣長と対立する立場から投げかけられた批判の前に、宣長の周辺から発せられた疑問の幾つかを紹介してみよう。『答問録』は、安永六年（一七七七）から八年頃までに門人知友から出された疑問と応答の記録で、宣長の没後、天保六年（一八三五）に公刊された。『鈴屋答問録』の名でも知られている。寄せられた疑問は、解釈の定まらない古語の意味や語源などに関するものから、思想的な大きな問題に関わるものまで多方面にわたっているが、まず最初に「神」や「神道」についての遣り取りに注目してみる。

質問は、「神代ノ神ハ死セヌ事カト思ヘバ、又瓊々杵尊ナド崩トアリ、……死セル神ト死セヌ神アリテハイカゞ」というものであった。これに対して宣長は、「高天原ニ坐ス神ハ、死ト云事ナク常へ也、国ニ坐神ハミナ死セリ、又天ノ神トイヘドモ、国へ降リテハ死ヲマヌカレズ」と回答している。地上世界の存在は、神も含めて、死を免れないものとしてあるというのである。別な質問は、「垂加流ノ神道ヲ問」うという、やや漠然とはしているが、当時最も強い影響力をもっていた神道流派への関心、あるいは警戒感を窺わせる問いである。宣長は、仏教という「熱」に冒されていることが一目瞭然とした両部神道〔密教系の神道〕と対照させて、垂加神道を「熱気の見えざる」「陰症の傷寒」に喩え、「裏はこと〴〵く儒の大熱におかされ」たもので、「熱気」が表に出ないだけに「難治の病」だと医師らしい比喩で応じている。

## 死の悲しみ

さて、『答問録』で注目すべきは、「死」をめぐる質問である。その一つは、「人死スレバ黄泉国へユクト云ハ、仏ノ地獄ニユクニヨレルニ似タリ」という問いであった。後に詳しく見ることになるが、宣長は、イザナミが死後に黄泉国に赴いたという『古事記』の所伝を根拠にして、人は死後、地底の黄泉国へ行くべきものだと説くのであるが、質問者は、それは、地獄説を換骨奪胎したものではないかと感じたのである。この問いについては、「人死ヌレバ、善人モ悪人モヨミノ国へユク外ナシ、……仏ノ意ハ、悪人ハ地獄、善人ハ天上浄土ニ生ルト云、コレ吾道ト大ニ異也」と応じて、仏教の地獄説のような「方便ノ作リ言」とは本質的に違ったものだと諭している。

「死」をめぐる質問の第二は、「人々の小手前にとりての安心はいかゞ」というものである。詳しい背景や質問者の意図については不明としなければならないが、質問の趣旨は、おおよそ次のようなことであろう。人間が死後、善人であれ悪人であれ例外なしに、地底にある穢れた世界としての黄泉国に行くべきものであることを客観的には認めたとしても、それを達観して心を乱さずに死を迎えられる人間がいるだろうか。古典解釈に立った理屈としての説明ではなく、死を前にした人間の実存的な不安や恐怖をどう考えるべきかという問題があるのではないか、その点をどう考えるのか——こういう問いだったとしてよいだろう。そしてこの問いの重みを切実に受けとめたのであろう、宣長は力を込めて語りかけていく。「此事は誰も〳〵みな疑い候事」、また「是先第一に、人毎に心にかゝる物也、人情まことに然るべき事に候」として質問の意義を押さえて、本論に入っていく。

小手前の安心と申すは無きことに候、其故は、まづ下たる者はたゞ、上より定め給ふ制法のまゝを受て、其如く守り、人のあるべきかぎりのわざをして、世をわたり候より外候はねば、別に安心はすこしもいらぬ事に候

与えられた秩序の中で、家業を守り、日々の生活を穏やかに営む、それ以外に何か特別の「小手前の安心」、つまり自分の心の中にだけある安らぎと言うべき境地があるものではないと宣長は説く。そこから進んで、

或は此天地の道理はかやう〳〵なる物ぞ、人の生るるはかやう〳〵の道理ぞ、死ぬればかやう〳〵になる物ぞなどと、実はしれぬ事をさま〴〵に論じて、己がこゝろ〳〵にかたよりて安心をたて候は、みな外国の儒仏などのさかしら事にて、畢竟は無益の空論に候

と宣長は主張する。「死ぬればかやう〳〵」といった言説は、いわゆる「小手前の安心」には必ず付いて廻るものだが、それは、人知の及ばない次元への傲慢で身勝手な侵入にすぎないと宣長は切り捨てる。そして、「さかしら事」としての「小手前の安心」とは違って、あえて「神道の安心」と言うべきものがあるとすれば、と話をもっていって、

いさゝかも儒仏等の意を心にまじへず、此習気をよく〳〵洗いすて候て、清らかなる心を以て、古事記日本紀の上古の処をよく見候べし

と説き、さらにこう述べる。

神道の此安心は、人は死候へば、善人も悪人もおしなべて、皆よみの国へ行ク事に候、善人とてよき所へ生れ候事はなく候、これ古書の趣にて明らかに候也、……其よみの国は、きたなくあしき所に候へ共、死ぬれは必ゆかねばならぬ事に候故に、此世に死ぬるほどかなしき事は候はぬ也

自分自身の死であれ、近親者の死であれ、死は、それ以上にない「かなしき事」だと宣長は言う。「善人」ならば、極楽浄土に往生できるなどというのは作り事であり、誰であれ、「きたなくあしき所」としての「よみの国」へ赴くというのが「古書の趣」である。その上で、人間に何が出来るのかといえば、そういうものとしての死を、「かなしき事」として受け止める、それだけだと宣長は言ってのけるわけである。悲しい事は悲しむしかない——仮りに神道に小手前の「安心」がありうるとし

たら、この突き放したような言い方でしか表現しえないものだと宣長は答えている。それは、宣長はそういう言い方はしていないが、悲しみに身を沈めることでしか悲しみは越えられないということなのかもしれない。人生にとっての最大の凶事である死は、こうして、倫理的・宗教的な「さかし事」から離れて、悲しむべき死それ自体として見すえられた。

## 2　『くず花』

ここからは、立場を異にする論者から投じられた批判に対峙していく宣長、論争に積極的に足を踏み込んでいく宣長の姿を追っていく。

### 儒者からの批判

『古事記伝』一之巻に収められた「直毘霊」は、はじめ「道テフ物ノ論」として書かれ、それが「道云事之論」となり、さらに明和八年（一七七一）に「直霊」に書き改められ、最終的に「直毘霊」となったことは既に見た通りである。市川鶴鳴は、その「道云事之論」を、友人であった宣長門人の田中道麿から借覧して、安永九年（一七八〇）、その批判の書「末賀之比礼」を著わし、それを宣長にも見せるように道麿に依頼した。宣長の「禍心」から出た誤まった言説が世上に流布するのを、「聖人ノ道」を魔除けの「領布」（百布）として祓い清めるというのが書名の由来である。鶴鳴（元文五～寛政七年、一七四〇～九五）は、高崎藩士の子で、当時は名古屋に居住していた。徂徠門下の大内熊耳に学び、名は匡、匡麻呂で、鶴鳴と号した。

「末賀之比礼」に対して宣長は、「千有余年かの漢籍の毒酒を飲て」「酔乱たる」ことに気付かぬ論者に、「嘗て醒よ」と採ってきた、医師が与える薬草という意味を込めて、直ちに逐条的な反駁の書

『くず花』を執筆した。この書は、享和三年（一八〇三）、宣長の没後二年に当たる年に刊行された。鶴鳴の批判の第一点は、宣長の説く「道」が、老荘思想の「自然」に淵源するのではないかとするものであるが、これは、宣長からすれば十分に織り込み済みの攻撃で、「道云事之論」でも取り上げていた論点である。『くず花』では、より踏み込んで、

かの老荘は、おのづから神の道に似たる事多し、これかのさかしらを厭て、自然を尊むが故也

として、「さかしら」を嫌うという限りで「神の道」に近似するとしながら、

但しかれらが道は、もとさかしらを厭ふから、自然の道をしひて立んとする物なる故に、その自然は真の自然にあらず、……神の道は、さかしらを厭ひて、自然を立んとする道にはあらず、もとより神の道のまゝなる道也、これいかでかかの老荘と同じからん

と論じて、老荘思想が掲げる「自然」は、「しひて立ん」とする作為性を免れるものではないと反駁した。

次に鶴鳴は、宣長の説く臣下の側からの君主への絶対的な恭順と奉仕は、没主体的な「妾婦ノ道」でしかないという批判を寄せた。これは徂徠の議論、「御身は主君へ被㆓差上㆒、無物（なきもの）と被㆓思召㆒候由、……身を我身と不㆑存候事は妾婦の道にて候」（『徂徠先生答問書』中）を受けるもので、鶴鳴はここから、「君悪キ行ヒアラバ、臣ナドカ諫ザラン」「カノ武烈陽成ノ如キ君ニシテ、諫ヲシモ聴タマハズハ、

臣ナドカ位ヲ下マヰラセザラン」といった主張を展開させた。君主に対する臣下による諫争、時によってはその廃嫡を正当化したのである。

いかにも儒者らしいこの議論に、宣長はどう応じたのだろうか。宣長は、「皇国の君は、神代より天地と共に動き給はぬ君」であって、臣下の側からの諫争や廃嫡を認めない。とくに廃嫡について、「うはべはよき事のやうに聞ゆれ共、実は甚悪しき事也」として、その理由をこう述べている。

真実の忠臣にして然せば、世のためにはしばらくよき道理もあるべけれど、世々に忠臣のみは有がたくして、不忠臣も多かる物なれば、件ノのごとくにては、おのづから君の威は軽くなりて、臣の威つよくなり、又やゝもすれば、忠臣の贋物ありて、始のほどは忠義がほに君を輔佐しつゝ、つひにはその位を奪ふ者出来る也、漢国の代々に此弊いと多し

暴君の追放で秩序の回復という利益がもたらされたように見えても、それは一時的なものであり、「君の威」が軽くなることで生じる損失、その最悪の事態として「忠臣の贋物」による君位の簒奪がありうるが、その損失の方が遙かに大きいというのである。

君あしゝといへ共、ひたふるに畏こみ敬ひて、従ひ奉るは、一わたりは婦人の道に近きに似たれ共、永く君臣の義の敗るまじき正道にして、つひには其益広大也

かりに背徳や無能の君主であっても、それでも畏敬をもって君主として盛り立てていくことが、長

い目で見れば社会的な「益」になるのだと宣長は説いた。どうすることが「益」かというような発想を儒者はしたがらないから、宣長はあえて「益」の語を用いてみせたのかもしれない。

### 日本史像をめぐって

鶴鳴の出したもう一つの論点は、どのような日本史像を構想するのかという問題である。鶴鳴は、「聖人ノ道」が伝えられる以前の日本を「洪荒ノ世」、つまり未開野蛮の社会だと理解する。例えば性の規範についても、そこには婚姻の礼という概念がないから、「親子兄弟ノ婚(マグハヒ)」さえも禁じられることはなく、天皇家も例外ではないと論じた。これについて宣長は、

此事は、……すべての儒者共の、御国を譏(ソシ)る第一のいひくさにて、太宰弥右衛門が弁道書といふ物などにも、たけだけしくいひたてたるを、……

と応じて、太宰春台の著わした『弁道書』が、「日本には元来道といふこと無く候、……礼義といふこと無かりし故に、神代より人皇四十代〔天武天皇〕の頃までは、天子も兄弟叔姪夫婦になり給ひ候」と主張したことの反復にすぎないと指摘する。そして宣長は、「同母兄弟の婚は忌て、異母兄弟は忌ざる」とするのが「皇祖神の定めおき給へる処」だと反論するのである。

返す刀で宣長は、「同姓不婚」のような中国の性の規範も「周の代の私の定め」より以上のものではないはずのところを、儒者がそれを「天地自然の公道」のように称賛するのはなぜかと反問する。

漢国には貴賤の差別なく、定まれる君もなくして、たゞその時々に彊(ツヨ)き者君となり、或は賤人の

女をも王の妻にし、王の女をも賤夫に嫁するたぐひ、すべて上下の別（ワキタメ）なし、……その悪風俗をばいはずして、たゞ同姓婚することのみいふは、いと〳〵偏頗ならずや

「同姓婚すること」をタブーとする価値観をことさら儒者が讃えるのは、その裏側に潜む「悪風俗」から人々の目を逸らすためなのではないか、宣長はこう言っている。

日本史像をめぐっては、もう一つ、重要な問題があった。それは、武家政権をどのように捉えるべきか、その評価の基準は何かという議論である。宣長の「道云事之論」には、「北條ノ義時泰時及（マタ）足利尊氏ナドガ輩」は「畏（カシコ）クモ天皇ヲナヤマシ奉レル穢（キタナ）悪キ奴」だと非難した一節があったが、こういう断定を、鶴鳴は「世ノウツロヘル形ヲシモ知ザル」一方的なものとして斥けた。こうした鶴鳴からの批判を受けて、宣長は次のように論じている。

足利将軍の政申シ給ひし御代〳〵の程ぞ、禍津日ノ神の荒（アラ）びの極（キハミ）にて、……正親町ノ天皇の御代に至りて……皇朝の御衰へもいさゝか直（ナホ）リ初（ソ）め給ひ、次に豊臣ノ関白天下をはらひ清め給ひて、いよ〳〵皇朝の御衰へを起（オコ）し奉り給ひ、次に東照神御親命（アヅマテルカムミオヤノミコト）の御政、申シ給ふ御世に至りては、いよ〳〵ます〳〵皇朝を尊み崇め奉り給ふこと、前々（サキザキ）に超（コエ）て、いよ〳〵ます〳〵その御衰へを起（オコ）し奉り給ひて、天の下安平（シヅカ）なること、古ヘにもたぐひまれ也

ここで宣長は、朝廷の「御衰へ」を挽回させたか否かを武家政権評価の絶対的な基準として強調し、具体的な内政・外交上の実績などには何の言及もなしに、朝廷の威信の回復という一点から徳川家康

を絶賛したのである。

## 儒教に欠落するもの

『くず花』について、もう一つ、宣長が投げ返した儒教批判を紹介しておこう。

鶴鳴は、宣長が説くようにアマテラスが太陽そのものならば、アマテラス誕生以前は、光のない世界だったはずで、それは神代の伝承と合致しないではないかと問うた。例えばイザナギとイザナミの聖婚や国生みは、漆黒の闇の中で行われたのかというわけである。これに対して宣長は、「神代の古事の、真実にして虚偽ならざること」がそこにこそ示されていると切り返す。もし神代の伝承が作りごとなら、そういう子供でも気付くような問題を予め回避しておくものだが、そうでないところに意味があるのだと宣長は主張し、「神の御所行(ミシワザ)は、尋常(ヨノツネ)の理をもて、人のよく測り知るところにあらず」として突き放し、

> 凡て上古の人は、神の御しわざを、己が智をもて、私にその理などをはかることはなかりしを、後世の人の心は、かの漢国人のならひにうつりて、さかしらをのみ好むは、一わたりはかしこげに聞ゆれ共、実は返りて愚なり、その故は、神代の事の奇異(クスシクアヤシ)きは、人の代の事と同じからざる故に、あやしみ疑ふなれ共、実は人の代の事も、しなこそかはれみな奇異きを、それは今の現(ウツツ)に見なれ聞なれて、常に其中に居る故に、奇異きことをおぼえざる也

と論じている。ここから宣長は、畳みかけて言う。「地球は円体にして、天中に包(ツツ)まれて、空にかゝれり」とされるが、そういう「地球」の在りようは「奇異き物」ではないのか。例えば、人間の眼球が事物を視覚的に認識するその働き、鳥や虫が空を飛び、草や木が花や実をつける仕組み、鼠や鼬が

闇の中で対象を認知する能力……要するに、「此天地も万物も、いひもてゆけばこと〴〵く奇異からずといふことなく、こゝに至ては、かの聖人といへ共、その然る所以の理は、いかに共窮め知ルことあたはず」という事実の前に立たざるをえないだろう。

かくの如く大に奇異き天地の間に在ながら、そのあやしきをばあやしまずして、たゞ神代の事をのみあやしみて、さることは決て無き理也と思ふは、愚にあらずして、何ぞや

天地万物を「奇異き物」と感じ、人間という存在についても不思議そのものだと驚き打たれる感覚を持てないところに、宣長は、儒教に欠落する大きなものを見ている。

## 3 『鉗狂人』

### 「皇国」と「外国」

藤貞幹（歌人・有職故実家、本姓は藤原、名は貞幹）という京都の考証学者が、天明元年（一七八一）に『衝口発』を著わし、十五項目を立てて、日本の古代文化は朝鮮半島に由来するものだと論じた。これに対して宣長は、天明五年（一七八五）、逐条の反駁を加えて一書とし、『鉗狂人』と名付けた。「鉗」は、罪人の首にはめる刑具であり、狂人に首枷をはめるという意味になる。やや異様とも見えるこの書名からも、『衝口発』の内容に向けられた宣長の怒りや憤りが伝わってくるが、このような攻撃的な姿勢も論客としての宣長の一面である。

個々の議論以前に宣長が強調するのは、「皇国」と「外国」は並置されるべきものではないという

ことである。

抑皇国は、四海万国を照し坐ます天照大御神の生坐る本つ御国にして、その皇孫命の、天より降りまし〳〵て、天地とともに遠長くしろしめす御国なれば、万国の元にして、万国にすぐれたるが故に、天地の始より神代の事共、いと詳に正しく伝はり来て、今も古事記日本紀にのこれり

では「外国」はどうか。

外国は天照大御神の生ませる御国にあらず、皇孫命のしろしめす御国にあらざるが故に、はじめより定まれる君だになくして、悪神ところをえてあらびつゝ、国治まりがたく、その時々かしこきものつよき者あらそひて、かはる〳〵君長とはなりて、いと〳〵みだりがはしきから、天地のはじめ神代の事共も、正しく詳なる伝説なくして、今のあたり世を照し給ふ日神の始をすらえ知り奉らず

「正しく詳なる伝説」の存否という出発点において、「皇国」と「外国」は同列に並ぶようなものではないと宣長は力説する。

宣長によれば、『古事記』や『日本書紀』が伝えているのは、日本の神話ではない。それは、アマテラスの恩恵を受けるすべての人々によって仰がれるべき、いわば人類全体の神話であったはずのものであるが、外国には、それが正しく詳しく伝えられる条件がなかったために伝承されなかったまで

である。例えば中国でも、殷代までは「なほ上古の伝へを守りし事も有ﾘつとおぼしきに」、周代から「邪智」「さかしら」が盛んになって、「神代紀の心ばへ」にも近似していたかと思われる中国の「上古の伝説」が亡びてしまったと宣長は理解している。

## 『衝口発』の主張

では、宣長を激怒させた『衝口発』の議論とはどのようなものだったのだろうか。貞幹は、スサノヲは日本に渡来した「辰韓の主」であり、神武天皇は、琉球を経て日本列島に渡って来た「呉ﾉ泰伯の苗裔」だろうと説いている。

泰伯を皇祖とする見方は、堀景山をはじめ当時の儒学者の間では珍しいものではなかったが、スサノヲを朝鮮半島の王者に比定する捉え方は大胆なものだった。そういう捉え方をもたらしたのは、貞幹が、日本語の音訓ともにその大部分が「韓音韓語」に由来し、姓氏も三韓の官名を起源とするものが多く、日本古代の祭祀もまた朝鮮半島の巫俗の系譜上にある等々と論じ、天皇家の歴史も含めて、古代の日本の文化形成を朝鮮半島との関わりにおいて捉えていたからである。宣長は、こうした議論に強く反発する。

かけまくもかしこき皇統をさへに、はゞかりもなくあらぬすぢに論じ奉れるなど、ひとへに狂人の言也

とは、『鉗狂人』の冒頭の一節であるが、かりにスサノヲが「辰韓の主」であったことを容認すれば、そこを突破口として議論が無限に拡大して、「かけまくもかしこき皇統」をめぐって収拾のつかないアナーキーな状況を招きかねないと危惧しているのである。

加えて、宣長の眼に映った貞幹は、どこか御都合主義的で下劣なところのある人物でもあった。

今此論者の意は、須佐之男命を韓人也といふを根本として、万の事皆韓より起れりとするものの、此泰伯の説もふるきからぶみに出たることなれば、廃むことの惜さに、是をも引入て説を作れる也

と述べて宣長は、「万の事皆韓より起れり」という自らの立場から外れていても平気で「泰伯の説」を利用してしまう貞幹の節操を疑っている。あるいはまた、応神天皇の出生に関して、母である神功皇后の懐妊が十三ヶ月に及び、その間に父とされる仲哀天皇が急死したとされる所伝を取り上げて、貞幹はそこから、神功皇后にまつわる性的なスキャンダルを読み込もうとするが、宣長からすれば卑しい発想であって、「邪説」として厳しく斥けた。

この他にも、アマテラスが天の石窟に籠ったという神話は、アマテラスの死を仮託させたものであり、石窟は陵墓を暗示しているといった貞幹の議論について、

かくの如く古伝を私に乱りていはば、何事かいはれざらむ、……［アマテラスを］此国土に在し上古の人ぞと思ふから、くさぐ〱臆度の妄説をいひ、やゝもすれば崩御と申し、御陵の事を論ずるは、いともかしこくゆゝしき狂言也

と反論し、古代政治史の投影として神話を解釈する「さかしら」を許さなかった。

## 4 『呵刈葭』

### 上田秋成

『呵刈葭（かがいか）』は、上田秋成と交わした論争を、宣長がまとめて編集した二巻の書である。その成立年次は確定しえないが、天明七年（一七八七）から寛政二年（一七九〇）の間だろうとされる。秋成は大坂の人で、宣長より四歳の年少で享保十九年（一七三四）に生まれた。既に述べたように町医者であったが、読本（よみほん）『雨月物語』（一七七六年刊）の作者として知られ、真淵門の加藤宇万伎（享保六〜安永六年、一七二一〜七七）に学んだ国学者・歌人としても名を成していた。自伝的な語録に『胆大小心録』があり、文化六年（一八〇九）、享年七十六で没した。

論争は、おそらく天明六年から翌年にかけてなされたと思われるが、秋成が、上代日本語の音韻やかな遣いをめぐる宣長の見解を批判する文章を著わし、それが荒木田末偶（すえとも）（享保二〇〜享和元年、一七三五〜一八〇一）を介して宣長に届けられたところから始まった。末偶は、内宮の権禰宜（ごんねぎ）で、かつて秋成に私淑し、その後宣長に師事していた。宣長は反論を認めて末偶に托し、これに対して再び秋成から再批判が寄せられ、宣長もまた再度反論の筆を執った。この往復を、宣長側から再編成して十六条にまとめたのが、『呵刈葭』上である。『呵刈葭』下は六条から成り、宣長の『鉗狂人』に対する秋成の批判に応じた宣長の反論を、同じく宣長側から再編成したものである。書名は、一書の末尾に添えられた宣長の歌「清めおく道さまたけて難波人あしかる物をとかめさらめや」に由り、「葭（あし）」は難波の縁語、「葭刈る」は「悪しかる」に通じ、「道」を妨げる難波人である秋成を呵（とが）めないわけにはいかないという意味になる。

## 「音の正不正」

『呵刈葭』上から見ていこう。まず秋成が提出した論点は、「古の人の言語にんの音なしといふは、私の甚しき物也」と述べられたように、上代日本語には鼻音「ん」がなかったという宣長の理解をめぐって、それは勝手な憶測だとするものである。宣長は後世の音便によって音韻の秩序が崩れたことで発生したのが「ん」であり、それは「本の正しき音」ではないと主張する。例えば、国名の「多爾波（タニハ）」が撥音便化して「タンバ」に訛（なま）った時に「ン」が生まれたというようにである。音便化して音が訛るには、それなりの必然性があってのことではあるが、「其頽（クヅ）れ訛りたるを正しと心得るは、大なるひがこと也」と宣長は論じた。

既に「皇国の正音」を論じた宣長の主張を紹介しておいたが、宣長には「音の正不正」という感覚があった。「人にして万物の声に近きをこそ不正とはいふなれ」というのは、宣長の強固な信念である。宣長自身も、

> 今時は数百年来馴たること故、余とてもこと〴〵くむとは呼ことあたはず、常には尋常のごとく見ん聞んと呼也

と明かすように、現実の言語生活は「不正」な音に侵されているが、「音の正不正」そのものを曖昧にしてはならないと宣長は考える。

秋成の眼には、この「音の正不正」という枠組みが、何とも怪し気なものに映っている。宣長は「自然の音にも、金石絲竹革木羽毛の音は人の音にあらねば、不正音とすべし、漢土の人も音声それに似たれば、これ又正しからず」と主張しているが、そうだろうか。「いづれの国々も自然に出る声

なれば、何の論なき事也」。つまりどの民族の音声も、その環境や風土の中で「自然」に形成され獲得されたものである限り、そこに上下や優劣はないとすべきではないか。こう秋成は論じて、宣長の議論は「我尊し他卑しの説」に過ぎないという痛烈な言葉を投げつけたのである。

　これに対して宣長は、「人にして万物の声に近き」ものを「不正」とするのであり、「金石絲竹草木羽毛の音」を「不正」とするわけではないと訂正を求め、あらためて「不正」な音としての鼻音「ん」を論じる。

> 抑人には鼻も有て、其鼻より出るんの声ももとより人皆具したる物なれば、上古の人とてもんの声もおのつから有しことは何ぞ疑はむ、然れども言語は口より出す物にこそあれ、鼻より出すへき物にはあらざるか故に、んは言語には用ることなかりし也、皇国の音声言語の万国にすくれて正しきこと、是を以ても知へし

　そして宣長は、「鼻より出るんの声」を人体の「陰所」に喩え、「陰所」を露出させないのが人間らしい姿であり、「外国人の音にんの匀〔韻〕の多きは、かの陰所を隠しおほはず、顕にしてありくが如し」とまで言っている。

　さて秋成は、五十音図上の「お」「を」の所属についても、宣長の新説に疑問を投じた。「大は必おといひ、小は必をといふ」ことに注目する秋成は、「お」の音は軽く、「を」は重いとする宣長の立論には無理があるとした。秋成が言いたいのは、例えば「大空」が「おほぞら」、「大雪」が「おほゆき」、また「小舟」が「をぶね」、「小櫛」が「をぐし」であるように、大きい・重い場合は「お」、小

さい・細かい場合は「を」を使い分けるのであり、そこから推せば宣長の「お」「を」所属の論には問題があるということであった。これについても宣長は、「意の軽重」と「音の軽重」は次元の異なるものだと反駁した。

### 「日神」アマテラス

『呵刈葭』下は、秋成が『鉗狂人』の中から「おのか思ふにたかへること」を抽出して宣長を批判しながら自説を述べ、それに宣長が応じたものであるが、その中心となる主題は、アマテラスをどのような神格として捉えるべきかにあり、それとの関わりで、諸外国の誕生をどう理解すべきかという点に及んだ。

『鉗狂人』において宣長は、アマテラスを「今のあたり世を照し給ふ日神」として、つまり太陽そのものとして把握していたが、秋成はそれを認めない。「日神の御事、四海万国を照しますとはいか丶」と問う秋成は、アマテラスが「葦原中国」を照らす神であることまでは認めながらも、「天地内の異邦を悉に臨照ましますといへる伝説、何等の書にありや」と言う。そして秋成は、オランダの「地球之図」を話題にのせ、そこで描かれた日本は「た丶心ひろき池の面にさ丶やかなる一葉を散しかけたる如き小嶋」にすぎず、それを「此小嶋こそ万邦に先立て開闢(ヒラケ)たれ、大世界を臨照まします日月は、こ丶に現しましし本国也、因て万邦悉く吾国の恩光を被らぬはなし」と強弁しても何の説得力もないだろうと論じた。さらに秋成は、日月の誕生をめぐる神話や伝承には、天竺には宝応吉祥の二菩薩の、中国には盤古の説話があり、そして「文字の通はぬ国々にも種々の霊異なる伝説」があるものので、その相対性を踏まえた上で、「葦原中国」に限定された神話としてアマテラスを論じるべきだと主張した。

これに対して、宣長は長々と反論する。アマテラスが臨照するのは「葦原中国」に限られるという秋成の議論に対しては、『日本書紀』に「照㆓徹於六合之内㆒」（神代上第五段本文）や「使㆑照㆓臨天地㆒」（同一書第一）という文言があることを指摘して、

さて万国の図を見たることを、めつらしげにこと〳〵しくいへるもをかし、かの図、今時誰か見ざる者あらん、又皇国のいとしも広大ならぬことも、たれかしらざらん、凡て物の尊卑美悪は、形の大小にのみよる物にあらす、……抑皇国は四海万国の元本宗主たる国にして、幅員のさしも広大ならざることは、二柱ノ大御神の生成給へる時に、必さて宜しかるべき深理のあることなるへし、其理はさらに凡人の小智を以てとかく測り識へきところにあらす

イザナギ・イザナミが「四海万国の元本宗主たる国」を「広大ならざる」ものとして生んだことにも、人智の及ばない「深理」があってのことだろうと反論した。そして、やや視点を移して、宣長は

さて其不可測の理はさしおきて、現に目に見えたることにても、皇国の万国にすぐれて尊きことはいちじるし、まつ皇統の不易なる御事はさらにも申さず、其余第一に人の命をたもつ稲穀の美しきこと、万国とは天地懸隔せり、……又境域は広大ならすといへ共、神代よりして外国に犯されず、……かの異国の隣国のためになやまされて、ついに併合せらるゝが如き比類にあらす

と論じている。「皇統」の不易、美味しい米、中国と違って異民族に「併合」されたことのない歴史、これらが「皇国」としての日本の尊貴性の可視的な現われだと宣長は言う。

大かた戸口稠密にして、殷富隆盛なること、宇内に於て皇国に及ふ国なし

というのが宣長の結論であり、それが「深理」の確かさのとりあえずの根拠でもあった。秋成が主張した、民族ごとに日月誕生の神話や伝承があるという問題については、

太古の伝説、各国にこれ有といへ共、外国の伝説は正しからず、或はかたはしを訛りて伝え、或は妄に偽造して愚民を欺くもの也、漢字の通ぜざる国々の伝説も、大氏類推すべし、かの遙の西の国々に尊敬する天主教の如き、皆偽造の説也

として、「天主教」への論及はあるものの、「外国の伝説は正しからず」という持論を繰り返した。宣長に対する秋成の根本的な不満は、宣長の立論が「皇国を万国の上に置む」とすることに急で、結果としてそれが、「智術を以て己尊大をふるまふ漢土の道」と同じ轍を踏んでいるのではないかというところにあった。秋成は、「日本魂と云も、偏（カタ）よるときは漢籍意にひとし」とも述べている。宣長の中に、急迫と非寛容からくる狭さを見ていたのであろう。そう考える秋成は、儒教や仏教も長い歴史を通じて日本社会に根付いているのであり、その事実、その意義を認めるべきではないかと宣長に迫った。「二教の神孫の御心にかなはせ給ふは、即国土に相応（フサハ）しき共いふへし」と秋成は説いている。これに対して、宣長はどう応じたのだろうか。

余は皇国の万国の上たることを世人の知らざることを恤（ウレ）ふるを、上田氏は皇国の万国の上たらむこ

とを憂ひて、とかくに余が言を破せんとす、あゝ是非もなきこと也

これが宣長の応答であり、儒仏二教の社会的定着については、

凡てわろき事の広まるは、禍津日神の心也、もし広まるを以て、神の悪(ニク)ませ給はぬ故そといはは、国に盗賊のあるも、水火の災のしげきも、稲に虫のつくも、神はにくませ給はぬにや

と切り返した。

宣長は『鉗狂人』の最後に、「わが古学の眼を以て見れば、外国はすべて天竺も漢国も三韓も其余の国々も、みな少名毘古那ノ神の何事をも始め給へる物とこそ思はるれ」と述べていたが、秋成は、「粟莖に縁(ノボリ)て弾(ハジ)かれ給ふ程の矮小なる一神」が「万国を悉く創業」したというような話は信じ難く、スクナビコナについてそういう伝承もないではないかと批判した。これには宣長も、「この少名毘古那神万国経営の御事は、それとさたかに伝説のあることにもあらす」として一歩引きながらも、「猶此事は古事記伝［十二之巻］に追考して委くいへり、信せん人は信せよ、信せさらん人の信せさるは又何事かあらん」と突き放した。

秋成が、晩年の自伝的な随筆『胆大小心録』の中で、「古事記を宗として」「古言をしいてとく」「伊勢の国の人」について、「私の意」に走る性癖が強いと評し、「ひが言をいふてなりとも弟子ほしや古事記伝兵衛と人はいふとも」と嗤(わら)ったことはよく知られている。狷介と言うべき秋成からは、門人に持ち上げられて得意になっている田舎の俗物――宣長はこう映っていたようである。

## 5 外宮祭神論争

松坂帰郷後の宣長は、数年に一度、時には春庭や春村を供にして、伊勢神宮に参詣したが、今井田家の養子時代にはことに頻繁に神宮参詣を行なっている。例えば寛延二年（一七四九）、二十歳の宣長は、元日から七日迄、二月は十五日と二十日、四月と五月は朔日、六月は十六日と十七日、七月は朔日、八月は四日と五日、九月は十六日に、内外両宮ないしそのいずれかに参詣している。ちなみに宣長にとっての最後の参詣は、その死の二年前、寛政十一年（一七九九）四月である。

### 中世からの論争

伊勢神宮の内宮（ないくう）で祭られている神がアマテラスであることは言う迄もないが、外宮（げくう）の祭神とされる「豊受大神」がどのような神格の神であるかは、長い間、論争の種であった。論争は、中世の伊勢神道（度会（わたらい）神道）から始まる。外宮の神職だった度会氏は、鎌倉時代、自分たちの祭神を内宮のアマテラスと並ぶものに格上げするために、さらにはそれを超える絶対的な神性を持たせるために、後に「神道五部書」と呼ばれることになる教理書を作り、「豊受大神」の壮厳化を図った。当然、内宮はこれに強く反発した。

内宮と外宮の、政治的・経済的な利権争いも絡んだ積年の論争に、晩年の宣長は、寛政十年、『伊勢二宮（ふたみや）さき竹の弁』を著わすことで参入していく。その動機を、『伊勢二宮さき竹の弁』は、

たがひに、両宮の尊卑勝劣をあらそひ論ずるまゝに、さま〴〵のひがこと強説（シヒゴト）ども出来つゝ、其説

いよいよ紛々たるによりて、天下の人これに惑ひて、いかなる御神とも、え思ひ定め奉らず、豊受ノ大神の実の尊き御徳の、かくれて顕れがたきは、いとも〳〵かなしく、歎かはしきこと也、さる故に宣長いともかしこけれど、今其説異論をわきまへ正して、此大御神の尊きまことの御徳を、あらはし奉むとする也

と述べている。「ひがこと」と「強説」で覆われてしまった「豊受大神」の本来の姿を明らかにして、その神格の尊厳を回復させたいというのである。書名には、「竹を二つにわりたる如し、といふなるこゝろばへ」のように、「かたよらずまがらず」に議論をしていこうという思いが込められている。

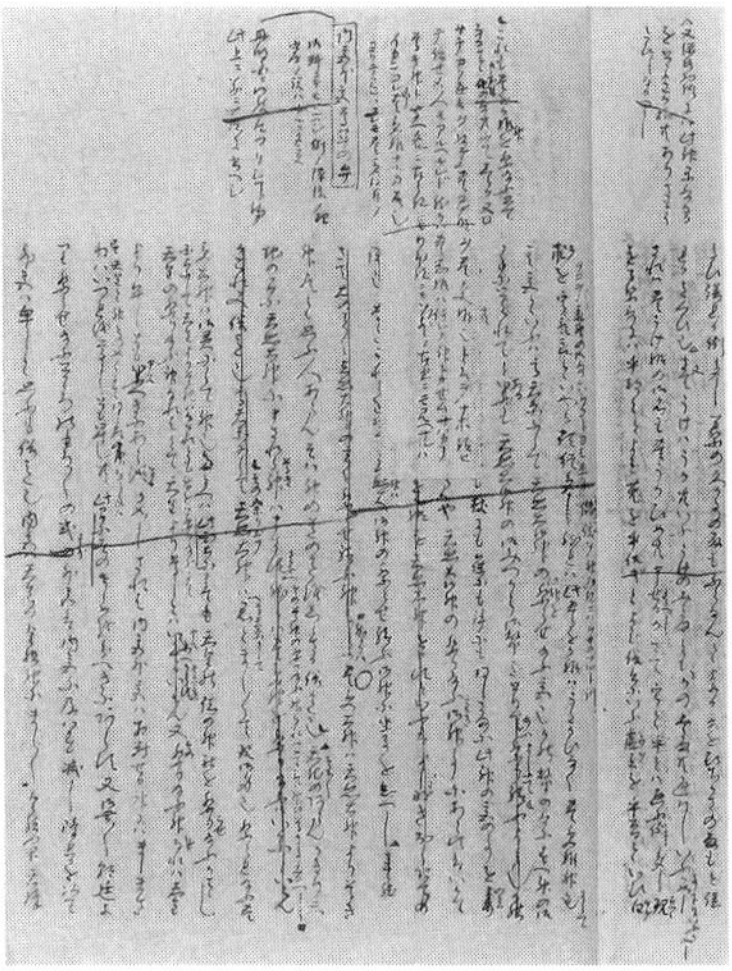

『伊勢二宮さき竹の弁』

**内宮の神**

宣長は『伊勢二宮さき竹の弁』で、まずアマテラスを論じる。

内宮は天照大御神、いともかしこき天皇の大皇祖神にまし〳〵て、すなはち高天ノ原をしろしめして、常しへに今も世を天照し給ふ、天津日の大神にましますなり

と自説を置いて、このアマテラスについて、「近来異説あり」として宣長は論点を提示する。それは、

天照大御神は、天皇の大祖にましませば、天津日なるべき理なしとして、これをよのつねの人体なりし神にして、我国にまし〳〵て、神代に大和国に宮敷いまして、既に崩御なりし神のごとく説なせる、これなり

と宣長によって要約される通り、「天津日」（太陽）としてのアマテラスという本質を無視して、「天皇の大祖」（皇祖）という面を一面的に強調することで、結局、大和の国の、あるいは古代日本の権力闘争の勝者の像を投影させたのがアマテラスだというような見方に道を開く歴史主義的なアマテラス論である。このような「異説」を流布させているのは「近代の神学者流」であり、宣長はそこに危機感を懐いている。

天照大御神は、皇国のみの天照大御神にはましまさず、唐天竺をも、その余の国々をも、あまねく照し給ふ、天照大御神にましますものを、かの近代の神学者流の説のごとくにては、たゞ皇国に限れる天照大御神の如くなれば、これその広大なる御徳(ミメグミ)御蔭(ミカゲ)を、ことさらにちゞめて、狭く小く説なし奉る物にして、いとも慨(ウレタ)きわざにぞ有ける

アマテラスの「御徳御蔭」を歪小化させるこうした「近代の神学者流」は、特定の学派を指すものではなく、儒教の合理主義をくぐった「神学」に共通の発想として宣長は捉えていただろう。既に紹介したように、谷川士清を介して閲読し、宣長自身がその批判を著わした「天祖都城弁」、藤貞幹のアマテラス崩御論、あるいはアマテラスが照臨するのは「葦原中国」に限られるという上田秋成の議

論というように、思想的傾向や背景を異にした多くの論者が、アマテラスを「皇国に限れる」古代の英雄の神話的形象として論じていたからである。

宣長は、またこうも述べている。

此伊勢内宮の御神は、皇国の人はさらにもいはず、漢天竺其余の国々、天地の間の万の国、天津日の御蔭を蒙るかぎりの国々の人は、王も臣下も民も、みなその御徳御蔭を、たふとみ拝(ヲガ)み奉らではかなはぬ御神にまします……

世界規模での伊勢まいりがあっても不思議ではないはずのところ、それが起こらないのは、ひとえに「外国には、神代の正しき伝説(ツタヘゴト)なきが故」だと宣長は考えている。

**外宮の神**

さて、外宮の神である。内宮との長い論争において常に問題の焦点であったこの神格をどう捉えるのだろうか。宣長は、

外宮は豊受(トユケノ)大神、その御名を豊宇気毘賣命(トヨウケビメノミコト)と申シ奉りて、穀食の本元の御霊(ミタマ)にまし〳〵て、高天ノ原に於て、天照大御神の重く祭らせ給ふ、御食津大神(ミケツオホカミ)にまします也

と説いて、外宮の祭神は、「穀食の本元の御霊」としてのトヨウケビメであり、高天原にあってアマテラスから重く祭られるほどの神格だとする。この神は、「万国の人どもの命をつぐ」食物の神であり、アマテラスと同じように「神代に皇国に生出給ひて、四海万国に御蔭を敷キ施し給ふ」神である。

しかし、太陽や穀食の恩恵が測り知れぬほど広大で日常的なものだけに、「天津日」としてのアマテラスの本質が忘れられていくように、「穀食の本元の御霊」としてのトヨウケの神格も見失われてしまった。宣長の言葉は続く。

> 此外宮の御神に、異説の出来そめたるは、おほよそ五六百年ばかりもや昔のことなりけむ、五部の秘書とて、五部の書出来て、その書どもに、御食津神（ミケツカミ）と申す神号を、水徳の義に説（トキ）なし、水変ジテ為二リ天地一ト云々、名曰二天ノ御中主ノ神一ト、故千変万化、受テ二一水之徳一ヲ生ズ二続命之術一ヲ、故ニ名ケテ亦曰フ二御饌津（ミケツ）神一トといひて、御食津神を、天之御中主ノ命也として、……なほかやうのすぢに説なせる、さま〴〵のことあり

「五部の秘書」（いわゆる「神道五部書」）に説かれているところと称して、『古事記』冒頭に「天地初発之時、於高天原成神名、天御中主神、次高御産巣日神、次神産巣日神」と語り出される、そのアメノミナカヌシこそがトヨウケの本体だとまで度会氏は議論を拡大した。穀食の神から水徳の神へ、そして生命の根源の神へというように脈絡を付けていったのである。外宮の主張は止どまるところを知らずに、内宮と外宮の祭神は日月だとされたり、密教的な世界観によって金剛界と胎蔵界を象徴するものとも言われ、また「天地ノ中ニ一物ヲ生ズ、状ハ葦牙ノ如シ、便ハチ化シテ神ト為ル、国常立尊ト号ス」と描かれた、『日本書紀』神代上に最初に登場する神としてのクニトコタチが、外宮の祭神に他ならないとも唱えられた。

宣長は、「五部の秘書」のうち、『倭姫命世記』には取るべき点もあるとしながら、「古事記日本紀などよりも、はるかに古き書也」と標榜するこれらの書物が、中世の外宮の神職たちによって作られた「偽書」にすぎないという五部書否定論を全面的に支持する。

ちかき世に尾張ノ国に、吉見幸和といへる神学先生、五部ノ書の説弁といふ書をあらはして、かの五部書の説を、一々微細に弁駁して……かの五部書の妄説なること、いよ〳〵明白にして、まことに正説と聞ゆ……

### 吉見幸和の『五部書説弁』

吉見幸和（延宝元～宝暦一一年、一六七三～一七六一）は、名古屋東照宮の神職の子で、垂加神道家である。その著『五部書説弁』（一七三六年成）は、確実な文献に拠った緻密な考証によって、いわゆる「神道五部書」が、いつ頃、誰によって、何を目的として作られたものであるかを徹底的に暴露したもので、宣長は、その考証の質の高さを評価している。

しかし、宣長が幸和に従うのはここまでであって、あらためて外宮の祭神は何かという問題については、幸和の見解を全否定し、その影響力の増大を阻もうとした。まず宣長の指摘するのは、

此説弁の大むね、もとかの五部書の誣妄をふかくにくみ、憤激して、あらそふ心より書キたる故に、ひたすら外宮を貶（オト）して、卑くせむとつとめたるから、すべて其論平穏ならず

とあるように、幸和の五部書論に潜む動機の不純さである。先にあった「神学先生」という揶揄した

ような呼称にも、幸和の人格に向けられた宣長の不信が込められていたのかもしれない。幸和は、トヨウケを「皇孫ノ尊の天降らせ給ふ時の、供奉の臣列にして、膳部神也」と理解する。天孫に「供奉」して降った諸神のうち、食膳を用意することを職掌とする身分の低い神だというのである。宣長はここに、「ひたすら外宮を貶して、卑くせむ」とする幸和の成心の端的な表現を見るのであり、「外宮をいひ貶さむとする輩は、なほさら此書〔『五部書説弁』〕をよろこびて、いよ〳〵臣列膳部ノ神なるよしを、いひひろむめり」という状況が広がっていると捉えるのである。宣長から見れば、世人は、幸和の文献実証主義に立った五部書否定論の堅牢さに圧倒されて、「供奉の臣列にして、膳部神也」という議論にも引き込まれて疑うことを知らず、外宮の祭神としてのトヨウケの威信は一挙に低下してしまった。

**アマテラスとトヨウケ**

宣長が、トヨウケはアマテラスによって祭られるまでの尊貴性を体現した神だと主張するのは、「延暦の儀式帳」に拠っている。「延暦儀式帳」「太神宮儀式帳」などとも呼ばれるこの文書は、延暦二十三年（八〇四）、内宮と外宮が、各々の社の鎮座の由来や行事などを記して太政官に提出したものである。そこには、「丹波国比沼乃真奈井」にいたアマテラスが、「我御饌都神等由気大神」を側近くに呼び寄せることを望んだとあり、これを宣長は、

> 高天原にして、常に祭らせ給ふ、御饌都神の、他国に遠離りてまします故に、大御心安んじ給はず、苦くおぼしめすと也

と解釈している。伊勢の地に祭られることが定まる以前、アマテラスは高天原で自らが親しく祭って

いたトヨウケと離れていることに不安と苦しみを感じていたのである。トヨウケは「御饌都神」であるが、アマテラスが「我（アガ）……大神（オホカミ）」と呼び掛けるほどの神格であり、宣長は、『古事記』において「天照大御神、坐㆓忌服屋㆒而令㆑織㆓神御衣㆒時……」と言われるのは、アマテラスがトヨウケのために「神御衣」を織らせていたのではないかとまで想像している（ただし『古事記伝』にはこの想像への論及はない）。

　宣長の主張は、

> 伊勢両宮の御事は、いづれ尊し、いづれ卑しなど、高下を申すべき事にはあらざるに、しひてこれを争はむは、……かへす〴〵俗意なるうへに、殊に甚恐多き事也

という一点に絞られるが、そこにはどういう思いがあったのだろうか。門人で、外宮の神職であり、宣長の三女である能登を妻としていた安田広治に宛てた寛政十年（一七九八）の書簡が、『伊勢二宮さき竹の弁』について、こう述べている。

> 愚老此書を顕さんと存立候者、畢竟外宮之御神之尊き事を世人知らず、吉見が五部書説弁を信じて、賤き神の如く心得る事の歎かしきに、全く左にあらぬ甚尊き神にましますを知らせむとての趣意に御座候を……

そして、外宮が自らの祭神を、依然として「神道五部書」を根拠としてクニノトコタチだと主張し

て譲らないことに論を進め、

外宮方には中古已来国常立尊と申す事を云はり候へ共、五部書説弁出ては、世間の人皆国常立にあらざることは皆よくしれる事也、……然るをやはり国常立尊を云張り候而者、天下の人に笑はれ、外宮の神徳隠れて顕はれず、漸に衰へ給はん事也、然れば当時文明の代に当りて、神宮方にも国常立を思ひ切て、真実の説に帰せられんことこそ願はしけれ、然らは此上外宮甚尊神にましますを天下の人も知ること也

と論じた（三月二四日付）。ここに宣長の思いが率直に表明されている。外宮が、既に明白に論破されているクニトコタチ祭神説に固執すればするほど、トヨウケは実は膳部神だという誤った解釈が広まってしまうのであり、この状況を打開させるためには、外宮側が大胆に自己批判することから始めなければならないし、そこからトヨウケの尊貴性を明らかにする道が見えてくる、こう宣長は訴えたのである。

『伊勢二宮さき竹の弁』について宣長は、当初から公刊を意図していたが、その前に、荒木田久老（ひさおゆ）（延享三〜文化元年、一七四六〜一八〇四、真淵の門人、外宮権禰宜、後に内宮権禰宜）に斡旋を依頼して、予め外宮側の諒解を得ようとした。しかし外宮の反応は芳しいものではなく、出版については黙認するという姿勢だったらしい。こうして『伊勢二宮さき竹の弁』は、享和元年（一八〇一）八月、鈴屋蔵版として世に出された。宣長が亡くなるのは、その翌月のことである。

## 6 『馭戎慨言』

『馭戎慨言』は、持定の書物への批判や、寄せられた論難への応答でもないし、論争への参入の書でもない。秀吉による朝鮮侵攻までの、東アジア世界を舞台とした日本の対外交渉の歴史を批判的に振り返ったものであるが、宣長の学問や思想の基底にある論争的性格をよく示している。

中国・朝鮮を西方の戎（えびす）（野蛮国）と見做し、それらを日本が馭（ぎょ）する、すなわち馬を御するように従わせる、そういう上下関係が本来の姿だと考えるのが宣長の立場であり、その日本が、従来の中国・朝鮮との交渉において露呈させてきた対外崇拝ぶりや弱腰で卑屈な姿勢を慨（なげ）き憤（いきどお）るというのが題意である。この書は、はじめ『待異論』という書名で安永六年（一七七七）に著わされ、翌年、『馭戎慨言』と名を改めて浄書され、寛政八年（一七九六）に公刊された。中国や朝鮮の尊大を非難するという面もあるが、宣長が見据えているのは、歴史を通じて日本の為政者や知識人が免れ難かった対外コンプレックスの深刻さである。

### 三韓の臣従

『馭戎慨言』の内容に入っていこう。宣長によれば、第十代の崇神天皇の時代に、任那（ミマナ）が使者を遣して「みつぎ物」を奉ったのが、「外国のまゐりし始」である。そして日本と朝鮮半島との関係が定まったのは、第十四代の仲哀天皇の妻であった神功皇后の時代であった。

息長帯姫尊（オキナガタラシヒメノミコト）、〈神功〉神の御教（ミヲシヘ）にしたがひて、御みづから新羅（シラギ）の国をことむけ（征）におはしまししに、其王やがて大御船のまへにまゐりて、くさ〴〵のちか言をたてて、まつろひしより、つねに八十艘のみつぎを奉る例とはなれりけり、此時高麗百済のふたぐにも、同じさまにまつろひ参りてよりこなた、この三の韓のから国、またそのわたりの国々も、ひたぶるに皇朝のみのりにしたがひて、つかへまつりし事は、世の人もよくしれるが如し

「神の御教」とは、神懸かりになった神功皇后が夫である仲哀天皇に伝えたアマテラスの神意、「西方有レ国、金銀為レ本、目之炎耀、種種珍宝、多在二其国一、吾今帰二‐賜其国一」（『古事記』中巻、訓みは『古事記伝』に従った）を指している。仲哀天皇は、アマテラスのこの神託を無視したために、その祟りを受けて命を落とした。そこで神功皇后が、後の応神天皇を懐妊した身で、神意のままに兵を率いて海を渡ったのである。その勢いに畏れをなした新羅王は、神功皇后に臣従を申し出るのであるが、『馭戎慨言』は、さらに「此時高麗百済のふたぐにも、同じさまにまつろひ参りて」と記している。これは新羅の臣従を聞いた高麗と百済の王が、直ちに「今従リ以後、永ク西蕃ト称シテ朝貢ヲ絶ヤサズ」と誓ったとする『日本書紀』（神功皇后摂政前紀）に基づいてのことであろう。『古事記』には、三国の朝貢がこの時から始まったという記述はなく、宣長も『古事記伝』（三十三之巻）では、「百済国の朝貢初しは、同ジ御世ながら、遙に後の事」「高麗国の朝貢しことは、……応神天皇の御世に至りての事」と述べている。

いずれにせよ、新羅・高麗・百済の三国が日本に臣従し朝貢を行なう体制が確立し維持されていくのであるが、朝鮮側は、その事実を意図的に隠していると宣長は批判する。

　然るをかの韓の国の、三国史記東国通鑑などいふふみどもに、一言もかゝることをばしるさずして、たゞ皇国(ミクニ)の事をば、よそげに、おのがひとしなみ(等)の国の如くいへるは、古にかくみやつこ(称臣)として、つかへまつりしことをきらひて、はぶける物也

『三国史記』は高麗王朝時代の一一四五年に、『東国通鑑』は朝鮮王朝時代の一四八四年に編纂された史書である。

朝鮮半島ではその後、「御代御代をへて、まめやか(忠誠)に［日本に］つかへまつり来にし」と宣長が評価する百済が、唐と結んだ新羅によって亡ぼされ（六六〇年）、ほどなく高麗も滅び、新羅が統一国家を樹立した。その新羅も内乱によって滅亡し、高麗(こうらい)王朝（九三五～一三九二）の時代から、李成桂が開いた朝鮮王朝（一三九二～一九一〇）へと続くことになる。朝鮮王朝は、徳川幕府が正式の外交関係を結んだ通交国であり、朝鮮側からは、徳川時代を通じて十二回に及ぶ外交使節（朝鮮通信使）が派遣された。この朝鮮王朝について宣長は、

　昔を思へば、此朝鮮は、今も琉球などとひとしなみに、大御国には、みやつこ(称臣)と申て、つかへまつるべき国なるぞかし

と述べている。アマテラスの神託に由来する三韓の臣従・朝貢という枠組みは、宣長の中では不動のものである。

中国との関係に話を進めよう。京都時代の宣長が、中国の史書から日本関連の記述を抜き書きしていたことは既に紹介したが、『馭戎慨言』でも宣長は、『漢書』地理志の「楽浪海中有二倭人一、分為二百余国一、以二歳時一来-献見云」をはじめとする史料を引いて、

> 今つら〳〵考るに、そのかみ御おもむけ（皇化）のいまだ天の下にあまねからざりし程、いといとかたほとりの国造（クニノミヤツコ）別稲置（ワケイナギ）などやうの、一しま一郷をうしはきゐたりけん人共などの、わたくしにかの国へことかよはし（通交）し事などは、おのづから有もやしけん

と述べている。ただし宣長の力点は、日本側からの工作の熱心さというようなことではなく、それらが「かたほとり」の権力者による「わたくし」の使者の派遣にすぎず、すぐ続けて「皇朝（スメラミカド）の御使にはあらざりしこと、いよ〳〵いちじるしき物をや」と言われるように、「御おもむけ」、つまり天皇による統治が「天の下」に行き渡る以前の状況が生んだ、私的で地方的な動向にすぎないというところに置かれている。『三国志』魏志倭人伝や『後漢書』東夷伝などが伝える「邪馬台国」についても、その所在地を含めて、その実像を明らかにしようといった関心はなく、「筑紫の南のかたにていきほひある、熊襲（クマソ）などのたぐい」が派遣した使者が誇大に語ったものだろうと突き放している。

中国が南北朝時代に入ると、倭国の讃・珍・済・興・武、いわゆる「倭の五王」が南朝の諸王朝に朝貢して、南朝の皇帝から官爵を授けられた。例えば『宋書』によれば、倭王武は宗の順帝から「使持節都督倭新羅任那加羅秦漢慕韓六国諸軍事安東大将軍倭王」に除せられたという。今日では、倭王武は雄略天皇（応神天皇の曾孫にあたる）だとされるが、これら「倭の五王」についても宣長は、「皇

朝にはしろしめさざりし事」であって、「そのかみ韓のから（戎）国へまかりゐ（居）て、其国々の政とりける、日本府の卿（マヘツギミ）などの、わたくしのしわざ」、つまり朝鮮半島内の「皇朝にそむき奉りしもの」を従わせるために、現地の日本人高官が弄した演出だろうと見ている。

**遣隋使から足利時代まで**

南北に分裂していた中国が隋王朝によって統一されると（五八九年）、厩戸王らが主導して遣隋使が派遣された。『隋書』には、小野妹子が煬帝に届けた国書の文言として、「其国書曰、日出処天子、致二書日没処天子一無レ恙云々帝覧不レ悦、……」と記されている。これについて宣長は、「日出処天子云々とある詔書（ミコトノリノミフミ）は、書紀にはのせられざれども、まことにさぞ有けん」と認めた上で、

> そも〳〵天皇のかぎりなく尊くましますは、申すもさらなれど、まづ大御国は、万の国をあまねく御照（ミテラ）しまします、日の大御神の御国にして、天地の間に及ぶ国なきを、やがてその大御神の御末を、つぎ〳〵に伝へまし〳〵て、天津日嗣と申て、其御国しろしめし、万代の末までも、うごきなき御位になんましませば、かのよしもなくみだりにたかぶりをる、もろこしの国の王などの、かけても及び奉るべき物にあらず、はるかにすぐれて、尊くましませば、もしかの国王などへ、詔書たまはんには、天皇勅二隋国王一などとこそ有べきに、此度か（彼）れをしも、天子とのたまへるは、ゐやまひ給へること、ことわりに過たりき

と主張している。万国万民に恩恵を与えている太陽神アマテラスの子孫として、その太陽神生誕の国を治めているのが天皇であるから、それは力でもってその地位を奪い取った他国の君主と同等のもの

ではありえない。この宣長の持論からすれば、妹子に託された国書の表現も、中国の皇帝を「天子」と呼ぶことで、天皇の絶対的な尊貴性を損なうものだとされる。

宣長は、そもそも遣隋使の派遣を、聖徳太子（厩戸王）の個人的な仏教崇拝や、中国を「めでたき国」として「そのことばかしこき書共」に憧れ、「万の事共をまねびとらばや」という願望に由来するものと見て、遣唐使も含めて、積極的な意義を認めなかった。平城天皇・嵯峨天皇・淳和天皇と続いた三代、平安時代の前期に当たるが、その時代に遣唐使が企図されなかったことを「いとめでたし」と称えているほどである。

話を進めよう。鎌倉時代のいわゆる元寇について、宣長は、蒙古軍の来襲を退けられたのは、神々の加護によるものと考えている。

> 天皇［後宇多天皇］神祇官に行幸まし〳〵、……大神宮に祈り申シ給ひ、又国々の社々にも、御いのり共有けるに、そのしるしの御さとし共おほかりける中にも、伊勢の風ノ宮の神の御さとしなど、いちじるかりしに、すなはちその［弘安四年］閏七月朔日の日の午の時ばかり、あからしま風おこりて、あた［敵］の船三千五百艘、たちまちに浪にたゞよひ、うちやぶられて、おぼれ死き

そしてまた宣長は、元側からの高圧的な国書に返事の必要を認めず、毅然とした態度を示したとして北条時宗を称え、「後の代まで大御国のひかり（威徳）を、かの国にかゞやかせしは、承久のいみしきつみ（大罪）をあがふ（贖）ばかりこそはあらざゝめれども、北条が世のかぎりの、大きなるいさを（功）になん有ける」と評価した。

南北朝時代に入ると、宣長は、後醍醐天皇の皇子で、征西大将軍に任じられ九州を中心に南朝の勢力を拡大する上で功績の大きかった懐良(かねよし)親王が、倭寇の取り締りを求める明朝皇帝に、「臣居ニリ遠弱ノ之倭、偏小ノ之国一、……陛下作(ナリ)ニ中華之主一ト、為ニ万乗ノ之君一ト」というような文言を連ねた上書を送ったことを取り上げた。その文書を実際に執筆したのは側近の「ほうし」（禅僧）であり、彼らは日本を「辺土粟散国」などと呼ぶことを常としているが、親王のこの上書は、「後の世まで大御国(オホミクニ)のはぢ」を残すものであって、

まづすべて皇国人の、から(戎)王にむかひて臣といはんこと、あるべくもあらざるに、ましてこれは親王にましますうへに、かりそめにも皇国のきみ(主)とて、のたまひつかはす御書なるをや、又かれを中華上国などいひて、みづから夷狄とのたまひなせるだに、いみしきひがことなるに、弱倭偏小ノ之国などとは、いかなるこゝろぞも、皇国のはぢをも思はで、ひたぶるにかれにへつらは(諛)むの心ならばこそ、さもいひなすやうもあらめ

と厳しく非難している。

足利時代については、何よりも、足利義満が発した国書で明朝皇帝を「大明皇帝陛下」と呼び、明朝の返書に「茲爾日本国王源道義……」とあることが問題とされる。これについて宣長は、

かみに天皇のましますをも、しらずがほして、此大将軍をしひて王になして、御国をしたがへんとの心也、……道義と御名をさしたる、いはんかたなくゐやなし(無礼)

と論じた。あえて天皇の存在を無視して、義満を「日本国王」に封じることで、天皇と義満を分断させ、義満側を明朝に臣従させようとする点に彼らの狙いがあるというのである。狡猾にして無礼な中国側に向き合った足利氏の姿勢はどうだろうか。

> やつこぐに（蕃国）のごとく、よろづをいひなせること、かへす〴〵みだり（謾）也、然ればこれらのよしを、深くとがめ（責詰）て、此書をも使をも、すみやかにおひかへさるべき物也かし

しかし義満の対応には、かつての時宗のような剛直さはない。

> かくて其年［応永九年］又つかはしたる御書は、日本国王源表ス、臣聞云々とあり、……此御書は、さきのよりも、今一きはかれをたふとみて、いよ〱へつらひ給へるさま、さらにいはんかたなし

宣長は、義満なりの戦略や政治的判断があったのではないかと問うことなど一切なしに、すべては中国に対する「へつらひ」に由来するものとして切って捨てる。宣長の憤慨は治まらず、足利氏の治世全体について、

> 大かた天地わかれてよりこなた、此足利のよゝの大将軍の御政中給へりしほどばかり、何事もあさましかりし世はなかりけり、まづはじめに、後醍醐後村上後亀山三御世の天皇を、なやまし奉り給ひし、いみしきつみ（大罪）は、さらにもいはず、そののちいともかしこく、皇朝のいよ〱日々（ヒビ）におとろ

へさせ給ひしまに〳〵、天の下も、こしかた行末たぐひなきまで、みだれにみだれつゝ、……よの中はたゞ野山の木草の霜にしぼみて、冬枯はてたるごとくになん有ける

とまで言われる。そして宣長によれば、それもまた「禍津日神(マガツビノ)のあらびたりしほどの、しばしのまが(厄)こと」なのである。

## 秀吉の朝鮮侵攻

最後に、秀吉による朝鮮侵攻について、『馭戎慨言』の主張を見てみよう。宣長は、日本の国家としての生気が衰退し、最底辺にまで堕ちた時代として足利時代を捉えたが、しかし「天津日嗣の御位は、いさゝかもたじろき給ふ事なくて、神ながら伝はりましませば、又古への御栄えに立かへり給はで、やむべきならねば」、尾張国から織田信長と豊臣秀吉の二人の英雄が出て、「皇朝をあがまへ(崇)たふとみ(尊)」て「天下をはらひしづめ」たと解釈する。「皇朝」（天皇）を尊崇する二人が同じ尾張国から出たのも、宣長によれば偶然ではなく、「熱田ノ大神」の神慮によるものであり、そこで回復された国威の発現として、宣長は秀吉による朝鮮侵攻を位置付けている。そしてそれは、中国を視野に入れてのものであった。

よの中は、枯たりし木草の、春立かへるめぐみにあへるがごとくなりける、かくて朝鮮の国をもことむけ(征)給へる御いきほひに、万の国々、かのもろこしのから(戎)国迄、いよ〳〵ます〳〵ふるひおち(震怖)たりしは、もはらかの尾張ノ国に鎮座(シヅマリマ)す、熱田ノ大神草薙ノ御剣(ミツルギ)の御いさを(ミ徳)になん有けらし

こう述べる宣長の眼には、三韓を服属させ、中国をも戎の国と見なしたかつての秩序が蘇(よみがえ)ってい

て、その再興の第一歩として、「草薙御剣の御いさを」に守られた秀吉の出兵が映っていた。
秀吉による朝鮮侵攻は、文禄・慶長の役、朝鮮側からは壬辰・丁酉倭乱と呼ばれるように二度にわたるものであるが、宣長は、秀吉の真意を「もと明の国征給はんの御心なりしことは、疑ひもなし」と捉え、そのために「まづ朝鮮をしたがへて、道しるべせさせてん」という戦略をとったのだろうと述べている。この戦略について宣長は、朝鮮に兵を送るよりも、「まづ南京といふをとるべき」だったと論じ、次のように続ける。

> さてしか南京をとり給ひなば、いよ〳〵其御いきほひにおそれて、かの江南といふなる程などは、おのづからのこりなく、御手に入なんこと、うたがひなし、……かくしてやう〳〵に、北の方へおしもてゆきなんには、北京もまた御手にいりぬべく、……明王をいけどらんこともかたからじ

まず南京を奪取してさらに軍勢を北上させれば、北京の陥落、明皇帝（宣長によれば明王）の捕縛まで、大きな障害はなかっただろうというのである。この驚くべき議論の前提には、「明の王も官人ども」も柔弱で、日本の侵攻に対する恐怖感に苛まれているはずだという認識があった。何かにつけて高圧的な明側の態度も、その恐怖感の裏返しに過ぎないと宣長は見ている。

しかし、秀吉が採用したのは朝鮮から中国へという戦略であり、それも結果的には成功しなかった。宣長も、「七年がほどの御いくさに、これぞと見ゆるしるしも、つひになくてやみぬるは、かへす〴〵くちをし」と記さざるをえなかった。この不本意な結果を招いたものは何か。宣長は二点を指摘している。一つは、

かならずさるべき神たちを、ねんごろにいつき祭り給ひて、深くいのり申給ひてこそは、殊なる御いさ（功）をもたちぬべかりけるを、はじめより此神わざをば、おぼしもかけずて、たゞみゝづからの御いきほひをのみ頼み給ひしは、いかにぞやくすしき（奇異）御たすけ（助）を、

と述べられる通り、「さるべき神たち」の加護を仰ぎ、その神威をもって軍勢を進めることを怠ったという点である。宣長は、三韓を臣従させた神功皇后や蒙古軍と対峙した時宗との相違を言いたいのかもしれない。二つは、

御軍の人々、いきほひにまかせて、心なき虎狼よりけにいちはやくあらびつゝ、朝鮮の罪もなき民共を、いたくそこなひくるしめさせ給ひしも、いとあぢきなし、これはた始メより深くいましめつかはすべかりけり

と記しているように、日本側による「朝鮮の罪もなき民共」への残虐行為の横行である。どのような事実を把握していたかは不明であるが、宣長がこの問題を重視していたことは確かで、この二点において「神の御心にはかなはざりけむ」と宣長は述べている。

こうして対外交渉の歴史を振り返った宣長は、『馭戎慨言』のまとめとして、「東照神御祖命（アヅマテルカムミオヤノミコト）の、天の下申給ふ御代になりてよりこなた、……いとも〳〵めでたく、さかゆく御代とし成ぬれば」と書き出し、

はるけき四方の国々よりも、みつぎ物たてまつり、かのもろこしの国はた、むつび給はね共、おのづからそのくにつもの（方物）も、あまりある迄、年毎に千船百船につみもてもうで来て、万ッにたらはぬ物もなく、大かた大将軍のいきほひ、天地のあひだにかゞやき給へば、その国王はた、つひにはことわりの如く、みやつこ（称臣）とまうして、まつろひ（帰化）まゐりなん物ぞ、あなめでた、あなたふと

と結んだ。清国との通商関係を、中国の「国王」が日本に臣従して、「くにつもの」を奉呈するために「千船百船」を派遣してくるかに描いての徳川政権への賛辞である。

実は宣長は、徳川政権の外交について、より深刻な問題に気付いていた。それは、幕府が正式の外交関係である通交関係を結んでいた朝鮮王朝との間で交わされた「国書」にからむ問題で、例えば将軍の自称が「日本国源秀忠」であったり「日本国王源家光」であったりし、朝鮮側からの将軍の称謂が「日本国王殿下」であったり「日本国大君殿下」であったりしたという事実である。どのような情報ルートによったのかは不明であるが、宝暦六年（一七五六）から明和三年（一七六六）頃までの間に執筆されたと思われる、後に『本居宣長随筆』第五巻と呼ばれる随筆の中で、宣長はそれらの「国書」を摘録している。しかし『馭戎慨言』は、この問題にも触れることなく、「東照神御祖命……よりこなた」の「めでたくさかゆく御代」を言祝（ことほ）いで終わっている。

## 7　『真暦不審考弁』、その他

「天地のおのづからの暦」

宣長は、天明二年（一七八二）九月に『真暦考』を著し、寛政元年（一七八九）四月に公刊した。古代中国では、王朝交替のたびに「己が功を示(ミ)せむ」として新暦を作ったために「民の煩」となっていたが、日本には、中国の暦が舶載される以前、神代から用いられていた暦ならざる暦があったためにそのような煩冗を免れていたと宣長は考えたのである。『真暦考』において宣長は、暑い季節、寒い季節、その間にある温い季節、涼しい季節といった区別が「おのづからのさま」として定まり、各々の季節がさらに分節化されていたと論じている。

天(ソラ)のけしき、日の出入かた、月の光の清(キヨ)さにぶさなどに考へ、あるは木草のうへを見て、此木の花さくは、その季(トキ)のそのころ、その木の実なるは、そのときのそのほど、この草の生(オヒ)出るは、いつのいつごろ、その草の枯るゝは、いつのいつほどとしり、あるは田なつ物畠つものにつきても、稲のかりどきになるはそのほど、麦の穂のあからむはそのころ、といふごとくこゝろえ、あるは鳥のとこよにゆきかへるを見、虫の穴にかくれ出るをうかゞひなど、すべて天地(アメツチ)のうちに、をり〳〵にしたがひて、うつりかはる物によりしなむ、某季(ソノトキ)のいつほどとはさだめたりける

こうして「天地のうちに、をり〳〵にしたがひて、うつりかはる物」の様子を基準にした「天地のおのづからの暦」は、人が定めた暦を知ってしまった後世の人間からすれば、信頼するに値しないか

に思われる。しかし、

今の人などの心には、上件（カムノクダリ）のごとくして定めむをば、おぼつかなきことと思ふべけれど、いにしへこよみのなかりし代（ヨ）には、かならず然して定むるならひなりしかば、人みなよく見しり聞しりて、違ふことなかりきかし

とする宣長は、『万葉集』には、「見聞く物によりて、その時をしれる趣」が残っていると言う。「白妙の衣ほしたり」という景物によって「夏来たるらし」と知るような時の把握がそれであり、こういう感覚が「上つ代の意（ココロ）にかなへり」と評価されるべきものだとされる。『万葉集』だけではなく、今日に至るまで、歌の世界には、「天地のうちに、をり〳〵にしたがひて、うつりかはる物」に即した時の把握が脈々と続いている。亡き人を偲ぶにも、例えば「其人（ソノヒト）のうせにしは、此樹の黄葉のちりそめし日」だったというように心にとどめ、年ごとにその黄葉の「ちりそめし日」に故人を思い出す、そういう追憶の形を、「こは、あらきに似て、かへりていと正しく親しくなむ有ける」として尊重する。それこそが、「からごゝろのさかしら」から遠く、「歌によむおもむき」にも深く叶った時の把握なのである。

これぞこの天地のはじめの時に、皇祖神（スメロギノカミ）の造らして、万の国に授けおき給へる、天地のおのづからの暦にして、もろこしの国などのごと、人の巧みて作れるにあらざれば、八百万千万年（ヤホヨロヅチヨロヅトシ）を経ゆけども、いさゝかもたがふふしなく、あらたむるいたつきもなき、たふときめでたき真（マコト）の暦には

有ける

「いたつき」は、苦労。これが、「天地のおのづからの暦」についての宣長の結論であった。

さて、天地の間の「うつりかはる物」に即して時や季節を捉えていた世界に、朝鮮を経て中国から人作の暦が伝えられ、「かの国のさだめにならひて」、一年は十二ヶ月、閏月が入れば十三ヶ月というように定められた。暦の伝来について宣長は、『日本書紀』に拠って、

もろこしの国のこよみの、皇国(ミクニ)に渡りまうで来つるは、まづ師木嶋宮〔欽明天皇〕の御世の十四年に、暦博士、また暦本をたてまつれと、百済国に勅(ミコトノリ)ありて、同十五年に、暦博士固徳王保孫、といへる人まうで来つること見えたり、これや始メなりけむ

とした上で、

然るを書紀には、神武の御巻に、是年也太歳甲寅、冬十月丁巳朔辛酉云々、辛酉年、春正月庚辰朔、天皇即三帝位二於橿原ノ宮一ニ、などあるをはじめて、すべて上つ代の事にも、皆年月をしるし、又甲子にうつして、日次(ヒナミ)までをしるされたるは、いとも〱心得がたし

と論じて、その『日本書紀』の「上つ代」の紀年が信じ難いと主張したのである。

このような内容をもった『真暦考』に対して、名古屋の暦学者、川辺信一（生没年未詳）が反駁書

として『真暦不審考』を著わし、これを宣長の門人であった新井有雄（生没年未詳、田中道麿に学んだか）を介して宣長に送ってきた。この『真暦不審考』へ、宣長が逐条の反批判を加えたのが、『真暦不審考弁』である。成立は、天明七年（一七八七）前後とされ、没後の文政三年（一八二〇）に名古屋の書肆から出版された。

『真暦不審考』は、四季の区分や、四季をさらに「孟仲季」に三分する時間観念は中国に固有のものであって、日本はそれを受容したのだと主張した。これに対して宣長は、

皇国ニテハ、タヾ神代ヨリ春夏秋冬ト四ツニ分タルナリ、然ルニカラ国ニテモ同ジク四ツニ分ケタルガタマ〳〵合ヘル故ニ、即其字ヲ用ヒテハルニ春、ナツニ夏、アキニ秋、フユニ冬ノ字ヲカクノミナリ

と反論した。「ハル」という「神代」からの古言に「春」という文字を借りただけのことで、四季の観念そのものが外来のものではないというのである。「孟春」「仲春」「季春」といった三分法も、「ハジメナカバスヱ」という発想は自然なものとすべきで、

物体何事ニテモコ、トカシコトタマ〳〵同ジキ事アレバ、皆彼ニナラヘルモノト思フハ、漢学者ノツネノ癖ナリ

と批判した。宣長は、時には「寐言（ネゴト）ヲ聞ガ如シ」「愚昧ノ至リ」といった挑発的な言葉も浴びせてい

る。また、中国の暦法を絶対視して疑わない『真暦不審考』の態度については、

近キ世ニ年々渡リ参ル阿蘭陀ト云国ナドハ、天文地理ニクハシキ国ナルガ、其国ノ暦法ナドハ、唐国ノ暦法トハ殊ノ外ニ異リタルモノニテ、一月ノ日数モ大ニチガヒ、閏月ト云コトモナケレドモ、其通リニテモ年々差フ事ハナキナリ、今此論者ニ阿蘭陀ノ暦ヲ見セタラバ、大キニ驚キテ目ヲマハスベシ

と返して、「阿蘭陀ノ暦」を持ち出してみせることで、「唐国ノ暦法」から出ない「漢学者」の視界の狭さを皮肉った。

## 「国歌八論」論争

「国歌八論」は、「歌源」「翫歌」「択詞」「避詞」「正過」「官家」「古学」「準則」の八項から成る歌論で、荷田在満が田安宗武の依嘱を受けて、寛保二年（一七四二）に著したものである。在満は「国歌八論」を、「ソレ歌ハコトバヲ長ウシテ心ヲヤルモノ也」と書き出し、「歌トイヘルハ、ウタヒ給ヘルナレバナルベシ」として、歌の発生を、句調や調（しらべ）を整え、抑揚をつけて吟詠することで心を晴らすところに見出した。その後、歌は中国の詩の影響によって、「詞花言葉」の美を競うようになり、吟詠することで心を晴らすという面は薄らいでいく。しかし在満は、これを否定的に見るわけではなく、芸術としての歌の発展として評価し、漢語や俗語、急迫な表現を避けて、「詞花言葉ハ、モトヨリ華ヲ貴ブベシ」と論じて、その「華」の頂点を『新古今集』に求めた。そしてもう一つ、「国歌八論」の中で在満は、歌は個人的な「翫ビ物」であり、「天下ノ政務ニ益ナク、又日用常行ニモ助クル所ナシ」と言い、「天地ヲ動カシ鬼神ヲ感セシムル」という『古

今集』「仮名序」の文言も「妄談」に過ぎないと述べた。

在満の「国歌八論」は、勧善懲悪的な文学観に立つ宗武を満足させるものではなく、宗武は「国歌八論余言」を著わして批判を加えた。これに対して在満も反批判を提出し、さらには真淵も論争に参入した。宗武によれば、歌は、詩がそうであるように、人心を和らげ正すべきものであり、個人的な嗜好に止まるべきものではなく、一面で風俗を導くものであり、他面で時代の雰囲気を映す鏡でもある。こうした宗武の歌論は、後に『歌体約言』としてまとめられるが、そこでは『万葉集』が理想として掲げられ、『古今集』には「浅はかなるもの」が流行する兆しが見えるとされ、『新古今集』からは明らかに「亡国の風」が感じ取れるというように、在満と対極に立つ歴史像が示された。

それから二十年近い時を経て、宝暦十一年（一七六一）、彦根藩の儒者であった大菅中養父（なかやぶ）が「国歌八論斥非」を著わして、在満の「国歌八論」をあらためて批判した。これを受けて宣長は、明和五年（一七六八）「国歌八論評」と「国歌八論斥非評」とを著わし、この論争に結着を付けることを試みた。「国歌八論評」において宣長は、「国歌八論」が歌と中国の「六芸」（礼楽射御書数、君子の基礎教養とされた）を比べて、歌は「婬奔の媒」となる点において「六芸」より劣ったものだと論じた点を取り上げて、

婬奔ノ媒トナルヘキ処ガ即チ人心ヲ感セシムル歌ノ徳ナラズヤ

と論評した。この議論を進めていくと、問題は限りなく広がっていくが、宣長はそれ以上深追いはしていない。ただ、「婬奔ノ媒」を引け目とするような歌の理解に「国歌八論」の最大の弱点を見てい

たことは間違いなく、「コ、ノ論コトニ拙シ」とコメントしている。『新古今集』については、それを「詞花言葉」の「華」とする「国歌八論」の見方に同意しながら、定家崇拝の行き過ぎを警戒する「国歌八論」に対して、自らの定家評「歌学ハ実ニトルニタラズ、詠歌ハ古今独歩ノ人也」を押し出している。他にも、堂上による地下蔑視への憤慨、古今伝授という名の歴史の偽造への告発など、「国歌八論」の立場に宣長は親近感を表明した。

中養父の「国歌八論斥非」は、為政者が民情を探るために詩や歌が有効であり、また逆境にあって心が挫（くじ）けそうな人を励ます力を詩や歌は持つものだとも論じた。この二つ目の議論について、宣長は

カラ人ノサカシダチテ、ワレガシコニ物イフ常談也、歌人ノ情ニアラス、聞クモウルサシ

と一蹴している。そもそも人が歌を詠むという行為がどういうものなのか、論者はまったく分かっていないという口吻である。

宣長の「国歌八論斥非評」に対して、さらに藤原維済という人物（未詳）が「国歌八論斥非再評」を著わし、「貫之既に詩の六義を仮て、和歌に六義をいへり」と論じ、『古今集』「仮名序」を根拠として「国歌八論斥非」を擁護した。宣長は、「国歌八論斥非再評の評」を著わして、

貫之ノ古今ノ序ハ、カラ国ニテ詩ノ義ヲ論ジタル趣ヲウツシテカケルユヱニ、歌ノ義ニハ叶ハヌ事多キヲヤ

と述べ、「風・賦・比・興・雅・頌」の「六義」を歌に当てはめ、「そもそもうたのさまむつなり」と論じた「仮名序」の歌体論への不満を隠さなかった。

### 文雄への批判

もう少し、論客としての宣長の相貌を追ってみよう。文雄（元禄一三〜宝暦一三年、一七〇〇〜六三）は、春台から唐話を学び、『和字大観抄』や『磨光韻鏡』といった音韻学の書の著者として知られた浄土宗の学僧である。宣長は、京都時代からこれらの著作に親しんでいて、『字音仮字用格』にも文雄の音韻学の影響が窺えるとされる。

その一方で文雄は、須弥山を中心とする仏教的世界像を擁護する論陣を張り、清代にヨーロッパの天文学を紹介し、日本でも和刻本が出て広く読まれた『天経或問』を論難した書『非天経或問』を著した。また、思想の展開には法則性があり、後に作られたものほど古い意匠を凝らし、より精緻な構成をとるようになるという加上説を唱え、大乗仏教の所説がシャカ自身の教えではなく、後世に構築されたものだと主張した富永仲基（正徳五〜延享三年、一七一五〜四六）の『出定後語』を反駁して『非出定後語』を世に問うた。

仲基の『出定後語』は、延享二年（一七四五）に出版されたが、宣長は『玉勝間』（八の巻）「出定後語といふふみ」においてこれを高く評価している。

ちかきよ大坂に、富永仲基といへりし人有リ、延享のころ、出定後語といふふみをあらはして、仏の道を論へる、皆かの道の経論などいふ書どもを、ひろく引出て、くはしく證したる、見るにめさむるこゝちする事共おほし仏教の「経論」に、歴史主義的な文献批判の光を当てたことを称え、「その漢文も、つたなからず」と評した。宣長の文章は、こう続く。

そののち無相といひしほうしの、非出定といふ書をあらはして、此出定をやぶりたれど、そはたゞおのが道を、たやすくいへることをにくみて、ひたぶるに大声を出して、のゝしりたるのみにて、一くだりだに、よく破りえたることは見えず、むげにいふかひなき物也

無相は、文雄の号である。反論になっていないというのであり、宣長の文雄評は、「音韻のまなびに、名高き僧（ホウシ）なるを、ほとけぶみのすぢは、うとかりしと見えたり」とあって辛辣である。

その文雄が、仏教的世界像に対する世人の嘲（あざけ）りを解くために執筆した「九山八海解嘲論（くせんはっかいかいちょうろん）」に対して、宣長は「沙門文雄が九山八海解嘲論の弁」を著わしてこれを批判した。寛政二年（一七九〇）、宣長の六十一歳の時である。「九山八海」とは、須弥山を囲む九つの山と八つの海であり、宇宙の中心である須弥山の中腹を日月が回旋し、須弥山の南方海上に浮かぶ大陸が、人類の住む世界としての閻（えん）浮提（ぶだい）だとされた。宣長の文雄批判は、

釈迦のいへる世界の説は悉く虚妄にして、一ッも実なることなし、須弥山の事も古へはありやなしや、たしかに知れざりし事なりしが、近来西洋の人世界を経めぐり、万国をつぶさにしれる事、次第に唐土皇国へも知れて、其説明らかなるによりて、須弥山の妄なること疑ひもなく成ぬるを、仏氏のともからは猶是を実にせんとて、さまぐ〵の説をなせども皆しひごとにして、取にたれるもの

なし

と始まる。須弥山説の荒唐無稽は明らかであり、文雄が邪説として排撃する地球説の正しさは、「世界を経めぐり、万国をつぶさにしれる」「西洋の人」の経験や知見からしても疑問の余地のないところであって、文雄の護法論は強弁でしかないと宣長は説く。

今その西洋の人の皇国唐国などに通ふ者、或は西よりも来り、或は東よりも来る、これ地体円にして空に懸れる証拠なり

そして宣長によれば、「地体」が「円」で「空に懸れる」ものだということは、後述するように、『古事記』が伝える日本の古伝説にも見事に合致しているのである。

### 『古語拾遺疑斎弁』

最後に、『古語拾遺疑斎弁』を取り上げよう。『古語拾遺』は、大同二年（八〇七）、斎部広成が著わして朝廷に献じた漢文の書物で、記紀に記載されなかった忌部（斎部）氏の古来の職掌や事蹟を記したものである。この『古語拾遺』について、安永二年（一七七三）に江戸の国学者である日下部勝美が著わしたのが『古語拾遺疑斎』であり、そこで勝美は、名族として宮廷祭祀を司どっていた忌部氏が、中臣氏に押されて衰退したことを嘆くだけの内容であり、かつての忌部氏が中臣氏と対等の立場で祭祀を執行していたかに自らを描くのは、歴史的にも正当なものではないと論じた。宣長は、この『古語拾遺疑斎』を論駁して『古語拾遺疑斎弁』を著したが、その執筆年次は明らかではない。

宣長の『古語拾遺疑斎弁』は、

疑斎の書、まことによく論ぜられて、悉く当れること也、然れども、其あたれりといふは、世間おしなべたる漢人流の議論の当れるにて、古への意を以て見れば、又あたらざる事も有とぞ思はる、

と書き出される。忌部氏の衰退を嘆くあまり、その過去の職掌や事蹟を過大視しているという勝美の批判は誤まったものではないとしながら、宣長は

そも〳〵古語拾遺の書、……古へにあらざる誤も多けれども、又中にはめづらしき事の、古事記書紀にはもれたるが、此書に伝はれりとおぼしき事も、なきにあらず、正史にたがへりとて、必これを非とすべきにあらず

と述べて、正史が見逃がした事実が記載されていないとも限らないと論じた。そして、神代における忌部氏と中臣氏の勢力は「大かた相並」ぶものとすべきで、「其家の人の歎きは、いとことわりなること」として認められてよいのではないかと『古語拾遺』を弁護している。宣長は、

そも〳〵古への名家どもの、必栄ゆべきが、いたく衰へ、あるいは絶などせるも、みな神の御心なれば、力およばず、せむかたなしとはいへども、然りとて其家に生れて、衰へたるをも憂へず、たえなむとするをも歎かず、いはゆる命也として、安んじて居らむは、先祖へ不孝のいたり也

とも述べている。家の衰退は——というより、すべての物事が——「神の御心」によるものであり、「せむかたなし」、どうなるというものでもないが、それを「神の御心」だからとして傍観したり、天命に帰して何もせずに平気でいるのは、当事者のとるべき態度ではない。憂い、心配し、歎き、何とかならぬものかともがくのが当然であり、それを宣長は「人情」という言葉で表現した。そう考えれば、勝美の『古語拾遺』批判は、「漢人流の議論の当れる」ものではあっても、「人情を思ひはからず、まことの道にうときことあり」とせざるをえない、宣長はこう論評して、「広成の身になりて見れば、さも有べき事」であり「深くとがむべきにあらず」と論を結んだ。

# 第五章　家長の責任、詠歌の悦楽

## 1　『玉くしげ』と『秘本玉くしげ』

### 天明期の社会不安

宣長の松坂時代の日記には、年末、その時点での米価を記しておく習慣はあるものの、社会的関心を窺わせる内容は少なく、学事を中心にしたごく短い、それも必ずしも毎日とはいえない記述が続いている。例えば、宣長の三十九歳、明和五年（一七六八）八月を見れば、

朔日　丙辰　朝雨、後晴天
九日　入二彼岸一
十四日　晴天○勝、両児行レ津、十七日帰
十五日　夜月清明
十八日　（夜）遍照寺月見会

廿六日　今夕泠［澪］標巻講釈終

九月は、

朔日　丙戌　晴天
十三日　夜月清明
十六日　今夕蓬生巻講釈終
廿四日　今夕万葉第十巻講釈終

といった具合である。妻が、六歳と二歳の二人の男児を連れて四日ほど里帰りをしたことも含めて、『源氏物語』や『万葉集』の講義に精力を傾けた、穏やかで淡々とした暮らしぶりが伝わってくる。

そういう中で、天明に改元される前々年の安永八年（一七七九）十月、桜島が噴火してその灰が松坂にも降ったことが、「二日　昨夜中天雨レ灰、今朝見レ之、満二於屋上地上一、積如レ雪」と記されている。

天明年間に入ると、天明二年（一七八二）の年末の結びには、「今年冬寒気不レ甚、米価廿俵内外、銭六貫百文位」というように例年通りに米価が記されているが、その後に「諸色高直［値］世上困窮」とあり、始めて「困窮」が言われている。ちなみに前年の米価は、「廿八九俵、銭六貫二三百文」だった。天明三年春三月の結びにも、「今春米価大貴、世上困窮」と見える。そしてその年の七月、和文体で次のように記される。

朔日ころより東北の方に音あり、近隣の家にからうすをふむ音のことく、どん〳〵と昼夜時々ひゝきなることやます、六日七日ころことに甚し、七日の夜は、戸障子ひゝき鳴りておそろしくねふりかたし、……八日の朝まで鳴て、その後やみぬ

浅間山の噴火である。「後によくきけば」として宣長は、浅間山に火柱が二本立ったことや、噴火の音が播磨国まで聞えたらしいことなどを書き加えている。さらに伝聞したところを、

上野国吾妻郡群馬郡なとは、凡て田畑流損、又は砂石に埋て損亡せり、流死の人数千人に及へり、利根川の下、下総国市川のあたりにて、死骸おひたゝしくあがるといへり

と書き留めている。その年の年末の結びには、江戸でも米価が高騰していることが記され、さらに「諸国之内、凶年之国々有レ之、就レ中奥州仙台南部津軽辺大凶年、南部津軽辺者、餓死者過半之由」と続いている。明けて天明四年（一七八四）正月の日記にも米価の高騰が言われ、「世上困窮、乞食多、奥州之飢饉者難レ尽二筆紙一」とある。

### 各地の打こわし

翌年、翌々年の年末の結びにも「諸色高直」「諸色悉大高直、世上甚困窮」と記され、天明七年（一七八七）四月にも「諸色甚高直、世上大困窮」と見え、その翌月には、

朔　戊辰　米次第高直、諸国大困窮、但し在々はさほどにもあらず、町方甚困窮、十日頃大坂大騒

動、其外南都、若山〔和歌山〕、兵庫、尼崎等所々騒動、不レ遑二枚挙一、廿日夜ヨリ廿三四日頃マデ江戸大騒動、江戸中前代未聞ノ騒動也

とあるように、江戸や大坂をはじめ各都市での「騒動」を宣長は記録している。大坂や江戸をはじめ全国数十の都市に広がったこの騒擾は、文字通り未曾有の規模となり、江戸では浅草蔵前の蔵宿（札差）すべてが襲撃され、米商九百八十軒余が破壊されるというものだった。江戸での打こわしは、吉宗の時代、享保年間から起こっていたが、その規模や激烈さにおいて、まさしく「前代未聞ノ騒動」であった。

翌六月十五日の日記にも「米価弥高直」「前代未聞之高直」とあるが、さらに圏点をはさんで、次のような記述が続いている。

自二今月上旬一、京都町人多参二詣禁裏一、拝二南門一、祈二五穀成就一、次第群参、大坂及河内、近江、丹波、其外近国ヨリモ追々参詣シ、大ニ令二ル群集一之由、有二風聞一

初めは京都の町人によって、そしてそれが「大坂及河内、近江、丹波」へ、さらに「近国」に広がり、群衆が御所へ「参詣」して「五穀成就」を祈願する——こういう「群参」の動きが急速に拡大しているという「風聞」が、宣長の周辺でも人々の話題となり関心を煽っていたのだろう。宣長が、どういう意図をもってこの「風聞」を米価高騰の記述に並置させたのか、とくに意味はなかったのか、それは不明である。ただ想像を馳せれば、米価の高騰、天災、餓死、各地の打こわしなどを前に、か

つてない災厄が社会を襲ってきているのではないかという恐怖や動揺にとらわれた時、人々の集団心理がどのような形をとっていくものかを、宣長はじっと見ていたのではないだろうか。

天明に続く寛政年間（一七八九〜一八〇一）に入ると、宣長の日記から「困窮」といった文言を拾うことはできないから、それだけ天明年間、それは宣長の五十二歳から六十歳までに当たるが、その時期の宣長の社会的な危機意識が深刻だったということである。その強い危機感が宣長に書かせた著作が、『玉くしげ』と『秘本玉くしげ』の二つである。

## 二つの『玉くしげ』

宣長の門人で、その学に深く傾倒していた横井千秋（元文三〜享和元年、一七三八〜一八〇一）は、名古屋藩の重臣であり、尾張の門人たちの中心として宣長からの信任も厚かった。この千秋の依頼を受けて、宣長が著わした政道論が『玉くしげ』であり、その成稿は、天明五年（一七八五）の頃かと思われる。浅間山噴火の翌々年であり、奥羽をはじめ全国に飢饉が広がり農民の流亡が止まらない只中（ただなか）であった。千秋は、宣長の著わした政道論を活用して、藩政内に国学の影響力を強めたいという願望を持ち、あわよくば宣長を名古屋藩に迎えようという思惑（おもわく）を懐いていたとも言われている。領内の富農の出身で儒者であった細井平洲（享保一三〜享和元年、一七二八〜一八〇一）が、安永九年に名古屋藩に出仕し、天明三年からは藩校である明倫館の督学となり、藩士教育や領民教化に成果をあげたことを想起すれば、千秋の思惑にもまったく可能性がなかったとは言い切れないのではないだろうか。

それとは別に、天明七年十二月、和歌山藩主の徳川治貞は、藩政の打開・改革のために、広く領内に意見を求めた。それだけ社会の疲弊と窮乏、藩政の行き詰まりは極限に達していたわけである。和歌山の門人の勧めで、宣長はこれに応じることにした。松坂は、紀州徳川家の直轄領である。こうして藩主のために執筆され献上された書物に、あらためて『玉くしげ』の名が与えられ、千秋の求めで著わされていた『玉くしげ』は一部補訂の上で、「別巻」として、この献上本の『玉くしげ』に添付された。

こうして藩主に献上された本巻の『玉くしげ』と、別巻の『玉くしげ』が出来たわけである。より理念的な行論に特色をもつ別巻は、寛政元年（一七八九）に『玉くしげ』として公刊されたが、国君である治貞のために著わされた本巻については、宣長は出版はおろか、容易には他見も許さなかったため、幕末の嘉永四年（一八五一）に公刊されるまで、世人の目に届くことはなかった。そこで両著を区別して、千秋の求めで著わされた方を『玉くしげ』（或いは『玉くしげ別巻』）、治貞のために書かれた方を『秘本玉くしげ』（或いは『本巻玉くしげ』）と呼んでいる。『玉くしげ』の「玉」は美称、「くしげ」は櫛などの化粧道具を収める箱で、「あく」「ひらく」の枕詞でもある。両著とも、書き出しに「身におはぬしづがしわざも玉くしげあけてだに見よ中の心を」という歌が掲げられていることに書名は由来する。身分不相応な献言ではあるものの、意の在るところを汲んでほしいというほどの意味であろう。

## 「神の御はからひ」

まず、『玉くしげ』の議論を見ていこう。宣長は、根源神としてのムスビの二神、太陽神としてのアマテラス、アマテラスの子孫としての「皇孫尊（スメミマノミコト）」について簡潔に説明し、「万国の元本大宗たる御国」としての日本の尊貴性を説く。そして神とは何かという主題に進み、「天地の間におのづからあることも、人の身のうへのことも、なすわざも」、すべて「神の御はからひ」であるが、「尊卑善悪邪正さま〴〵」な神々が各々の方向から力を行使するために、「天地の間」にも「人の身のうへ」にも、悪事や凶事、災厄、非道や暴虐、理不尽な出来事の発生も避けられない。邪悪の神の跳梁は、根本的には黄泉の国の穢れに由来するものであって、人間の意思や能力ではどうなるものでもなく、人間はそれを受け容れ、それに耐え、凶事が過ぎ去るのを待つしかないと宣長は述べる。歴史を支配するのも究極的には神々の働きであり、例えば「あさましかりし世」としての足利時代は「禍津日神のあらびたりし」結果としてあるものと説明されている。

しかし宣長は、嵐はいつまでも続くものではなく、アマテラスが「皇孫尊」に与えた「神勅の大本」が動かない限り、長い時間軸で捉えれば、事態は収まるべきように収まっていくものだと力説する。現に、足利時代の末期が「常闇」と評すべきものだったとすれば、

> 織田豊臣の二将出たまひて、乱逆をしづめ、朝廷を以直(モテナホ)し奉り、尊敬し奉り給ひて、世中やうやく治平におもむき……

とあるように、「治平」の世に戻っていくのも、また「神の御はからひ」なのである。そして家康の登場である。信長と秀吉は「二将」であるが、家康は常に「東照神御祖命(アヅマテルカムミオヤノミコト)」と呼ばれ、

> 東照神御祖命(アヅマテルカムミオヤノミコト)の……御勲功御盛徳(ゴクンコウゴセイトク)と申すは、まづ第一に朝廷(テウテイ)のいたく衰(オトロ)へさせ給へるを、……次第(シダイ)に再興(サイコウ)し奉らせ給ひ、いよ〱ます〱御崇敬厚(ゴソウキヤウアツ)くして、つぎ〱に諸士万民(ショシバンミン)を撫治(ナデヲサ)めさせたまへる、これなり、此御盛業(ゴセイゲフ)、自然(シゼン)とまことの道にかなはせ給ひ、天照大御神の大御心(オホミココロ)にかなはせたまひて、天神地祇(アマツカミクニツカミ)も、御加護厚(カゴアツ)きが故に、かくのごとく御代はめでたく治(ヲサ)まれるなり

と賛美される。宣長は、どれほどの仁政が施されても、朝廷を蔑ろにしたものであれば、それは「私のための智術」に堕してしまうと論じて、「東照神御祖命の……御勲功御盛徳」の第一が朝廷の「再興」にあり、その上に立つことで「諸士万民を撫治め」えたと言うのである。

宣長は、朝廷と幕府、天皇と将軍との関係という核心的な問題について、さらに次のように踏み込んでいく。

### 委任論

さて今の御代と申すは、まづ天照大御神の御はからひ、朝廷の御任によりて、東照神御祖命より御つぎ〳〵、大将軍家の、天下の御政をば、敷行はせ給ふ御世にして、……

アマテラスの「はからひ」、具体的には朝廷からの「御任」（委任）によって、家康から代々の将軍が——その頃は、十代目の将軍家治が——天下を治めているというのが、徳川体制についての宣長の基本的な理解である。そして、上位者からの委任を受けて統治を行なうのは将軍だけではない。宣長の説明は、こう続く。

その御政を、又一国一郡と分て、御大名たち各これを預かり行ひたまふ御事なれば、其御領内〳〵の民も、全く私の民にはあらず、国も私シの国にはあらず、天下の民は、みな当時これを、東照神御祖命御代々の大将軍家へ、天照大御神の預けさせ給へる御民なり、国も又天照大御神の預けさせたまへる御国なり、……又其国々の政事は、天照大御神より、次第に預かりたまへる国政なれば、随分大切に執行ひ給ふべく、……

委任の体系は、アマテラスから朝廷（皇孫尊）へ、朝廷から将軍へ、将軍から大名へという「次第」によって成り立っている。大名は領民・領土を、直接的には将軍から、究極的にはアマテラスから「預か」っているのである。かりにも領民・領土を「私の民」「私の国」と見做せば、それはアマテラスの付託に背くことなのである。

## 急進主義の危うさ

宣長は『玉くしげ』の最後に、大名として自己抑制すべき点を挙げて注意を促している。

> たとひ少々国のためにあしきこととても、有来りて改めがたからん事をば、俄にこれを除き改めんとはしたまふまじきなり

悪しき旧弊と思われるものも、「俄に」改廃しようとしてはいけない。

> すべて世には、悪事凶事も、必ズまじらではえあらぬ、神代の深き道理あることなれば、とにかくに、十分善事吉事ばかりの世ノ中になす事は、かなひがたきわざと知ルべし、然るを儒の道などは、隅から隅まで掃清めたるごとくに、世ノ中を善事ばかりになさんとする教にて、とてもかなはぬ強事なり

と宣長は言う。どんな「悪事凶事」も許さず、世の中を「隅から隅まで」理想通りに作り変えようとしてはいけないというのである。これは、改革にはやる有能な、或いは有能だと自負する為政者が陥

る落とし穴の指摘であろう。天明年間（一七八一～八九）の社会状況を眼の当たりにして、使命感に駆られた為政者ほど全面的な改革を志向する。しかしそこに生まれがちな急進的な政治姿勢に、宣長は危ういものを感じているのではないだろうか。

問題を、「神の御はからひ」に即して言い換えればこうである。

> 古への道によるとして、上の政も下々の行ひも、強て上古のごとくに、これを立直さんとするときは、神の当時の御はからひに逆ひて、返て道の旨にかなひがたし、されば今の世の国政は、又今の世の模様に従ひて、今の上の御掟にそむかず、有リ来りたるまゝの形を頽さず、跡を守りて執行ひたまふが、即チまことの道の趣にして、とりも直さずこれ、かの上古の神随治め給ひし旨にあたるなり

今現在の統治の制度やスタイルは、意味なくしてそうあるわけではなく、そこにも「神の当時［今現在］の御はからひ」が働いているはずだと宣長は捉える。その制度やスタイルを転換させれば困難を一気に打開できるかのように楽観する急進主義は言う迄もないが、ここで宣長があえて問題とするのは、すべてを理想時代としての上古に戻すことで社会を再建させようとする復古的な急進主義である。この急進主義は、一見すれば神々を篤く崇敬しているかにも見えるが、「神の当時の御はからひ」を無視するもので、実は瀆神的だと宣長は言っている。「国政」（藩政）を担う者は、どうすることが「上古の神随治め給ひし旨」に叶うのかを見極めなければならない。

宣長のこういう主張は、現状を追認し既成事実を動かし難いものと見倣す無気力なものに映るかも

しれない。しかし宣長の真意はそういうことではなく、政治とは、より弊害の少ない道を選択することだ、より小さな悪を選ぶことだというところにあると思われる。復古的なそれも含めて、急進主義のもたらす弊害と、いわば保守的な微温的・漸進的な路線の免れない弊害と、この両者を比較校量して、宣長は迷うことなく後者をよしとするのである。

**武士・農民・町人の現状**

理念的な議論に比重のかかった『玉くしげ』に対して、藩政の現実に即した提言に特色のある『秘本玉くしげ』の方に進もう。宣長の基本的立場は、『玉くしげ』と同じように、

すべての事、たゞ時世のもやうにそむかず、先規の有来りたるかたを守りてこれを治むれば、たとひ少々の弊は有ても、大なる失はなきものなり、何事も久しく馴来りたる事は、少々あしき所ありても、世ノ人の安(ヤス)んするもの也

というものであるが、ここでは「世人」の不安や動揺という問題が取り上げられている。そして宣長は、

本朝とても中古以来は、おほく漢様の政にて、風俗人心もなべて漢様に成ぬる世ノ中なれば、今は末々の事には、かの国の道をもまじへ行はではかなはぬやうなることもある也

と論じる。「風俗人心」の安定性という観点から、儒教的理念に基づいた政策や政治手法も、人々が

それに馴染んでいるなら、憚らずに採用せよというのである。それが「神の当時の御はからひ」だ、宣長はこう考えている。

宣長の具体的な現状分析を見てみよう。宣長は、武士・農民（宣長の用語では「百姓」）・町人の順に論じていく。まず大名をはじめ武士たちが「奢」「華美」に流れていることが批判され、「身分を重々しくするかざり」に過ぎない無益の諸事が多く、それが藩の財政や武士の家計を逼迫させていると指摘している。

最も力を込めて宣長が論じるのは、農民の窮状である。

近来百姓は、殊に困窮の甚しき者のみ多し、これに二つの故あり、一つには地頭へ上る年貢甚多きが故也、二つには世上一同の奢につれて、百姓もおのづから身分のおごりもつきたる故也

年貢の過重と奢侈の浸透の二つが、農民の「困窮」の原因だと宣長は見ている。

身を労し心をも労する事甚しきがうへに、あまつさへ正味の米は、多くは上へ上ヶて、自分はたゞ米ならぬ麁末の物をのみ食して過す也、これを思へば、今の世の百姓といふものは、いとも〳〵あはれにふびんなる物也

と農民の境遇に心を寄せて宣長は、「有ﾘ来りたる定まりの年貢のうへを、いさゝかも増さぬやうに、すこしにても百姓の辛苦のやすまるべきやうにと、心がけ給ふべき事」が「御大名の肝要」だと説く。

年貢を大胆に軽減させるという方策もありうるが、それは逆に武士の困窮を招くだけで現実的な選択肢ではないとも宣長は説いている。

しかし農民を取り巻く現状は、遙かに厳しいものだった。

其外［年貢の他にも］何のかのと云て、百姓手前より出す物、年々に多くなりゆく故に、百姓は困窮年々につのり、未進つもり〳〵て、つひに家絶、田地荒るれば、其田地の年貢を村中へ負する故に、余の百姓も又堪がたきやうになり、或は困窮にたへかねては、農業をすてて、江戸大坂城下〳〵などへ移りて、商人となる者も次第に多く、……いづれの村にても、百姓の竈は段々にすくなくなりて、田地荒れ郷中次第に衰微す

と宣長も記しているように、年貢負担の村請制もあって農村全体の荒廃が進み、家や田畑を棄てた農民は、最下層民として都市に流入していく。それだけではない。

百姓町人大勢徒党して、強訴濫放することは、昔は治平の世には、をさ〳〵うけ給はり及ばぬこと也、……近年は年々所々にこれ有て、めづらしからぬ事になれり。……いづれも困窮にせまりて、せん方なきよりおこるとはいへども、詮ずる所上を恐れざるより起れり、下民の上をおそれざるは、乱の本にて、甚容易ならざる事にて、まづ第一その領主の恥辱、これに過たるはなし

藩政を担う者の中には、「畢竟百姓町人のことなれば、何ほどの事にもあらず」として、一揆や打

こわしを軽視する傾向も見られたが、宣長は、「下民」の間に「上をおそれざる」心意が広がることを「乱の本」として深刻に捉えている。とくに全村一揆については、強い危機感を持っていた。所詮は下々の騒動だとして軽視することの不当は言う迄もないし、ひたすら力によって押さえ込もうとするのも賢明とは言い難い。宣長が求めるのは、一揆や打こわしの発生を「領主の恥辱」として受けとめるような政治センスである。

天明七年（一七八七）の『秘本玉くしげ』の成稿から九年後、宣長の身近でも農民による強訴が起こった。津藩では、藩財政の悪化や農村における階層分化を抑えるために、九代藩主である藤堂高嶷（たかさど）のもと、郡奉行の茨木重謙の方針で、切印金（きりいんきん）（農民への融資）の利率や返済期間の変更、さらには「地平し（ぢならし）」（土地均分策）が強行され、これに従わない農民が、寛政八年の末、津の城下を襲ったのである。その数は約三万人とも言われ、とくに上層・中層の農民からの反発が強かった点に特徴があるとされる。宣長は、春庭に送った書簡において、「旧冬廿六日より廿九日迄、津表大騒動ニ御座候、近年色々新法ノ事共始リ候故、百姓帰服不レ致、徒党致シ、三方ノ口よりおひたゝしく押寄せ、時ノ声をあけ、町ウチへ乱入いたし、所々恨ミを含候家々方々を打こぼち、以之外ノ大変ニ御座候」と知らせている（寛政九年正月八日付）。この「騒動」は、「百姓願之通聞届有之、廿九日迄ニ而先相静り申候」と宣長が記したように、藩が「新法」を撤回し茨木が失脚したことで収束したが、農民側も三人が処刑され、二人が牢死した。

町人について『秘本玉くしげ』は、「富商」と「不勝手なる商人」との開きが大きくなり、同じ町人社会の内部で、「貧人は富人のために貧を増し、富人は貧人によりて、いよ〳〵富をかさぬる」という趨勢が加速していることが最大の問題だと論じている。

『秘本玉くしげ』には、この他、過失を責めたてての切腹の強要や、拷問による自白による厳刑の執行などが、「軽々しく人を殺す事」として非難されている。

## 神社の祭礼

そして宣長は、最後に、領内の神社の祭礼を手厚くすべきことを説く。

> 天下の神社は、古へはほど〳〵に、朝廷より祭らせ給ふ御事にて、諸国の小社までも、その国ノ守のうけ給はりて、祭られし事なるに、今は天下の事、大将軍家の執リ行はせ給ふ御世にて、諸国の神社の御事、朝廷よりは御力及ばせ給はねば、其国々を治め給ふ御方々の、ねんごろに祭り給ふべき御事也

こう述べて宣長は、多くの神社が、戦国時代に「荒廃」「衰微」したままに放置され、祭祀は途絶し社跡すら不明のものも数知れないと嘆き、「式内の社などは、御自身もをり〳〵御参詣あるべき御事也」と説いた。「式内の社」とは、延喜式の神名帳に記載されている古社を言う。そうした社格の高い古社だけではなく、「領内村々の産神」、つまり土地の守護神としての産土神（うぶすながみ）にまで保護の手を差し伸べるべきだとも宣長は主張している。

このように、大名として領内の神社に関心を向けるように訴えた宣長は、その祭礼について論じていく。

> 神事に、風流俳優などをなし、或は酒を飲み楽み遊ぶを、無益の事と思ふも、大にひが事なり、神に物を供じて祭るのみならず、人も同じく、飲食し面白くにぎはしく楽み遊ぶを、神は悦び給ふこ

と也

神社の祭礼は、何よりも「面白くにぎはしく」なければならず、そこで奢侈を禁じたり倹約を強いてはならない。祭礼の場で人々が「楽み遊ぶ」ことを「神は悦び給ふ」、こう宣長は言っている。神の不可知性を力説する宣長の、もう一つの側面である。そして『秘本玉くしげ』は、「何事も神の御めぐみ、御守りにあらでは、世によき事はなし」ということを肝（きも）に銘じて、

領主たる御方、並ニ役人中なども、国のためを思ひて、災害おこらず、凶事無く、上下共に安全に栄えて、長久ならんことを願ひ給はば、これらの根本の所の心がけ、大切なるべき御事にこそ

と結ばれている。藩政の「根本の所」とは、為政者が、「神の御めぐみ、御守り」としての領民領土の安全を祈るところにあるというのである。

## 2　和歌山藩への出仕

**御前講義**

横井千秋が『玉くしげ』の執筆を依頼したのも、宣長を名古屋藩に迎えようという思惑があってのことかと思われるのは既に述べたが、宣長を召し抱えようとする動きはそれだけではなかった。

寛政四年（一七九二）、宣長は六十三歳であったが、津の薬種問屋である小西家に養子となっていた

次男の春村に宛てた書簡（一一月二九日付）の中で、「加賀殿より可レ被二召抱一之由」内々の打診があったと語っている。「加賀殿」は金沢藩主の前田治脩(はるなが)で、この年の春、藩校として明倫堂を創設していた。宣長は、「禄も乍二内々一、弐三百石ハ賜り可レ申様子ニ相聞え申候」と記し「大慶成事」と述べながらも、「乍レ去、他国へなと引移り申候事ハ、甚いやニ候へハ、やはり当所住居歟、又ハ京住ト申事ならハ、品ニより御請も可レ申由、取次ノ方へ返事致し遣し申候事ニ御座候」と伝えている。京都は別として、故郷の松坂を離れる気持ちはないのである。先師堀景山が、広島藩に仕えながら京都在住を認められていた例も念頭にあったのかもしれない。

しかし、事態は急転した。その年の十二月三日、松坂城代から呼び出しがあり、宣長は「五人扶持」で和歌山藩に召し抱えられたのである。しかも、松坂に居住したままでよいという条件であった。金沢藩からの申し出にあわてた和歌山藩が、急遽、宣長の囲い込みを計ったという事情らしい。藩主は、五年前に『秘本玉くしげ』を献上した徳川治貞に代わって、嗣子の治寶(はるとみ)であった。翌日、宣長は春村に、この時に申し渡された「書付」を写して送っている。

松坂町医師　本居春庵

其方儀被二召出一五人扶持被二下置一候、奉行支配之筈

十二月三日

別紙書付

本居春庵住宅之儀は、其侭松坂表ニ罷在候筈之旨、御用役中より申来候事

宣長は、この「奉行支配之筈」が具体的に何を意味するのか、「しかと相分り不レ申」と春村に告げながらも、「右之通被二仰付一、先以難レ有仕合ニ奉レ存候、御悦可レ賜候、御扶持ハいさ、かの義なから、被二召出一と申義ハ、外々之御扶持被レ下候例とハ格別ニ而、全ク御家中ニ相成候事也」として喜びを隠していない。

松坂での、昼は医業、夜は学事という生活に変化はなかったが、この後、宣長は三度、和歌山に出向いて講義をしている。その記録として、「寛政六年若山行日記」「同十一年若山行日記」「寛政十二年紀州行日記」が残された。

寛政六年（一七九四）十月十日の明け方、宣長は大平を同道させて松坂を発ち、十三日から閏十一月二十三日まで、二ヶ月半ほど和歌山に滞在した。その間、「神道之根元、神国之大意」を述べよという治寶の要望に応じて、宣長は、十一月三日と五日に「大祓詞」の御前講義を行なっている。ここで少し脇道に入るが、「大祓詞」についての宣長の理解を紹介してみよう。

大祓とは、古代律令国家において、六月と十二月の晦日に、官人を朱雀門前に参集させて、百官さらに万民の罪や穢れを祓った神事であり、その際に読み上げられた祝詞、つまり神に奏上された言葉が「大祓詞」である。宣長は、真淵の『祝詞考』を批判的に継承した『大祓詞後釈』を寛政七年（一七九五）に完成させ、翌年に公刊しているが、その中で、「大祓詞」を「祓のわざを行ひて、其よしを神に申す詞」だと説明している。「祓のわざ」があってこその「大祓詞」だという点を強調するのは、大祓が平安時代中期以降は形骸化して、「大祓詞」も、かつてそれを読み上げていた中臣氏の名を取って「中臣祓」と呼ばれるようになり、私的な祈禱、懺悔滅罪の呪法に変質していたからである。宣長も、「かの仏の経陀羅尼などいふ物をよむにならひて」数多く唱えることを競うようになり、「祓のわざ」から離れてしまっていると批判している。しかも、「訓（よみ）を誤れる」ことが多く、清濁の音の乱れも甚しい。そもそも祝詞は、「神に申す詞」として「つとめてその言をうるはしくすべき」であり、「其詞の美麗（ウルハシ）きに感（メデ）て」神もそれを受納するものだとして、『大祓詞後釈』はさらに、

そも〳〵世中の凶事（マガコト）は、皆もと黄泉国（ヨミノ）より起り来る事なるを、祓禊は、その罪穢の凶事（マガコト）を、本の黄泉国へ、かへしやるしわざにて、……世ノ中の罪穢、除（ノゾ）こり清まりて、凶事無（マガコトナ）き、これぞ祓禊の旨（オモ）趣（ムキ）なりける

と続いている。黄泉国の穢れが地上世界に入り込み、そこにつけ入った悪神が荒ぶることで「凶事」が生起すると宣長は考えるから、祓の核心は、「罪穢の凶事を、本の黄泉国へ、かへしやる」ことでなければならない。『古事記』の研究に裏打ちされたこの理解は、儒家神道家は言うに及ばず、真淵でさえ到達しえなかったものだとは宣長の自負するところであり、こういう理解を紀州侯に開陳したのであろう。

治寶の次の下命は「歌道之大むね」をとのことであり、宣長は、定家の歌論書『詠歌大概』の講義を行なっている（一一月六日）。

**和歌山への好感**　さて治寶の祖母である清信院は、江戸で真淵に歌を学んだことのある女性だった。真淵がかつて宣長に、「女子にハ古今体を教候」と書き送っていたように、真淵には何人かの女性の門人がいたが、清信院もその一人だったのだろう。

「寛政六年若山行日記」の閏十一月十二日の条には、こうある。

四ツ時より吹上御殿［清信院の居所］へ参ル
清心（信）院様御前ニ而、源氏物語若紫巻講尺申上、廿枚余読ム、四切リ、夜ニ入古今集俳諧部読ム、
御姫様［治寶の妹］ニも吹上御殿へ御出ニ而御聴聞、其外御医師中一列、御役人中一列聴聞也
今日ニ汁七菜御料理頂戴、御菓子両度、干くわし、餅くわしと被レ下……

さらに拝領の品々の記述は続き、「老女ノ心付」として「今日ハ寒カルベシトテ、御綿子一ツ被レ下候」とも見える。その翌日には、「御針医格ニ被二仰付一、御加増拾人扶持ニ被二成下一候由」を城中において申し渡された。この後も、清信院へは『古今集』仮名序・真名序の講義をしている（同月一六日）。講義は、宣長の旅宿でもなされた。『神代正語（かみよのまさごと）』は、『古事記』上巻を、宣長が読み解いた古訓に忠実に漢字かな混じり文で記したものであるが、宣長は、この『神代正語』と『源氏物語』を講義のテキストに選んでいる。大平が伝えるところでは、旅宿での講義は、ほぼ二ヶ月近くの間、「神代と源氏と隔夜ニて、毎夜〳〵聴衆卅人より四十人迄て出席、家中之大身小身、遠近之神職、御医師、町医、町家婦人などいつれも出精」という盛況ぶりだったという（「某人宛稲懸大平書状写し」）。さらに、この時の紀州行の歌日記である『紀見のめぐみ』を見ると、宣長は、「此わたりの神主たちに古の道ときかせてよ」という地元の須佐神社の神職の求めに応じて、一泊の出張講義も行なっている。「いにしへの道をしへにとこし我そわかまたしらぬ海山を見し」とは、その時の歌である。

宣長の講義は、どこでも好評だった。治寶への最初の御前講義を無事に終えた宣長は、その日のうちに春庭に宛てて、「［三日］今日四ツ時御城へ罷出、始而御前ニ而講尺いたし候、中臣祓よみ申候、随分首尾能相済し、扨々致二大慶一候」「講尺之趣、御前ニも随分入二御意一候趣、並聴聞之役人衆之評判も

甚宜候よし追々承申候、御悦可レ賜候」と書き送っている。

『紀見のめぐみ』によると、松坂を出発して和歌山へ向かって間もなく、宣長は、「あさもよし我は紀へゆく吾君のみことかしこみ我は紀へゆく」と詠んでいる。「麻裳よし」は紀伊の枕詞であり、古ぶり（万葉調）のこの歌には、紀州侯を「吾君」と呼ぶことの気持ちの高ぶりと強い緊張感がひしひしと感じられる。そして御前講義を「首尾能」果たし、和歌山を後にする時には、穏やかに「友つるのかくるなさけの深き江を立やわかれんわかのうら波」と詠んで、安堵と満足の思いをもって新しく得た知友たちとの別れを惜しんでいる。閏十一月二十三日、宣長は和歌山を発ち、大坂・京都を回り、津の小西家に一泊して翌月四日に松坂に戻った。

この後も宣長は、寛政十一年（一七九九）一月二十四日から約一ヶ月、また翌寛政十二年十一月二十四日から年を越して二月二十三日まで、この時は約三ヶ月、和歌山に滞在して、城中で、あるいは旅宿において、精力的に各種の講義をこなしている。三度目の和歌山滞在中に春庭に送られた書簡には、

此方ハ殊外あたゝか成事ニ而、是迄一日も寒気強キ日ハ無レ之、甚暮しやすく悦申候、当年は痰もおこり不レ申、其外どこもかも快、随分〳〵無事ニ逗留いたし居候間、御案シ賜ハル間敷候

と記されている（寛政一二年一二月一六日付）。人々との交流、気候風土、いずれも和歌山の地は好感の持てるところだった。

しかし、和歌山という土地が宣長の中でもつ意味は、それだけではないだろう。和歌山にあって、

宣長の胸中にどのような思いが去来したのか、『古事記伝』を完成させた寛政十年（一七九八）に書かれた『家のむかし物語』の一節は、それを推測する手掛かりになる。

そも〳〵わが家の遠つ祖は、……むげにいやしき民にもあらず、……もの丶ふのつら（列）にて在しを、道印君より道樹君まで、四世の間は、町人といふにくだり給ひ、道休君の世より、富栄え給ひて、ゆたかには経（へ）給ひながら、なほいへば商人のつらにて有しを、殊にのり長がいときなかりしころなどは、家の産やう〳〵におとろへもてゆきて、まづしくて経しを、のりながくすしとなりぬれば、民間にまじらひながら、くすしは世に長袖とかいふすぢにて、あき人のつらをばはなれ、殊に近き年ごろとなりては、吾君［紀州侯］のかたじけなき御めぐみの蔭にさへかくれぬれば、いさ丶か先祖のしなにも、立かへりぬるうへに、……

と語る宣長は、単に出世栄達を喜ぶのではなく、まず「あき人のつら」を離れ、「もの丶ふのつら」にあった「先祖のしな」に「立かへりぬる」ことに感慨を深くしているのである。それを果たせたのは、直接には「吾君のかたじけなき御めぐみ」によるのであるが、それを引き寄せたものを宣長は、

物まなびの力にて、あまたの書どもをかきあらはして、大御国の道のこ丶ろをときひろめ、天の下の人にもしられぬるは、つたなく賤き身のほどにとりては、いさをたちぬとおぼえて、……

と記して、続けて「皇神たちのめぐみ」「君のめぐみ」「先祖たち親たちのみたまのめぐみ」に感謝を

表わしながらも、自らの「物まなびの力」とその「いさを」があってのことだと誇っている。「先祖のしな」にかえることを、家長としての宣長は片時も忘れたことはなかったのだろう。その宿願を、「物まなびの力」によるという自分らしい方法で、十分とは言えぬまでも実現させた――その達成を、「くすし」としての日々の生活から離れて、目に見える形で実感させてくれるのが和歌山という土地だったのである。

## 3　春庭と大平

疋田宇隆画
本居春庭六十歳画像

**春庭の失明**

二男三女の父として、宣長はとくに、長男の春庭の学者としての成長に期待をかけた。宣長は春庭を手元において、自らの助手のような仕事を課し、嶺松院の歌会にも入会させ、写本の指導をし、地図を模写させ、『古事記伝』の版下（はんした）（版木に貼り付けて彫るための下書き）を書かせたりもした。資質として学業に向いていた春庭も、父の指示に従い、その期待に応えるものと思われた。

しかし寛政三年（一七九一）、宣長六十二歳、和歌山藩に召し抱えられる前年であるが、その春、二十九歳の春庭は眼病を患ってしまう。自宅療養の後、八月、春庭は、名古屋西郊の馬嶋にあった眼病専門の治療施設の明眼院に入った。宣長は、春庭宛書簡（九月二八日付）で、父として次のように励ましている。

段々頭痛も止ミ腫レ痛ミもうすらき、次第ニ快候由、乍レ去今ニとくと血治り不レ申、目も開キ不レ申候由、嘸（さぞ）難義之段察入候、然共是ハ無レ程治り可レ申と存候間、随分気分を養ひ、心長ニ御養生可レ有レ之候也

そして素人判断をせずに、専門医の所見に従うようにと諭し、帰宅を焦（あせ）る春庭に、

只今急ニ此方へ被レ帰候而ハ、せつかく遠方被レ参候詮（かい）も無レ之事ニ候へハ、今少々見合せ候内ニ、血も引キ地ばん之所へもどり可レ申候へハ、其上之所を考へ申度物ニ御座候

と書き送って慎重な行動を求めた。十一月に帰宅した春庭は、翌年も明眼院で治療に努めたが、寛政六年（一七九四）、あるいは七年の初め頃、完全に視力を失った。宣長は、ある書簡の中で、「［春庭の］眼病終ニ治シ不レ申、盲申候而心痛仕候、御憐察可レ被レ下候」（寛政七年二月二〇日、千家俊信宛）と胸懐を明かしている。余談ながら、春庭の生涯を追い続けた自らの半生を綴った足立巻一『やちまた』は、寛政五年三月、大坂で開業していた蘭法の眼科医に、宣長が春庭を受診させた可能性を示唆している。

### 春庭と弟妹たち

失明した春庭は、寛政七年（一七九五）四月、鍼医修行のために上京した。京都での修行が続き、春庭は、自分には本居家を相続することは出来ないので、家督

を長妹の飛驒に譲ってほしいという希望を宣長に伝えた。弟の春村は養子に出ており、飛驒は、十七歳の時、天明六年（一七八六）に従兄の草深玄鑑と結婚していたが、寛政四年から実家に戻っていた。寛政八年には、正式に離縁をしている。しかし宣長は、「貴殿事是非共帰国被レ致、此方跡相続被レ致候様致度候」として春庭の申し出を容れず、「夫（それ）ニ付貴殿妻之事」も考えなければならないと春庭に書き送った（寛政八年八月朔日付）。春庭には京都を離れたくないという思いが強かったが、春庭の在京が三年目に入った年に、宣長はさらにこう伝えた（寛政九年七月一八日付）。

貴殿事今一両年も在京被レ致度由、御尤ニハ存候へ共、我等事も段々年寄リ候而、家内世話、表向つとめ共大義（儀）に存候ニ付、早く相渡し申度候間、当年ハ是非共帰国被レ致候様ニと存候

この時、宣長は六十八歳、春庭は三十五歳であった。

春庭宛の前年の書簡（六月四日付）にも「老衰」という言葉が見えるが、宣長は体力に不安を覚えるようになり、春庭の帰郷と結婚、そして家督の相続を望む思いが強まっていた。ちなみに飛驒は、寛政九年の正月に、四日市で廻船業を営んでいた高尾家に再嫁している。宣長の思いに折れて、春庭はこの年の八月に松坂に帰り、十二月に宣長の実弟である村田親次の娘である壱岐と結婚した。翌々年の寛政十一年（一七九九）には、娘の伊豆が生まれている。春庭は、松坂で鍼医として生計をたてながら、国語学の研究に打ちこみ、妻の壱岐や妹の美濃らに助けられて、動詞の活用を体系化した画期的な著作である『詞（ことば）の八衢（やちまた）』『詞の通路（かよいじ）』を残した。

次男の恭次郎（春村）は、天明四年（一七八四）十八歳で、母の実家である草深家の世話によって、

津の薬種問屋であった小西家に婿養子に入った。先に紹介した和歌山藩召し抱えの時の書簡などを見ても明らかなように、宣長は、この春村を頼りにするところが大きかった。鍼医修業のために上京する春庭に同行し何かと援助したのも、春村と飛騨である。

次女の美濃は、寛政三年（一七九一）、十九歳で松坂の豪商である長井家に嫁いだ。父や兄の代筆をつとめることも多く、春庭の『詞の八衢』の版下は美濃の手になるものである。飛騨も美濃も、和歌を好んだ。三女の能登は、二十歳で宣長の門人である安田氏に嫁いだ。

### 家の経営

ここでは、本居家の当主としての宣長の側面、その一部を紹介してみよう。

まず宣長は、祖先の年忌法要を几帳面に行なっている。本居武秀の二百回忌（寛政二年一〇月）、その妻の百五十回忌（天明七年四月）、小津七右衛門の百五十回忌（寛政一二年二月）、その妻の百五十回忌（天明四年四月）、小津三郎右衛門［道休］の百回忌（天明七年九月）などがそれである。武秀の二百回忌には、

先祖道観居士［武秀］の二百年の遠忌にみちのくの南部といふところにてうせ給ひぬることを思ひてよめる

みちのくのはてときくたに有物を年もはるかになりにけるかな

と詠んでいる（『鈴屋集』三）。また亡父の定利については、三十三回忌（明和九年二月）、五十回忌（寛政元年四月）を、亡母の勝については、三回忌（明和六年九月）、七回忌（安永二年九月）、十三回忌（安永八年三月）、二十三回忌（寛政元年九月）、二十七回忌（寛政五年一〇月）、三十三回忌（寛政一一年一

○月）を営んだ。江戸で亡くなった義兄の定治についても、二十三回忌（安永二年三月）、三十三回忌（天明三年二月）、五十回忌（寛政一二年二月）を行なった。そして毎回、参会者の氏名はもとより、近隣への配り物——時によって、小豆餅・赤豆餅・白強飯（こわめし）・蒸物などである——に始まり、非時（ひじ）（供応の食事）の献立、到来物の覚などが細かく記録されている。

また、恭次郎の婿入り、三人の娘たちの婚礼においても詳細な記録が残され、春庭が妻を迎えた時の様子は、「壱岐入家婚儀帳」によって委細を尽くして伝えられている。さらに春庭と壱岐の間に娘の伊豆が生まれ、その初節句に当たっては、四十余軒から、鯛や肴、人形や菓子、現金が祝いとして届けられ、本居家の側も草餅や蒸物を配ったことが「おいづ初節供到来物覚」に書き留められている。このような細々しい記録がその度ごとに残されるのは、宣長の性格によるところも大きいだろうが、本居家として親族や近隣との交際を円滑に運ぶために不可欠の心配りだったとすべきである。本居家の場合、宣長にとって母方の実家である村田家、妻方の草深家、春村の婿入り先の小西家をはじめ、親族や知人との関係は濃密なものだったから、それだけ手抜かりのない注意が求められたに違いない。

地域社会での近隣との交わりも、今日より遙かに深いものだった。年ごとの輪番で、町内の祭礼の世話役を引き受けることもあった。安永五年（一七七六）十一月の日記を見てみよう。

四日　当年山神（やまのかみ）当番也、……今夕当家子供宿、男女子供合三十人許（ばかり）、夜食、茶飯、豆府汁、爾志（ニシ）米（メ）也

六日　今日夕飯、町内子供振舞、男女子供合三十人許、夕方、町内世話焼並若ィ者等彼是都合廿人許振舞、其外内客並家内等、惣人数七十五六人也、献立者、飯、羹（あつもの）、〈クヅシドウフ、アヲノリカ

ケ〉鱠、平、〈山ノ芋、椎茸、牛房、ニンジン、鮹〉焼物、〈サハラ、但シ町内ノ客廿人ホドハイナ〉、惣客右之通也、子供許者菓子〈ミカン、マンヂウ〉出レ之、又町内衆之分者、吸物一ツ、取肴、酒三献、右之通也

「イナ」はボラの幼魚。山神は、松坂の各町内で祀られていた土地神で、「毎朝拝神式」によれば、宣長の一日は、アマテラス・トユウケ以下の神々から吉野の水分大神その他の神々、最後に「此坊平（コノマチ）守護（マモリ）賜フ山ノ大神」に拍手拝礼することで始まる。この山神の祭礼の世話役は、複数の家で担当し、子供宿の提供と町内の人々の接待が主な役割だったようである。天明三年（一七八三）にも本居家に世話役が回ってきたが、宣長の日記には「彼是都合客及二百余人一」とあるほどであるから、その接待の準備や片付けは並大抵のことではなかっただろう。

失明した春庭は、家督を相続させたいという父の意向には従わなかった。「家をすさめず、おとさざらんやう」（『家のむかし物語』）に、医業に励んで本居の家を支えてきた宣長にとって、最後の決断を迫られたのは、本居家の継承という問題であった。

### 養嗣子としての大平

寛政十一年（一七九九）二月、七十歳となった宣長は、門人である稲掛大平（いながきおおひら）を養子とした。この時、宣長が和歌山藩に提出した「願書」にはこうある。

私弟子大平と申者、松坂出生町人ニ而御座候処、実体成者ニ而、幼年より学問執心ニ罷在、格別心懸宜出精仕、和学歌学共段々上達仕候、私義不レ被二召出一已前より厄介同様ニ仕、取立遣候処、昼夜隨身仕、他出等之節も暫も不レ離附添居候而、此度之出府ニも召連罷越候事ニ御座候、私義段々

年罷寄候ニ付、此上猶以介抱致貰ひ申度御座候、右之通幼年より悴同前ニ仕、不便を加、年久敷随身仕候恩義も厚ク御座候付、厄介ニ仕遣度御座候間、格別之御慈悲を以私厄介ニ被二仰付一候様仕度奉レ願候、以上

大平の好学心や人柄を評価し、「幼年より悴(せがれ)同前(然)」に仕えてくれた「恩義」に感謝し、「厄介」、つまり当主に養われる者として本居家に迎えたい、つまり養子にしたいというのである。最初の和歌山への出講と同じように、この年の「出府」にも大平は供をつとめ、御前講義や吹上御殿での宣長の講義にも随身した。翌寛政十二年から十三年にかけての、宣長の最後の和歌山滞在にも、大平は養子として従うことになる。

長谷川素后画　本居大平七十八歳画像

宣長の「願書」は、藩によって正式に認められた。大平は、宣長の最古参の門人で嶺松院歌会の会員だった稲掛棟隆（享保一五～寛政一二年、一七三〇～一八〇〇）の長子である。門人といっても棟隆は、宣長と生年を同じくし、没年も一年しか違わない。松坂の豆腐商で、安永元年の吉野行には、十七歳の大平を連れて父子で宣長に同行していた。大平は、宝暦六年（一七五六）の生まれで、明和五年（一七六八）に十三歳で宣長に入門している。春庭より、七歳年長である。宣長が提出した「願書」にも「和学歌学共段々上達」とあったが、宣長は学者としての大平の実力を認めていた。例えば、天明年間、高知藩士である門人から「社中有力之人」を問われて、「今ハ稲掛重太大平ト申ス一人也」と答えている（天明三年五月一四日付、宮地春樹宛）。

早くからの門人であり同年の友人でもあった棟隆の子として、また少年時代から自分の元で学び成長した学徒として、宣長は大平に変わることなく親愛の情を懐いていたのであろう。棟隆が、豆腐などという「から（唐）名」ではなく、「みやび名」を欲しがっているのを知り、王朝の女房の言葉で、色が白いことから豆腐を白壁に譬えて「かべ」と呼んだ例に因（ちな）んで、「みかべ」という名を宣長が与え、棟隆と大平が大いに喜んだという話が残っている。この時に宣長は、「たふときや　大げつひめの神の大御身よ　あやしくも　なり出しまめの　そのまめの　とけてこゞりて　山川の　いはもとゞろに　おちたぎつ　たぎのみなわの　たへの穂に　なれる御かべは　ときじくに　七重花さく　八重花さく」と、スサノヲに殺害されたオホゲツヒメの身体の各部から、大豆をはじめ稲種や麦などが生まれたという神話を踏まえた長歌を作って興を添えている（「稲掛大平が家の業のみかべの詞又其長歌」、『鈴屋集』六）。大平を「厄介」として迎えるという宣長の選択の背景には、信頼に満ちたこういう気のおけない関係があった。

寛政十二年（一八〇〇）正月、宣長は愛用の文机を大平に譲っている。

　おのれわかゝりしほと京にてつくらせてそのころより七十といひしこその冬まで四十余年かあいたもちひたりし机をことし寛政十二年正月三日大平にゆつるとてよみてそへたる

　年をへて此ふつくゑによるひると我せしかことなれもつとめよ

（『鈴屋集』八）

謹直な大平は、託されたものの重さをどう感じたのだろうか。

大平は、宣長の死の翌年、すなわち享和二年（一八〇二）、養嗣子として本居家の家督を継いで紀州侯に仕え、文化六年（一八〇九）には和歌山に居を移して『紀伊続風土記』の編纂にあたった。また、宣長を失った門人たちの指導に尽力し、宣長学を祖述する『古学要』を著わした。

## 4　宣長の歌

**『鈴屋集』**

松坂での宣長は、月二回の嶺松院歌会、明和元年（一七六四）からは月一回の遍照寺（松坂の天台寺院）の歌会、さらに翌年からは門人である須賀直躬（見）宅での歌会に加わり、その中で指導的な役割を果たすようになった。直躬については後述するが、直躬宅での歌会も月例の会であり、宣長はこれからしばらく、月四回のペースでこれらの歌会に足を運ぶことになる。最も多い時には、さらに稲掛棟隆宅での歌会も重なった。五十歳を迎える頃までは、定例の歌会への参加は、ほぼ月に四〜五回、五十歳代前半は、ほぼ月に三回程度、ほとんど休むことはなかった。また随時、花見・納涼・月見などの歌会も開かれ、さらに二十回以上の百歌詠を試みている。こうして宣長は、生涯にわたって歌を詠み続けた。

宣長が詠んだ歌の総数は「万に及ぶ」とされるが（『本居宣長全集』第十五巻、大久保正「解題」）、晩年、短歌約二千五百首、長歌約五十首、施頭歌五首、今様三首、そして文詞六十余篇を自撰して、寛政十年（一七九八）から十二年にかけて公刊された歌文集が『鈴屋集』七巻七冊である。一之巻から五之巻までが歌集で、春庭の手によってその歌体が「近調」と「古風」に分けられ、「近調」の歌を、春・夏・秋・冬・恋・雑に整理して三巻にまとめ、四之巻に「古風」を、五之巻に長歌を配した。六之巻と七之巻は文集で、六之巻には祝詞や序文が収められている。さらに宣長没後の享和三年（一八〇三）、大平の手によって「補遺」二巻が加えられた。

宣長の詠んだ万余とされる歌の中で、後世に最もよく知られたものは、寛政二年（一七九〇）、六十一歳の時に描いた自画像に賛として添えた一首

おのかかたを書てかきつけたる歌
敷しまの倭こゝろを人とはは朝日ににほふ山さくら花

であろう。「朝日影にほへる山の桜花つれなく消えぬ雪かとぞ見る」（藤原有家、『新古今集』巻一）を本歌としたもので、「にほふ」は、美しく映える色を称えた言葉である。「倭こゝろ」は、漢学の知識や教養に対して、処世上の実際的な知恵や能力を指すものであったが、ここで宣長が込めた意味としては、「漢意（からごころ）」に対する「皇国」の心ばえといったところである。満開の山桜が朝日に照らされて映え

る、その視覚的な美によって「倭こゝろ」を象徴させたのであるが、この歌は、宣長自身が精撰した『鈴屋集』には採られなかった。ちなみに、四十四歳の時の自画像の賛「めづらしきこまもろこしの花よりもあかぬいろかは桜なりけり」は、『鈴屋集』の「春歌」に収められている。

なお宣長の歌集としては、『鈴屋集』の他に『石上稿』がある。『石上稿』は、既に紹介した十九歳の宣長の詠歌「新玉の春きにけりな今朝よりも霞そそむる久方の空」から、享和元年（一八〇一）九月、宣長逝去の月の十三夜の詠

こよひの月ことにさやかなれは　十三夜
見るまゝに猶長かれと長月の夜をさへをしむ影のさやけさ

本居宣長六十一歳自画自賛像

まで、七千八百余首を年代順に網羅的に収載したもので——ただし長歌は収めていない——宣長の玄孫（やしゃご）に当たる本居清造が編集し、命名したものである。

## 「古風」と「後世風」

ここで、「古風」と「後世風」（「近調」とも呼ばれる）をめぐる宣長の議論を、晩年に著わされた『うひ山ぶみ』によって見ておこう。「古風」は、『万葉集』に倣った詠みぶりの歌であり、「後世風」は、『新古今集』を理想としたものである。『古今集』については、『うひ山ぶみ』で宣長は、「古風と後世風との中間」としながら、「後世風の始め」として位置づけることが出来ると述べている。詠歌にあたっての宣長の基本的姿勢は、

> さて吾は、古風後世風ならべよむうちに、古と後とをば、清くこれを分ちて、たがひに混雑なきやうにと、深く心がくる也

と述べたように、二つの歌体を「ならべ」て修得するというものであり、最も避けるべきは、二つが「混雑」してしまうことだった。

「古風」と「後世風」という問題をめぐって、宣長が強く嫌悪し排斥するのは、「古風」至上主義を唱える論者の頑迷さだった。

> 今の世、古風をよむともがらの、よみ出る歌を見るに、万葉の中にても、ことに耳なれぬ、あやしき詞をえり出つかひて、ひたすらにふるめかして、人の耳をおどろかさんとかまふるは、いと〳〵うるさく、見よろしからぬこと也、歌も文も、しひてふるくせんとて、求め過たるは、かへす〳〵うるさく、見

ぐるしきものぞかし

宣長が感じている苦々しさが伝わってくる一節である。そして宣長は、「古風」で詠むならば「万葉の中にても、たゞやすらかに、すがたよき歌」を「手本」とすべきだと説き、自らの作歌の姿勢について

宣長もはら古学によりて、人にもこれを教へながら、みづからよむところの歌、古風のみにあらずして、後世風をも、おほくよむことを、心得ずと難ずる人多けれども……

と踏み込んでいく。「古学」を押し出すなら「古風」の歌をもっぱら詠むべきではないか、「吾は、古風後世風ならべよむ」という宣長の作歌上の立場は納得できないという声が上がっていた。しかし当然ながら、宣長はこういう議論には同意しない。宣長によれば、それは歌とは何かを深く考えていない議論である。歌は、「言にあやをなして、と、のへいふ道」であり、「おもふまゝに、たゞにいひ出る物」ではない。

されば世のうつりもてゆくにしたがひて、いよ〳〵詞にあやをなし、よくよまむともとめたくむかた、次第〳〵に長(チヤウ)じゆくは、必ズ然らではかなはぬ、おのづからの勢ヒにて、後世の歌に至りては、実情をよめるは、百に一ツも有がたく、皆作りことになれる也、……作り事とはいへども、落るところはみな、人の実情のさまにあらずといふことなく、古ヘの雅情にあらずといふことなし

素朴な「実情」絶対視から離れて、表現としての「あや」を凝らして「たくむ」という意味では、与えられた題について歌を作り、古歌の伝統を踏まえながら、表現上の微妙な工夫によって新味を出そうとする後世の歌は「作り事」かもしれないが、その奥に「人の実情」「古の雅情」が文学的に形象化されているのであり、その「人の実情」「古の雅情」こそ「古学」の求めるところではないのかと宣長は言うのである。

「古風後世風ならべよむ」ことを理想とする宣長であるが、まず「後世風」の修得に努めるべきだと説いている。自身の実作についても、「後世風なるが多きは、古風はよむべき事すくなく、後世風はよむ事おほきが故也、すべていにしへは、事すくなかりしを、後世になりゆくまに〳〵、万の事しげくなるとおなじ」と振り返り、さらに

古風は時代遠ければ、今の世の人、いかによくまなぶといへども、なほ今の世の人なれば、その心全く古人の情のごとくには、変化しがたければ、……

と論じて、「今の世の人」として自らの直接・間接に触れる「万の事」に、「後世風」の歌人たちが向き合ったように向き合うべきことを勧めるのである。

「後世風」の頂点が『新古今集』であり、「言にあやをなして、とゝのへいふ道」を極めたものであるだけに、「古風家の輩、殊に此集をわろくいひ朽す」、古風至上主義の側からの非難は『新古今集』に集中した。宣長は、そうした攻撃を「みだりなる強ごと」として排した上で、こう述べている。

おほかた此集のよき歌をめでざるは、風雅の情をしらざるものとこそおぼゆれ、但し此時代の歌人たち、あまりに深く巧をめぐらされたるほどに、其中に又くせ有て、あしくよみ損じたるは、殊の外に心得がたく、無理なるもおほし

「あまりに深く巧をめぐら」す傾向は、宣長から見ても危ういものに思えたのであり、その技巧の華麗さについて、

しひてこれをまねびなば、えもいはぬすゞろごとになりぬべし、いまだしきほどの人、ゆめゆめこのさまをしたふべからず

と注意している。「すゞろごと」は、意味のない言葉、とりとめのない言葉ということで、かつて『排蘆小船』において、『新古今集』の技巧だけを真似ようとすれば「実ナキ歌」になってしまうと指摘していたことと響き合う。「いまだしきほどの人」にとって最良の手本は『古今集』であり、次いで頓阿の『草菴集』である。かつて真淵から強く否定された『草菴集』であったが、「二条家の正風といふを、よく守りて、みだりなることなく、正しき風にして、わろき歌もさのみなければ也」として、宣長は最後までその無難穏和な歌風を評価していた。ちなみに、『古今集』に続く勅撰集である『後撰集』と『拾遺集』については、「えらびやう甚ダあらくみだりにして、えもいはぬわろき歌の多き也」として、かつてよりも否定的な評価が下されている。

さて、「万に及ぶ」とされる歌のごく何首かに限られるが、宣長の詠んだ歌を見てみよう。『鈴屋集』(一之巻)「春歌」は、

年のはじめによめる
さし出る此日の本のひかりよりこまもろこしも春をしるらむ

を巻頭にすえ、

立春
相坂も関の戸さゝぬ御代とてや夜の間にこえて春はきぬらむ

と続き、計四百余首を収めているが、ここではまず桜を詠んだ歌に焦点を当ててみる。桜に対する宣長の思いはこれまでも見た通りであるが、『玉勝間』(六の巻)「花のさだめ」の次の一節からもそれは窺える。

花はさくら、桜は、山桜の、葉あかくてりて、ほそきが、まばらにまじりて、花しげく咲たるは、又たぐふべき物もなく、うき世のものとも思はれず、……空きよくはれたる日、日影のさすかたより見たるは、にほひこよなくて、おなじ花ともおぼえぬまでなん、朝日はさら也

どういう状態の桜が、どういう天候や光の条件のもとにある時に、その「にほひ」の美が極まるものか、それをどのような角度から味わうべきか、宣長は語って倦むことがない。

『鈴屋集』の桜の歌は、

待花

鶯のこゑ聞そむるあしたよりまたるゝ物はさくらなりけり

に始まる。「あらたまの年たちかへるあしたよりまたるゝ物はうぐいすの声」（素性法師、『拾遺集』）を踏んだものだが、宣長にとって「またるゝ物」は、桜でしかなかったのだろう。とくに吉野山の桜は、格別に宣長の心を誘うもので、「花のうたとも」として

よし野山かはかり花のさくや姫神世にいかにたねをまきけむ
たくひなき花とはかねて聞しかとさらに驚くみよしのの山
見わたせは花より外の色もなし桜にうつむみよし野の山

といった歌が並び、「落花のうたとも」

根にかへる物としきけは山桜ほりても見はや花のゆくへを
くもと見し花はあとなき有明の月に残れる峯の春風

まで、百五十余首に及んでいる。

月についても、拾ってみよう。『鈴屋集』(二之巻)「秋歌」には、秋の月を詠んだ約九十首が収められている。


草も木も露は見ゆれとひるまかと疑はれける月のさやけさ

で始まり、八月十五夜には

かねてよりくもりなかれと思ひこし願ひもみつるもち月の影

九月十三夜には、

長月の水の月なみさやけさは秋のもなかにたちやかへれるとことはにわかよもいかて長月のあかぬ光を見るよしもかな

と詠まれている。

歌体が「古風」になれば、どうだろうか。同じく桜と月について、『鈴屋集』(四之巻)から紹介してみよう。

けふ〳〵とまつわかやとのさくら花此春の雨にさかすも有かも
ぬれつゝも見むとは思へと桜花雨のふるまはふゝみてもかも
みやひをの春のかさしとさくら花野にも山にも咲にけるかも
立出てふりさけ見れはあしひきの山はさくらの花さかりなり

「ふふむ」は、つぼんだままであること。「みやびを」は、風流な男。「かざし」は、草木の花や枝を髪や冠り物に挿した飾りである。

月については、次のように詠んでいる。

たか〳〵にわかまちをれはとほつ人松のこのまよ月は出にけり
我門のあさちかうへの白露にひかりさやけくてる月夜かも
秋風に天雲晴てまそかゝみ清き月夜は見れとあかぬかも

「たか〳〵」は、仰ぎ望み人を待つさま。「とほつ人」は、「松」の枕詞。「まそかゞみ（真澄鏡）」は、清きの枕詞である。

『鈴屋集』（五之巻）に収められた長歌からも、一首を引いておこう。宣長は、五十三歳の時に、自宅二階に四畳半の書斎を増築した。書斎の柱には、真鍮製の小さな鈴を六つずつ赤い紐に縫いつけたものが六ヶ所、掛けられていたという。読書や執筆に疲れた時、宣長がその紐を振って自らを慰めたというのは、よく知られた話である。鈴屋（すずのや）と呼ばれたその書斎の披露を兼ねた歌会での、宣長の歌である。

天明二年の冬家のうちに高き屋を造りて又の年の三月九日の日友たちをつとへてはしめて歌の円居しける時によめる

をとめらか　ま手にまきもつ　さく鈴の　五十鈴のすゝの　鈴の屋は　しこのしきやの　丸木屋の　を屋にはあれと　しなたてる　梯ふみならし　のほりたち　ふりさけ見れは　御城のへの　そのみつ山は　みつえさし　しゝに生たる　はしきやし　君まつの木も　うるはしく　見かほし山そ　いさなとり　海のはまひに　よる浪の　いやしく〳〵に　とこしへに　来入つとひて　まそかゝみ　見し明らめね　みやひをのとも

「みつえ」は、瑞瑞しい枝。「しゝに」は、繁にで、こんもりと。「はしきやし」は、上代語でいとおしい。「しく〳〵」は、絶え間なく。「見し明らめね」の「ね」は、上代語の終助詞で希求の意。鈴屋という書斎を得て、いよいよ集い合って、歌道に、古への学びに一層励もうではないかと「みやひを」の友に呼び掛けているのである。そして、この長歌の左注として、

鈴の屋とは三十六の小鈴を赤き緒にぬきたれてはしらなとにかけおきて物むつかしきをり〳〵引ならしてそれか音をきけはこゝちもすか〳〵しくおもほゆそのすゝの歌は　とこのへにわかかけていにしへしぬふ鈴かねのさやさや　かくて此屋の名にもおほせつかし

と鈴屋の名の由来を自ら記している。宣長は「物むつかしきをり〳〵」、小鈴の響き合いの中、古の日本の音の世界のすがすがしさの中に身心を解き放っていたのだろう。

最後に、『鈴屋集』から二首を採っておこう（三之巻）。まず、世事に追われて文事に集中できないと嘆く門人に宣長が与えた歌

いなかけ（稲掛）の大平か世のいとなみしけくて歌の会なとにましらふ事もさはりかちなることと歎きて　ひろはすて袖にそ玉はみたれけるあまのまてかたいとまなき身は　とよみて見せけるかへし

身をなけく袖の涙のやかて又それも言葉の玉はなしけり

この時、大平は二十三歳、宣長は四十九歳だった。もう一首は、嬰児（えいじ）を亡くした門人に贈った歌である。

須賀直見かいときなき子をなくしたるに

風わたる柳を見てもみとりこの露と消にし春やかなしき

直見については、後に触れることにする。

柱掛鈴

## 二つの百歌詠

さて、宣長の詠歌について、もう二つほど話題を提供しておきたい。

『鈴屋集』公刊の後、寛政十二年（一八〇〇）の秋の夜、宣長は「春の桜の花のこと」を思いながら百歌

詠を試みた。これが興に乗り、三百首を上回る歌が詠まれ、歌集『枕の山』となった。

いとはやも高根の霞さき立て桜さくへき春は来にけり
あらたまの春にしなればふる雪の白きを見ても花そまたるゝ

新しい年、「あらたまの春」は桜の開花を待つことから始まり、

世の中にたとへむ物もなかりけり春のさくらの花のにほひは

と満開を喜び、

さくをまちちるををしむもくるしきになそや桜を思ひそめけむ

と散っていく桜をひたすら惜しみ、

桜花散て流れし川風も又身にしみて千鳥なくなり

と詠まれるように、千鳥のなく冬景色を見ても桜を思って感傷にひたるのである。『枕の山』が描くところの宣長の四季は、こうして常に桜とともにある。

何が、これほどに宣長を夢中にさせているのだろうか。『枕の山』の自跋で、宣長はこう語っている。

これか名をまくらの山としもつけたることは、今年秋のなかはも過ぬるころ、やう〳〵夜長くなりゆくまゝに、老のならひのあかしわひたるねさめ〳〵には、そこはかとなく思ひつゝけらるゝ事の多かる中に、春の桜の花のことをしも思ひ出て、時にはあらねと此花の歌よまむと、ふとおもひつきて、一ッ二ッよみ出たりしに、……同しくは百首になして見はやと思ふ心なむつきそめて、よむほとにほとなく数はみちぬれと、……

そして、「此すさみわさに、秋ふかき夜長さもわすられつゝ」二百首に達し、ついに三百首をも越えてしまったという。

さるは、はしめより皆そのあした〳〵に思ひ出つゝ、物にはかきつけつれは、物わすれかちにてもれぬるも、これかれとおほかるをは、しひてもおもひ尋ねす、たゝその時々、心に残れるかきりにそ有ける、ほけほけ(惚)しき老の寐さめの心やりのしわさは、いとゝしく、くたくたしく、なほ〳〵しきことのみにて、さらに人に見すへき色ふしもましらねは、枕はかりにしられてもやみぬへきを、さりとてかい(掻)やりすて(捨)むこと、はたさすかにて、かくは書あつめたるなり

老境の宣長は、誰にも知られない気ままな時間を楽しんでいる。老人のくだくだしさやつまらなさ

が目につくと謙遜してみせたが、『枕の山』は、宣長が没した翌年に公刊された。
時間は遡るが、天明六年（一七八六）、五十七歳の宣長は、『玉鉾百首』を編んで翌年に公刊した。この歌集は「道」を主題とする百歌詠であるが、「阿麻理歌（アマリウタ）」を含めて百三十余首が収載されている。「玉鉾の」は「道」に掛かる枕詞であったが、後には「玉鉾」で道を意味するようになった。歌体は「古風」で、歌の表記は万葉仮名、右にカナでその訓みがふられている。巻頭は、アマテラスを讃えた一首である。

都伎賢木伊豆能御霊登天地尓伊照登富羅須日之大御神

そして日本の尊貴を、

高御座天津日嗣登日御子之受伝閇坐道者此道
天乃下国者意富祁杼神漏岐乃生成坐流大八嶋国
物皆者 変行杼母明都神吾大君之御代者常斯閇

と歌い上げ、「漢意（からごころ）」を去るべきことを、

人皆之物之 理 加迩加久尓思 測弖伊布波漢説

と説く。こうして、「道」とは何かを明らかにする歌が続く。アマテラスに由来する「道」は、より高次のものとして寛容であり、特定の何物かと争い排除しようとするものではない。

釈迦孔子母神尓志阿礼婆其道母広祁伎神乃道乃枝道

社会の現実に沿って考えてみよう。為政者にとって「道」とは何か。

天照神之御民敍御民等袁意富呂加迩為勿阿豆加礼流比登

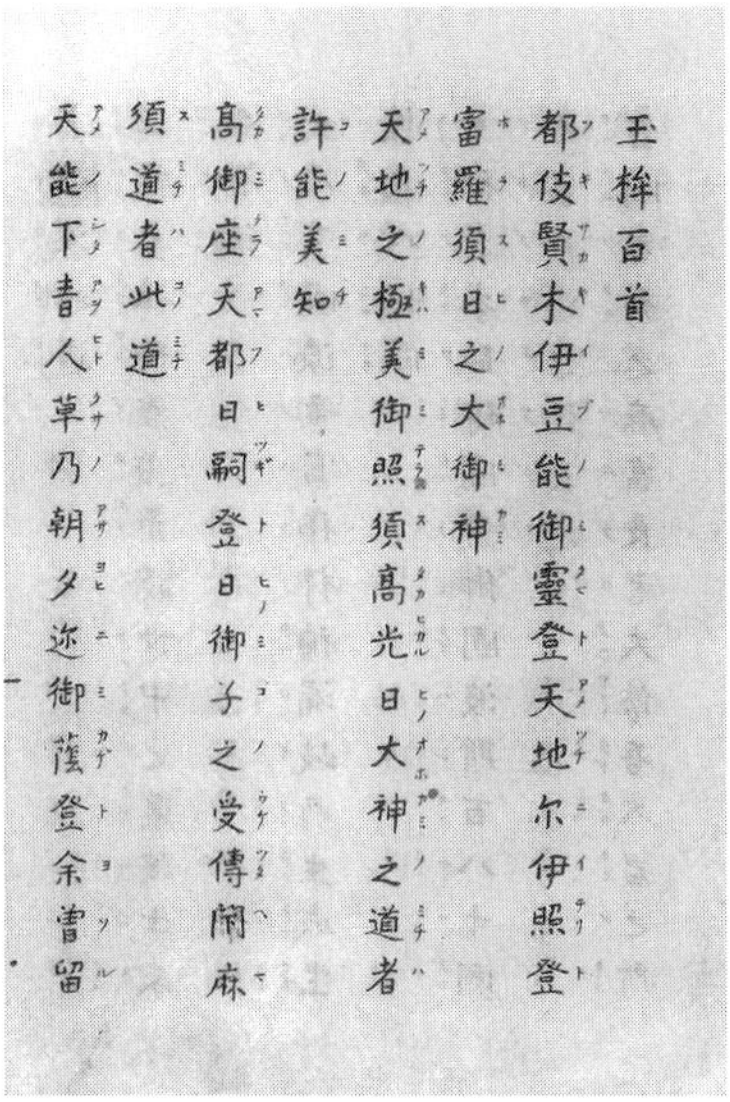
玉桙百首
都伎賢木伊豆能御靈登天地尓伊照登
富羅須日之大御神
天地之極美御照須高光日大神之道者
許能美知
高御座天都日嗣登日御子之受傳閑麻
須道者此道
天能下青人草乃朝夕迩御蔭登余曽留

『玉鉾百首』

アマテラスから「御民」を「阿豆加礼流」ことの自覚である。では、民にとって「道」とは何か。

時時之御法母神乃時時乃御命尓斯阿礼婆伊迦伝違牟

眼前の法度や規則への随順である。それが改変されても、それもまた「神乃時時乃御命」として、抵抗したりはしない。そし

て宣長は、

事志有礼婆宇礼志迦那志登時時尓動心叙人之真心

と詠み、人々の喜怒哀楽の「真心」に及び、その悲しみの極としての死を歌う。

多麻伎波流二世者由加奴宇都曾美袁伊加迩為者加母不死弖在牟
宇都曾美波須弁無物加阿加那久尓此世別弖罷流思閇婆
伎多那久仁豫美乃国方者伊那志許米千代常登波尓許能余尓母賀母

かつて『答問録』では、避けられない悲しみとして受け容れる、そういうものとしての死が語られていたが、ここでは、自らの死を怖れ、叶うならば永くこの世に留まっていたいと願うのが人の「真心」だとされて、それを隠したり飾ったりすることなしに歌っている。『玉鉾百首』からは離れるが、宣長は、悟り顔した辞世の歌などを嫌っていた。

### 古歌の鑑賞

詠歌の楽しみとは別に、宣長は、歌の世界をどのように味わったのだろうか。この点を、宣長が古歌をどのように鑑賞したのかという角度から探ってみよう。取り上げるのは、『新古今集美濃の家づと』と『古今集遠鏡』である。

『新古今集美濃の家づと』は、門人の大矢重門が美濃国大垣に帰るにあたって、宣長がその求めに応じて書き与えたもので、後に補訂を加えて、寛政七年（一七九五）に出版されている。「家づと」は、家への土産。

この書は、二千首近い『新古今集』の歌から約七百首を選び、短い論評を加えたもので、古歌に向き合った時の宣長の着眼点を、読者は学ぶことになる。例えば、定家の「見わたせば花も紅葉もなかりけり浦のとまやの秋の夕暮」について、宣長は

> 二三の句、明石ノ巻〔『源氏物語』〕の詞によられたるなるべけれど、けりといへる事いかゞ、其故は、けりといひては、上句、さぞ花もみぢなど有て、おもしろかるべき所と思ひたるに、来て見れば、花紅葉もなく、何の見るべき物もなき所にて有けるよ、といふ意になればなり、そも〳〵浦の苫屋の秋の夕べは、花も紅葉もなかるべきは、もとよりの事なれば、今さら、なかりけりと、歎ずへきにはあらざるをや

と述べている。助動詞「けり」の用法に難点があるというのである。もう一首、定家の「駒とめて袖打はらふ陰もなしさののわたりの雪の夕暮」、これを宣長は次のように評した。

> いとめでたし、万葉三に〽くるしくもふりくる雨かみわが崎さののわたりに家もあらなくに、といふをとりて、そのくるしくもふりくるといへると、家もあらなくにといへるとを、袖うちはらふかげもなしとよみなされたる、一きはつよく、意もせち（切）也、其うへ夕暮とあれば、まして宿かるべき家のなき意、詞の外にあり、……袖うちはらふ陰もなしといへるに、くるしき心も、家のなき心も、あくまでそなはりて、いと〳〵哀なる物をや

『万葉集』の長奥麻呂の歌「苦しくも降り来る雨か三輪の崎狭野の渡りに家もあらなくに」(巻三)の本歌取りである。「三輪の崎狭(佐)野の渡り」は紀伊国の地名、「苦しくも……」は、三条に隠れ住んだ浮舟を訪ねた薫君が、強まる雨の中で口ずさんだ歌でもある(『源氏物語』東屋巻)。定家は、古歌に重ね合わせ、また微妙にずらすことで読者の想像力を喚起させた。巧みな本歌取りによって、情景は広がり、感興は深みを増し、古歌もまた新しい興趣を得ることになったと宣長は絶賛している。

かつて宣長は『排蘆小船』の中で、定家を「詠歌ノ規範」「歌道ノ師」とし、また定家の『詠歌大概』から「和歌ニ師匠ナシ、タヽ古歌ヲ以テ師トナス」という一節を金言として引いていた。秀れた歌かどうか、詠まれた歌がすべてであって、誰の作かは問題ではない、これが定家の姿勢であり、それがあってこそ定家の歌境の高みがあった。「見わたせば……」の「けり」を論じた時、そして「駒とめて……」の及び難い達成を賛えた時、定家を仰ぐとはどういうことなのかという問いが宣長の中で反芻されていたように思われる。

『古今集遠鏡』は、横井千秋の強い勧めによって、寛政四・五年の頃に執筆された『古今集』の口語訳であり――ただし長歌は除かれた――寛政九年(一七九七)に公刊された。宣長の「例言」から引けば、「此書は、古今集の歌どもを、こと〴〵くいまの世の俗語(サトビゴト)に訳(ウツ)せる」ものであり、「遠めがね」(望遠鏡)で眺めれば「いとはるかなる高き山の梢ども」もはっきり見えるように、「遠き代の言の葉の、くれなゐ深き心ばへ」を覗(のぞ)き見るのだということになる。

古語の口語訳ということなら、今井田家時代の『源氏物語覚書』にその早い例を確認できるし、『古言指南』でもそれはなされていた。しかし、歌について口語訳を試みるというのは質の違う話であり、しかも「古今集の歌どもを、こと〴〵く」口語訳するというのは驚くべきことである。享保九年（一七二四）に『唐詩選』を和刻して詩壇を席巻した服部南郭（天和三〜宝暦九年、一六八三〜一七五九、徂徠の高弟）による『唐詩選国字解』（寛政三年刊）が平易な口語訳で広汎な読者から歓迎されるといった時代の流れも与かっているだろうが、根本的には、宣長が、古典を味読するにあたって「俗語」による理解の意義をかねてから積極的に評価していたということだろう。宣長は、『排蘆小船』の時から変わらず、俗語でもって「俗間のいやしき事態」をそのまま歌に詠むことを否定し、歌は雅びなものでなければならないと主張してきた。しかし、鑑賞する側に身を置いて論じる時には、今現在に生きて働いている言葉への新しい関心が生まれている。

『古今集』巻頭の歌、在原元方の「年のうちに春は来にけり一とせをこぞとやいはむことしとやいはむ」は、宣長の口語訳では、

年内ニ春ガキタワイ　コレデハ　同シ一年ノ内ヲ　去年ト云タモノデアラウカ　ヤツハリコトシト云タモノデアラウカ

となる。傍線の引かれた語は、原歌にないところを宣長が補ったものであることを示している。数は少ないが、口語訳だけではなく、必要と思われる説明が添えられている例も見られる。小野小町の「花の色はうつりにけりないたづらにわが身よにふるながめせしまに」は、

ヌエヽ花ノ色ハアレモウ　ウツロウテシマウタワイナウ　一度モ見(いたづらに)ズニサ　ワシハツレソフテ居ル男ニツイテ　心苦ナ事ガアツテ　何ンノトンヂヤクモナカツタアヒダニ長雨ガフツタリナドシテ

ツイ花ノアノヤウニマア

と口語訳され、さらに

世にふるとは、男女のかたらひするをいふ、男女の中らひのことを、世とも世ノ中ともいへる多し、此集恋の歌にも、これかれあり、いせ物語に、世ごゝろつける、源氏物語に、まだ世をしらぬ、などあるたぐひもこれ也

と言われるようにである。宣長は口語訳にあたって、歌の解釈という点では、常に契沖『古今余材抄』と真淵『古今和歌集打聴』を参照しながら作業を進め、二人の先達の解釈に対して短い評語が付加されることもある。

古典の鑑賞という文脈で、一つ書き添えておこう。宣長が心から愛(いつく)しんだ古典は『源氏物語』であった。宣長は、おそらく三十歳代の前半のことだろうとされるが、『源氏物語』が描いていない光源氏と六条御息所との馴れ初めを綴った「手枕(たまくら)」の巻を、『源氏物語』に倣った擬古文でもって創作している。それは、「前坊(ぜんばう)と聞えしは、うへの御ゝはらからにおはしまして、大方の御ゝおぼえはさる物にて、内内の御(み)ありさまもいとあはれに、やむごとなくおもほしかはし給ひ……」と書き出されるが、物語全体の文体や語彙・語感などをすっかり身に付けた者にして初めて可能になる試みだろう。また、『源氏物語』を深く味わうためには、物語に叙述された出来事が、例えば光源氏の何歳の時のものなのか、これを知る正確な年表(「年立て」)を作らねばならない。年次について、『源氏物語』は

明示しないことが多いからである。この点でも宣長は、『源氏物語年紀考』を著わして、その成果は今日の『源氏物語』研究でも活用されている。『源氏物語年紀考』の成立は、『紫文要領』とほぼ同じ頃かとされ、後に『源氏物語玉の小櫛』に収められたが、物語世界の人間関係への目配り、本文の正確な理解なしには望めない仕事である。

宣長にとって古典とは、評論し、口語訳し、時には原文に倣った文章を作り、あるいは年表にまとめてみるというように、鑑賞する側の能動的な働き掛けを通じてはじめてその世界が開かれるものなのであろう。

# 第六章　『古事記伝』

## 1　『古事記』

寛政十年（一七九八）六月十七日付の荒木田久老宛書簡において、宣長は次のように記している。

### 「生涯之願望」

私古事記伝も、当月十三日全部四十四巻卒業、草稿本書立申候明和四年〔一七六七〕より書はじめ、卅二年にして終申候、命ノ程を危ク存候処、皇神之御めぐみにかゝり、先存命仕候而、生涯之願望成就仕、大悦之至存候儀に御座候、乍二慮外一御歓可レ被レ下候

まさに『古事記伝』は、宣長にとって畢生の書であった。書簡の中で触れられた「命ノ程を危ク存候処」とは、天明二年（一七八二）の秋に瘧（おこり）（熱病）を病み患ったことを言うのであろう。この時は、翌年末まで講義などの学事を休んでいる。ちなみに、天明六年（一七八六）にも体調不良で半年ほど

休講している。書簡にもあるように、草稿の起稿から三十二年、本格的に『古事記』研究に着手したとされる明和元年（一七六四）から数えれば、三十五年の歳月が費されている。

宣長は、ほぼ隔日ペースの講義（まれに会読）では、『源氏物語』を軸にして王朝文学やその他のテキストを取り上げ、それと並んで、こちらはまったく孤独な営為として、『古事記』全巻に注解を付けるという仕事を黙々と続けたのである。

『古事記伝』一之巻は、「古記典等総論（イニシヘブミドモノスベテノサダ）」「書紀の論ひ（アゲツラ）」「旧事紀といふ書の論」「記題号の事」「諸本又注釈の事」「文体の事」「仮字の事」「訓法（ヨミザマ）の事」そして「直毘霊（ナホビノミタマ）」から成り、二之巻は、『古事記』序文についての考察と、「大御代之継継御世御世之御子等」として天皇家の系図を収めている。三之巻から『古事記』本文に入り、十七之巻までが『古事記』上巻（神代）、十八之巻から三十四巻までが『古事記』中巻（神武天皇〜応神天皇）、三十五巻から四十四巻までが『古事記』下巻（仁徳天皇〜推古天皇）を扱っている。

**「古より云伝たるまゝ」**

「古記典等総論」において宣長は、『古事記』が和銅五年（七一二）に撰上されながら、養老四年（七二〇）に『日本書紀』が正史として編纂された理由について、それは『古事記』に「誤りあるが故ならじやは」という問いを設定して、こう論じている。

此記あるうへに、更に書紀を撰しめ賜へるは、そのかみ公にも、漢学問（カラマナビ）を盛に好ませたまふをりからなりしかば、此記のあまりたゞありに飾りなくて、かの漢の国史どもにくらぶれば、見だてなく浅々と聞ゆるを、不足（アカズ）おもほして、更に広く事どもを考へ加へ、年紀を立などし、はた漢めかしき語どもかざり添などもして、漢文章をなして、かしこのに似たる国史と立むためにぞ、撰しめ賜へ

りけむ

『古事記』の「たゞあり（徒有）」、ありのままで「見だて」なし、見栄えのしないことを不満として、中国の史書に肩を並べるべく意匠を凝らしてあらたに編纂されたのが『日本書紀』だというのである。そうなれば、「漢学問」が学問だと考える知識人の間に、「浅々と聞ゆる」『古事記』に関心を向ける者は現われず、「彼ノ書紀いできてより、世人おしなべて、彼をのみ尊み用ひて、此記は名をだに知ラぬも多し」という状況が続いた。

宣長は、『古事記』の特色を次のように説いている。

此記の優(マサ)れる事をいはむには、先ヅ上ツ代に書籍(フミ)と云物なくして、たゞ人の口に言伝(イヒツタ)へたらむ事は、必ズ書紀の文の如くには非ずて、此記の詞のごとくにぞ有けむ

文字表記を知らなかった時代に、歴史的な事蹟を伝えてきた口承の言葉づかいは『古事記』の方に残されている。

抑意(ココロ)と事(コト)と言(コトバ)とは、みな相称(アヒカナ)へる物にして、上ツ代は、意も事も言も上ツ代、後ノ代は、意も事も言も後ノ代、漢国(カラクニ)は、意も事も言も漢国なるを、書紀は、後ノ代の意をもて、上ツ代の事を記し、漢国の言を以テ、皇国(ミクニ)の意を記されたる故に、あひかなはざること多かるを、此記は、いさゝかもさかしらを加(クハ)へずて、古ヘより云ヒ伝ヘたるまゝに記されたれば、その意も事も言も相称(アヒカナヒ)て、皆上ツ

代の実（マコト）なり、是レもはら古への語言（コトバ）を主（ムネ）としたるが故ぞかし

『古事記』は、「古より云伝たるまゝ」に記されたから、つまり語り継がれた言葉を、極言すればその音の連なりをそのままに定着させたから「相称へる」ところの「意と事と言」とが変形されることなしに留められている、こう宣長は言っている。では、「古より云伝たるまゝ」とはどういうことなのだろうか。漢文的な文飾を纏（まと）わないというだけのことだろうか。この点は、後にあらためて論じられる。

「書紀の論ひ」において宣長は、『日本書紀』は、その書の題号からして、まず王朝名を掲げる『漢書』『晋書』といった中国の史書の体裁に倣ったもので、王朝交替のない日本にはそぐわないと主張し、その上で

> まづ神代ノ巻の首（ハジメ）に、古へ天地未レ剖、陰陽不レ分、渾沌トシテ如二鶏子一ノ云々、然シテ後ニ神聖生二其中一焉といへる、是（コ）はみな漢籍（カラブミ）どもの文（コトバ）を、これかれ取リ集メて、書キ加ハへられたる、撰者の私説（ワタクシゴト）にして、決（キハメ）て古への伝説（ツタヘゴト）には非ず

というように、「古より云伝たるまゝ」に記された『古事記』と対照させながら、「漢籍どもの文」に拠ることで深遠な理論に支えられているかに見える『日本書紀』が、いかに後世を惑わせてきたかを批判していく。

「諸本又注釈の事」では、寛永版本の『古事記』を粗悪、度会延佳（元和元～元禄三年、一六一五～九

〇、伊勢神道家）校訂の『鼇頭古事記』も「用ふべきにあらず」と厳しい評価を下し、真福寺本『古事記』についても、誤字や脱字などが多いことを指摘している。真福寺は名古屋の真言寺院で、現存最古の南北朝期の『古事記』写本を蔵している。

「文体の事」で宣長は、かりに『古事記』が撰録された当時に、表音文字としての「平仮字」があったならば、「古より云伝たるまゝ」を留めようとする『古事記』は、「中昔の物語文などの如く」に「仮字書」にされていただろうと論じ、さらに議論を進めた。

> 上ッ代の古事どもも何も、直に人の口に言ヒ伝へ、耳に聴伝はり来ぬるを、やゝ後に、外国より書籍と云物渡参来て、……其を此間の言もて読ならひ、その義理をもわきまへさとりてぞ、……其ノ文字を用ひ、その書籍の語を借て、此間の事をも書記すことにはなりぬる

語られ、聴かれ、再び語られることで生命を繋いできた言葉の世界に書物が伝来し、舶載の書物を「読ならひ」、その内容を「わきまへ」る知識人たちが日本にも現われ、「其文字」「その書籍の語」でもって、自分たちの伝承や見聞、情感や思索が書き記されるようになる。

> その書籍てふ物は、みな異国の語にして、此間の語とは、用格もなにも、甚く異なれば、その語を借リて、此間の事を記すに、全く此間の語のまゝには、書キ取リがたかりし故に、万ノ事、かの漢文の格のまゝになむ書キならび来にける、故レ奈良の御代のころに至るまでも、物に書るかぎりは、此間の語の随なるは、をさ〳〵見えず、……かの物語書などのごとく、こゝの語のまゝに物書事は、

今ノ京になりて、平仮字（ヒラガナ）といふもの出来ての後に始まれり

ここで宣長は、『古事記』は「古より云伝たるまゝ」を書き記したものだという楽観を一時保留して、口承の言葉が文字によって表記されることそれ自体の問題、要するに口承の現場だけが持つ力、具体的には口調や声音（こわね）、間合いや抑揚、身ぶりや手ぶり、顔つきや目の動きなども含めての表現の身体性の力、その喪失というべき普遍的な問題に接近しているかにも見えるが、宣長の関心はそこには向かわない。「漢文の格のまゝ」に漢字表記された『古事記』と「古より云伝たるまゝ」を書き記した『古事記』、この矛盾をどのように突破するのか、この点に宣長の照準は定められる。突破のための一つの足場を、宣長は次のように手繰（たぐ）り寄せる。

但し歌と祝詞（ノリト）と宣命詞（ミコトノリノコトバ）と、これらのみは、いと古へより、古語（フルコト）のまゝに書伝へたり、これらは言（コト）に文（アヤ）をなして、麗（ウルハシ）くつゞりて、唱へ挙て、神にも人にも聞感（キキメデ）しめ、歌は詠（ナガ）めもする物にて、一字（ヒトモジ）も違（タガ）ひては悪（アシ）かる故に、漢文には書がたければぞかし

「歌と祝詞と宣命詞と」、これらがいずれも詠じられ唱えられるものとして、音声としての言葉であるところに本質がある限り、「漢文の格」ではなく、「古語のまゝ」に書き記されているはずである。こうして、音の連なりとしての言葉が文字に定着される時に、ここで言えば、日本の「古語」が「漢文の格のまゝ」に表記される時に、そこで受ける不可避と思われる圧力を免れたものが辛うじて残されたのである。

「仮字の事」では、『古事記』で用いられた「仮字」がアイウエオ順にすべて挙げられ、その上で、例えば「カ」の「仮字」には「加・迦・訶・甲・可」が用いられ、「ガ」には「賀・何・我」が用いられるというように、一つの「仮字」が清音と濁音の双方に用いられることはなく、そこに使い分けがあることや、あるいは、「メ」の「仮字」としては「米」と「賣」がありながらも、女性を意味とする「メ」には「賣」だけが用いられるというように、用法上の「定まり」が認められることなどが指摘されている。

### 稗田阿礼の誦習

さて、「訓法の事」において宣長は、「古より云伝たるまゝ」に書き記すとはどういうことかを改めて論じる。

宣長はまず、他の古典にもまして、『古事記』にとっては「訓法」が決定的に重要だとする。それはなぜか。

> いで其所由（ユヱ）はいかにといふに、序に、飛鳥ノ浄御原宮御宇天皇〔天武天皇〕の大詔命（オホミコト）に、家々にある帝紀及（マタ）本辞、既に実を失ひて、虚偽（カザリ）おほければ、今その誤を正しおかずは、いくばくもあらで、其ノ旨うせはてなむ、故レ帝紀をえらび、旧辞を考へて偽をのぞきすてて、実のかぎりを後ノ世に伝む、と詔たまひて、稗田阿礼といひし人に、大御口（オホミクチ）づから仰せ賜ヒて、帝皇ノ日継と、先代の旧辞とを、誦（ヨミ）うかべ習（ナラ）はしむ、とあるをよく味ふべし

阿礼にあえて「誦うかべ習はし」めた天武天皇の狙い、それが問題なのである。

彼ノ詔命を敬て思ふに、そのかみ世のならひとして、万ノ事を漢文に書キ伝ふとては、其ノ度《タビ》ごとに、漢文章《カラコトバ》に牽《ヒカ》れて、本の語は漸クに違ひもてゆく故に、如此《カク》ては後遂《ツヒ》に、古語はひたぶるに滅《ウセ》はてなむ物ぞと、かしこく所思看《オモホシメ》し哀みたまへるなり

「帝紀」や「旧辞」（本辞）を机上で改修補訂していけば、いよいよ「漢文章に牽れて」いくだけで、「古語はひたぶるに滅はてなむ」という危機意識が天武天皇には強かったと宣長は捉えている。

さて其《ソ》を彼ノ阿礼に仰せて、其ノ口に誦《ヨミ》うかべさせ賜ひしは、いかなる故ぞといふに、万の事は、言《コト》にいふばかりは、書《フミ》にはかき取リがたく、及ばぬこと多き物なるを、殊に漢文にしも書クならひなりしかば、古語を違へじとては、いよゝ、書キ取リがたき故に、まづ人の口に熟誦《ツラツラヨミ》ならはしめて後に、其ノ言の随《マニマ》に書録《カキシル》さしめむの大御心にぞ有リけむかし

これに宣長は細注を挿入し、より立ち入って説明する。

当時《ソノカミ》、書籍ならねど、人の語にも、古言はなほのこりて、失《ウセ》はてぬ代《ヨ》なれば、阿礼がよみならひつるも、漢文の旧記に本づくとは云ヘども、語のふりを、此間《ココ》の古語にかへして、口に唱へこゝろみしめ賜へるものぞ、然せずして、直《タダ》に書《フミ》より書きうつしては、本の漢文のふり離《ハナ》れがたければなり

まさに、ここに天武天皇が阿礼に「熟誦」させた狙いがあったと宣長は見ている。誦習によって、

書き記された言葉が、語られてきた言葉に呼び戻されている、「古語にかへして」誦習されるのであり、書記言語とは別に、人々の生きた言語生活に「古言」がまだ残存していた天武天皇の時代には、辛うじてその呼び戻しが可能だったのである。「おほかた平城のころまでは、世人古語のふりをよくしり、又当時の言も、なほ古かりける故に、漢文訓との差別は、おのづからよく弁へたり……」とも宣長は述べている。こうして阿礼の誦習という回路を通じて蘇った「古言」が太安万侶によって文字に定着させられたのが『古事記』であるから、宣長によれば、それは「古より云伝たるまゝ」の書であり、それだけに、その「訓法」については一言一句、一音たりとも忽せにしてはならないのである。宣長は、「漢のふりの則らぬ、清らかなる古語を求めて訓べし」とも述べている。例えば、『古事記』の訓に、濁音の乱用や音便の混入のないように細心の注意が払われていくのであるが、それもこのような思いからのことであろう。

「清らかなる古語」を求める足場が、「歌と祝詞と宣命詞と」に据えられたことは、既に見た通りである。こうして「漢文の格のまゝ」に書き記された『古事記』から、「古より云伝たるまゝ」を留めた『古事記』を救い出す方向は定められた。

『古事記伝』一之巻には、「道」とは何かを論じた「直毘霊」が、全体の思想的総論というべき形で収められているが、その内容については既に紹介したので（第三章第4節）、ここでは触れない。

### 『古事記』の「序」

『古事記伝』二之巻では、「序」について論じられる。何よりの問題は、太安万侶が和銅五年（七一二）正月廿八日に著わしたとされるこの「序」が、「夫レ混元既ニ凝テ、気象未ダ效ハレズ、名モ無ク為モ無シ、誰カ其ノ形ヲ知ム、然シテ乾坤初テ分レテ、参神造化ノ首ヲ作シ、陰陽斯ニ開ケテ、二霊群品ノ祖ト為リ、……」（原漢文）と書き出される通り、古代中国の自然哲学に立脚しているという点にあった。それによれば、宇宙の生成や構造は、「気」の運動によって説明される。宣長は、

此序は、本文とはいたく異(コト)にして、すべて漢籍(カラブミ)の趣を以て、其文章をいみしくかざりて書り

と論点を示して、こう主張した。

いかなれば然るぞといふに、凡て書を著(ツク)りて上へ献る序は、然(シカ)文をかざり当代を賛称(ホメ)奉りなどする、漢(カラ)のおしなべての例なるに依れるなり

さらに続けて、四六駢麗体に倣った文体も、「混元」「気象」をはじめとした概念の借用も、「漢学(カラブミマナビ)を盛に好ませたまへりし世」を賛美するための道具立(だ)てであって、献上すべき書物の「序」とはそういうものだとする。

宣長はまた、「古伝」も、その撰者としての安万侶自身も「混元」「気象」以下の自然哲学の枠組みに拠っていたのではないかという――かつて谷川士清が投げ掛けてきたような――問いを設けて、

然らず、もし古伝に其ノ意あらむには、……本文にも必ズ言(イフ)べきわざなるに、本文に至(ナリ)ては、一字もさることなし

としてそうした議論を斥け、

されば本文と相比（アヒクラ）べて、序にこれらの語のあるは、返りて古伝にさる意なき証（シルシ）とすべき物にて、正実（マコト）と虚飾（カザリ）とのけぢめいよゝ著明（イチジル）し

と強い調子で言い切った。

### 「勅語旧辞」

もう一つ、「序」をめぐって見逃せないのは、そこに「和銅四年九月十八日ヲ以テ、臣安万侶ニ詔シテ、稗田阿礼ガ誦ム所ノ勅語ノ旧辞ヲ撰録シテ以テ献上セシム」と記されていることである。元明天皇が安万侶に命じて、阿礼の誦習する「勅語ノ旧辞」を撰録させたというのであるが、その「勅語」とはどういう意味かを宣長は論じていく。ここに言う「旧辞」は、「帝紀」を含んでのことだとした上で、宣長は次のように述べる。

此（ココ）にしもかく勅語のとあるを以テ思へば、もと此ノ勅語は、唯（タダ）に此ノ事を詔ひ属（ツケ）しのみにはあらずて、彼ノ天皇〈天武〉の大御口づから、此ノ旧辞を諷誦（ヨミ）坐シて、其（ソ）を阿礼に聴取（キキトラ）しめて、諷誦（ヨミ）坐ス大御言のまゝを、誦（ヨミ）うつし習はしめ賜へるにもあるべし

ここで「若シ然らずば、此処（ココ）には殊に勅語のことわるべきにあらねばなり」という短い細注を置いて、さらに

もし然(サ)るにては、此ノ記は本彼ノ清御原ノ宮ニ御宇シシ天皇の、可畏(カシコ)くも大御(オホミ)親(ミヅカラ)撰(エラ)びたまひ定(サダ)め賜ひ、誦たまひ唱(トナ)へ賜へる古語にしあれば、世にたぐひもなく、いとも貴(タツト)き御典(ミフミ)にぞありける

と論じていく。「勅語ノ旧辞」とは、天武天皇が自ら「諷誦」して阿礼に聴き取らせたことを意味しているると宣長は理解するのである。「帝紀」「旧辞」を阿礼にあえて誦習させたところに、「古語」の衰亡に対する天武天皇の危機意識を見た宣長であるが、「勅語ノ旧辞」という文言からは、天皇自身のより積極的な「古語」回復のための行動を読み取ろうとしている。

宣長は、

御世かはりて後、彼ノ御志紹(ツギ)坐ス御挙(ミシワザ)のなからましかば、さばかり貴き古語も、阿礼が命(イノチ)ともろともに亡(ウセ)はてなましを、歓(ウレシ)きかもおむかしきかも、天ッ神国ッ神の霊幸(ミタマチハ)ひ坐て、和銅の大御代に此ノ御撰録(ミエラビ)ありて、今の現(ヲツツ)に此ノ御典(ミフミ)の伝はり来つることよ

と述べて、天武天皇の「唱へ」た「貴き古語」でもある口承の古伝が、元明天皇の決断と安万侶の才学によって文字に定着され、たとえその真価は忘れられていたとはいえ、書物として長く世に伝えられてきたことを神々の恩恵だとして論を結んでいる。

## 2　『古事記伝』の世界（一）——神

『古事記伝』は、『古事記』がどういうもので、それを読む（訓む）とはどういうことなのかという議論に一之巻と二之巻を当てて、三之巻から『古事記』本文の読みに入っていく。その全体が他でもなく『古事記伝』の世界なのであるが、ここでは、宣長による本文の読解によって提示されるところの思想的舞台を狭義の「『古事記伝』の世界」として捉え、幾つかの主題に沿って『古事記伝』の世界を探ってみることにする。

### 「迦微」

『古事記』は、「天地初発之時、於高天原成神名、天之御中主神、次高御産巣日神、次神産巣日神、此三柱神者、並独神成坐而隠身也」と始まる。阿礼が誦えた口承の言葉を、安万侶はこういう文字列に定着させた。宣長によれば、『古事記』を読むというのは、この文字列を手掛かりとして、その奥に横たわっている口承の言葉を再び浮かび上がらせ、その「古言」「古語」としての意味を明らかにすることなのである。「天地初発」や「高天原」については後に取り上げることとして、まず「神」についての『古事記伝』の理解を探ってみる。

宣長はまず、

　迦微（カミ）と申す名義（ナノココロ）は未ダ思ヒ得ず

と述べる。「迦微」は『古事記』本文にも見える表記であるが（沼河比賣求婚の段など）、ここで「迦微」を採ったのは、表意文字としての漢字の「神」から離れて、口承の言葉としての「かみ」の意味を捉えようということである。そして宣長は、なぜ「かみ」を「かみ」と名付けたのか、その「名義」、つまり語源は不明だとする。ここで挿んだ細注では「旧く説ることども皆あたらず」とも述べる。「上」や「鏡」などの語が転じて「かみ」となったというような由来が尤もらしく説かれていたが、宣長はそれらを一蹴している。その上で宣長は、「かみ」とは何かを正面から論じる。

> 凡て迦微とは、古御典等に見えたる天地の諸の神たちを始めて、其を祀れる社に坐ス御霊をも申し、又人はさらにも云ハず、鳥獣木草のたぐひ海山など、其余何にまれ、尋常ならずすぐれたる徳のありて、可畏き物を迦微とは云なり

古典に記載された天地の神々をはじめ、神社に祭神としてその霊が祀られている神々、鳥獣草木をはじめ海や山など何であれ、尋常ならざる力能をもった畏怖すべき「物」は、すべて「かみ」と呼ばれた、これが宣長の理解である。

### 「可畏き物」

「尋常ならずすぐれたる徳のありて、可畏き物」のすべてが「かみ」だとした宣長は、ここで、長い細注を置いて説明を補っている。

> すぐれたるとは、尊きこと善きこと、功しきことなどの、優れたるのみを云に非ず、悪きもの奇しきものなども、よにすぐれて可畏きをば、神と云なり

人間の捉える尊卑善悪を超越した、あるいはそういう基準や規範が生まれる以前の、それらの彼方にある未分化で渾沌とした力を「かみ」の中に見ているようだ。細注は続く。

> さて人の中の神は、先ヅかけまくもかしこき天皇は、御世々々みな神に坐スこと、申すもさらなり、其(ソ)は遠(トホ)つ神とも申して、凡人(タダビト)とは遙(ハルカ)に遠く、尊く可畏(カシコ)く坐シますが故なり、かくて次々にも神なる人、古ヘも今もあることなり、又天ノ下にうけばりてこそあらね、一国一里一家の内につきても、ほど〳〵に神なる人あるぞかし、さて神代の神たちも、多くは其代の人にして、其代の人は皆神なりし故に、神代とは云なり

「かみ」と人の間にも、明確な境界線があるわけではなく、「凡人」にない能力を発揮する人物は、「天下にうけばりてこそあらね」、つまり天下というレベルではなくとも、各々の場にあって「神なる人」とすべきものである。

> 又人ならぬ物には、雷は常にも鳴ル神神鳴リなど云ヘば、さらにもいはず、龍(タツ)樹(コ)霊(タマ)狐などのたぐひも、すぐれてあやしき物にて、可畏(カシコ)ければ神なり、……又虎をも狼をも神と云ること、書紀万葉などに見え、又桃子(モモ)に意富加牟都美命(オホカムツミノ)と云名を賜ひ、御頸玉(ミクビタマ)を御倉板挙命(ミクラタナノ)と申せしたぐひ、又磐根(イハネ)木株(コノタチ)艸葉(カヤノカキバ)のよく言語(モノイヒ)したぐひなども、皆神なり、さて又海山などを神と云ることも多し、そは其ノ御(ミ)霊(タマ)の神を云に非ずて、直(タダ)に其ノ海をも山をもさして云り、此(コレ)らもいとかしこき物なるがゆゑなり

雷は言うまでもなく、動物・植物・鉱物、何であれ「すぐれてあやしき物」はすべて「かみ」であり、海や山についても、そこに宿る精霊が「かみ」なのではなく「物」としての海や山そのものが「かみ」なのである。こう述べられて細注は終わるが、そこから浮かび上がるのは、それとして気付かぬことが多いものの、無数の「可畏き物」としての「かみ」たちに、幾重にも囲まれ包まれてはじめて私たちの生がありうるという事実であろう。

『古事記伝』の本文に帰れば、

> 抑迦微は如此く種々にて、貴きもあり賤きもあり、強きもあり弱きもあり、善きもあり悪きもありて、心も行もそのさま〴〵に随ひて、とり〴〵にしあれば、大かた一むきに定めては論ひがたき物になむありける

として、貴賤・強弱・善悪いずれも「とり〴〵」であって、「尋常ならずすぐれたる徳のありて、可畏き物」という以上の一般論は成り立たないとする。善悪について言えば、吉福をもたらす善神であっても怒りにまかせて「荒びたまふ事」もあり、悪神が「物幸はふること」もないわけではない。そして、

> 善きも悪きも、いと尊くすぐれたる神たちの御うへに至りては、いとも〳〵妙に霊く奇しくなむ坐シませば、さらに人の小き智以て、其ノ理リなどちへ（千重）のひとへ（一重）も、測り知るべきわざに非ず、たゞ其ノ尊きをたふとみ、可畏きを畏みてぞあるべき

と述べて、どのような「かみ」であっても、その「心も行も」人間の理知の遠く及ばないものであることを認めて、ひたすらに畏怖すべきものだと説いている。

## 神の身体

「可畏き物」はすべて「神」だと主張する宣長は——以下、宣長についても『迦微』「かみ」ではなく「神」と表記する、引用についてはこの限りではない——、神が人間の理智や倫理を超越した不可知なものであることを言うとともに、神は「物」だという理解をも押し出しているのである。そうなれば、同じ「神道」という言葉についても、中国と日本では内容が相違してくるわけで、宣長もこの点を強調する。中国で「聖人以二神道一設レ教、而天下服矣」（『易経』観）などと言う時の「神道」とは、「測(ハカ)りがたい不思議な道」ということであり、そこでの「神」は、霊妙なという形容詞的な意味になるが、日本の「迦微之道(カミノミチ)」は「神の始めたまひ行ひたまふ道」という意味だと宣長は言う。ここでの「神」は、実体としての神、「物」としての神であり、それはつまり神が身体的な存在だということである。

宣長は、神の身体性を説くことで何を言いたいのだろうか。既に引いたように、『古事記』の冒頭、アメノミナカヌシ・タカミムスビ・カミムスビの三神の名が挙げられ、「此三柱神者(コノミバシラノカミハ)、並独神成坐(ミナヒトリガミナリマシ)而隠身也(テミミヲカクシタマヒキ)」と語られている。この「隠身」について、宣長は

　　隠身也(ミミヲカクシタマヒキ)とは、御身(ミミ)の隠(カク)りて、所見(ミエ)顕(アラハ)れ給はぬを云なり

と説いて、細注でこう補足する。

御形体の無きを如此言と心得るは、後ノ世のなまさかしらなり、少名毘古那ノ神の事を、神産巣日ノ命の、自二リ我手俣一久伎斯子也、と詔へるを思ふべし、御身無くて、御手はあるべきかは、此ノ手俣のこと、世人の心には、如何思ふらむ、凡て神代の故事を、仮の寓言の如く見るは、例の漢意の癖にして、甚く古ヘの伝への意に背けり

「隠身」を「隠り身」というように体言で訓み、身体を持たない神とする解釈もあったが、宣長はそういう理解に反発している。宣長が反発するのは、神の身体性を後退させ、より観念的な次元で神を捉えることが、神話を「仮の寓言」と見做す傾向を増長させると考えるからである。「仮の寓言」は、ある本質的な真実を伝えるための譬え話というほどの意味であろう。

身体的な存在として神を捉えることは、宣長の禊や祓についての理解にも深く繋がっている。イザナギは、黄泉国から地上世界に戻り、「御身之禊」をするために竺紫の日向の橘の小門の阿波岐原に向かう。宣長は、「美曾岐は身滌なり」「波羅比は払なり」とし、水辺で行なうのが「美曾岐」、場所を特定しないのが「波羅比」だと説明して、次のように述べている。

祓を以て心の枉れるを直すこととするは、甚く誤なり、……動れば儒仏を羨て、心法を説むとする学者の癖なり、……凡て禊祓は、身の汚垢を清むるわざにこそあれ、心を祓ひ清むと云は、外ッ国の意にして、御国の古ヘさらにさることなし

「身の汚垢を清むる」ことを低次、「心を祓ひ清むる」ことを高次と考える「心法」論的な発想を

「御国の古へ」にないものとして斥けるのであるが、この時のイザナギの禊が「御身之禊」であったことが根拠として挙げられるのである。

## ムスビの神

宣長が、根源的な神として据えるのは、タカミムスビ・カミムスビという二柱のムスビの神である。

> 産巣は生なり、……物の成出るを云フ、……凡て物の霊異なるを比と云、……されば産霊とは、凡て物を生成すことの霊異なる神霊を申すなり

これを「物」の側から言えば、あらゆる「物」は、ムスビの神の「霊異なる神霊」を受けて生成し存在するということである。そして

> 世間に有リとあることは、此ノ天地を始めて、万ズノ物も事業も悉に皆、此ノ二柱の産巣日ノ大御神の産霊に資て成リ出るものなり

と述べられる。根源神としてのタカミムスビ・カミムスビの二柱の神の霊力によって、イザナギ・イザナミをはじめとする神々も、国土も、人も誕生したのであるが、「物」だけではなく「事業」もまたムスビの二神の霊的な計らいに基づいている。イザナギ・イザナミが「国土万ノ物」を生み成したのも、神々がアマテラスを「天ノ石屋」から引き出したのも、アマテラスがニニギに「可天降」と命じたのも、すべての「事業」は、この二神に由来しているのだと宣長は言う。

では、この二神が成ったのは何に拠るのだろうか。アメノミナカヌシを含めて根源の三神について、

三柱ノ神は、如何なる理ありて、何の産霊によりて成リ坐セりと云こと、其ノ伝ヘ無ければ知リがたし、然るは甚も〱奇しく霊しく妙なることわりによりてぞ成リ坐シけむ、されど其はさらに心も詞も及ぶべきならねば、固り伝ヘのなきぞ諾なりける

と宣長は述べて、「奇しく霊しく妙なることわり」があってのことだとしながら、それ以上は「其ノ伝ヘ無ければ」不可知だとする。そして、この根源の三神は、高天原において成ったかのように『古事記』には描かれているものの、

於二高天ノ原一成としも云るは、後に天地成リては、其ノ成リ坐セりし処、高天ノ原になりて、後まで其ノ高天ノ原に坐シ々ス神なるが故なり

と言い、細注で

元来高天ノ原ありて、其処に成リ坐スと云にはあらず

と補足されるように、宣長の理解では、後に高天原と呼ばれることになる「虚空中」に成ったとすべきものである。

此神たちは、天地より先だちて成坐つれば、……たゞ虚空中にぞ成リ坐しけむ……

天地をはじめとしてあらゆる「物」の生成を司どる根源の神は、天地に先立って誕生しているはずだからである。

## 3　『古事記伝』の世界（二）——高天原・葦原中国・黄泉国

### 天上の国

宣長は『古事記』が描く空間を、高天原（天上世界）—葦原中国（地上世界）—黄泉国（地底世界）として垂直的に捉えている。

まず、高天原については

高天原は、すなはち天なり

と言われ、『古事記』の冒頭で「天地初発之時」と語り出された「天」のことだとする。ではなぜ「高天原」と呼ぶのだろうか。

たゞ天と云フと、高天原と云との差別は、如何ぞと云に、まづ天は、天ツ神の坐シます御国なるが故に、山川木草のたぐひ、宮殿そのほか万ヅの物も事も、全御孫命の所知看此ノ御国土の如くにして、なほすぐれたる処にしあれば、大方のありさまも、神たちの御上の万ヅの事も、此ノ国土に有る事

の如くになむあるを、高天原としも云ッは、其ノ天(アメ)にして有る事を語るときの称なり

天神の居所としては「天」であるが、それが「御孫命」の治める地上世界と同じように「物」が備わり「事」が生起する具体的な生きた世界として語られる時には、「高天原」と呼ばれるということである。

「高天原」について、もう一つ、宣長は注意を促している。例えばアマテラスが、「天にして詔(ノタマ)ふ御言」として天上世界を指して言う時には、それは「天原」であって「高天原」ではない。なぜなら、

高天ノ原とは此ノ国土より云ッことなり

とされる通り、「高天原」は、地上世界から見上げての呼称だからである。

では「葦原中国」とは何か。そして、地上世界の全体はどのように把握されたのだろうか。

### 大八嶋国と外国

葦原(アシハラノ)中国(ナカツクニ)は大御国の号(ナ)にして、もと天ッ神の御代に、高天ノ原より云る号(ナ)なり

「葦原中国」は、「大御国」つまりイザナギ・イザナミが生んだ国土としての「大八嶋国」を言う呼称であり、その国土を、高天原から見下(みおろ)して呼ぶものだと宣長は言う。そして『古事記伝』は、「葦原中国」という呼称の由来は『国号考』に譲るとして説明を省略している。『国号考』は、「大八嶋

国」「葦原中国」「夜麻登」「倭の字」「和の字」「日本」「豊また大てふ称辞」の七項から成る宣長の考証的エッセイで、成稿の年次は不明であるが、天明七年（一七八七）に公刊されている。その『国号考』には、

> いといと上つ代には、四方(ヨモ)の海べたはこと〴〵く葦原にて、其中に国処(クニドコロ)は在リて、上方(カミツカタ)より見下(ミクダ)せば、葦原のめぐれる中に見えける故に、高天ノ原よりかくは名づけたるなり

と説明されている。海に囲まれた「葦原のめぐれる中に見え」る国という意味だった、こう宣長は理解する。従って、『古事記伝』に戻れば、「中ッ国」の「中」について、「漢国の人のみづからほこりて、中華中国と云と同じさまに説なす」解釈、即ち「ナカツクニ」の「中」に思想的な意味をもたせようとする解釈は成立しないと宣長は論じている。ここまでの宣長の説明からも窺える通り、地上世界から見上げて「高天原」があり、天上世界から見下して「葦原中国」があって、この二つが垂直的に向き合っているわけだが、「葦原中国」は地上世界の全体をカバーするものではない。では宣長は、「葦原中国」以外の国々の誕生をどのように考えていたのだろうか。

『古事記』本文には、イザナギ・イザナミが「大八嶋国(オホヤシマクニ)」（淡道之穂之狭別嶋(アハヂノホノサワケノシマ)・伊予之二名嶋(イヨノフタナノシマ)・隠伎之三子嶋(オキノミツゴノシマ)・筑紫嶋(ツクシノシマ)・伊伎嶋(イキノシマ)・津嶋(ツシマ)・佐度嶋(サドノシマ)・大倭豊秋津嶋(オホヤマトトヨアキヅシマ)）を生み廻(めぐ)り、「淤能碁呂嶋(オノゴロシマ)」への帰路に「吉備児嶋(キビノコジマ)」から「両児嶋(フタゴノシマ)」までの六嶋を生んだとあるだけであるが、『古事記伝』の宣長は、『日本書紀』本文の一節に注目する。それは、「大八洲国」の誕生に続く記述で、対馬、壱岐、さらに「処処小嶋」は、「潮沫ノ凝リ成ル者」と語られる。この「処処小嶋」について、宣長は

さて処処小嶋とあるは、必しも小き嶋のみには限るべからず、……諸の外ッ国をも、大きなる小きを云ハず、皆此ノ内とすべきなり

と解釈した。見上げ、見下す関係で「高天原」と「葦原中国」（「大八嶋国」）が対をなし、地上世界を横に見渡せば、海の潮の泡が凝結して出来た嶋々が「葦原中国」の周辺にあり、さらにその外側に、同じく潮の泡の凝結から生まれた大小の外国が存在するということになる。

**死者の往く国**

最後は、黄泉国である。「黄泉国」はヨミノクニともヨミツクニとも訓むとした上で、宣長は

たゞ黄泉とのみあるは、予美と読べし、さて予美は、死し人の往て居国なり

と説き、細注において、「死にて夜見ノ国に罷るは、此ノ身ながら往か、はた魂のみ往クか」という問いを置いて、

此身はなきからとなりて、しるく顕国に留在れば、夜見ノ国には魂の往クなるべし

と答えている。「顕国」は、死者の世界としての「黄泉国」と対比的に言う時の地上世界を指している。人が死ねば、遺骸は「顕国」に留まり、その霊魂は「黄泉国」に往くのである。それは、

貴きも賤きも善も悪も、死ぬればみな此ノ夜見ノ国に往ことぞ

と言うように、現世での身分、生前の行状や人格の善悪良否に関わりなく、「死ぬればみな」黄泉国に往くものだとされる。善人が苦しみ、悪人が栄える、そういう現世での不条理は、死後、善人は極楽往生し、悪人は地獄に落ちることで帳尻が合うのだ——というような発想には宣長は関心を向けずに、誰もが同じように死の穢れに満ちた世界に赴くのだと説くのである。『古事記』には、イザナミが死後に赴いた世界としての黄泉国が描かれているが、死者一般が往くべき所というような言及はない。「死ぬればみな」と語る宣長は、問題を一気に拡大させたのである。

では、「黄泉国」はどこに在るのだろうか。宣長は、『古事記』本文中の「根ノ国」「根之堅洲国」も「黄泉国」を指すものだと理解し、『古事記伝』において、それを「下つ底の方」「下辺(シタベ)に在ル国」と敷衍している。また、イザナギがイザナミに「事戸(コトド)」を渡した（絶縁の呪言を言い渡した）地点である「黄泉比良坂(ヨモツヒラサカ)」について、「此(コ)は黄泉(ヨミ)と顕国(ウツシクニ)との堺なり」と述べているから、これらを考え合わせれば、「黄泉国」は、地上世界と連続した地底世界として捉えられていたことになる。そしてまた、死者の往く国としての「黄泉国」は穢れの世界であることが重要であるが、これについては次項で取り上げる。

### 「天地初発」とムスビの霊力

こうして、高天原—葦原中国—黄泉国という垂直的な構造でもって『古事記』の空間は定められたが、これを時間軸に沿って考えればどうなるのだろうか。

先に見たように、天地万物に先立つ根源神としてムスビの神を立てた宣長は、『古事記』の冒頭「天地初発之時、於高天原成神名、……」の読み方を、「天地」や「高天原」が、時間の始まりにおい

て既に存在していたかに誤解されないように説明しなければならない。宣長の言うところを聴いてみよう。

「天地初発之時」を宣長は、「アメツチノハジメノトキ」と訓む。音読みの「テンチ」ではなく「アメツチ」であり、「天（アメ）」は「天ッ神たちの坐ます御国」、「地」は海洋を含んでの「陸地（クヌガ）」のことである。そして「初発」については、

> 初発を、ハジメテヒラクルと訓るはひがことなり、其（ソ）はいはゆる開闢（カイビャク）の意に思ひ混（マガ）へつる物ぞ、抑天地のひらくと云フは、漢籍言（カラブミゴト）にして、此間（ココ）の古言に非ず、……されば万葉の歌などにも、天地のわかれし時とよめるはあれども、ひらけし時とよめるは、一つも無きをや

と論じて、「開闢の意」が混入しないように訓むべきだとする。そして、

> 如此天地之初発（カクアメツチノハジメ）と云へるは、たゞ先ヅ此ノ世の初（ハジメ）を、おほかたに云る文にして、此処（ココ）は必しも天と地との成れるを指（サシ）て云るには非ず

と述べて、ここでの「天地初発之時」は「おほかた」に「此ノ世の初」を話題としたもので、ムスビの神の霊力による「天地」の具体的な生成は、このすぐ後に語られていると説いている。

それが語られるのは、ムスビの神についての記述、つまり「此三柱神者（コノミバシラノカミハ）、並独神成坐而（ミナヒトリガミナリマシテ）、隠身也（ミミヲカクシタマヒキ）」で閉じられた『古事記』冒頭の一段にすぐ続く一段、「次国稚如浮脂而（ツギニクニワカクウキアブラノゴトクニシテ）、久羅下（クラゲ）

那洲多陀用幣琉之時（ナスタダヨヘルトキニ）、如葦牙因萌騰之物而成神名（アシカビノゴトモエアガルモノニヨリテナリマセルカミノミナハ）、宇麻志阿斯訶備比古遅神（ウマシアシカビヒコヂノカミ）、次（ツギニ）……」からの記述だというのが宣長の読みである。「国稚」の「国」も、後に「国土」となるべきはずのものを先取りして言ったまでであり、「多陀用幣琉」も「虚空中（オホソラ）」を漂っていたのだと宣長は言う。この時点では、「虚空中」にムスビの神が座を占めているだけで、「天」も「地」も（海も）存在していないからである。

　此ノ浮脂（ウキアブラ）の如く漂蕩（タダヨ）へりし物は、何物（ナニモノ）ぞと云に、是レ即チ天地（アメツチ）に成るべき物にして、其ノ天に成ルべき物と、地に成べき物と、未ダ分れず、一ッに淆（マジ）りて沌（ムラ）かれたるなり

とする宣長は、このように「なだらかに」語り伝えているところに「のどやかなる上ッ代の伝説（ツタヘゴト）」の特徴があって、「天」の始まりは云々、「地」は云々と「きはやかにさかしく」説き明かしていく『日本書紀』との違いでもあると述べている。そして「虚空中」に「漂蕩へりし物」が垂直的に分離して、まず「天」が、そして「地」が成立したのである。

　其ノ中に天となるべき物は、今萌騰りて天となり、地となるべき物は、遺（ノコ）り留（トドマ）りて、後に地となれるなれば、是レ正（マサ）しく天地の分れたるなり

そして当然ながら、

かく浮脂の如くなる物の生初(ナリハジ)めしも、其(ソレ)が分れて天地と成れるも、又此ノ次々の神等の成リ坐るも、悉(コトゴト)に皆二柱の産巣日(ムスビ)ノ大神の産霊(ムスビ)によらずと云ことなし

と言われるように、「天」と「地」の生成をはじめ、ウマシアシカビヒコヂからアメノトコタチ、さらにはウヒヂニ・イモスヒヂニ、ツヌグヒ・イモイクグヒ……と続き、イザナギ・イザナミまでの諸神の誕生は、根源神の「産霊」の力の顕現そのものとされる。

宣長は、ウマシアシカビヒコヂから時をおかずに連続して諸神が生まれ、イザナギ・イザナミに至ることを強調するが、それは

天之御中主ノ神より此ノ二柱ノ神までは、さしつゞきて次第(ツギツギ)に同ジ時に成リ坐て、此ノ時も即かの国(クニ)稚(ワカク)如(クニシテ)ニ浮脂一ノ而漂蕩(タダヨヘ)る時なり

と述べる通り、「天地に成べき物」がいまだ虚空を漂っている時に、イザナギ・イザナミ二神が生まれたことを言うためである。ただし細注に

実は此時は、たゞ潮のかつ〴〵凝なむとして、たゞよへるのみぞ

とあるように、「天」と「地」それぞれに凝結する動きが現われ出していたとされる。

そこでムスビの神をはじめとする神たちは、イザナギ・イザナミに重大な使命を与える。『古事記』

に「於是天神諸命以、詔伊邪那岐命伊邪那美命二柱神、修理固成是多陀用幣流之国、賜天沼矛而、言依賜也」とあるのが、その使命である。「多陀用幣流之国」を「修理固成」と命じられた二神は、「天浮橋」、宣長によれば「天と地との間を、神たちの昇降り通ひ賜ふ路にかゝれる橋」であるが、その橋に立って「彼ノ浮脂の如漂へる物を迦伎て」、そこに「淤能碁呂嶋」が生まれ、この島に降りた二神は夫婦神として「美斗能麻具波比」をして「大八嶋国」を生むことになるのである。これについて宣長は、「天神」たちが二神に托したのは、「多陀用幣流之国」を固め成せということで、国生みはその範囲を出るものではないのかという問いを措いて、そういう疑念は「なまさかしらなる漢意」によるところで、「神の御所為の奇く霊くして、測りがたき」を知らぬものであって、

> 初メの天神の大命は、漂蕩へる潮を固めて、先ヅ国土産べき基〈淤能碁呂嶋なり、〉を成スより始めて、国土を産生て、うるはしく経営成固むるまでをかけて詔へるにて、……

と説き伏せている。

宣長は、黄泉国の成り立ちについては言及しない。妻を連れ戻すために黄泉国を訪れたイザナギに対して、イザナミは「且具与黄泉神相論」と答えたが、その「黄泉神」についても宣長は、「此神は如何なる神にか、伝ヘなければ知ルべきに非ず」とする。黄泉国の成立についても、論じるだけの所伝がないということだろう。

『古事記』自体が、イザナギ・イザナミによる国生み、つまり「大八嶋国」の誕生については多弁

であっても、「天」や「地」（海を含む）の生成の具体像については関心が薄いように思われる。「天地に成るべき物」に由来する「地」と、二神の交合によって生まれた「国土(クニ)」との関係という問題一つを見ても、それを整合的に説明しようとはしていない。そういう『古事記』の姿勢を、「伝へなければ知ルべきに非ず」として、あるいは「きはやかにさかしく」説くことを好まない「のびやかなる上代の伝説」のありようとして、積極的に認めていくのが『古事記伝』の立場である。

## 4　『古事記伝』の世界（三）――マガツヒとナホビ

### 善悪吉凶

宣長は、善悪と吉凶を次元の異なるものとして区別することはせずに、「吉善」と「凶悪」の対抗として物事を捉えていく。大雑把に言えば、人間の生存にダメージを与えるものが「凶悪」で、生存を賦活させるものが「吉善」ということになるだろうか。

では、この世界に善悪吉凶が入り乱れ、悪事や凶事が止まないのはなぜだろうか――こういう問いに対して、宣長は、『古事記』で黄泉国から戻ったイザナギの禊の段に一度だけ登場する、しかも宣長以前にはとくに注目されることもなかった禍津日神（マガツヒノカミ）と直毘神（ナホビノカミ）の神格を新しく意義づけることで答えていく。

黄泉国は、死者の霊魂が赴く穢れの世界である。そしてイザナミの「黄泉戸喫(ヨモツヘグヒ)」によせて、宣長は「黄泉の物は……惣て穢れたる」ものだとしながら、特にその「火に穢れの有ル」ことがとくに重大だと述べている。ちなみに「黄泉戸喫」を宣長は、「黄泉国(ヨミノクニ)の竈(カマド)にて煮炊(ニカシキ)たる物を食(クフ)云り」と定義付けている。妻を取り戻そうとしたイザナギは、既に「黄泉戸喫」をしてしまったイザナミに接したことで、自らも黄泉国の火の穢れに染まってしまったために禊をした。その時、『古事記』によれば、「所到其穢繁国之時因汚垢而所成之神」として現われたのが「八十禍津日神」と「大禍津日神」であり、「為直其禍而所成神」として現われたのが「神直毘神」と「大直毘神」、それに「伊豆能賣神」だとされる。これらの神々を、宣長はどのように解釈するのだろうか。

まず、マガツビである。宣長は、

世間にあらゆる凶悪事邪曲事などは、みな元は此ノ禍津日神の御霊より起るなり

あるいは

あなかしこ万の禍は、火の穢るゝから起るぞかし、禍の起るは、此ノ黄泉の穢より成リ坐る禍津日神の霊なり、火穢るゝときは、此神ところ得て荒ぶる故に、万の禍おこるなり

と述べて、黄泉国の穢れから成ったマガツビが、穢れ、特に火の穢れに誘発されて「荒ぶる」ことから「凶悪事邪曲事」が生起するものとしている。これに対して、ナホビは

直とは、未直からざるを直す意の御名なり、……直毘とは、禍を直したまふ御霊の謂なり

と説かれるように、マガツビがもたらした「凶悪事邪曲事」を収めて、以前の状態を回復させる神で

ある。イヅノメは、「既に汚垢を滌祓て、明く清まりたる」姿を象徴する神で、「伊豆」は「明津」の縮約だろうと宣長は見ている。「凶悪事邪曲事」をもたらす「荒ぶる」マガツビがいて、その「凶悪事邪曲事」を「直す」力を持つナホビがマガツビに向き合い、ナホビの働きで取り戻された穏やかさをイヅノメが表現しているというのである。

付け加えれば、宣長の中には、ナホビがマガツビを実力をもって直接的に押さえつけるというようなイメージはない。マガツビが荒ぶってしまえば、ただそれに耐えるしかないのであって、力でもって対抗するのではない。その荒ぶりが治まってきた時に、「凶悪を吉善に直したまふ」のがナホビであり、その意味では「凶悪」の凄まじさを前提として、ナホビはその力能を発揮する。

### マガツビ・ナホビと大祓

マガツビとナホビは、一面では対立し対抗し合う神であるが、その関係は単純ではない。

宣長は、マガツビとナホビの関係の他の一面を、「大祓詞」を引きながら説明する。大祓は、六月と十二月の晦日に、国中に発生した罪や穢れを祓い清める律令国家の神事であり、その際に唱えられた祝詞が「大祓詞」であった。その「大祓詞」には、「速川能瀬坐須、瀬織津比咩」が国中の罪穢を大海原に運び出し、「塩乃八百会尓座須、速開都比咩」がその罪穢を呑み込み、「気吹戸坐須、気吹戸主」がその罪穢を根国底国に吹き放ってしまい、最終的には「根ノ国底之国尓坐、速佐須良比咩」が遙か彼方に罪穢を持っていってしまうとある。セオリツヒメ→ハヤアキツヒメ→イブキドヌシ→ハヤサスラヒメのリレーによって、罪や穢れは極遠の彼方に払われるのである。そして『古事記伝』は、最終的に回復された穏やかさを象徴する神であるイズノメを説明する中で、

又大祓ノ祝詞ニ所謂、瀬織津比咩は禍津日に、気吹戸主は直毘神にあたれば、此神の速開都咩に当ること更に明けし

と述べている。つまり宣長は、セオリツヒメ（マガツビ）→ハヤアキツヒメ（イズノメ）→イブキドヌシ（ナホビ）→ハヤサスラヒメと捉えていることになる。そして宣長は、その細注において、

かの祝詞［大祓詞］に、先ヅ速開都咩を云て、後に気吹戸主を云るは、次序の合ぬに似たれど、彼レは穢悪の帰方を云る物なる故に、気吹戸主は後にあり

と補足し、「大祓詞」でのイズノメとナホビの登場の「次序」にこだわる必要はないと注意している。なお、宣長の『大祓詞後釈』（宣長が、真淵の「大祓詞」研究を批判修正した書、寛政八年刊）を見れば、セオリツヒメ→ハヤアキツヒメの間にもイブキドヌシの働きが介在しているはずだが、文言上はそれが省略されていると説明されている。またハヤサスラヒメは、スサノヲの娘であるスセリビメのことだと宣長は解釈している（後述）。

重要なことは、宣長は「大祓詞」に重ねることで、マガツビとナホビを、対立ではなく連続の相において捉えているということである。『大祓詞後釈』から引けば、

そもく世中の凶事は、皆もと黄泉ノ国より起り来る事なるを、祓禊は、その罪穢の凶事を、本の黄泉国へ、かへしやるしわざにて、……

とされるように、宣長は、「罪穢の凶事」を「本の黄泉国へ、かへしやるしわざ」が全体としてどういうものかを考えている。宣長によれば、それは、黄泉国の穢れ、とりわけその火の穢れによって発生し、顕在化し、時には――巨大な自然災害や戦乱といった――爆発的な形で現われ、やがて収束し、黄泉の国に回収されるという一つの大きな円環を成している。この大きな円環に視点を据えれば、現象としては対立し対抗し合っているマガツビとナホビは、それぞれの仕方でその円環の一部を担っていると見ることも可能であろう。

**『古事記伝』の世界観**

分裂や対立の相に目を奪われがちであるが、より大きく捉えれば、そこには互いの存在を前提にして補い合うような構造があり、それによって全体の運行や循環が停滞なく進んでいくという感覚は、『古事記伝』の世界観そのものでもある。宣長は、

> 凡て世間(ヨノナカ)のありさま、代々時々(ヨヨトキトキ)に、吉善事凶悪事(ヨゴトマガコト)つぎ〳〵に移(ウツ)りもてゆく理(リ)は、大きなるも小(チヒサ)きも、〈天ノ下に関(アヅ)かる大事より、民草の身々(ミミ)のうへの小事に至るまで、〉悉(コトゴト)に此ノ神代の始メの趣に依るものなり

と述べて、「吉善事」と「凶悪事」が「つぎ〳〵に移りもてゆく」のはなぜかを論じる。「人は人事(ヒトノウヘ)を以て神代を議(ハカ)るを、我は神代を以て人事(ヒトノウヘ)を知れり」と述べられた宣長の言葉はこう続く。

> 世間(ヨノナカ)のあるかたち何事も、吉善(ヨゴト)より凶悪(マガコト)を生(ナ)し、〈二柱ノ神、諸神を生(ウミ)たまへる吉善(ヨゴト)によりて、女神の神(カム)避(サリ)坐ス凶悪(マガコト)は出来れり、何事もみなかくの如く、凶悪(マガコト)は吉善(ヨゴト)よりおこるものぞ、〉凶悪(マガコト)より吉善(ヨゴト)を生(ナ)しつゝ、

〈伊邪那岐ノ命、黄泉の穢に触たまへる凶悪によりてこそ、御禊して月日ノ神は成リ出坐せれ、何事もみなかくの如く、吉善は凶悪よりおこるものなり、〉互にうつりもてゆく理リをさとるべく……

「吉善」と「凶悪」も互いの契機を内包させているという面をもつから、純粋無垢な「吉善」も、百パーセントの「凶悪」も存在するものではない。「吉善事」の深部に「凶悪事」の芽があり、逆もまた言いうるから、両者は「つぎ〳〵に移りもてゆく」のである。

同時にまた、それは価値の相対視、あるいは平板な善悪吉凶の入れ替わりの議論ではなく、「つぎ〳〵に移りもてゆく」中に「然凶悪はあれども、終に吉善に勝事あたはざる理リ」が貫かれていることを知らねばならないとも宣長は言う。「凶悪」がなくなることはないが、それが最終的に「勝事」はありえない。なぜなら、根源神としてのムスビの賜物として、人間は本質的には「吉善」を好み、それを得ようとするからだと宣長は捉えている。「産巣日ノ神の御霊によりて、凶悪をきらひて、吉善をなすべき物」として生れたのが人間だ、こう宣長は述べている。『古事記』において、イザナギの禊によってマガツビとナホビが登場し、そこで終わらずにイズノメが描かれるのも、「凶悪は……吉善に勝事あたはざる理リ」を暗示してのことだと宣長は論じている。

## 5　『古事記伝』の世界（四）――アマテラスとスサノヲ

### 三貴子の誕生

『古事記』では、アマテラス・ツクヨミ・スサノヲ三神の誕生は、イザナギが阿波岐原で禊をした時のこととして、「於是洗左御目時、所成神名、天照大御神(ミカミ)、次洗右御目時(ツギニミギノミメヲアラヒタマヒシトキニ)、所成神名(ナリマセルカミノミナハ)、月読命(ツクヨミノミコト)、次洗御鼻時(ツギニミハナヲアラヒタマヒシトキニ)、所成神名(ナリマセルカミノミナハ)、建速須佐之男命(タケハヤスサノヲノミコト)」と語られている。正確には、「漢文の格のまゝ」に漢字表記された「於是」以下の文字列から、宣長は口承されてきた「古語」の並びをこのように読み取ったとすべきであるが、その点は繰り返さない。『古事記』によれば、イザナギは「三貴子(ミバシラノウヅノミコ)」の誕生としてこれを喜び、アマテラスには「高天原」を、ツクヨミには「夜之食国(ヨルノヲスクニ)」を、スサノヲには「海原(ウナハラ)」を治めることを命じた。

アマテラスについて、宣長は

此ノ大御神は、即チ今まのあたり世を御照(ミテラ)し坐々(マシマス)天津日(アマツヒ)に坐々り

と、それが太陽そのものであることを言い、太陽として天空に輝いているのは、「高天原」を治めよというイザナギの「事依(コトヨサ)し」、つまり付託に従ったものであると強調する。

此ノ大御神は、今も目前天津虚空(マノアタリアマツソラ)に仰ぎ見奉れば、今如此(カク)事依(コトヨサ)し賜へる大命(オホミコト)の随(マニマニ)、常(トコシヘ)に天(アメ)を所知看(シロシメ)して、四海万国(ヨモノウミヨロヅノクニ)を御照(ミテラ)し坐々(マシマ)すこと著明(イチジル)し

こうも言う。

天照大御神は、此ノ御事依(ミコトヨサシ)のまに〳〵、天地の共無窮(ムタトコシヘ)に高天ノ原を所知看(シロシメシ)て、天地(アメツチ)の表裏(ウラウヘ)を、くまなく御照し坐まして、天ノ下にあらゆる万ノ国、此ノ御霊(ミタマ)を蒙(カガフ)らずと云ことなければ、天地の限リ

の大君主（オホキミ）に坐々て、世に無上至尊（カミナクタフト）きは、此ノ大御神になむましく〱ける

ここでも、イザナギの「御事依」に従うアマテラスの恩恵が、時を越えて万国に遍く及ぶことが言われ、アマテラスこそ「天地の限リの大君主」とすべき存在だと讃えられる。宣長にとってのアマテラスは、皇祖神である前に、「無上至尊」の太陽神である。なお、アマテラスを男神とする議論については、「漢（カラ）の理にへつらへるもの」として取り合わない。

ツクヨミは「今天に坐シ々ス月」であり、アマテラスが女神であるのに対して男神であって、宣長はそれもまた、陽＝男、陰＝女と考える「陰陽の説」では説明できないところだと論じている。

スサノヲは、宣長によってどう描かれているだろうか。黄泉国の穢れを払うために左目を洗った時に成ったアマテラス、右目の時にツクヨミ、そして鼻を洗ってスサノヲが生まれたのであるが、それを宣長は、

御目は、黄泉（ヨミ）の物を見坐る穢（ケガレ）あるべく、御鼻は、嗅（カギ）坐る穢あるべし、……さて其（ソ）が中に、目に見たる穢は、浅くてなごりなき故に、其（ソコ）より成リ坐る月日の大神は、善神（ヨキカミ）に坐シますを、鼻に嗅悪臭気（カグクサキケ）は、深くて其ノなごり亡（ウセ）がたき故に、須佐之男命（スサノヲノ）は悪（アシキ）神なり

と解釈している。穢れとしての屍臭の消し難さから、「善神」としての太陽神・月神とは違って、鼻を洗った時に生まれたスサノヲは「悪神」と規定される。「三貴子」の中にも、こういう分裂が孕まれているのである。では、スサノヲはどういう意味で「悪神」なのだろうか。ここから、スサノヲを

めぐる長い物語が始まる。

### スサノヲの物語

イザナギから「海原」を治めよと命じられたスサノヲが、泣きじゃくる幼児のように暴れたことで、地上世界には「万物之妖」が溢れてしまう。イザナギがスサノヲを問い質すと、スサノヲは、自分は「妣国根之堅洲国」に行きたいと答える。これに怒ったイザナギは、スサノヲを地上世界から追放する。宣長によれば、「根之堅洲国」とは「黄泉国」である。追放されたスサノヲは、姉であるアマテラスに別れを告げるために天上世界に向かったが、天上に昇ってくるスサノヲの荒々しさから国土山川が激しく震動して止まず、アマテラスはスサノヲが逆心を懐いているのではないかと疑う。「僕者無邪心」とするスサノヲに対して、アマテラスは「然者汝心之清明、何以知」と詰問する。神意を占う「宇気比」を行ない、そこで女子を得たことをもって自らの潔白が証明されたとするスサノヲは、勝ち誇って、天上世界で狼藉の限りを尽くす。『古事記』本文を引けば、「爾速須佐之男命白于天照大御神、我心清明故、我所生之子得手弱女、因此言者、自我勝云而、於勝佐備、離天照大御神之営田之阿埋其溝、亦其於聞看大嘗之殿屎麻理散」であり、ついには「天照大御神坐忌服屋而、令織神御衣之時、穿其服屋之頂、逆剝天斑馬剝而所堕入時、天衣織女見驚而、於梭衝陰上而死」という事態にまで至った。宣長はこれを、「誓に勝チ給ヘる御心の進める勢」によってのこととする解釈に従い、「後ノ世に物の進み荒きを須佐夫と云ること」とも関係するだろうと述べている。

しかし「勢」とはいえ、ここまでの暴虐を働くという話の展開には無理があるのではないか、宣長はこう自問し、「此段に論べきことあり」として次のように論じている。

須佐之男ノ命既に御誓に依て、御心の清明こと顕れ、我勝ヌと詔ひ、天照大御神も許諾たまへれば、此時既に御心の清明こと疑ヒなし、然るに忽又かくの如く、天照大御神の御為に種々の悪事を為給は如何ぞや、……余は甚心得ぬことにこそ思へ、故レ按に、書紀の中の一ツノ伝へに、右の種々の悪事始メに有て、さて石屋の事より、此神に解除を科て逐し事ありて、後に天照大御神に相見給ハむとして、高天ノ原に上り給て、かの御誓約の事あり、此ノ次第こそまことに然るべく思はるれ、此レに依て思ふに、此記及書紀ノ余ノ伝へは、事の次第の前と後と乱つる物か

『古事記』の本文に錯簡があるから、この段の筋立てに無理が感じられるのではないかと宣長は疑っている。そして『日本書紀』（神代上第七段）の一書第三の所伝――まず天上世界でのスサノヲの狼藉があり、アマテラスの石屋籠り、諸神によるスサノヲの追放、スサノヲの清明心の獲得、姉に別れを告げるために天上世界に赴いたスサノヲが誓約によって自らの清明心を証明するという流れである――の方が話の運びが自然だと宣長は判断している。その上で宣長は、『古事記』本文に誤まりがないならばと仮定して、スサノヲの「勝佐備」の狼藉は

御誓の時は実に御心清明かりしかども、誓に勝給へる御心おごりに依て、又しも本性の悪心は起しにや

「本性の悪心」の為せるところだろうと述べて、必ずしも錯簡説に固執するわけではないことを表明している。

## 「解除」としての追放

「誓に勝給へる御心おごり」によるスサノヲの狼藉の苛さのあまり、アマテラスは「天石屋戸」に籠ってしまい、高天原も葦原中国も常闇となった。宣長によれば、「万国共に常闇なりしこと疑ひなし」であり、『古事記』本文を引けば、「因此而常夜往、於是万神之声者狭蠅那須皆満、万妖悉発」という状態に陥った。宣長は、ここの「万神」は「悪神」とあるべきだろうと指摘している。天上の神々たちは、「天安之河原」に集合して協議し、オモイカネの知略によってアマテラスを「天石屋戸」から引き出すことに成功し、スサノヲに「負千位置戸、亦切鬚、及手足爪令抜」その上で「神夜良比夜良比岐」、天上世界から追放した。宣長は、この追放の本質を「解除」（祓い）だと捉える。

> 凡そ波良比に二ッあり、其ノ一ッは、伊邪那岐ノ大神の阿波岐原の禊祓の如し、一ッは此の解除の如し、是レ罪犯ある人に科せて、物〈祓具と云、……〉を出し贖するなり

「禊祓」は、自身が外から被った穢れを払い清めることであるが、「罪犯」の発生にはそれとは異なった対処がなされる。「罪犯」もまた穢れの一つであるが、まず当事者に罪の軽重に応じて「祓の料物」の供出を求めて贖罪をさせる。スサノヲの罪は極めて重大であったから「髪鬚爪まで」を「祓の料物」に当てさせ、そして罪穢の化体としてのスサノヲは追放という相当の処分を受けたのである。

天神たちによって天上世界を追放されたスサノヲは、大気津比賣神（オホゲツヒメノカミ）に食物を乞い、オホゲツヒメが、鼻や口、尻から食材を出して供したことに怒り、その場でオホゲツヒメを殺害してしまう。殺されたオホゲツヒメの身体の各部から、蚕・稲種・粟・小豆・麦・大豆が成った。

スサノヲのこの凶行について宣長は、「既に解除し給ひしかども、なほ悪御心の、清まりはてぬ」からだと理解している。

ここで宣長は、スサノヲとツクヨミは「一ッ神かと思はる、こと多し」と述べている。そう推測する根拠は、『日本書紀』には、イザナギがツクヨミに「滄海原潮之八百重」の支配を命じたとする所伝があり（神代上第五段一書第六）、またツクヨミが、口から出した食材で饗応しようとした保食神（ウケモチノカミ）を殺害し、その遺体の各部から稲や粟などが生まれたとする所伝もあって（同一書第十一）、さらにスサノヲが最終的に帰っていった「黄泉」とツクヨミの「ヨミ」の音が通じることに求められている。ただここでも宣長は「此レを一ッ神としたる伝へ」がないことから、先の錯簡説と同様に判断を保留している。

## 聖婚と再生

こうして天上世界から出雲の地に降ったスサノヲは、八俣遠呂智（ヤマタヲロチ）を退治して櫛名田比賣（クシナダヒメ）を救い、ヤマタヲロチの尾から草那藝之大刀（クサナギノタチ）を取り出してこれをアマテラスに献上した。『古事記』は、クシナダヒメを妻に迎えるスサノヲに「吾来此地、我御心須賀須賀斯」と言わせ、スサノヲは新婦のために宮殿を造り、「夜久毛多都、伊豆毛夜幣賀岐、都麻碁微爾、夜幣賀岐都久流、曾能夜幣賀岐袁」と喜びを歌った。宣長は、まず「我御心須賀須賀斯」について、

> 抑々前に既に御身の鬚爪などまでを抜て、祓たまひしかども、なほ穢レの尽終ざりしにや、其ノ後しも大宜都比賣ノ神を、ゆくりなく殺シ給ふ悪行あり、〈然れども、此神の御身に種々物の成リて、世の大キなる利を得つるは、祓除の功徳にて、悪事の中より、はや善事の始れるなり、〉さて後に大蛇を斬て、

無上霊剣を得て献り給へる、此ノ功たぐひなきに因リて、以往の穢レは、皆尽はてたる故に、今自ら御心ち清々しく為て所思めすなるべし

と論じている。スサノヲの身に染み付いた黄泉国に由来した穢れは、天上の神々が科した「解除」によって清められたが、まだ完全ではなかった。その僅かに残存していた穢れが、霊剣をアマテラスに献上した功績によって完全に祓い清められ、そういう意味でスサノヲは再生したのである。

ここで宣長は、二つの議論を斥けている。一つは、スサノヲの「心性」に焦点を絞って、「穢悪心性亡て、清浄善心に変化たまふ」ものとして問題を捉えようとする議論であり、宣長からすれば、それは「儒仏の心法」の枠組みを離れられないものでしかない。スサノヲの再生は、「心法」の次元ではなく、どこまでも身体的な祓いにおいて捉えなければならないと宣長は主張している。もう一つは、スサノヲの功績を「蛇を殺して、民の害を除きたまふ」ところに求める議論である。これに対して宣長は、その程度のことは「此ノ神の御上にとりては、何ばかりの功にもあらじ」と反論して、そういう理解の歪小さを批判し、スサノヲが果たした役割は、世界秩序の全体に関わる大きな視野をもって理解しなければならないと説いた。

**黄泉国のスサノヲ**

スサノヲとクシナダヒメの間には子が生まれ、スサノヲからして「六世ノ孫」として大国主神（オホクニヌシノカミ）、亦の名を大穴牟遅神（オホナムヂノカミ）が誕生する。兄たちに虐げられたオホナムヂは黄泉国に逃れ、そこでスサノヲの娘である須勢理比賣（スセリビメ）に出会う。宣長が、スサノヲのその後について

さて此ノ大神は、初メに欲レ罷ニ妣国根之堅洲国一と白賜ひ、後終に所逐て、罷たまひぬれば、
今は既く彼ノ国に坐々なり

と述べるように、スサノヲは出雲の地を去って「妣国」としての黄泉国に下っていたのである。『日本書紀』（第八段）本文には、クシナダヒメとの聖婚の後、「已ニシテ素戔鳴尊、遂ニ根国ニ就デマシヌ」と記されているが、『古事記』にはその記述がない。宣長は、『古事記』に脱落があるのだろうと注意している。

スセリビメは一目で恋に落ち、オホナムヂはスセリビメを妻とする。オホナムヂは、スサノヲが与える試練を、スセリビメの助力によって次々と乗り切り、地上世界の王者としての資質を身に着けていく。このスセリビメについて、「マガツビとナホビ」の項でも少し触れたが、宣長は

大祓ノ詞に、根ノ国底之国爾坐ス、速佐須良比咩登云神、持佐須良比失弖牟とあるは、即此ノ比賣神にて、須勢理は佐須良比なるべし

と説いている。セオリツヒメ→ハヤアキツヒメ→イブキドヌシの順に送り渡されてきた地上世界の穢れを、「根ノ国底之国」において最後に引き受ける神としてのハヤサスラヒメとは、このスセリビメだったというのである。そして、オホナムヂについて、祓いという観点から、次のように説明する。

さて大穴牟遅ノ神の、種種八十神の難に逢給ふは、遠祖須佐之男ノ命に帰れる、黄泉の汚穢の、

既に尽訖ぬる上にも、なごりの猶有ルなり、然るを今此処に遁来坐て、此ノ比賣神の議ひに頼て、彼ノ難を免れ、大キなる利を得て、遂に功績を立テ給へるは、即此比賣神の、彼ノ罪科を、持さすらひ失ひ賜へる物ぞかし

オホナムヂが兄たちから虐待を受けたのも、スサノヲを介した「黄泉の汚穢」の「なごり」がオホナムヂにあったからである。出雲の地に降りた時点でスサノヲは清らかな身心を得たはずだったが、完全には消し難いその「なごり」は、この「六世孫」にまで引き継がれて残存していたのであり、そこに付け込んで禍神が荒ぶり、それが形としては兄たちによる虐待として現われたものと宣長は捉えている。その「なごり」を残すところなく祓い去ったのはスセリビメ（ハヤサスラヒメ）である。

オホナムヂは、黄泉国から「生大刀」「生弓矢」「天詔琴」を奪い、スセリビメを連れて地上世界に帰っていく。生命力（軍事力）の象徴としての大刀と弓矢、神降しのための聖なる楽器である琴、そしてその「議い」によって——実は祓いの力で——夫の窮地を救い夫に「功績」を立てさせた妻と共に、堂々たる王者としてオホナムヂは帰っていく。スサノヲは、オホナムヂを追って黄泉比良坂に至り、先を行くオホナムヂにこう呼びかける。「其汝所持之生大刀生弓矢以而、汝庶兄弟者、追伏坂之御尾、亦追撥河之瀬而、意礼為大国主神、亦為宇都志国玉神而、其我之女須世理毘賣為嫡妻而、於宇迦能山之山本、於底津石根宮柱布刀斯理、於高天原氷椽多加斯理而居是奴也」これは、地上世界の新しい王者としての「大国主神」の誕生を祝福し、その将来を言祝いだもので、ここでのスサノヲは、若々しい英雄の登場を見届けた長老の風格を帯びている。

これでスサノヲの物語は終わる。宣長は、この劇的な物語を、イザナギが地上世界に持ち込んでし

まった黄泉の国の穢れが、スサノヲを介して地上世界にも天上世界にも大きな災厄をもたらしながらも、それが祓い清められる物語、長い時間をかけた大きな祓いの物語として読み通した。「悪と善と、たがひに根ざすことわり」は揺るがず、穢れという「凶悪」から地上世界の新たな王者の誕生という「吉善」がもたらされたのである。

## 6　『古事記伝』の世界（五）――オホクニヌシ

### 国作りの神

オホクニヌシは、宣長によれば、イザナギ・イザナミの国作りを継いで、それを完成させるべき神である。これは『古事記』本文が、スサノヲの言祝ぎの言葉を受けて、オホクニヌシが直ちに「故持其大刀弓、追避其八十神之時、毎坂御尾追伏、毎河瀬追撥而、始作国也」と伝えていることからも明らかだとされる。さらに宣長は

> 作とは、巻ノ首に修理とある字の意なり、抑此ノ国作リの事は、上ノ黄泉ノ段に、伊邪那岐ノ命の、吾ト与レ汝所作之国未二作竟一故レ可還と、伊邪那美ノ命に詔ひしかども、云々の所以にて、得還リ坐さで止にしを、其ノ伊邪那美ノ命に依リ坐て黄泉ノ国を所知、須佐之男ノ大神の御裔に坐ス此ノ神の、其ノ大神の御威霊によりて、彼ノ業を紹て、功を成シ給ふこと、彼と此とを相照し考へて、深き所以あることを知べし

と述べて、天神たちがイザナギ・イザナミに命じた「修理固成是多陀用幣流之国」という事業が、こ

の時点でまだ未完成であり、黄泉国を治めるスサノヲの裔孫としてのオホクニヌシが国作りを仕上げたことには深い必然性があると説いている。国作りの完成がスサノヲの「御威霊」によったというのは、スサノヲのものであった生大刀・生弓矢・天詔琴によって象徴される霊力を背景にして、オホクニヌシの国作りがあったことを言うのである。

### スクナビコナ

オホクニヌシは、海上からやってきた神、少名毘古那神（スクナビコナノカミ）の助力を得て国作りを行なう。カミムスビの子であるスクナビコナは、オホクニヌシと「為兄弟而作堅其国（アニオトトナリテソノクニヲツクリカタメヨ）」という父の命を受けていた。そして宣長は、「今かく、少名毘古那ノ神を副（ソヘ）て、助けしめ給ふは、彼ノ沼矛（ヌボコ）を賜ひしと同意にて、深き所以（ユエ）あるべし」と述べて、ここでも「深き所以」に注目し、イザナギ・イザナミに「天沼矛」を授けた時からオホクニヌシの国作りまでの過程の全体を見守っているムスビの神の存在を読み取る。

オホクニヌシとスクナビコナの国作りの具体的な姿——例えば稲種の普及や植林、造山など——を『日本書紀』『出雲国風土記』『万葉集』等によって紹介した後、宣長は、『古事記』本文が「然後者（サテノチニハ）、其少名毘古那神者（ソノスクナビコナノカミハ）、度于常世国也（トコヨノクニニワタリマシキ）」と記すところの「常世国」をめぐる議論に進む。宣長は、「常世国」は本来は「底依国（ソコヨリグニ）」であり、その意味は「絶遠き（ハルケき）国」であったはずで、それを、漢字表記に惑わされて「不変不死」の世界、あるいは神仙の居所としての「蓬来」に当てるような理解を批判する。「此ノ皇国（ミクニ）を遙（ハルカ）に隔（ヘダタ）り離（ハナ）れて、たやすく往還（ユキカヒ）がたき処を汎（ヒロ）く云名なり」とする宣長は、「皇国（ミクニ）の外は、万ノ国みな常世国なり」とも言う。スクナビコナは、「永く外国に坐ス神」であり、父の命により「少時（シバラク）皇国には渡リ来坐し」たのだと宣長は捉えている。

スクナビコナについて、もう少し宣長の説くところを聴けば、外国〈三韓又漢天竺其余も四方の万ノ国〉は皆本、此ノ神の経営堅成たまへるものなるべし、〈諸の外国の初はみな、書紀に潮沫の凝て成れる者とある、其ノ内なるべし、……然ありて後に、此ノ少名毘古那ノ神の降リ坐て、何の国をもみな経営たまへるなるべし、……〉

とある。「大八嶋国」の周辺の「処処小嶋」と同じように「潮沫の凝て成れる者」として諸外国が生まれたという宣長の理解は既に見たが、それら外国を「経営堅成」したのは、ムスビの神の子として高天原から降ってきたスクナビコナだったというのである。ただし、外国には「神代の正しき伝説」が残っていないために、その事実はまったく知られていないのだと宣長は言う（こういうスクナビコナ論を、秋成が、宣長の強弁として非難したことは既に触れた）。

**オホクニヌシの「和魂」**

スクナビコナが「常世国」に帰ってしまい、オホクニヌシが困惑していると、海上から光を放ちながらやってくる神が現われる。『古事記』本文は、こうである。「於是大国主神愁而、告吾独何能得作此国、孰神与吾能相作此国耶、是時有光海依来之神、其神言、能治我前者、吾能共与相作成、若不然者国難成」、その神は、自分を相応に祭るならば力を合せて国作りを完成させようが、祭り方が不十分ならば国作りは成就しないと予言する。この神の正体は何か、宣長は、『古事記』本文には脱落があって記述されていないが、『日本書紀』の所伝（神代上第八段一書第六）から推測して、「然者汝者孰神耶、答曰、吾者汝ノ之前御魂櫛御魂也」といった内容の遣り取りが本来ならあったはずだと述べている。宣長は、この神はオホクニヌシ自身の「幸魂」「奇魂」だとして、さて幸魂(サキミタマ)奇魂(クシミタマ)は、共に和魂(ニギミタマ)の名にて、幸奇(サキクシ)とは、其ノ徳用(ハタラキ)を云なり、二魂(フタミタマ)には非ず

「幸魂」は、「其身を守りて、幸あらする」もの、「奇霊」は、「奇霊徳(クスシキ)を以て、万ノ事を知識(シリ)弁別(ワキマヘ)て、種々(クサグサ)の事業(コトワザ)を成(ナ)さしむる」ものとして、「和魂」の「徳用」の各々の側面を表現すると解釈している。そして、

さて今大国主ノ神の、己命(オノレミコト)独(ヒトリ)しては、此国を得(エ)作竟(ツクリヲヘ)じと憂(ウレ)賜ふは、たゞ荒御魂(アラミタマ)のみす、みて、和御魂(ニギミタマ)の乏(トモ)しかりしなり、故今神産巣日(カミムスビノ)神の御量(ミハカラヒ)にて、別(コト)に其ノ和魂(ニギミタマ)の御形(ミカタチ)を現はして、如此(カク)示(シメ)し教へしめたまふなり

と述べている。スクナビコナに去られたオホクニヌシが、国作りの完成に自信を失いかけたのは、オホクニヌシの中の「荒御魂」が前面に出て、感情的に不安定になったからであり、その動揺を鎮めるために、カミムスビの計らいで「和御魂」が姿を現わしたというのである。宣長によれば、ムスビの神が国作りの全過程を見守るとは、このような配慮を働かせることでもある。宣長の説明は続く。

かくて此ノ教の隨(マニマ)に斎(イツキ)祠(マツ)りたまふに因(ヨリ)て、和魂(ニギミタマ)満足(タラハ)し栄(サカエ)坐シて、其ノ御身を守り幸(サキハ)へたまひ、奇霊(クスシ)き徳を以て、遂(ツヒ)に天ノ下を作竟(ツクリヲヘ)しめたまふ

そしてオホクニヌシの「和魂」は、斎き祭られる場所を「倭之青垣東山上(ヤマトノアヲカキヒムカシノヤマノヘ)」と指定し、その通

りに大和の御諸山（三輪山）に祭られるのであり、大和の地が選ばれたのは、「皇御孫ノ命の近守神となり坐むの御心」に由るものだと宣長は述べている。オホクニヌシが代々の天皇の守り神となるという理解は、「出雲ノ国ノ造ガ神賀詞」（後述）を根拠にしたもので、「皇御孫ノ命の近守神」という表現もそこから採られている。こうして、多くの「須佐之男ノ命の御末の神たち」の功績もあって、国土は開かれ、穀物も実り、それを煮炊きする術も伝えられて、オホクニヌシの国作りは完成する。

一つ、脇道に入る。『日本書紀』神代上が伝えるオホクニヌシとその「幸魂奇魂」との問答（第八段一書第六）について、山崎闇斎はそれを、オホクニヌシがそれまでの自らの倨傲を自覚し反省するための内なる「心神」との「自問自答」であり、その自覚と反省を経たことでオホクニヌシは「心法ノ本源」に至ったのだと解釈した（『神代記(ママ)垂加翁講義』）。宣長は『古事記伝』のこの段で、闇斎の名を挙げて、「こ、の問ヒ答ヘを、山崎氏などが、自問自答と云るなどは、漢意に溺れて、神ノ道をえしらぬものなり」と批判している。闇斎の捉えるような観念的・内省的なものではなく、身体を離れて現われた実体としての「和魂」との現実的な遣り取りだと言いたいのであろうが、『古事記伝』において、語釈などを別として、本文の基本的な解釈に関して名指しの批判がなされるのは、この闇斎批判の一箇所のみである。

### 「幽事」の主宰

さて、天上のアマテラスは、地上世界を治めるべき神を「天降」させようとするが、地上世界では「荒振国神等」が跳梁していて事が進まない。宣長はそれを、「かの須佐之男ノ命の黄泉の汚穢のなごり」が地上世界には残っているために「清浄天照大御神の御徳化」が及ばないのだと解釈している。アマテラスは、最後に建御雷之男神（タケミカヅチノヲノカミ）を地上世界に遣わした。タケミカヅチはオホクニヌシに、アマテラスとタカミムスビの意思として、「葦原中国」の支配権を譲るように迫る。オオクニヌシは、子である事代主神（コトシロヌシノカミ）の判断に従うと答え、コトシロヌシは「此国者、立奉天神之御子」と父に進言して身を隠してしまう。オオクニヌシのもう一人の子は、アマテラスへの服従を拒んだものの、タケミカヅチにあっけなく屈服させられてしまう。

こうしてオオクニヌシは、「登陀流天之御巣而、於底津石根宮柱布斗斯理、於高天原氷木多迦斯理」というほどの壮大な宮殿を造営して「天神之御子」が自分を斎き祭るならば、「僕者、於百不足八十坰手隠而侍」と言明する。宣長はこれを、「八十と多くの隈々を経行て、甚遠き処」としての黄泉国へ退くことと解釈して、

> 抑此神は、須佐之男ノ大神の御子孫と坐て、中ごろ一たび其大神の坐ス黄泉ノ国に往坐しに依て、大なる功をたて、天ノ下を経営たまへりしこと、上段々に見えたるが如くにて、今此ノ御国を天ツ神ノ御子に避奉て、又終に其国に隠坐こと、深き理リあるかも

と述べている。しかしそれは、オオクニヌシの役割がここで終わったということではない。

> さて今此神の如是白したまふは、遠き黄泉ノ国に隠れながらも、なほ天神ノ御子の大御前に伺候居る心ばへにて、遙に守衛奉らむの意なり

とする宣長は、『日本書紀』神代上（第九段一書第二）から「時ニ高皇産霊尊……大己貴神ニ勅シテ曰

ク、……夫レ汝ノ治セル顕露之事ハ、是レ吾ガ孫治スベシ、汝ハ以テ神事ヲ治ス可シ、……於是大己貴神報曰、吾ガ治セル顕露事ハ、皇孫治シメスベシ、吾ハ退テ幽事ヲ治サム」を引く。大己貴神は、オホクニヌシである。ここから宣長は、オホクニヌシが黄泉国に「隠坐」とはどういうことなのか、その「深き理」を考える。

『古事記』には「顕」と「幽」という発想は見えないが、まず宣長は、「神事」と「幽事」を共に「カミゴト」と訓んで同義だとする。そして『古事記』に言う「八十坰手隠而侍」の「侍」には、『日本書紀』の異伝にあった、根源神としてのムスビの神からの勅命を受けて、オホクニヌシが「幽事」を治めることが含意されているものとして、「治二幽事一も、此ノ侍ふてふ言の中にこもれり」と論じている。では「幽事」とは何か。

　さて今より皇孫の所治食すべき顕露事とは、即チ朝廷の万の御政にて、現人の顕に行ふ事なり、幽事はそれに対ひて、顕に目にも見えず、誰為すともなく、神の為したまふ政なり

と述べた宣長は、それをまた「皇朝の大政を、幽に助奉りたまふ」のがオホクニヌシの「幽事」だとも言い換えている。

「顕」と「幽」という枠組みを借りて、宣長は、地上世界の秩序を次のように総括してみせる。

　抑始メに伊邪那岐ノ大神と伊邪那美ノ大神と分れて、顕国と黄泉ノ国とに帰し、其ノ御子天照大御神と須佐之男ノ大神とも、又顕国と黄泉ノ国とに相分れたまひ、今又各其御子孫相分れて、終にか

> く顕（アラハニゴト）と幽（カミゴト）とを所治食（シロシメ）すべく、永く定まりぬる、其間の種々の事皆、顕と幽と相交りて、幽より顕を助け成就（ナセ）り

イザナギ↓アマテラス↓ニニギ（アマテラスの孫）とその子孫たち、この系譜は「顕」の世界を治め、イザナミ↓スサノヲ↓オホクニヌシ（とその子孫）の系譜は「幽」の世界を治めて、「顕」の世界を見えない次元から「助け」支える。宣長の描くオホクニヌシは、身体をもった神としては黄泉国にあって「幽事」を主宰し、その分霊は、地上世界にあって近くは大和国（三輪山）に、やや離れては出雲国（杵築大社）において、「近守神」として天皇を守っているのである。少し視点をずらして言えば、国作りの完成者としての、また「幽事」の主宰者としてのオホクニヌシ像は、宣長の中で、地上世界の秩序の安定が、いかに黄泉国に由来する力に負うところが大きいのかを示している。



## 7　『古事記伝』の世界（六）——「三大考」

### 天・地・泉の生成図

宣長は、『古事記伝』十七之巻で神代をあつかった『古事記』上巻を終え、十八之巻からは『古事記』中巻、すなわち神武天皇から始まる人代に入るのであるが、その間に『古事記伝』十七附巻として、門人である服部中庸（宝暦七〜文政七年、一七五七〜一八二四）が著わした「三大考」を併載した。

中庸は松坂の人で、和歌山藩士であり、天明五年（一七八五）に宣長に入門している。「三大」とは、天（アメ）・地（ツチ）・泉（ヨミ）のことで、「三大考」は、天・地・泉の生成を十葉の図で表わし、それぞれの図に短い解

説を付けたものである。宣長の添削を受けながら、「三大考」が完成したのは寛政三年（一七九一）であり、その序文において中庸は、「吾皇大御国(ワガスメラオホミクニ)は、殊に伊邪那岐(イザナギ)伊邪那美(イザナミ)二柱ノ大神の、生成賜(ウミナシ)へる御国、天照大御神(アマテラスオホミカミ)の生坐(アレマセ)る御国、皇御孫尊(スメミマノ)の、天地と共に、遠長(トホナガ)に所知看(シロシメス)御国にして、万国に秀(ヒイ)で勝(スグ)れて、四海の宗国たるが故に、人の心も直く正しくして、外ッ国の如く、さくじり［詮索して］偽ることなかりし故にや、天地の初メの事なども、正しき実(マコト)の説有リて、いさゝかも私のさかしらを加(クハ)ふることなく、ありのまに〳〵、神代より伝はり来にける、これぞ虚偽(イツハリ)なき、真(マコト)の説には有ける」と述べている。

中庸は、「仏にもあれ、聖人にもあれ」天地の生成をめぐる「外国の説ども」は取るに足らぬものだとした上で、「近き代になりて、遙(ハルカ)に西なる国々の人どもは、海路(ウミツヂ)を心にまかせて、あまねく廻(メグ)りありくによりて、此ノ大地(オホツチ)のありかたを、よく見究(ミキハ)めて、地は円(マロ)にして、虚空(ソラ)に浮(ウカ)べるを、日月は其ノ上下をへ旋(メグ)ることなど、考へ得たる」として、西欧の経験科学的な認識や知見を評価しながらも、彼らも「大地日月などの、かくのごとく成れる初メ」については何ら知るところがないと論じている。そして「天竺或は漢国の説ども」の影響で長く不明のままに放置されてきた「皇国の古ヘノ伝ヘ」につ

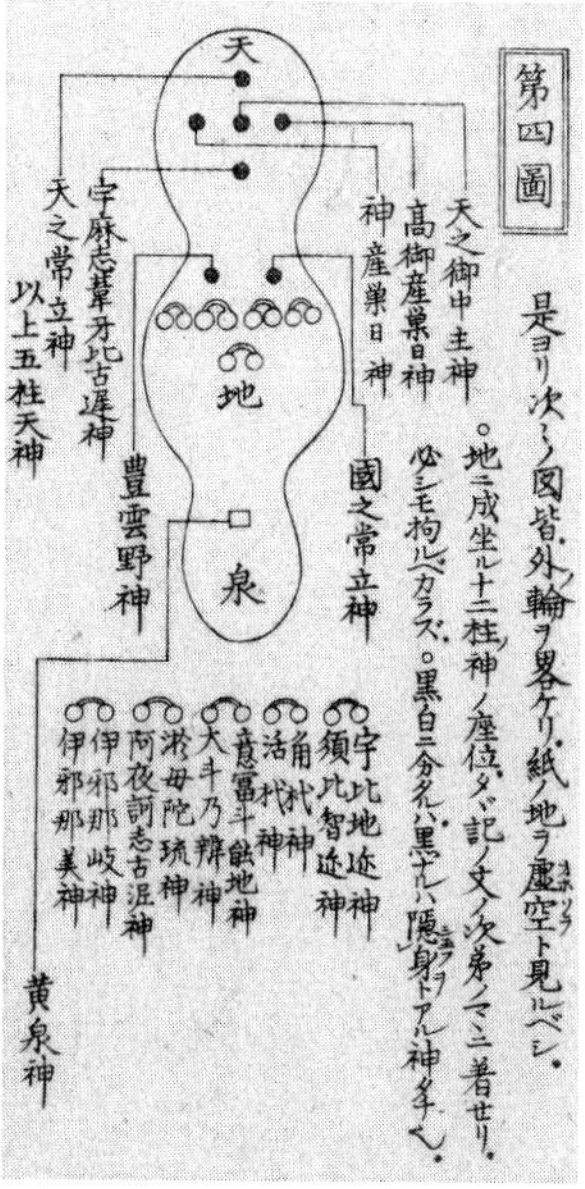


服部中庸「三大考」第四図
（小泉吉永蔵）

いて、その真実を明らかにしたのが『古事記伝』であり、「中庸をぢなき身なれども、神の御霊(ミタマ)の幸(サチハヒ)厚くて、此ノ大人の同ジ郷にさへ生れて、務メのいとまには、まのあたり其ノ教ヘを受て、正しきまことの道のかたはしをも、窺ふことを得たり、かくて此ノ天地の初メのさま、又其ありかたなど、かの古事記伝によりて、……神代の伝説の、世にすぐれて尊きことを悟(サト)りぬ」と記して、『古事記伝』を称えた。

**『古事記伝』との相違**　宣長は、天明六年(一七八六)から八年の頃、自らの『古事記』理解に基づいて、楕円形で枠取りした宇宙全体の中に高天原や葦原中国、黄泉国などを配し、そこに神々を置いた「天地図」を描いていた。中庸は、構造論的な視点から描かれたこの「天地図」を参照しながら、「大地日月などの、かくのごとく成れる」過程を、時間軸に沿って十枚の図にまとめたのである。宣長は、中庸の労作を「妙論」として高く評価した。「天地初発之事、天地ノ形体ノ事、近頃此方門人中当所服部中庸ト申ス者、甚妙論アリ、古今未発ノ妙論也、是ハ古事記伝ノ説ニ本ヅキテ考へ候物ニ而、よほど異アリ、甚妙論ナレハ、古事記伝ノ神代ノ終りへ加入可レ致と存候也」とは、或る門人に送った書簡の一節であるが(小篠敏(おざさみぬ)宛、寛政三年三月一五日付)、その通り、「三大考」は『古事記伝』に収められた。

宣長が著わした「三大考」の跋文「三大考をよみてしりへにしるせる」には次のようにある。短いので、全文を引いておく。

はとりの中つねが此あめつちよみのかむかへはも、さとり深く物よくかむかふなる西の国々の人どももいにしへよりいまだえかむかへ出さりし事をし、めづらかにも考へ出たるかも、くすしくも考出たるかも、かくてこそ高天原も夜之食国もいふかしきくまなくはあからひぬれ、これによりていにしへのつたへごとは、いよゝます〳〵たふとかりけり、すめら御国のゆゑよしは、いよゝます〳〵たふとかりけり

宣長も中庸も、「天竺」や「漢国」を越えて「遙に西なる国々の人ども」を意識して、彼らに届くべきものとして『古事記』の天地生成論を捉えている。

しかし、「三大考」の内容がすべて『古事記伝』に従ったものかといえば、そうではない。大きな相違の第一は、「三大考」では、宣長が地底の世界だとした黄泉国が月に当てられていることである。中庸は、「天は即チ日のこと也、泉（ヨミ）は即チ月のこと也、……初メは天地泉と三ツ、殊を貫きたる如く、帯（スヂ）つゞきて、天はいつも地の頂上（イタダキ）に在リ、泉はいつも地の下ノ方に在リて、共に動き転ることはなかりしに、皇御孫ノ命の既に天降坐て、天ノ下を所知看（シロシメス）時に至リて、其ノつゞきたる帯絶（スヂキレ）はなれて、正（マサ）しく三つとなる、是レよりして、天も泉も、地を中におきて、恒（ツネ）に相旋（アヒメグ）ること、今の現（ウツツ）のごとし」と説いている。天・地・泉を「殊を貫きたる如く」繋いでいた「帯」がいわゆる天孫降臨の後に切れて、天と泉、つまり日と月が地を中心として旋回するようになったというのである。そして中庸は、「遙（ハルカ）なる西ノ国の説」としての地動説にも言及し、仮に地動説が正しくとも「古ヘの伝への旨」に矛盾するものではないと主張している。

相違の第二は、アマテラスやツクヨミの理解にある。中庸は、アマテラスを太陽それ自体とは見ていない。「日は、天照大御神には非ず、其ノ所知看（シロシメス）御国にして、大御神は、日の中に坐シます神也」とされ、ツクヨミも「月には非ず、月の中に坐シます神」だとされる。月の世界が黄泉国であり、それ

を治めるツクヨミとスサノヲは同一神だとも中庸は述べている。既に紹介したように、両神を同一神とする解釈について宣長は、強い関心を示していたがそれ以上には踏み込まなかった。

もう一つ付け加えれば、外国に対する日本の尊貴性の根拠についても、微妙な相違があるように思われる。宣長の場合、太陽としてのアマテラスの生国としての日本が決定的に重視されていたが、中庸は、アマテラスを太陽そのものとしないことの帰結として、宣長とは力点が異なり、「外国は、二柱ノ神の産(ウミ)給へる国に非ず、是レ皇国と、初メより尊卑美悪(タフトキイヤシキヨキアシ)きけぢめの、分る丶ところ也」と説かれる通り、イザナギ・イザナミ二神の「交合」によって誕生した日本の国土の神聖さが押し出されている。

このように、「三大考」の議論は必ずしも『古事記伝』に忠実とはいえないにもかかわらず、宣長が高く評価して『古事記伝』に収載したのはなぜだろうか。宣長は、自ら「天地図」の作成を試みたように、天地宇宙の構造や神々の配置を分かりやすく図示したいと望んでいたものの、その生成の過程を時間軸に沿って連続的な図で示すことには思い至らなかったから、中庸の着想に、知的感動を覚えたのではないだろうか。そして、「三大考」の内容に『古事記伝』との不一致があるにせよ、中庸の着想や議論に見るべきものがあることを認め、後の世代に考察のための材料を残したということではないだろうか。

## 8 『古事記伝』の世界（七）――ヤマトタケ

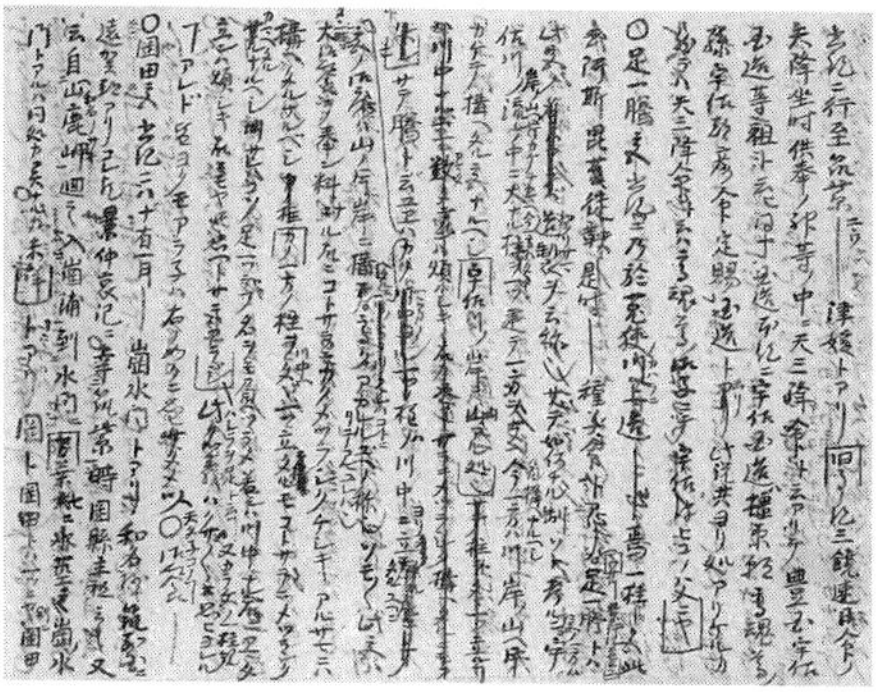

『古事記伝』草稿本

### 「人の真心」

『古事記伝』十八之巻からは、時間の流れが天皇の代ごとに区切られる。神倭伊波礼毘古命《カムヤマトイハレビコノミコト》（ニニギの曾孫、奈良時代に桓武天皇の勅を奉じて淡海三船が撰んだ「後の漢様《カラザマ》の諡号《ミナ》」で言えば神武天皇）が、大隅国の高千穂宮から東行して畝火《うねび》の白檮原《カシバラ》宮（橿原宮）で即位をして「天下」を治めたことで新しい歴史が始まった。「人代」という言葉は『古今集』仮名序からのものだとしながらも、宣長も、それまでの「神代」に対して「白檮原朝より以来《コナタ》を人ノ代とす」と述べている。

第十二代天皇である大帯日子淤斯呂和気天皇《オホタラシヒコオシロワケノスメラミコト》（景行天皇）には、大碓命《オホウスノミコト》、小碓命《ヲウスノミコト》をはじめ多くの子があった。ある日、兄が朝夕の食事に同席しないため、天皇は、一緒に食事をするように誘えと小碓命に言いつけた。それでも姿を出さない。天皇が小碓命に確かめると、兄が厠に入ったところを待ち受けて、両手を捥《も》ぎ取り、薦《こも》に包んで投げ棄てたと答えた。天皇はその荒々しさに恐怖を感じ、熊曾建（クマソタケル）の討伐を命じて、小碓命を遠ざける。小碓命は、叔母の倭比賣命（ヤマトヒメノミコト）から譲り受けた衣裳を身に付けて少女の姿となり、宴会中のクマソタケルに近づき、これを殺害する。クマソタケルは、小碓命に「倭建御子」の名を奉って死んでいく。『古事記』本文は、「故自其時称御名謂倭建命」と伝えている（宣長は、倭建命をヤマトタケノミコトと訓んでいるので、以下ではヤマトタケと略称する。熊曾建や出雲建についてはタケルと訓ませている）。ヤマトタケは帰途、宣長によれば「此も不伏无礼くぞありけむ」とされる出雲建（イヅモタケル）を謀殺して都に戻った。

席も暖まらぬうちに、父はヤマトタケに、「東方十二道之荒夫琉神及摩都樓波奴人等」の征討を命じる。ヤマトタケはヤマトヒメに、「天皇既所以思吾死乎」、父である天皇は自分が早く死ぬことを望んでいるのかと涙ながらに訴えた。ヤマトタケは、無邪気な粗暴さ、猛々しさとともに、このようなナイーブさを持っている（この点、スサノヲに似ている）。『古事記伝』は、ヤマトタケのこの訴えを「悲哀しとも悲哀き御語」と評して、さらに細注においてこう述べている。

此ノ後しも、いさゝかも勇気は撓み給はず、成功をへて、大御父天皇の大命を、違へ給はぬばかりの勇き正しき御心ながらも、如此恨み奉るべき事をば、恨み、悲むべき事をば悲み泣賜ふ、是ぞ人の真心にはありける

そして、自ら東征を志願する精悍な戦士としてのみヤマトタケを描く『日本書紀』を念頭に、宣長の言葉は続く。

此レ若シ漢人ならば、かばかりの人は、心の裏には甚く恨み悲みながらも、其はつゝみ隠して、其ノ

色を見せず、か丶る時も、たゞ例の言痛(コチタ)きこと武勇(タケ)きことをのみ云てぞあらまし、此レを以て戎人(カラビト)のうはべをかざり偽ると、皇国の古ヘ人の真心(マゴコロ)なるとを、万ヅの事にも思ひわたしてさとるべし

父への「恨み」や父から疎んじられる「悲しみ」を、心を許した相手には訴えずにはいられないヤマトタケは、「皇国の古ヘ人」らしく「人の真心」を体した英雄なのである。

東征するヤマトタケは、尾張国で美夜受比賣（ミヤズヒメ）に出会い、相武国(サガムノ)では国造の謀り事によって危難に陥ちながらも、ヤマトヒメから授けられていた草那藝剣(クサナギノツルギ)の力によってこれを脱し、同国の走水(ハシリミズ)では、后である弟橘比賣（オトタチバナヒメ）が海神に身を捧げることで窮地を免れた。この後、ヤマトタケは「荒夫琉蝦夷等(アラブルエミシドモ)」「荒神等(アラブルカミドモ)」を平定する。

### 「蝦夷」

ここで、「蝦夷」についての宣長の議論を見ておこう。宣長は、「蝦夷」の名は「身に凡て長き鬚(ヒゲ)の多きを以て、鰕(エビ)になぞらへたるなり」と説き、

> さて蝦夷は、皇国人(ミクニビト)とは、形も心も何(ナニ)も同じからず、固(モトヨリ)種類(タグヒ)の甚(イタ)く異(コト)なる物にして、其ノ国は今もいはゆる蝦夷(エゾガ)嶋にて、皇国とは海を隔(ヘダ)て外国(トツクニ)にして、其ノ域(クニ)異なり、然るに上代よりして、其ノ国人陸奥(ミチノク)の北辺(キタノホトリ)の地(トコロ)に、渡来(ワタリキ)て住着(スミツキ)たる者多く、つぎ〳〵に蕃息(コウマハリ)て、陸奥の中央(ナカラ)までも弘(ヒロ)ごりて、皇国人(ミクニビト)と雑居(マジリヲリ)しなり

異民族である「蝦夷」が積極的に「陸奥」に入り込み、雑居状態になった。彼らは、五穀の実らない土地を棄てて、「陸奥」の地に憧れたのだとも宣長は述べている。それも、

蝦夷は猛(タケ)く強(コハ)ければ、皇国の人民をば略(カス)めて、其処々をうしはき居し者も多かりつらむ

と記されるように、強圧的に土地を略奪し領有していったのだろうと宣長は推測している。

さて、『古事記』には言及がないが、『日本書紀』（景行天皇四〇年）は、ヤマトタケ（日本武尊）が「吾是現人神之子也」と名乗りをあげて「蝦夷賊首」を戦わずして威服させる話を伝えていた。宣長はこれを引いて、状況を一変させたヤマトタケの武功を賞讃している。それはともかく、その後も断続的に「蝦夷」の反逆は起こったものの、大局的には安定期に入り、

近キ世に至(ナリ)ては、其ノ本国〔蝦夷嶋〕の内なる、松前の域(トコロ)まで、皇国人の郷(クニ)となりぬ、抑如此(カク)陸奥出羽なりし蝦夷の、清く絶(タエ)はてつることは、其ノ種類を悉く殺したるにも非ず、又其ノ本国に放逐(オヒ)還(カヘ)したるにも非ず、たゞ何時(イツ)となくおのづからに絶ぬるなり

と言われるように、制圧と懐柔の歴史を経て、最終的には時間をかけての同化が進んだと宣長は捉えているようである。

### 英雄の死

ヤマトタケに戻ろう。「蝦夷」や「荒神」を服従させての帰路、相模国の足柄で、ヤマトタケは土地の神の化身であった白鹿を殺してしまう。尾張国に着くと、ミヤヅヒメと共寝をし、この地に住む山の神を殺してやろうと山に入り白猪に出会う。白猪の正体こそ山の神であったが、ヤマトタケはこれを神の使いとして軽く見る。すると激しく氷雨が降り、ヤマトタケは気を失ってしまう。足は腫れ、体調は急変する。ミヤヅヒメのもとへは帰らず、伊勢路から都を目指した

ヤマトタケは、病状も重くなって望郷の歌を詠む。「夜麻登波(ヤマトハ)、久爾能麻本呂婆(クニノマホロバ)、多多那豆久(タタナヅク)、阿袁加岐夜麻(アヲカキヤマ)、碁母礼流(ゴモレル)、夜麻登志(ヤマトシ)、宇流波斯(ウルハシ)」もその一つで、宣長によれば、「阿袁加岐夜麻」は「青垣山」である。そして宣長は、

吾は倭にも得還(エカヘ)らず、此処(ココ)にして今死なむとするが悲哀(カナシ)きことと読給(ヨミ)へるなり、甚(イト)も甚(イト)もあはれなる御歌にぞありける

と評した。ヤマトタケの胸中の「あはれ」に、宣長は心を寄せ、それを隠そうとしない。そしてこの「あはれ」という対象への直接の感情移入は、ここだけではない。

重篤のヤマトタケの片歌「波斯祁夜斯(ハシケヤシ)、和岐幣能迦多用(ワギヘノカタヨ)、久毛韋多知久母(クモヰタチクモ)」について、

此御歌は、国思慕(シヌビ)賜ひて、倭の方を望(ミヤ)り賜へるに、其方(ソナタ)の天(ソラ)に雲の立来(タチク)るを視(ミ)給ひて、愛(ハシ)く思ふ吾家(ワギヘ)の方より、雲の立来(タチク)よとよみ給へるなり

と説いて、さらに

物の悲哀(カナシ)き時には、何(ナニ)となく見ゆる物、聞ゆる物にも、心のとまりて、あはれなるは、人情(ヒトノココロ)なり

と細注を挿み、ヤマトタケの「あはれ」に共感している。その死の間際の歌「袁登賣能(ヲトメノ)、登許能弁爾(トコノベニ)、

和賀淤岐斯（ワガオキシ）、都流岐能多知（ツルギノタチ）、曾能多知波夜（ソノタチハヤ）」については、「袁登賣」はミヤヅヒメ、「多知」は草那藝（クサナギノ）大刀を指すとした上で、

抑御病今々（イマイマ）となり坐る際（キハ）にも、なほ此ノ御大刀の事をしも忘れ賜（ワス）はず、如此（カク）まで深（フカ）く所念入（オモホシイリ）たる御心、勇御気（イサメルミイキホヒ）の、たゆみ坐サざるほど、又此ノ御子の御心の、永世（ナガキヨ）までに、此ノ御大刀に留まり坐スほど知られて、いとも〳〵あはれに難有（アリガタ）き御歌なりかし

と述べて、「あはれ」と評してヤマトタケの心情に思いを寄せている。宣長はまた、細注において

武士（モノノフ）とあらむ人などは、殊に恒（ツネ）に此ノ御心を憶（オモ）ひて、臨終（イマハ）のきはに至るとも、要（エウ）なくあぢきなき儒仏の意を思はず、深く此ノ御歌を憶（オモ）ひて、亡（ナカ）らむ世まで、あまかけりても、子孫（ウミノコ）の勇（イサミ）を助（タス）け護（マモ）らむことをぞ思ふべかりける

と語り、「此ノ御子の御霊（ミタマ）は、とこしへに此ノ御大刀に留まり坐ス」と結んでいる。死に臨んでは、たとえ武士であっても、父母や妻子に一目でも会いたいと思うのが偽らざる人情だと説いた宣長であるが、同時に、ヤマトタケの最後の一念からは、このような議論も導き出されていた。

ヤマトタケの死を、『古事記』本文が「歌竟即崩（ウタヒヲヘテスナハチカムアガリマシヌ）」と記すのは、宣長によれば、この英雄を「天皇に准（ナズラ）へて」のことである。そしてその屍は、『古事記』本文が「於是化八尋白智鳥（ココニヤヒロシロチドリニナリテ）、翔天而（アメニカケリテ）、向浜飛行（ハマニムキテトビイマシヌ）」と記すように、白鳥に姿を変えて飛んでいってしまった。

## 9　『古事記伝』の世界（八）――神功皇后

景行天皇の後は成務天皇が継ぎ、その後には第十四代の天皇として帯中日子命（仲哀天皇）が即位した。その大后は、息長帯比賣命（神功皇后）であり、『古事記』はこの后について、「当時帰神」つまり神懸かりになって神意を伝えるシャーマンとしての能力があったと伝えている。

### アマテラスの神託

仲哀天皇は、熊曾を討つために、筑紫の訶志比宮を行宮として天下を治めた。ある時、天皇が琴を弾いて神託を求める。宣長によれば、「其ノ琴ノ上に其神の降来坐て、人に託りて命をば詔ふ」のである。神功皇后が神懸かりになり、「金銀為本、目之炎耀種種珍宝」溢れる西方の国を与えようという神託を伝える。しかし天皇は、西方には海が広がるばかりで何もなく、神は偽りを語ったのだろうとして琴を弾く手を止めてしまう。天皇は、神慮に逆らわぬようにと諫められて再び琴を取るが、そのまま息絶えてしまう。宣長はこれを、「神の御祟」だと言う。神懸かりによって伝えられたこの神託について、

抑此ノ大后にかく神の託し賜へりしは、尋常の細事には非ず、永く財宝国を言向定め賜へる起本にしあれば、甚も重き事ぞかし

と宣長は述べて、『日本書紀』が神功皇后のこの神懸かりに言及しないのは、それが「漢めかぬ事」

だからだろうと批判している。神託を信じなかった仲哀天皇も、「なまさかしき漢心」に汚されていたということになる。金銀溢れる西方の国とは、「新羅を主（ムネ）として、三韓に渉（ワタ）る」ものであり、神託の主はアマテラスであったと宣長は理解している。

> 世ノ人よ、世ノ人よ、此（コ）をよく思ふべし、よく思ふべし、天皇のみにも坐（シ）まさず、天ノ下には、誰（タレ）しの人か此ノ大御神の大御心に背（ソムキ）奉リては、一日片時も得在（エアル）べき、あなかしこ、〳〵

細注でこう述べる宣長は、文献注釈の立場を越えてでも、アマテラスの「大御心」の重さを強調せずにはいられないのだろう。

「天神地祇」「山神及河海之諸神」に幣帛を奉り、住吉三神を船中に祭って、後の応神天皇を懐妊中の神功皇后が軍船を率いて海峡を渡ると、船は勢いのまま新羅国の国半ばまで押し上がっていった。こうして、戦わずして新羅は臣従を誓った。続いて百済と高麗も臣従を申し出て、両国からの朝貢が始まったが、宣長は、『古事記』本文に百済と高麗の臣従の記述がないことを不満としている。『古事記』はまた、スサノヲが出雲に行き着く前に新羅に降りたことも伝えていない。宣長は、「是ノ時、素戔嗚尊、其ノ子五十猛神（イダケルノ）ヲ帥ヒテ、新羅国ニ降到リマシテ、曾尸茂梨ノ処ニ居（マ）シマス」という『日本書紀』神代上（第八段一書第四）の所伝を根拠にして、新羅、ひいては三韓の地は、この時点から日本に従うべきものとして約束されていたのだと考え、それを「神代より幽契のありけることなり」と捉えている。

ところで、神功皇后の「三韓征伐」をめぐって、宣長はこう論じている。

此ノ大后の韓国を征伐賜へりし事を、儒者どもなどの論ひて、新羅そのかみ皇国に寇せしことも聞えず、何てふ罪も無かりしに、故なく征給ふは、只宝貨を貪賜へるにて、不義の挙、無名の軍ぞなど申すなるは、たゞ己が私シの心小き智を以て、物の義理を定むる例の漢国意にして、真の道を知ラざるものなり

宣長がどういう「儒者ども」を意識していたのかは不明であるが、例えば藤井懶斎（寛永五～宝永六年、一六二八～一七〇九、かつて闇斎に朱子学を学んだ）は『閑際筆記』の中で、「其国財多ガ為シテ伐レ之、義悪乎在ル」と述べ、佐藤直方（慶安三～享保四年、一六五〇～一七一九、闇斎の門人）は、神功皇后と秀吉を重ねて、その行為は「盗賊」に等しいと批判していた（『韞蔵録』十四）。儒教の価値観に立てば、神功皇后の「征伐」は大義名分のない「不義の挙、無名の軍」だという議論は説得力をもったものだったと思われる。しかし、宣長は反駁して言う。

抑此ノ御征伐は、皇神の御心より起りて、悉に神の御所為なれば、必ズ如此あるべき義理あることにて、其ノ義理は甚も微妙なる物なれば、さらに人の能測識べき限リに非るを、左右言論ふは、いとも可畏く負気なき非なり

神功皇后の神懸かりを通じて表明されたアマテラスの神意の絶対性を宣長は押し出し、それを「言論ふ」ことを「負気なし」、身の程知らずだとして排するのである。

## 奉仕としての「政」

神功皇后をめぐって、もう一つ、取り上げておくべき問題がある。宣長には、「政」とは、臣下が天皇に奉仕することだという理解がある。神武天皇が高千穂宮からの東行を開始した時の言葉、「坐何地者平聞看天下之政」の「政」について、『古事記伝』は、

> 政は、凡て君の国を治坐す万ノ事の中に、神祇を祭リ賜ふが最重事なる故に、其ノ余の事等をも括て祭事と云とは、誰も思ふことにて、誠に然ることなれども、猶熟思フに、言の本は其ノ由には非で、奉仕事なるべし、そは天ノ下の臣連八十伴緒の、天皇の大命を奉はりて、各其ノ職を奉仕る、是レ天ノ下の政なればなり

と説いているが、神々を祭ることを根本とするからマツリゴトなのではなく、天皇からの「大命」を受けて「臣連八十伴緒」が「其職」をもってする「奉仕」がマツリゴトなのである。宣長の説明は、

> 奉仕るを麻都理と云由は、麻都流を延て麻都呂布とも云ヘば、即チ君に服従て、其事を承はり行ふをいふなり、故レ古言には、政と云をば、君へは係ず、皆奉仕る人に係て云り

と続く。臣従の証明としての奉仕が「政」の本質であるから、「政」の主語は、君ではありえない。神武天皇の言葉にも「平聞看」とあったが、「聞看とは、天ノ下の臣連八十伴ノ緒の執リ行ふ奉仕事を、君の聞し賜ひ看し賜ふを云り」と宣長は述べている。

ところが『古事記』本文には、このような宣長の主張からして説明の難しい記述も見られる。神功皇后について、「其政未竟之間(ソノマツリゴトイマダヲヘタマハザルホドニ)、其懐妊臨産(ハラマセルミコアレマサムトシツ)、……」と『古事記』が記しているのもその一つであった。「政」の具体的内容は新羅への進軍であるが、天皇に准じた者としての神功皇后が「政」の主格になっている。これについて宣長は、

> 此(ココ)に如此(カク)あることは、此ノ度の御征(ミコトムケ)は、天照大御神の大命(オホミコト)を蒙(カガフリ)賜ヒての御挙(ミシワザ)なるが故に、大御神に仕奉り賜ふ事なり

という解釈を提示した。一般化して言えば、天皇もまたアマテラスに「奉仕る人」であり、アマテラスに対して「政」の責任を負う存在だということになる。

### 天皇

詳しく論じる余裕はないが、『古事記伝』で取り上げられた天皇をめぐる幾つかの興味深い話題を紹介しておこう。

一つ。「崩」をカムアガリと訓むのは、あくまでも、「忌憚(イミハバカリ)て反(ウラ)を云て、天に上リ坐スとはいひなせる」ものであって、天皇の亡魂もまた「底津根国」である黄泉国に赴くことが明言されている（神武天皇）。

二つ。「日嗣御子」が複数立てられることがあり、天皇指名において「武」の要素が重視されることがある。「上ッ代には武(タケキワザ)を主(ムネ)として、天ノ下治(シロ)しめ」すからである（神武天皇）。

三つ。仲哀天皇の死から応神天皇の即位まで、或いは応神天皇の死後に皇子たちが天皇位を譲り合った時のように、天皇空位の期間が生じうる。宣長はそれを、中国の「きはやか」ぶりとは異なる日

本らしい「大らか」な在りようとして評価している（仲哀天皇、応神天皇）。

四つ。「世に天ノ下治看（シロシメス）べき男王（ヒコミコ）の絶て坐シまさぬ」状況下に、中継ぎとして女性の天皇を置くことは認める（清寧天皇）。

五つ。群臣による新天皇の推戴も、例外的な場合にはやむをえないものとされるが（清寧天皇）、「君の悪行」を根拠にした、臣下の側からの新天皇の擁立は絶対に容認しない（武烈天皇）。

## 10 『古事記伝』の世界（九）——民俗への関心

最後に視点を変えて、伝承や奇談、民俗や風習に向けられた宣長の視線を追っておこう。『古事記伝』が、「古言」に即した文献解釈という方法に拠っていることは言うまでもないが、宣長は、文献以外の材料に目を向けないという態度を取らなかった。そもそも『古事記』は、宣長によれば、知識人が文献を操作して作った中国の史書とは違って、社会的に広い裾野をもつ口承文学の世界に根ざしたものであり、その解釈は、口承文学の世界に戻してなされる必要があった。

### 民間伝承

まず、伝承や奇談である。イザナギやイザナミの遺体を埋葬したのは、出雲国と伯伎（耆）国の境界の「比婆之山」だった。この山について宣長は、「伯耆ノ国人の物語」として、

今出雲ノ国の内、伯耆の堺に近き処の山間（ヤマアヒ）に、たわの内と云処あり、そこに伊邪那美ノ命の陵なりとて冢あり、小竹（ササ）など生（オヒ）しげれり、此ノ冢の草などをば、牛馬も喰はず、牛馬を牽来（ヒキキ）て草を飼（カハ）むとすれども、此ノ冢のあたりへは牛馬よりつかず、退き去るなり、又此冢の竹を杖（ツエ）につきて行くとき

> は、蛇（クチナハ）のたぐひよりつかず、蛇の居る処へ此杖をつきたれば、すくみて動くことあたはず、甚奇（イトアヤ）異（シ）きことどもなりと云り

と書きとめ、「なほたしかに聞まほしきことなり」と記している。

**古俗の残存**

アマテラスから地上世界に遣わされた天若日子（アメノワカヒコ）は、任務に背き、タカミムスビが高天原から放った還矢によって死んでしまう。その葬儀は、鳥たちが職掌を分担して執行されるが、その描写の中に「河鴈為岐佐理持（カハガリヲキサリモチトシ）」という一節がある。そのキサリモチとは、『古事記伝』によれば、「頭を前へ（マヘ）傾（カタムケ）俯（ウツム）きて、項（ウナジ）より背（セ）へかけて、飯笥（イヒケ）を居（スヱ）て行（ユク）なるべし」、頭を傾けながら死者の食膳を運ぶ役目らしいが、宣長は

> 今予郷（ワガサト）の風俗（ナラハシ）に、送葬（ハフリ）に水持（ミヅモチ）と云者あり、死者（シニビト）の乳母か何ぞ、親（シタ）しき婦人（ヲミナ）、白物（シロキモノ）を服（キ）、頭をも白き布などして結（ユヒ）て、水を盛（モル）器を持て、最先（マサキ）に立チ行クなり

として、葬列の先頭に立つ、松坂では「水持」と呼ばれる者とこのキサリモチの間に、何か繋がりがあるのではないかと考えようとしている。ただし、それ以上の考察には進めず、

> されば此ノ伎佐理持も、諸国の葬の風（ナラハシ）を尋ねば、今も似たること必ズありて、名ものこれることもありぬべし

と述べて、広い範囲での事例の収集に可能性を託している。

宣長は、古俗や古言は田舎に残っていることも指摘している。アマテラスの石窟籠りの段で、「上ッ代の卜(ウラ)は……鹿の肩骨を用られたり、亀を用るは、漢(カラ)のを学べる後のことなり」とする宣長は、「遂(ツヒ)に鹿は廃(スタレ)て、もはら亀をのみ用らる、ことになれるは、いとも哀(カナシ)きわざなりかし」と嘆きつつ、『万葉集』に「武蔵野爾宇良敝可多也伎(ムザシヌニウラヘカタヤキ)云々」（巻十四）の歌があることから、「鄙(キナカ)にはや、後までも、鹿ノ卜の残れるにや」と述べて、さらにその遺風の残存を期待するかである。また、神功皇后の神懸かりの段では、「今ノ世にも、古き神社には、琴の板とて、板を叩(タタ)きて神を降シ奉るかたを行ふ事、往々(トコロドコロ)あり」とも述べている。しかしそうした古俗についても、「されど辺鄙(カタヰナカ)には、今もなほ上ッ代よりの事(ワザ)の、遺(ノコ)れりと見ゆることも多かるを、其(ソレ)も漸漸(ヤヤヤヤ)に変(カハ)りゆくは、いと惜(アタ)らことなり」と、その変容や消滅に危惧を懐いていた（ヤマトタケの死の段）。

この他にも、殯宮に関連して、松坂の「新喪(ニヒモ)の標(シルシ)」への関心（『古事記伝』三十之巻）や、漁法についての疑問を漁民に尋ねた話（三十一之巻）などもあり、宣長の民俗的な関心の強さを知ることができる。「国人に尋ねよ」「里人に尋ねよ」といった文言は、『古事記伝』にしばしば登場し、「新喪の標」については、キサリモチの時と同様に、「諸国(クニグニ)の俗(ナラハシ)を尋ねば、古き為(シワザ)も名(ナ)も遺れる事多かるべし」とされる。

# 第七章　晩　年

## 1　「古学」の広まり

「古学」

宣長は、「皇国の古へを学ぶ」学問をことさらに「神学」「倭学」「国学」などと称するのは、「からぶみ学び」こそが学問だという前提に立って、日本を対象とする学問をその周辺に配置しようとすることであり、「内外のわきまへ」を知らぬものだと『玉勝間』（一の巻）「がくもん」で述べ、『うひ山ぶみ』でも、「和学国学などいふは、皇国を外にしたるいひやう」だと論じている。その上で、自らの学問の体系を「古学」と呼び、「何事も、古書によりて、その本を考へ、上代の事を、つまびらかに明らむる学問」（『うひ山ぶみ』）とそれを定義付けている。また「皇朝学」と名乗ることもあった。

その「古学」の社会的な広まりに宣長が自信を持つようになるのは、六十歳の頃からである。門人や知友に宛てた書簡から拾えば、「諸国共追々古学行ハレ、旧説ノ非ヲさとり候人々多く聞え申候」（天明八年、五九歳、萩原元克宛）「彼国ノ〔肥後国〕あたり八年（来）多く垂加派ニて御座候所、近頃ハ古学ニ趣申候者、段々出来候由、扨々難ㇾ有御事ニ御座候」（寛政三年、六二歳、横井千秋宛）「近来八三都並諸国共、次第ニ古学起り申候もやうニ而、古事記伝も追々広マリ、沙汰宜大慶仕候」（寛政四年、六三歳、荒木田経惟宛）「惣体当時は、何方共皇朝学、詠歌はやり申候様子ニ而、扨々悦敷御事ニ奉存候」（寛政八年、六七歳、荒木田久老宛）などとある。最晩年、死去の二ヶ月前に当たる書簡には

> 古学之儀、当時大体天下ニ行渡リ弘マリ申候、西ハ長崎肥後なとニも大分御坐候、東ハ南部ニも彼是御坐候、松前家中ニも下国武と申仁、執心ニ而入門致申候、其外諸国共広まり申候

とあり、いかにも満足そうな気持ちが伝わってくる（享和元年八月五日、七二歳、小沼幸彦宛）。下国は、松前藩士の下国季鳳（生没年不詳）で、寛政十一年（一七九九）に入門している。しかし、順調に映る「古学」の広まりにも、幾つもの障碍があった。ここでは、出雲と京都の状況を取り上げてみよう。

### 出雲

千家俊信（明和元～天保二年、一七六四～一八三一）は、出雲国造であった千家俊勝の二男で、内山真龍（元文五～文政四年、一七四〇～一八二一）の勧めで、寛政四年（一七九二）に宣長に入門した。真龍は、遠江国の人で真淵の門人であるが、宣長と親しく交わった。その俊信に、六十四歳の宣長は、「愚老義ももはや大分老衰仕候へハ、参詣仕候義も相叶申間敷、扨々残心ニ奉ㇾ存候」（寛政五年、一〇月一〇日付）と書き送っている。出雲大社への参詣は宣長の宿願であったが、その機会は訪れなかった。

時間は少し遡ってその前年、俊信の入門を認めた書簡（一〇月一五日付）で、宣長はこう述べてい

る。

　年来古学御執心ニ付、御入門被レ成度段、御奇特之御義、致二承知一候、……貴国ハ別而格別之神跡ニ御座候得は、……古学発興仕候様ニ御励可レ被レ成候

「貴国ハ別而格別之神跡」という文言からも、出雲での「古学」の普及への宣長の思いを窺うことができる。宣長が『古事記伝』において、国造家で今日まで続いているのは「此ノ国と紀ノ国のみ」であり、「中にも此ノ国造名高し」（七之巻）と記したように、出雲の国造家の威望は高かったから、俊信を「古学」の担い手として育てることは、出雲の地での「古学」の普及にとって大きな布石を打つことになる。まず宣長は、読書指導から始めた。

　古学読書之事、先古事記、日本紀、万葉集緊要ニ御座候、其内日本紀ハ、見申候ニ心得有レ之事、古事記伝初巻ニ申候通ニ御座候、且又万葉中難解之義ハ、先ツ其分ニ被二捨置一、ひたすら数辺御覧被レ成候へハ、自然と段々相分り候様ニ成申候事ニ御座候、初メより悉く解セントするハ悪敷候也

と、この時の書簡にある。『古事記』『日本書紀』『万葉集』が基本であり、後二者については注意すべき点を見逃さないようにというのである。そして書簡は、

　其外古書共随分御覧可レ被レ成候、近代之末書ハ、何れも〳〵漢意を以て説候故、大ニ古意ニ叶不レ

申候

と続き、さらに宣長は、「愚老著述之書、上木ノ分如レ左」として、公刊された自著のリストを掲げた。

古事記伝　十一迄板木出来、草稿八卌三巻迄出来

『古事記伝』の初帙（一之巻〜五之巻）は寛政二年に公刊され、俊信の入門の年の閏二月には、第二帙（六之巻〜十一之巻）も出版されていた。宣長は、これを真っ先に挙げた。その後には、

神代正語　三巻
玉矛百首　一巻　道ノ事ヲ詠候古風ノ歌百首也
玉くしげ　一巻
国号考　一
真暦考　一
字音かなつかひ　一
漢字三音考　一
詞の玉の緒　七
玉あられ　一
草菴集玉箒　六

と並び、あらためて「先々古事記伝数返御覧可レ被レ成候」と言われ、「真淵翁万葉考、冠辞考、祝詞考なと御覧可レ被レ成候」と結ばれている。

付け加えれば、宣長はこの書簡で、この年に著した『出雲国造神寿後釈』への国造の手になる「序」の寄稿を希望し、国造による自作が難しければ自分が代作をしてもよいと書き添えている。俊信から国造である兄（俊秀）に執筆を依頼してほしいということであろう。出雲国造家は、スサノヲとアマテラスとの「誓約」で誕生した五柱の男神のうちの第二の神である天之菩卑能命（アメノホヒノミコト）の血統を繋いできた家柄であり、その「神寿（かむよごと）」とは、一年の潔斎の後に新任の国造が朝廷に出向して天皇に奏上した、出雲の神々が天皇の長寿と治世の永続を寿（ことほ）ぐ言葉である。この「神寿」（「神賀詞」とも言う、オホクニヌシとその子孫の神々が「皇御孫命能近守神」になるという着想がここから取られたことは既に述べた）は、「延喜式」巻八に収められ、真淵による注釈が残されていたが（『祝詞考』）、宣長はそれを批正して『出雲国造神寿後釈』を著わしたのである。この書は、寛政八年、国造である俊秀の「序」を得て（実は宣長の代作）無事に刊行された。

## 「垂加派」という壁

俊信に戻れば、「古学」の学習は熱心に進められたと思われるが、その周囲に「古学」に関心を寄せる者は現われなかった。若い俊信は焦燥感を募らせていたのだろう、入門二年後の宣長からの書簡にこうある。

先達而石見小篠大記並京都沢真風、御地へ参申候処、何れも垂加流ニ而、講尺も聴衆無レ之、古学弘マリかね申候由、御紙面委細承知仕候、扨々残念成義ニ御座候、御地ハ別而他ニ異ニして大切成地ニ御座候処、穢敷漢意之神学而已被レ行候ハ、返々心うき御事ニ御座候、然れ共、又々時節も到

来仕候ハハ、存知之外古学ニ相直リ可レ申候間、さのみ御急キ被レ成間敷候　（寛政六年六月三日付）

小篠大記（享保一三～享和元年、一七二八～一八〇一）は石見国浜田藩医の子で、石見国の国学の中心として宣長からの信任も篤かった。沢真風（生没年不詳）は、京都に住み、春庭の鍼医修行などにも何かと援助したという。この二人の門人が出雲に行って「講尺」をしたにもかかわらず、聴衆がまったく集まらなかったことを俊信は嘆いたのであろう。出雲大社とその周辺の神職たちの間では、「穢敷漢意之神学」である「垂加流」が圧倒的な影響力を持っていたようだ。俊信に、実力を蓄えて時節を待つようにと教示する宣長は、「いかほどやたけ（弥猛）ニ存候而も、神の御心ニ而其時節ニ趣不レ申内ハ、力ニ及ヒ不レ申事ニ御座候」と諭している。ちなみに宣長は、別人宛の書簡の中でも「出雲社人」の多くが「垂加流ノ俗神道」に染まっているという認識を表明している（寛政一〇年一一月二〇日付、辻守瓶宛）。翌寛政七年にも、

世上神道者之偏執ハ、いたし方無レ之物ニ御座候、其内聡明成ル者ハ追々古学ニ趣候也

（二月二〇日付）

と述べて、宣長は俊信を励ました。「別而他ニ異ニして大切成地」の状況が好転し始めたのは、しばらくしてからだった。

其御地も次第ニ古学起り可レ申様子之よしを承り、扨々致二大慶一候、神ノ御心ニ而其時至りぬれハ、

自然と弘マリ申候物ニ御座候、人力ニハ及はぬ事ニ而御座候（寛政九年六月一九日付、千家俊信宛）

出雲での「古学」の広まりは、「人力」だけでもたらされたものではなく、「神ノ御心」としてその時機が訪れたのだと宣長は喜んでいる。しかしこの書面の文面は、こう続くのである。

東ハ奥州、西ハ九州国国迄、段々古学崇信之人多く相成、追々開ケ申候もやうニ御座候、とかく開ケかたきハ京師ニ而御座候、乍レ去京師も、追々信し候人出来申候様子ニハ御座候

ここからは、眼を京都に転じていく。

## 京都

十代から憧憬を募らせ、二十代の青春の地であった京都は、晩年に及んでも宣長の心を捉えて離さない都だった。『玉勝間』（十三の巻）には、

のりなが、享和のはじめのとし、京にのぼりて在しほど、やどれりしところは、四条ノ大路の南づらの、烏丸のひむかしなる所にぞ有けるを、家はやゝおくまりてなむ有ければ、物のけはひうとかりけれど、朝のほど夕ぐれなどには、門に立出つゝ見るに、道もひろくはれ〴〵しきに、ゆきかふ人しげく、いとにぎはゝしきは、ゐなかに住なれたるめうつし、こよなくて、めさむるこゝちなむしける、京といへど、なべてはかくしもあらぬを、北四条ノ大路などは、ことにゝぎはゝしくなむありける、天の下三ところの大都（オホサト）の中に、江戸大坂は、あまり人のゆきゝ多く、らうがはしきを、よきほどのにぎはひにて、よろづの社々寺々など、古ヘのよしあるおほく、思ひなしたふとく、す

べて物きよらに、よろづの事みやびたるなど、天ノ下に、すままほしき里は、さはいへど京をおきて、外にはなかりけり

とあって、享和元年（一八〇一）、最後の上京で「やどれりしところ」から宣長が感じ取った京都の清らかな情趣が描かれている。江戸や大坂の「らうがはしき」繁栄ぶり（ごった返したような騒々しさ）に比べて、京都は「よきほどのにぎはひ」で、人々の振る舞い、町の雰囲気、神社仏閣のたたずまい、すべてに品があって奥深い美しさを備えていると宣長は述べている。

宝暦七年（一七五七）、二十八歳で松坂に帰り医師として立った宣長は、三十歳代から五十歳代の間、四十三歳の時の吉野行を唯一の例外として旅らしい旅をしていないが、六十歳を過ぎてから――かりにこれを晩年と呼べば――晩年の宣長は驚くほど行動的であり、上京の旅も三度を数えた。

一度目は寛政二年（一七九〇）、宣長は六十一歳であり、時の天皇は、閑院宮家第二代典仁（すけひと）親王の子で安永八年（一七七九）に九歳で即位した光格天皇である。天明八年（一七八八）一月に内裏が焼失し、聖護院を仮の御所としていた天皇が、再建された内裏へ戻る御遷幸の行列を見物するために、春庭や大平を伴なって、宣長は十一月十四日に松坂を立った。なお天明八年正月卅日の宣長の日記には、「京都前代未聞の大火也、……京中一面に焼失せり。禁裏、仙洞御所、其外御所〳〵、堂上方御宅（の）こらす炎上……」とある。十日ほど京都に滞在して、津の草深家に寄り、二十八日に松坂に帰った。京都では、内々に「新宮御殿内」を見ることもできたらしい（寛政三年三月一五日付、小篠敏宛書簡）。宝暦八年に養子の話があっての短い上京以来、三十二年ぶりに宣長は京都の地を踏んだのである。

次いで寛政五年（一七九三）、六十四歳の宣長は、春庭を連れて三月十日に松坂を発ち、四月八日に光格天皇の実兄である妙法院宮真仁法親王に拝謁し、彦根・大垣・名古屋の門人たちを訪ねながら、四月二十九日に松坂に帰っている。

最後は享和元年（一八〇一）、七十二歳、年をまたいで三ヶ月半に及んだ和歌山滞在から帰って一月にもならない三月二十八日、宣長は門人四名を伴にして松坂を出発し、三十日に京都に入り、六月九日まで滞在し、十二日に松坂に戻った。この時は、多くの公卿たちとの親交を深めている。これら三度の上京のうち、少なくとも後の二回は、「古学」を公家社会に広めることを主目的とするものだった。なお、寛政六年閏十一月、和歌山を立った宣長は、大坂を経て十一月二十六日に入京して五泊し、松坂に帰っている。これを加えれば、晩年の上京は四回ということになる。

## 朝廷と「古学」

これらの上京に先立つ寛政二年（一七九〇）、門人の鈴木真実（まざね）（寛延二～文政二年、一七四九～一八一九、名古屋藩士）への書簡に、

> 古学筋之書なとを献して、上ニ御用ひあらん事を願候なとハ、決して難二出来一事ニ御座候へハ、左様之筋ハ、とんと望ミを断て思ひかくましき御事ニ御座候、下々へ（さへ）広く弘まり候へハ、いつとなく自然と上へも行渡り、御用ヒ有レ之時節も可レ有レ之候、必々時節到来を相待へきにて候也

と見える。宣長の周辺に、「古学筋之書」を貴顕に献上することで、朝廷内に「古学」を広めようとする動きが生まれていた。この書簡は、こう続く。

近頃或方より愚老へ勧め申候ハ、古事記伝禁裏へ献上可レ有也、能キ手筋有レ之候と、達而すゝめ候方有レ之候へ共、愚老断を申候也　（四月一六日付）

『古事記伝』初帙の刊行はこの年の九月であるから、「禁裏へ献上」しようという計画は、刊行前から起こっていたわけであるが、宣長は、「時節到来」を待つべきだとして、その話を断わった。

しかし、宣長の意向とは別に事態は進み、寛政二年の上京中に、宣長は『古事記伝』初帙が叡覧に供されたことを知らされている。十一月二十七日付、同じく真実に送られた書簡に、

記伝妙門様へさし上申候義、先達て無レ滞相達し、弥入二御覧一御感にて、尚又早速禁裏へも相達し申候御事、慥成義承り申候、右之義、兼々千秋公段々御心をつくされ被レ下候御事、嘸(さぞ)御悦可レ被レ下、……

とある通りである。「妙門様」は、妙法院宮真仁法親王（明和五〜文化二年、一七六八〜一八〇五）で、この時二十三歳、最澄が開いたとされる天台宗妙法院の門跡となり、十九歳で天台座主となっていた。「禁裏」こと光格天皇は、その三歳年少の実弟である。「妙門様」は『古事記伝』の価値を認め、「禁裏」へそれを伝えたのであろう。

### 横井千秋

この書簡に、「右之義、兼々千秋公段々御心をつくされ」とあるように、一連の動きは、名古屋藩の重臣である横井千秋が描いた筋立てによるものであった。同じ名古屋藩士であった真実も、或いは何らかの関わりをもっていたのかもしれない。

千秋が、天明五年（一七八五）頃に『玉くしげ』の執筆を宣長に勧め、それによって宣長を名古屋藩に迎え入れようと考えていたらしいことは既に述べたが、その後も千秋は、宣長の見識を政治や文教の表舞台で生かそうとする道を探ったようで、『玉くしげ』を松平定信に呈上するルートも探ったらしい。定信は、田安宗武の子であり、天明七年（一七八七）から寛政五年（一七九三）まで幕政を主導し、いわゆる寛政の改革を進めていた。千秋は、「白川殿〔定信〕さへ漢流ノあしき事ヲよく〳〵得心致され候はば、天下はみな一同スべき事もとより……」（天明八年一〇月五日付書簡）と宣長に書き送っている。それだけではなく千秋は、『古事記伝』の初帙を定信にも献上しようと図ったらしく、これには宣長も、定信は「漢学をむね」とする人物であり、「私著述物ナドハ御気ニ合申間敷歟」（寛政三年一月一五日付）として取り合わなかったようである。政治的にも思想的にも影響力の大きな定信、その転向を誘ってみようという千秋の目論見は、宣長の言うように余りにも非現実的であるが、大胆といえば大胆ではある。

千秋の狙いが、朝廷と幕府の双方に「古学」の存在を知らせて、その支持者を増やすことにあったとしても、それは当然ながらたやすく進む話ではなかった。しかし、大藩の重臣としての千秋の「能キ手筋」つまり人脈によって、公家社会の中に「古学」を認知させていく重要な一歩が踏み出されたことは間違いない。

寛政五年の上京の折り、宣長が妙法院宮真仁法親王に謁見したことは既に述べたが、それを斡旋したのは、かねて宣長と親交のあった梅宮社の社人で故実家としても知られた橋本経亮（宝暦九～文化二年、一七五九～一八〇五）であった。経亮を介して始まった法親王との交わりは親密になり、歌の贈答がなされ、宣長は『古事記伝』の第二帙、第三帙を献上、さらに『鈴屋集』や『玉あられ』（歌文制作の手引き書、寛政四年刊）を贈り、法親王からは、筆・墨・硯・紙などが宣長に届けられた。

こうした中で、状況は少しずつ変わっていった。「京師も追々古学開ケ申候様子、大慶仕候」（寛政一一年八月二六日、加藤千蔭宛）「追追京師大坂も古学起り申候趣ニ而、致二大慶一候」（寛政一二年六月二八日、千家俊信宛）「近頃ハ堂上方ニも古学志ノ人々彼是出来申候由……」（同年八月八日、長瀬真幸宛）といった文面には、「とかく開ケかたきハ京師ニ而御座候」とかつて宣長に言わせた京都の、とくに公家社会での「古学」の普及についての確かな手応えが表明されている。

### 公卿たちへの講義

享和元年（一八〇一）、それは宣長の没年になるが、この時の上京は滞在が七十日にも及ぶ長期のものであり、その間に宣長は、賀茂祭や祇園会を見物したりしながら、多くの公卿と面会し、歌の贈答をし、精力的に講義を行っている。親交を結んだ公卿たちの中で、とくに宣長が重視したのは、「中山殿」こと大納言の中山忠尹（宝暦一三〜文化六年、一七六三〜一八〇九）だったようだ。「享和元年上京日記」を見れば、四月二十九日の条に、

一、今日、中山殿より被レ召参ル、門人中皆同伴、何れも謁見、取次雑掌本庄将監也、講尺延喜式祝詞巻也

聴衆

花山院殿〈右大将愛徳卿〉園殿〈大納言基理卿〉東園殿〈侍従基仲朝臣〉

中山大納言殿〈忠尹卿〉同宰相中将殿〈忠頼卿〉

右、何レモ狩衣烏帽子也、各前ニ机ヲ置テ本ヲノセラル、東園殿ハウラ付上下也

地下聴衆
僧晃演公　下村長門守〈日光宮ノ諸大夫〉梅戸石見守〈花山家諸大夫〉大口但馬守〈中山家諸大夫〉
下植松　上千家　安田　石塚　其外侍少々
予平服、講尺ノ節ハ衣也、進物、くわし小折
門人ハウラ付上下也

とある。講義の時は、持参した鈴屋衣（すずのやごろも）に着替えている。また、旅宿で四月五日から毎日行われた『源氏物語』や『万葉集』の講義にも、富小路貞直や錦小路頼理といった三位クラスの公卿たちが出席している。旅宿での講義は、『古語拾遺』や定家の歌論書である『詠歌大概』をテキストにして、自著である『玉くしげ』も取り上げられた。

中山殿の屋敷での最初の講義を終えて、宣長は、大平と春庭に宛てて、こう書き送っている。

京地古学も段々起り候様子ニ而、悦申候、先頃ハ園大納言殿へ皆々参リ、尚又今日ハ中山殿より請待ニ而、昼後より参り暮前ニ帰り申候、延喜式祝詞講尺いたし、中山殿御父子、其外花山院、園大納言殿、東園殿、右之通堂上方御出ニ而御聞被レ成候

注目すべきは、これに続く次の一節である。

中山殿ハ当時之英雄有職者ニ而、上ニも殊外御用ひ、凡て堂上ニ而一人之御方ニ御座候へハ、今日

之講尺、別而致二大慶一候、追々古学雲上へも弘まり可レ申候

朝廷の実力者であり、天皇の信任も篤い中山忠尹との繋がりがどういう意味をもつものか、宣長は率直に語っている（享和元年四月二九日付）。その約一月後、五月二十五日付の春庭宛書簡には、

我等事、其後次第に大当りに而、堂上方地下共追々古学行ハレ、扨々致二大慶一候、日々堂上方御入来、客来しげく、其上度々中山殿へ参り、色々と事多く、心配に而くたびれ申候

とある。

六月十二日に松坂に帰った宣長は、京都での「古学」の広まりに、「面白キ時節ニ成申候」（享和元年七月二七日、長瀬真幸宛）と書き送ったように満足していたが、和歌山から連続する京都での長期滞在と公卿との連日の交際は、身心ともに負担の大きなものだったに違いない。五月上旬には、体調不良で三日ほど講義を休んでいる。「色々と事多く、心配に而くだびれ申候」とは、春庭にだけ明かした偽らざる実感だったろう。

『玉勝間』本文の差し替え

「古学」の広まりに関連して、少し別の角度から話題を拾ってみよう。『玉勝間』第一編は、寛政七年（一七九五）に名古屋の書肆である藤屋吉兵衛によって刊行されたが、江戸での販売を受け請ったのは蔦屋重三郎である。その蔦屋が、本文のうち二ヶ条について削除を要請してきた。その二ヶ条とは、「儒者孔子を尊むこと過て周公を尊むことたらずといふ論ひ」と「周公旦孔丘孟軻」であり、宣長は蔦屋の要請を受け容れている。

では、この二ヶ条の何が問題だったのだろうか。前者で宣長は、「かの周公のいさをにくらぶれば、何ばかりのわざにもあらざる」孔子を崇拝する儒者の姿勢を、「釈迦よりもまさりて、おの〳〵の祖師をほむる」ようなものだと揶揄している。後者では、「かのもろこしの国俗(くにぶり)の、さくじりあしくて、うはべをかざり、偽リおほくて、したの心のきたなき」は周公に由来するものとされ、孔子が「よき人」「直き人」とされ、返す刀で孟子は「たぐひもなくわろき人」「心きたなき、わろおきな」とまで否定され、後世の儒者はその孟子の影響下にあるものとされている。蔦屋は、この二ヶ条が、寛政の改革で思想・風俗の取り締まりを強めた幕府の介入を招くことを危惧したのであり（寛政二年に、幕府は山東京伝の黄表紙や洒落本を絶版にさせ、版元の蔦屋も打撃を受けていた）、宣長は差し替えの原稿「神武天皇の御陵」と「とかたといふ詞」を提出した。こういう配慮も、「古学」の広まりとともに要求されたのである。

## 2　知友と門人

### 江戸の真淵門

宣長が交わった同学の知友としては、まず江戸で活躍した真淵の高弟たちを挙げなければならない。それは、加藤千蔭（享保二〇〜文化五年、一七三五〜一八〇八）と村田春海（延享三〜文化八年、一七四六〜一八一一）であり、真淵の死を宣長に伝えた楫取魚彦を加えてもよいだろう。

千蔭は、父を継いで江戸町奉行所の与力となったが、致仕の後、『万葉集』の研究に専心した。宣長の『万葉集玉の小琴』を読んで心打たれた千蔭は、「おふけなくうし［真淵］のこゝろさしを継てむ」という決意を宣長に伝えてその指導を乞い（寛政三年一二月五日付、宣長宛書簡）、宣長もまた、千蔭の高名は松坂にも届いていると応じた（寛政四年正月六日付、千蔭宛書簡）。『万葉集玉の小琴』は、『万葉集』巻一から巻三までの歌を抜粋し、それらに注解を施したもので、安永八年（一七七九）に完成している。ちなみに宣長は、宝暦十一年（一七六一）五月から安永二年（一七七三）にかけて『万葉集』全二十巻の講義を行ない、安永四年からは全巻の会読を始め、天明六年（一七八六）十月に終業し、さらにあらためての全巻会読（後に講義）に入っていた。これらの講義や会読、さらに知友や門人との質疑応答を通じて、宣長の『万葉集』解釈は定まっていったのであろう。

千蔭の進めた研究は、『万葉集略解』三十巻として実を結ぶことになるが、千蔭はその草稿の閲読を請い、宣長はこれを受けている。宣長は、千蔭の『万葉集』理解をどう見ていたのだろうか。千蔭と同じように『万葉集』研究に打ち込んでいた荒木田久老に、宣長は千蔭の研究を評して、「さして珍敷考へハ見え不㆑申候へ共、全体隠成注ニ御座候」（寛政八年三月一九日付）とあるから、個性的とは言えないが隠当な内容だと判断していたようである。

千蔭は、『万葉集』以外の宣長の業績にも関心を示し、寛政十年（一七九八）師走の書簡では、その年の六月に完成した『古事記伝』を「皇国之至宝」と絶賛し（一二月一六日付）、翌年の書簡でも『源氏物語玉の小櫛』読後の感銘を伝えている（一〇月二一日付）。

一方の春海は、日本橋の富裕な干鰯（ほしか）問屋の子で、父や兄ともども真淵のもとで学んだ。真淵の死後、その歌文集の編纂に着手した春海は、松坂の宣長を訪ねている。天明八年（一七八八）、春海は、「先日は始而参上、種々御馳走、ことに寛々得㆓清話㆒本懐之至辱奉㆑存候」と礼を述べた後、先師の歌文集に「疎謬」があって「後日他門ノ人ニ具眼ノ人出候時、指摘ヲ受申候事」を懼（おそ）れるので、力を貸してほしいと宣長に要請した。具体的には、真淵の歌の中の「テニヲハ」の使用上の誤まりを指摘してほしいということだったらしい。春海は、自分は先師の遺稿を編むような任ではないが、「只今ニ至り僕義世話不ㇾ仕候ハバ、往々散逸ニも可ㇾ及と存、其処なげかしく存立候事ニ御座候」と胸懐を明かしている（三月一八日付）。

宣長は、遠慮なしにその誤用を列挙したのであろう。春海は、「歌ノ部ノ御校正、一一御尤」としながら、「翁ノ誤られ候事も、悉クあとより改メ申候はあしかるへく、たゝあまり浅はかなる誤のみを改メ申候様ニ奉ㇾ存候」（寛政八年六月二五日付）と返信している。この時の書簡でも、春海は、真淵の遺した歌文の編纂が多くの「故障」によって難行していることを嘆いているが、『賀茂翁家集』が公刊されたのは、宣長が没して五年の後、文化三年（一八〇六）である。春海は当初、宣長に序文を著わしてほしいと考えていたらしいが（天明八年三月一八日付書簡）、完成された『賀茂翁家集』の序文は千蔭が執筆し、例言（「賀茂翁家集のおほよそ」）を春海が記した。

春海は、「テニヲハ」の研究については宣長の業績の大きさを認めたが、宣長の没後、「道」をめぐる議論や『新古今集』を至上とする歌論などをめぐって、宣長に対する批判的な発言をするようになる。

江戸での真淵門の動向について、その情報を宣長に伝えていたのは、寛政五年（一七九三）に入門した熊本藩士、長瀬真幸である。真幸は、江戸で千蔭や春海と親しく交流していた。塙保己一（延享三～文政四年、一七四六～一八二一）が、幕府の援助を得て和学講談所を開設するという知らせを伝えたのも真幸であった。保己一は、幼少時に失明しながら、晩年の真淵に入門して、膨大な古書・古文献を収集し、校訂を施し、天明六年（一七八六）から文政二年（一八一九）にかけて『群書類従』としてそれらの古書・古文献を世に送り出したことで知られている。宣長との直接の交わりはなかったものの、和学講談所について宣長は、「善師」に恵まれ「繁栄」するように期待をかけたが（寛政五年一一月一五日付、長瀬真幸宛）、ほどなく「塙学校……古学筋之事一向無レ之候由、残念成義ニ御座候」（寛政六年二月二日付、同人宛）と失望を表明することになる。

江戸を離れれば、真淵門で宣長が親しく交わった人物に、荒木田久老がいる。外宮祭神論争に関わって久老には触れたし、『古事記伝』の完成を「生涯之願望成就」と伝えたこと、千蔭の万葉学への率直な評価を明かしたことも既に見た通りである。宣長は、十六歳年少のこの人物に、人格的に深く信頼すべきものを感じていたように思われる。

### 名古屋の門人たち

宣長への入門を希望する者は、次のような「誓詞」を提出して入門を許された。

一、此度御門人奉レ願候処、御許可被二成下一、御教子之列に被二召加一、本懐之至奉レ存候、然ル上者、専皇朝之道を致二尊信一、最敬神之儀怠慢致間敷、永蒙二御教諭一、生涯師弟之義を忘却仕間敷事

一、公之御制法に相背候儀者不二申及一、惣而古之道を申立、世間にかはりたる異様之行を致シ、人之見聞を驚し候様之儀有レ之間敷、殊更師伝と偽り、奇怪之説なと申立候義なと、一切仕間敷事

以下は省略するが、「秘伝口授」などと唱えて「古学之名を穢シ申間敷事」が「八百万之天神国神」の前で誓約されていて、宣長が、門人の間に発生しうるどのような問題に警戒心を懐いていたのかがよく窺える。

こうして宣長との「師弟之義」を結んだ門人たちであるが、まず名古屋の門人について見てみよう。名古屋は、「古学」の普及にとって拠点と言うべき土地であり、宣長は四回、この地を訪れている。最初は寛政元年（一七八九）の三月、春庭や大平を伴として、『古事記伝』の公刊をめぐる協議が目的であった。宣長は、六十歳である。第二回は、寛政四年（一七九二）の三月、春庭を連れてのもので、春庭は馬嶋の明眼院に留まって眼病の治療を受けることになる。第三回は、寛政五年、京都からの帰路、近江・美濃・尾張と足を伸ばし、名古屋にも十日程滞在して門人の指導に当たった。最後の訪名は、寛政六年（一七九四）四月で、この時は二十日余の逗留であった。

名古屋での「古学」の広まりの端緒を作った人物は、田中道麻呂（享保九～天明四年、一七二四～八四）である。道麻呂は美濃の人で、真淵門の大菅中養父（おおすがなかやぶ）に師事し、名古屋に住んで万葉学者として名を成し、多くの弟子を持っていた。道麻呂は、宣長の『字音仮字用格』の中の「おを所属弁」に感服し、安永六年（一七七七）、松坂に宣長を訪ねた。その後、『万葉集』をめぐって道麻呂の質問に宣長が回答し、安永九年、五十七歳の道麻呂は、六歳年少の宣長に入門したのである。

天明五年（一七八五）、前年に亡くなった道麻呂の遺作『万葉名所歌抄』に序を寄せて、宣長はこう記した。

たなかの道まろといふ人有けり、尾張国のあゆちのこほりの名児屋の里に、めこなどももたらずて、たゞひとり住けり、……わかゝりける時より、いにしへまなびに、こゝろざしいと深かりけるを、年まねくいそしみけるまゝに、ふることのことのこゝろを、いとよくあきらめ知てなむ有ける、かのなごやの里に名高くて、したがひ学ぶともがらはた、いとおほかりけり、かのさとに、いにしへ

> まなびのおこりけることは、もはら此おきながいさをになむ有ける

そして筆は、道麻呂の死に及ぶ。

> こぞの春よりみやまひして、夏秋もうちはへおこたらずて、かみな月のついたちごろなむ、しぐれの空の雲のまよひに、はかなく過いにける、うつせみのよのさがは、すべなくかなしきものなりけり

世俗的な楽しみには目もくれず、「いにしへまなび」一筋の生涯を、宣長はこのように偲んだのである（「田中道麻呂万葉名所歌抄序」『鈴屋集』六）。

宣長は『玉勝間』（一の巻）「おかしとをかしと二つある事」でも、道麻呂の学問の一端を紹介している。「物をほめていふおかし」は「おむかし」が縮まったもの、「笑ふべき事をいふをかし」は「をこ」に由来するものであったが、「お」「を」の「仮字づかひ」の乱れによって「同音」のようになってしまったという指摘がそれで、「おを所属弁」との出会いから宣長に師事した道麻呂の学風を伝えるものとすべきであろう。

道麻呂の死後、その友人や門人の中から、道麻呂が尊敬してやまなかった宣長の下で学ぼうとする者が出るが、その一人が横井千秋である。千秋については、名古屋藩への宣長招聘の試み、朝廷や幕閣への「古学」浸透の工作について触れてきたが、もう一つ見逃せないのは、『古事記伝』の刊行に果たした千秋の役割りである。名古屋では、天明三年（一七八三）に藩校の明倫堂が創設されたが、

その藩校の御用達として急速に成長した地元の出版資本が、永楽屋（東壁堂）であった。この永楽屋が『古事記伝』の出版を担うのであるが、それは、藩の重役としての千秋の尽力による。

天明四年の道麻呂の死後、翌年に宣長に入門した千秋は、その年の冬には、「古事記伝上木之事に付猶また蒙レ仰候御趣、委曲承知仕候、……弥力ヲ尽し候様可レ仕候」（月日不詳）と宣長に書き送っている。こうして『古事記伝』の初帙（一之巻〜五之巻）は寛政二年（一七九〇）九月に、第二帙（六之巻〜十一之巻）は同四年閏二月に無事に刊行されたが、第三帙（十二之巻〜十七之巻）は手間取ったようで、宣長は千秋にこう述べている。

> 此書彫刻之義、第二帙迄ハ御蔭ニ而出来仕、甚以大悦仕候御事、……第三帙ニ而上巻神代ノ分終り申候義ニ御座候へハ、第三帙ノ義ハ、何とぞ早ク出来仕候様、其跡（後）ハ先ともかくも、神代ノ分ハ少しも早く揃へ申度、明暮念願仕候義ニ御座候、近年此書世間へ出し申候ニ付、別而古学も起り申候様ニ奉レ存候へハ、別而第三帙をいそき奉レ存候御事ニ御座候、此段何とぞ御勘弁奉レ願候
>
> （寛政五年一月一四日付）

「神代」を扱った『古事記』上巻、『古事記伝』では十七之巻までは、何としても早く刊行したいという宣長の切々たる思いが溢れる文面である。「神代」を扱った分が出揃えば、「古学」の普及という点で大きな武器となることを宣長は見据えている。宣長が「何とぞ早ク」と願った『古事記伝』第三帙は、この書簡の四年後に刊行された。

千秋はその他にも、春庭が馬嶋の明眼院に逗留した時に何かと心遣いを尽くし、宣長は千秋を「真

心ノ人」（寛政八年一〇月二六日、春庭宛書簡）として信頼し、妻を亡くして落胆した千秋を、「心をとりなほし」て立て直すのも和魂（にぎみたま）の働きだと励ましている（寛政八年一〇月一六日付書簡）。

千秋と同様、宣長を師とした道麻呂の旧門人に、名古屋藩士の鈴木真実（まざね）がいる。千秋が進めた朝廷への「古学」普及の工作にも、この人物が関わったかとも思われることは既に述べたが、真実は『古事記伝』の公刊にも協力している。本文の文字の太さ、帙の色合い、こはぜや外題紙の材質、糸の色など細部にこだわりを見せる宣長からの指示を受けて（例えば、寛政元年一一月一四日付書簡）、真実は、それらの手配に従事した。

板木彫刻を請け負ったのは、植松有信（ありのぶ）（宝暦八～文化一〇年、一七五八～一八一三）である。有信は、名古屋藩士であった父が浪人し、自らは版木師の道を選んで多くの和書の出版に力を尽くした人物で、寛政元年（一七八九）に宣長に入門している。

名古屋の宣長門人として逸することのできないのは、鈴木朖（あきら）（明和元～天保八年、一七六四～一八三七年、号は離屋（はなれや））である。朖は、市川鶴鳴から漢学を、道麻呂から和学を学び、寛政四年（一七九二）に宣長に入門した、鶴鳴が『末賀能比連』を著して宣長を論難したことは、既に述べたところである。朖は、『活語断続譜』において動詞や形容詞の活用の法則性を明らかにしようと試み、国語学の分野では今日でも高く評価されている。また明倫堂では、『日本書紀』や『古今集』を教授し、一方、漢学者としてもユニークな発言を残している。その一例を紹介しよう。朖が漢字カナ混じり文で著した『論語参解』を開けば、「子曰、朝聞レ道、夕死可矣」（里仁篇）について、『新古今集』（巻十三）から「忘れじの行末まではかたければけふを限りの命ともがな」という恋歌を引いてみせる。いつまでも私を忘れないと言うが、先の事は頼み難いから、いっそ今日を限りの命であったならと思う、「初メテ逢タル喜バシサ」に包まれた若い女性の喜悦と、「朝ニ道ヲ聞」いた者の喜びとは通じ合うと説くのである。朖は、恋の喜びと重ね合わせて孔子の言葉を解釈することを、「道」に対する不謹慎な態度とは考えていない。こういう感覚は、漢学だけで育った者には――そして中国や朝鮮の知識人にも――想像のつかないところであろう。それにしても、恋を得た喜びと真理を知る喜びと、その喜びにどういう差があるのだろうか。

**松坂の門人たち**

さて、松坂に入る前にもう一人、重要な門人に触れておかねばならない。それは、千家俊信に宣長への入門を勧めた内山真龍、この遠江国学の中心人物に就いて学んで、寛政元年（一七八九）に宣長に入門した石塚龍麻呂（たつまろ）（明和元～文政六年、一七六四～一八二三）である。龍麻呂もまた、遠江の国の人である。

宣長は『玉勝間』（四の巻）「古言清濁考の事」の中で、「いにしへことばの清濁」について、

古事記書紀万葉は、かなづかひいと正しくして、清濁をも分て書たれば、これらの書によりてしるべし

と論じた。『古事記伝』も、音の清濁には敏感であり、一例を挙げれば、「武蔵」はムザシと訓むべきことが力説されている。この「いにしへことばの清濁」を集中的に研究したのが龍麻呂であり、その成果は、寛政六年（一七九四）に『古言清濁考』としてまとめられた。『玉勝間』は、

おのがをしへ子に、遠江ノ国ふちの郡細田村の人、石塚ノ龍麻呂なん、この事に心おこして、古書

どもを、あまねくくはしくかむかへわたして、此ちかきほど、古言清濁考といふふみをあらはしたりける、此考によりて見れば、おのれさきにあらはしたりつる、神代正語などにも、なほまれまれには、かむかへ及ばざりしこともある也

と続き、宣長は龍麻呂の著作を高く評価している。

同じ『玉勝間』（二の巻）「わがをしへ子にいましめおくやう」には、「わが後に、又よきかむかへのいできたらむには、かならずわが説にななづみそ、わがあしきゆゑをいひて、よき考へをひろめよ」という門人たちへの戒めの言葉がある。あるいはこの時、宣長は龍麻呂を思い浮かべていたのかもしれない。

松坂の門人としては、須賀直見（寛保二～安永五年、一七四二～七六）を挙げなければならない。病弱だった直見は、嶺松院歌会に加わり、早くから宣長の講義を聴講し、読書と歌作に励んだが、三十五歳で世を去ってしまった。宣長が直見に寄せた期待の大きさは、宣長の著『草菴集玉箒』や『字音仮字用格』の序文を直見に託していることからも窺える。『字音仮字用格』の序文で、直見は「其ノ歌ニ於ルヤ、八代ノ際ニ翺翔シテ衆美之ヲ具へ、其ノ学ニ於ルヤ、二公ノ業ヲ紹明シテ成功之ニ過タリ」（原漢文）として、「歌」は八代集を自家薬籠中におさめ、「学」は契沖・真淵を継いでそれを超えるものだと宣長を賛えている。

先に紹介した通り、天明年間、有望な門人はと問われた宣長は、「今ハ稲掛重太大平ト申ス一人也」と答えていたが、その「今ハ」は、直見を失った今となっては、ということであった。直見が幼な子を亡くした時も、宣長は、「風わたる柳を見てもみとりこの露と消にし春やかなしき」と詠んで直見

を慰めていたが（安永五年春）、その年の冬、直見その人の死に際しては、

　ちはやふる神し恨めしあたらしきわがすがのこをいつちゐにけん
　すがのこは言とひさけん友もなきとこよの国に独かもいにし

と詠み（『石上稿』十二）、さらに十三回忌でも、

　此世には今はなきさの友千鳥ふみおく跡をなく〳〵そ見る

と追慕した（『鈴屋集』八之巻）。『玉勝間』（一の巻）にも、その早過ぎる死を悼む文章（「東宮をたがひにゆづりて」）が収められている。

　大平については、寛政十一年（一七九九）、七十歳を迎えた宣長が、四十四歳の大平を養子とし、享和元年（一八〇一）の宣長の死を受けて、大平は翌年に本居家を継ぎ、文化六年（一八〇九）に和歌山に移住し、『紀伊続風土記』の編纂や藩主への進講に努めたことは既に述べた。宣長没後、鈴屋の門人たちは、松坂の春庭と和歌山の大平によって指導を受けることになるが、それに立ち入る余裕はない。ここでは、「大平一人ハ古風ノ方ヲヨク得タリ」と宣長が評していた（天明五年九月二八日付、小篠敏宛書簡）大平の歌一首を紹介するに止める。

　寛政五年（一七九三）四月、京都から近江・美濃を経て名古屋に入った宣長一行は、十七日、東照宮の大祭を見物して楽しんだが、その時に大平が詠んだ長歌が、宣長の旅日記「結びすてたる枕の草

葉」に書き留められている。「刈菰の　みたれりし世に　かきかそふ　三河国ゆ　尊くも　あれ出まして　天皇の　御言のまにま　天の下　四方の国内を　はききよめ　治め給ひて　下野　二荒の宮に　万代に　しつまりいます　東照　神の命は　かしこきや　同し御祖と　しら玉の　をはりの君の　むしふすま　なこ屋の里の　城のちにも　いつきまつらし　かしこみて　つかへ給ふと　年ことの　四月のけふの　たり日には　神の御ゆきと　ゆきとほる　大路もとほく　めか、やく　御輿つかへて　諸人の　いませまつろふ　けふのたふとさ」がそれで、「東照神の命」や「をはりの君」がどのようなものとして受けとめられていたのかをよく伝えている。

宣長に入門する者が提出した「誓詞」については先に見たので、最後に「破門状」を一つ紹介して、この項を閉じよう。

近来承候へは、御職分之義ニ付、貴国神職之衆中へ対し、如何敷御義共有レ之候由、風聞御坐候、然共よもや左様之品ハ有レ之間敷義と存居申候所、其後方々より承候ニ、弥相違無レ之趣相聞え申候、右ハ古学御執心ニハ似合不レ申、俗情鄙劣之御振舞、殊ニ神慮之程難レ計、愚老門人と御名乗被レ成候事、甚迷惑存候、因レ茲、乍二気之毒一自今師弟之義永ク令二改変一候間、……

（天明六年閏一〇月一四日付、鈴木梁満（やなまろ）宛）

梁満は三河の人で、地元の神主だったが、その地位を利用して金銭トラブルを起こしたらしい。真淵門下だったが、天明四年に宣長に入門したという。

## 3 『うひ山ぶみ』と『続紀歴朝詔詞解』

晩年の宣長が取り組んだ著作として、『うひ山ぶみ』（表記は『初山踏』『宇比山踏』とも）と『続紀歴朝詔詞解』がある。

### 初学者への手引き

『うひ山ぶみ』という書名は、初めて「古学」という山に足を踏み入れる者のための手引きを意味している。

こたみ此書かき出つることは、はやくより、をしへ子どもの、ねんごろにこひもとめけるを、年ごろいとまなくなどして、聞過しきぬるを、今は古事記ノ伝もかきをへつればとて、又せちにせむるに、さのみもすぐしがたくて、物しつる也、にはかに思ひおこしたるしわざなれば、なほいふべき事どもの、もれたるなども多かりなんを、うひまなびのためには、いさゝかたすくるやうもありなんや

と宣長は奥書きに記し、

いかならむうひ山ぶみのあさごろも浅きすそ野のしるべばかりも

という歌を添えた。奥書きは、寛政十年（一七九八）十月二十一日、『古事記伝』の完成から四ヶ月余

を隔てた日付である、『うひ山ぶみ』は翌年五月に、名古屋の永楽屋から公刊された。「うひまなび」の者のための、いわば入門書を著わしてほしいという要望は、「をしへ子ども」の間から出ていたが、『古事記伝』に専念してその余裕がなかったと宣長は弁明している。しかし入門書の執筆に積極的になれなかった理由は、それだけだろうか。『玉勝間』(七の巻)の「おのれとり分て人につたふべきふしなき事」に、こうある。

おのれは、道の事も歌の事も、あがたゐのうしの教のおもむきによりて、たゞ古の書共を、かむかへさとれるのみこそあれ、……されば又、人にとりわきて殊に伝ふべきふしもなし、すべてよき事は、いかにも〳〵、世にひろくせまほしく思へば、いにしへの書共を考へてさとりえたりと思ふかぎりは、みな書にかきあらはして、露ものこしこめたることはなきぞかし、おのづからも、おのれにしたがひて、物まなばむと思はむ人あらば、たゞあらはせるふみどもを、よく見てありぬべし、そをはなちて外には、さらにをしふべきふしはなきぞとよ

『玉勝間』のこの巻は、寛政七年十一月に板下(はんした)(清書原稿)が出来ているから、『うひ山ぶみ』が書かれる三年ほど前に当たる。入門書的なものがほしいという「をしへ子ども」の声は、この頃の宣長の耳にも届いていたであろう。しかし宣長は、自分の学問には何か特別な方法があるわけではなく、知りえたこと、考え及んだことはすべて書物に著して公開しているのだから、それを熟読して欲しいと述べている。言外には、入門書的なものを求める門人たちに、学問に対する安易な姿勢を見て取って、それを戒める思いが込められているのかもしれない。

『うひ山ぶみ』は、寛政十年十月八日に起稿、十三日には成稿し、さらに九日ほどの推敲期間をおいて完成している。『古事記伝』が手を離れたという安堵感と自信もあっただろうし、「せちにせむる」門人たちの懇望の高まりもあっただろうが、短時日に一気に仕上げたこの気迫の裏には、あるいは、自分に残された時間はそう多くはないという直感があったのだろうか。

## 「物まなびのすぢ」

『うひ山ぶみ』を、「世に物まなびのすぢ、しな〴〵有て、一やうならず」と書き出した宣長は、「物まなび」の内容に則して四つの分野を設定する。一つは「道をもはらに学ぶ」もので、「神学」と名付けられる。二つは「官職儀式律令などを、むねとして学ぶ」もので、「有識（職）の学」である。三つは「上は六国史其外の古書をはじめ、後世の書共まで」を学ぶもので、宣長は名称を与えていないが、史学に相当するものだろう。四つは「歌の学び」で、これは「歌をのみよむ」ものと「ふるき歌集物語書などを解キ明らむる」ものに分岐するとされる。

続いて宣長は、学問といえば「漢学」のことだという前提で、あらためて「和学」「国学」などと称することの不当を説く。そして「物まなび」において、とくに「古書によりて、その本を考へ、上代の事を、つまびらかに明らむる学問」として、その方法や対象の自覚という面を強調してこれを「古学」とも呼んで、それが契沖によって始まったと述べられる。

## 「学びやうの次第」

ここまでを論じた宣長は、いくつかに分化する「物まなびのすぢ」の中で、どの分野を専攻するかは、学習者に任せるのがよいと言う。

まづかの学のしな〴〵は、他よりしひて、それをとはいひがたし、大抵みづから思ひよれる方にまかすべき也

また、「学びやうの次第」を周囲があれこれ指示するのも問題が多いとして、さらに

> 詮ずるところ学問は、ただ年月長く倦ずおこたらずして、はげみつとむるぞ肝要にて、学びやうは、いかやうにてもよかるべく、さのみかゝはるまじきこと也、……不才なる人といへども、おこたらずつとめだにすれば、それだけの功は有物也、又晩学の人も、つとめはげめば、思ひの外功をなすことあり、又暇（イトマ）のなき人も、思ひの外、いとま多き人よりも、功をなすもの也、されば才のともしきや、学ぶことの晩（オソ）きや、暇のなきやによりて、思ひくづをれて、止（ヤム）ることなかれ

と諭している。何を学ぶにせよ、自らの非才や晩学、多忙などを理由にして「くづをれて」しまわないことが、学問においては最も大切だというのである。

才・非才はともかく、宣長も商人としての人生に躓（つまず）き、堀景山に就いて学問の道に入ったのは二十三歳の時であった。医学の修得は、それから後のことである。松坂へ帰ってからの医業と学事の二重生活の多忙は言うまでもない。「うひまなび」の徒に「思ひくづをれて、止ることなかれ」という言葉を選んだ時、宣長は自らの半生を振り返っていたのだろう。

### 「道の学問」

さて、何を学ぶのか、どのように学ぶのかは、学習者に任せた方がよいとした宣長であるが、それだけでは「初心の輩は、取リつきどころなくして、おのづから倦（ウミ）おこたる」ことになりがちなので、「己が教へによらん」とする人のために「今宣長が、かくもやあるべからん」と考える要点を述べるとして話を進める。

宣長は、四つの分野から成る「物まなび」であるが、「その主（ムネ）としてよるべきすぢ」、つまり中心に

位置するものは「道の学問」だと明言する。

そも〳〵此道は、天照大御神の道にして、天皇の天下をしろしめす道、四海万国にゆきわたりたる、まことの道なるが、ひとり皇国に伝はれるを、其道は、いかなるさまの道ぞといふに、此道は、古事記書紀の二典に記されたる、神代上代の、もろ〳〵の事蹟のうへに備はりたり

「道」は、アマテラスの道として「四海万国」にゆきわたる普遍的なものであるが、その伝承が正しく伝わっているのはアマテラスの生まれた日本だけで、それは『古事記』『日本書紀』の記すところの「事蹟」において備わっていると宣長は持論を展開する。「事蹟」は、より抽象的な観念のための方便や寓喩ではないし、文字記録以前の史実の仮託でもない。従って、「道」を学ぶ者は、「事蹟」に即いて「事蹟」そのものの真実を明らかにしなければならない。「事蹟」そのものに向き合う姿勢を、宣長は

道を学ばんと心ざすともがらは、第一に漢意儒意を、清く濯（スス）ぎ去て、やまと魂をかたくする事を、要とすべし

とも説いている。

「道」が「天照大御神の道」であり「天皇の天下をしろしめす道」だというのは、たとえ「道」を学ぶ者にとってであろうと、「道」は一個人にとっての信条や生の指針といった次元のものではあり

えず、その復古を掲げて社会に働きかけるようなものでもないということである。

そも〳〵道といふ物は、上に行ひ給ひて、下へは、上より敷キ施し給ふものにこそあれ、下たる者の、私に定めおこなふものにはあらず、……道は天皇の天下を治めさせ給ふ、正大公共の道なるを、一己の私の物にして、みづから狭く小(チヒサ)く説(トキ)なして、たゞ巫覡などのわざのごとく、或はあやしきわざを行ひなどして、それを神道となのるは、いとも〳〵あさましくかなしき事也、すべて下たる者は、よくてもあしくても、その時々の上の掟のまゝに、従ひ行ふぞ、即チ古への道の意には有ける

「道」とは何かを学び明らかにすることは、「道」を「私の物にして」自らの信条や宗教的教義、あるいはイデオロギーに取り込んでしまうことではない。宣長は、より率直にこうも言う。

学者はたゞ、道を尋ねて明らめしるをこそ、つとめとすべけれ、私に道を行ふべきものにはあらず、されば随分に、古の道を考へ明らめて、そのむねを、人にもをしへさとし、物にも書キ遺(ノコ)しおきて、たとひ五百年千年の後にもあれ、時至りて、上にこれを用ひ行ひ給ひて、天下にしきほどこし給はん世をまつべし、これ宣長が志シ也

学者のなすべきは、「明らめしる」ことであり、それが「上」によって「用ひ」られるか否かは長い時間を待って定まるもの、そしてここでは言及されないが、それを最終的に定めるのは神々の意志

だというわけだろう。

## 読書と注釈

「道を学ばんと心ざすともがら」は、まず『神代正語』『直毘霊』『玉矛百首』『玉くしげ』『くず花』などを、「古事記書紀の二典」の上代を扱った巻と共に読み、そこから『続日本紀』をはじめとする史書、「延喜式」などに進み、『古事記伝』に入るのがよいと宣長は述べる。そして初心者がそれらを読む時の注意として、

いづれの書をよむとても、初心のほどは、かたはしより文義を解せんとはすべからず、まづ大抵にさら〳〵と見て、他の書にうつり、これやかれやと読ては、又さきによみたる書へ立かへりつゝ、幾遍もよむうちには、始〆に聞えざりし事も、そろ〳〵と聞ゆるやうになりゆくもの也

と教えている。一言一句の「文義」を漏らすことなく理解しようと身構えると疲れてしまい、結局は挫折することが多いと宣長は見ている。加えて宣長は、「学びやうの法なども、段々に自分の料簡の出来るもの」であって、あせらずに自分なりのペースやスタイルを身に付けることが望ましいと論じている。

ある程度の実力を獲得した者に対しては、宣長は、「物の注釈をするは、すべて大に学問のためになること也」として、「古書の注釈」を作ってみることを勧めている。注釈は一文字たりとも疎かにできない緻密さが求められる作業であるから、「大抵にさら〳〵」という読み方の対極にたつ読書法である。さらに宣長は、このレベルの学習者には、口語訳を試みたり関連年表を作成したりという能動的な読書を推奨し、「古書どもは、皆漢字漢文を借て記され」ているから、「やまとたましい」を固

めた上で、「漢籍（カラブミ）をもまじへよむべし」とも教えている。

## 「道の学問」と詠歌

最後に宣長が論じるのは、「道の学問」と詠歌との関係である。ここで宣長は、『万葉集』に倣って「古風の歌」を詠むことの意義を強調している。

> 二典［『古事記』と『日本書紀』］の次には、万葉集をよく学ぶべし、みづからも古風の歌をまなびてよむべし、すべて人は、からなず歌をよむべきものなる内にも、学問をする者は、なおさらよまでかなはぬわざ也、歌をよまでは、古の世のくはしき意、風雅（ミヤビ）のおもむきはしりがたし、万葉の歌の中にても、やすらかに長高（たけ）く、のびらかなるすがたを、ならひてよむべし

宣長は、『万葉集』を、古い時代の言葉を研究するための素材の集合としてではなく、学問、とりわけ「道の学問」をする者に不可欠なセンスを養うべき遺産として尊重している。宣長の考える学者とは、古語古言に通じた上で、古人のように感じ、古人のように表現するセンスを身に備えた者なのである。そのセンスは、古歌をただ鑑賞したり批評したり、あるいは研究的・分析的な態度で古歌に臨んでいても育たない。それは、古歌を模倣して実作を重ねることでしか養えない美的感受性なのである。無論、宣長の議論の趣旨は、『万葉集』が――『古今集』や『新古今集』をおいて――詠歌の第一の手本だということではない。『鈴屋集』が、「古風歌」と「近調歌」に分けて編まれたように、それぞれが詠み分けられるのが望ましい姿なのである。

「道の学問」に志す者が、「古の世」の「風雅のおもむき」を体得するには、『万葉集』の秀歌を「ならひてよむ」だけでは足りないと宣長は考える。

すべてみづから歌をもよみ、物がたりぶみなどをも常に見て、いにしへ人の、風雅のおもむきをしるは、……古の道を明らめしる学問にも、いみしくたすけとなるわざなりかし

「物がたりぶみ」に親しんで、そこからもまた「風雅のおもむきをしる」ことが同じように求められるのである。

## 「風雅のおもむき」

では、「風雅のおもむき」とはどういうことだろうか。あらためて『うひ山ぶみ』の議論を追ってみよう。

大かた人は、言（コトバ）と事（ワザ）と心（ココロ）と、そのさま大抵相かなひて、似たる物にて、……上代の人は、上代のさま、中古の人は、中古のさま、後世の人は、後世のさま有て、おの〳〵そのいへる言となせる事と、思へる心と、相かなひて似たる物なるを、今の世に在て、その上代の人の、言をも事をも心をも、考へしらんとするに、そのいへりし言は、歌に伝はり、なせりし事は、史に伝はれるを、その史も、言を以て記したれば、言の外ならず、心のさまも、又歌にて知べし

まず、宣長はこのように論じた。『うひ山ぶみ』の中で宣長は、真淵の学問の核心を、「古言をしらでは、古意はしられず、古意をしらでは、古の道は知リがたかるべし」と要約し、その「古言」の探求が真淵の『万葉集』研究に集約されたと論じていたが、右に引用した宣長の議論は、基本的に真淵の立場を継いだものである。しかし、宣長はそこに止どまらない。宣長の独創的な見解は、次のように表明される。

> すべて神の道は、儒仏などの道の、善悪是非をこちたくさだせるやうなる理窟は、露ばかりもなく、たゞゆたかにおほらかに、雅（ミヤビ）たる物にて、歌のおもむきぞ、よくこれにかなへりける

「神の道」は「雅たる物」で、「歌のおもむき」がよくそれに叶っていると説かれている。ちなみに、明和八年（一七七一）に著わされた『直霊』は、「道といふことの論ひ」であったが、そこには歌をめぐっての論及はなく、「雅び」についても触れられていない。

『うひ山ぶみ』の宣長は、こうも言う。

> すべて人は、雅の趣をしらでは有べからず、これをしらざるは、物のあはれをしらず、心なき人なり、かくてそのみやびの趣をしることは、歌をよみ、物語書などをよく見るにあり、然して古人のみやびたる情をしり、すべて古の雅たる世の有さまを、よくしるは、これ古の道をしるべき階梯也

極言すれば、『源氏物語』に心揺さぶられたことのない者には、『古事記』は分からないということだろう。

> 然るに世間の物学びする人々のやうを見渡すに、主（ムネ）と道を学ぶ輩は……歌などよむをば、たゞあだ事のやうに思ひすてて、歌集などは、ひらきて見ん物ともせず、古人の雅情を、夢にもしらざるが故に、その主とするところの古の道をも、しることあたはず

と宣長は続けている。「雅の趣」「物のあはれ」、これらを知らない者は「心なき人」であり、それでは「古の道」をしることは出来ないと宣長は言っている。

真淵であれば、『万葉集』が伝える上古の健全な精神世界と、中古以降の堕弱な世界の間に絶対的な断絶を置くことで、問題はすべて説明されるのであるが、宣長はそうではない。「古の道」と呼ばれる世界と、古風・近調を併せた歌の世界、そして物語書の世界、これは時代を越えて連続したものとして捉えられている。その連続の本質が、「風雅のおもむき」「物のあはれ」をしるということになる。

『石上私淑言』でも、「神代の心はへ」のままに、歌の世界には「直くみやびやか」な「心はへ」が残っているとは言われていたが、『うひ山ぶみ』の議論はそれを大きく進めて、「歌をよみ、物語書などをよく見る」ことで、美的感受性を養い、他者の感情、とくにその悲哀に共感する力を磨き上げることが、「古の道」を内側から理解するための不可欠の資質として把握されている。「歌をよみ、物語書なとをよく見る」ことなしには、遠く隔たった「古の道」に参入する回路は開かれない——この確信は、三十余年をかけての『古事記伝』の執筆を通じてはじめて宣長にもたらさせたものであって、『うひ山ぶみ』を宣長に書かせたものの、少なくともその一つは、この確信を後の世代に伝えることにあったように思われる。

**宣　命**　さて、宣長が最後の精力を傾けた著作は、『続紀歴朝詔詞解』(以下、『詔詞解』)である。その執筆には、固有の難しさがあった。寛政十一年(一七九九)の加藤千蔭宛の書簡には、

此節続紀宣命ノ解に取掛り申候而、大方半分ばかり先ざっと草稿仕候、宣命には律令ノスヂ、漢文

ノ事共、仏教ノ事など多く、扨々考察に骨折レ申候、又一向に聞えがたき事も所々御座候、是は誤字と相見え申候　（八月二六日付）

と述べられ、翌年の書簡にも、「殊外六ヶ敷御座候」（萩原元克宛）「むつかしき事共有之苦しみ申候」（長瀬真幸宛）とある。

桓武天皇（在位、七八一～八〇六）の時代、延暦十六年（七九七）に成立した編年体の正史で、文武天皇の即位年（六九七）から約百年の間を対象としたのが『続日本紀』であり『続紀』と略称される。その『続紀』に収載された六十二篇の宣命を校訂し、注釈を施したのが、宣長の『詔詞解』である。既に述べたように、宣命とは天皇の意志を宣布する文書で、宣命使によって読み上げられた。漢文体で書かれた詔勅（重大事には詔書、それ以外には勅書）とは異なり、宣命体と呼ばれる独自の和文体で記される。宣命体は、日本語の語順で、体言、用言の語幹、これらを大書し、用言の活用語尾や助詞・助動詞などは、一字一音の万葉仮名で右側に寄せて小書きされる。

宣長は『うひ山ぶみ』において、後の史書に収められた宣命には「漢詞」が多く混じるが、「続紀なるは、世あがりたれば、殊に古語多し」と述べている。『続紀』の伝える宣命が、「皇国詞の詔」としての姿をよく留めているというのが宣長の評価である。

**「宣聞しむる物」**

『詔詞解』は、序文にあたる「まづとりすべていふ事ども」から始まる。そこで宣長は、宣命の本来の意味を、「命を宣よしにて……告聞するをいふ也」と説いた。勅命を宣聞せる行為そのものを指すので、その文書を言うわけではないというのである。そして、あはれ古の皇国言の［宣命］は、いかに麗美（ウルハシ）く雅たる、たふとき文なりけむ、いとも〳〵ゆかしきを、……

と歴史を振り返り、『日本書紀』が、「古の皇国言」のままに伝えられた「麗美く雅たる」宣命を「からざま」で飾り立ててしまったために「こちたくうるさき」ものになってしまったと嘆く。しかし、『日本書紀』に続いた『続紀』の撰者の見識は高かった。

然るを続紀には、これ［「古の皇国言」の宣命］をすてずして、御世〳〵のを、こゝら載せられたるは、いとも〳〵めでたくたふときこと、申すもさら也

「こゝら」は、これほど多くという意の副詞。そしてこう言う。

おほかた奈良朝よりあなたの、古言の文詞の、世につたはれるは、延喜式にのれる、もろ〳〵のふるき祝詞と、此続紀の詔詞とのみこそ有けれ、これらをはなちては、あることなし

「延喜式」巻八には、二十七篇の祝詞が収載されているが、宣長は、宣命と祝詞、それに歌を加えて、この三者こそが「古言」を伝えるものだとする。それは、

そも〳〵これらのみは、漢文にはしるさで、然ヵ語のまゝにしるしける故は、歌はさらにもいはず、

祝詞も、神に申し、宣命も、百官天下公民に宣聞しむる物にしあれば、神又人の聞て、心にしめて感(カマ)くべく、其詞に文(アヤ)をなして、美麗(ウルハシ)く作れるものにして、一もじも、読たがへては有べからざるが故に、尋常(ヨノツネ)の事のごとく、漢文ざまには書がたければ也

と説かれるように、歌も祝詞も宣命も、いずれも口で唱え、神なり人なりの耳に聞かせるものとして、音の連なりが生命であり、一音も揺るがせに出来ないから、「古言」のままに、あるいは万葉仮名で、あるいは宣命体で表記されているのである。従ってそれらは、まず音の連なりの美しさ、清らかさという点で「麗美く雅たる」ものだと宣長は説いている。

### 異物の排除

『詔詞解』で宣長は、宣命の本文について、脱文と考えられるところを補い、誤字脱字とすべきものを正しながら、その一方で、混入された不純物として「漢文ざま」の文辞を指摘し、より本質的な異物として、宣命の中に見られる「天」をはじめとする儒教の観念と仏教の護国思想を取り出し、これらを排除していく。

宣長は、「まずとりすべていふ事ども」において、

かく皇国言の詔詞にしも、漢意をまじへらるゝことも、推古天皇孝徳天皇天智天皇などの御世〳〵よりぞ始まりけむ、又聖武天皇高野ノ天皇〔孝謙天皇、重祚して称徳天皇〕の御世のには、仏事のいとこちたくおほかるは、殊にうるさく、ふさはしからぬわざなりかし

と述べている。「皇国言の詔詞」への混入としては、「漢意」の方が早くからのもので、既に推古天皇

の時代からそれがなされているというのである。仏教については、聖武天皇（在位、七二四〜七四九）とその子である孝謙天皇（道鏡を寵愛したことで知られる）の時代の宣命に「仏事」が顕著だとする。

まず「漢意」である。天皇が「天」や「天地」の付託を受けて「天下」を治めるという思想を受けた文言が、「漢意」そのものだとして批判されるのは言う迄もないが、ここでは別な例を取りあげよう。聖武天皇の治世、天平十五年（七四三）五月の宣命に、「上下乎斉倍和気弖无動久静加爾令有爾波礼楽等二都並弖志平久長久可有」という一節がある。これを問題にして宣長は、

さて礼も楽も、世中の万の事の中の一つにこそあれ、かくとりわきて、此二つをならべて、国を治むるわざの第一として、言痛くさだするは、漢国のこと也、みだれやすく治まりがたき国を治むる、戎国の王どもこそ、かゝるわざをも頼みて、治むるやうもあらめ、……皇国にしては、さらに用なく、あぢきなきわざ也、楽はたゞあそびの外なきものをや

と論じている。「移レ風易レ俗、莫レ善二於楽一」（『孝経』）という言葉に示されるように、儒教では、社会の秩序を、剝き出しの力ではなく、文化の力によって維持することが理想とされた。儀礼や礼義、そして音楽、つまり「礼楽」は、その象徴である。宣長は、「みだれやすく治まりがたき国」を治めようとする者の術策性をそこに見て、そういう秩序感覚の宣命への混入を排するのである。

仏教については、「三宝乃奴止仕奉流天皇羅我命盧舎那像能大前仁奉賜部止奉久」から始まる、天平勝宝元年（七四九）四月の聖武天皇の詔を取り上げないわけにはいかない。東大寺に行幸した天皇は、群臣を従え、北面して盧舎那仏に対し、左大臣の橘諸兄にその詔を読み上げさせたという。宣

長は、これを次のように非難する。

そもそも此天皇の、殊に仏法を深く信じ尊み給ひし御事は、申すもさらなる中に、これらの御言は、天ッ神の御子ノ尊の、かけても詔給ふべき御言とはおぼへず、あまりにあさましくかなしくて、読ミ挙るも、いとゆゝしく畏（カシコ）ければ、今は訓を闕（カキ）ぬ、心あらむ人は、此はじめの八字をば、目をふたぎて過すべくなむ

「三宝乃奴止仕奉流」の八文字は、目を閉じて飛ばしてしまうようにと言うのである。宣長からすれば、「天ッ神の御子ノ尊」が、「三宝」、つまり仏とその教え（法）とその伝達者（僧）への帰依を表明するなどは、あってはならないものだった。

最後に一つ、「古言」の復元をめぐって、宣長の姿勢を追っておく。称徳天皇の時代、天平神護元年（七六五）十一月の詔の一句、「朕方（アレハ）仏能（ホトケノ）御弟子（ミデシ）等天（トテ）」もまた、「目をふたぎて過す」べき一句であろう。そういうものとして句そのものを無視するという方向もありえただろうが、宣長はその「等天」にこだわる。宣長はそれを「等之天（トシテ）」に改めるのであるが、その根拠を「凡て古言に、とてといへることなし」と説明している。「古言」への忠実という点から、宣長は「等天」を許せなかったのだろう。「古言」として誤まった、「古言」の音の清らかさ、雅びやかな美しさを損うものを放置することは出来ない、それが宣長である。

## 4　遺言と死

### 老い

老境に入った宣長にとって、『古事記伝』全巻の完成は、最大の喜びであった。荒木田久老に宛てて、「生涯之願望成就」と書き送ったことは既に見た通りである。

『古事記伝』の完成の三ヶ月後、鈴屋において祝賀の月見の会が催された。また、『古事記』に登場する神々や人物を歌題として割り振り、歌を募って歌集を編むという事業も企画された。その趣意書の文案には、こうある。

> 古事記伝全部四十四巻当六月迄ニ致二卒業一候ニ付、記中諸神諸人を題ニ配り、国々諸君子達之詠歌を相集申度願望ニ御座候間、乍二御苦労一当題御詠出被レ下候様奉レ希候

「卒業」の二文字に万感が籠り、その達成に安堵する思いが伝わってくる。宣長は、割り振られた歌題の「好否難易」は「振くじ」で決めたものなので、そのまま受け容れてほしいとも述べている。

この歌集は、宣長の生前には完成しなかったが、後日、『古事記頌題歌集』として伝写された。三百十余首から成るが、例えばトヨウケを歌題として割り振られた久老は、「命つく豊うけひめのかむみたまあしたゆうへにあふけもろ〳〵」という一首を寄せ、太平はアメノコヤネについて「詔戸詞（ノリトゴト）こやねの神ののらさすは天の磐戸はひらかましやも」と詠んでいる。

『古事記伝』完成の翌年、寛政十一年（一七九九）には、宣長の七十歳を祝う宴が催され、当日の出

席者の詠歌と、祝宴に寄せられた歌を合わせて、歌集『鈴屋翁七十賀会集』が編まれた。寛政五年の上京時から親交をもった芝山持豊（公卿で二条派の歌人）の歌「のほりこし齢はいまた七十の末はるかなり千世の坂みち」が巻頭を飾り、宣長も「千代は経ん君かめくみの言の葉をかさしにさゝは老もかくれて」と返している。同じように寛政五年の上京時から交流をもった小沢蘆庵（享保八～享和元年、一七二三～一八〇一、思いのままを平易な言葉で歌う「ただこと歌」を唱道した。享和元年の上京時に面会している）からは、「七十は人数ならぬわれも経ぬ君は千とせの春をかさねよ」と届き、宣長は「七十は数にもあらすすくしこし君にひかれてわれも千代経ん」と応じた。稲掛棟隆は、宣長と同年であったが、体調を崩していたのだろうか、祝宴に加わることが出来なかった。そこで棟隆は、その年の春、和歌山からの帰路に吉野の水分神社に参詣したほどの宣長の壮健を喜び、「よし野山千本のさくらうゑそへて君が経む世のありかすにせよ」他二首をこの歌集のために奉呈した。「ありかす」は「有り数」で、ここでは年齢・寿命の意味である。

とはいえ宣長も、次第に身心の衰えを自覚せざるをえなくなっていた。

もとより物おぼゆること、いとゝもしかりけるを、此ちかきとしごろとなりては、いとゞ何事も、たゞ今見聞つるをだに、やがてわすれがちなるは、いと〳〵いふかひなきわざになむ

とは、『玉勝間』（四の巻）の一節である。この巻の板下は、寛政六年（一七九四）九月に出来ているから、「いふかひなきわざになむ」というのは、六十歳を過ぎた頃の嘆息かと思われる。寛政四年、加藤千蔭宛の書簡で、医師として「よなか暁といはず、はしりありき侍るに、ものまなぶいとまもすく

なく、こしいたくくるしく侍る」と弱音を吐いていたことは既に見た。知友との別れも増え、「扨々近来は死去人多く、老体殊ニ心細ク相成候」（寛政八年九月二〇日、川村正雄宛）といった表白もなされている。その年の八月には、草深玄弘が亡くなり、翌年には五歳下の実弟、村田親次に先立たれることになる。

そうした中で、宣長は自身の老いを受け容れていく。寛政八年四月十五日付の春庭宛書簡に、こうある。

昨日津の入レ歯師参り、入レ歯致シ申候、殊外宜キ細工成物ニ而、存シ之外口中心持わろくもなき物ニ御座候

そして宣長は、その時の戯れ歌を披露した。

四月のころ入歯といふ物をして又物よくかまるゝ事をよろこひて
思ひきや老のくち木に春過てかゝるわか葉の又おひんとは

春庭は、「とことはに千代もさかえむしるしとて生る老木の若葉なるらむ」と返した。

享和元年（一八〇一）の正月を和歌山で迎え、三月一日に松坂に帰り、その月末二十八日に上京のために松坂を発ち、六月まで京都に滞在したことは何度か述べた通りである。七十二歳の宣長にとって、その負担は大きく、身心ともに安らぐことはなかっただろう。既に紹介した「色々と事多く、心

配に而くたびれ申候」と書き送った春庭宛の書簡の続きであるが、宣長は

京都逗留、此度は別而おもしろく、今少し逗留も致度、堂上方にも御留メ被レ下候へ共、あまり〳〵心くばり多く気分つかれ、暑さにも成候故、一日も早く帰度も存候（五月二五日付）

と述べている。その四日後にも、宣長は春庭に、「先々堂上行キ講尺相止メ候へは、明日よりハ少ししづかにゆるりと致可レ申候」と伝え、「堂上つきあひ」や来客への対応をセーブする方針だったことが窺える。こちらの書簡にも、疲労が蓄積しているので「もはや一日も早く帰り度相成候」という文言が見える。

## 葬儀の指示

これに先立って、寛政十二年（一八〇〇）七月、宣長は長男の春庭と次男の小西春村に宛てた「遺言書」（内題は「遺言之事」）を認めている。寛政十年六月に『古事記伝』を完成させた宣長は、直ちに『家のむかし物語』の執筆に掛かり、一ヶ月足らずでこれを書き上げ、その年の十月には『うひ山ぶみ』を著し、翌年には大平を養子に迎えているが、それらは、自らの死を意識してのことだったと思われる。『家のむかし物語』は、子孫のために、桓武平氏の流れをくむ本居家の歴史を簡潔に要約したものであり、『うひ山ぶみ』は、次世代への学問的な遺言の書と見ることも可能である。そして大平に本居の「家」を託し、その上での二人の息子たちへの「遺言書」ということになる。

その「遺言書」は、

一、我等相果候はは、必其日を以て忌日と定むべし、勝手に任せ日取を違候事、有レ之間敷候

から始まって、前夜の九ッから当日の夜九ッまでを「其日」とせよという注意が添えられている（ちなみに宣長の父は、「廿三日の夜の戌ノ時」に亡くなったが、忌日は二十四日と定められた、『家のむかし物語』）。

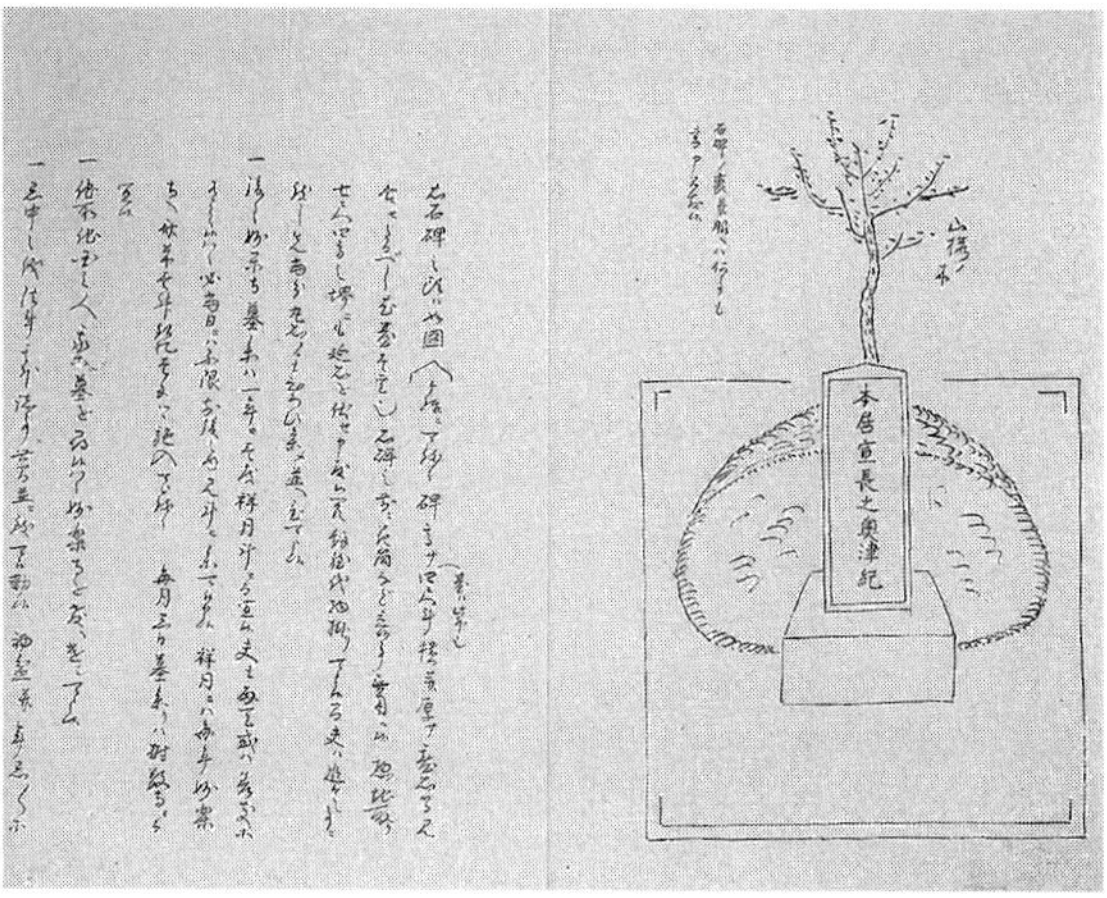
「遺言書」

絶息から送葬まで「念仏申候事無用に候」とされ、納棺についての念入りな指示が記されている。例えば、「稿（ワラ）を紙に而いくつも包ミ、棺中所々死骸之不レ動様につめ可レ申候」という具合である。棺についても、「板は一通リ之杉之六分板可レ為、ざつと一返削リ、内外共、美濃紙に而一返張可レ申候」と指定されている。そして

一、右棺者、山室妙楽寺へ葬可レ申候、夜中密に右之寺へ送り可レ申候、太郎兵衛［春村］並門弟之内壱両人、送り可レ被レ参候

と続く。春村と門人で、夜中密かに山室山の妙楽寺に運び埋葬するようにというのである。山室は、松坂から一里半ほど南方の山里である。山道を十四五

丁登ると妙楽寺があり、伊勢湾を見下ろし、尾張・三河・遠江の山が見渡され、秋の好天の時には富士山も望めるという。

そして山室山への埋葬の翌日、本居家の菩提寺である樹敬寺で送葬の式を行なうように、宣長は命じている。「遺言書」には、樹敬寺までの葬列についての図も描かれているが、「樹敬寺本堂迄空送(カラダビ)也」と添書きされているように、亡骸(なきがら)は既に山室山に埋葬されているから、そこには宣長の亡骸はない。樹敬寺の墓には一基の石塔を立て、宣長には、高岳院石上道啓居士、妻のお勝には、圓明院清室恵鏡大姉という戒名を左右に並べて記し、形の上では夫婦の合葬とさせる。「遺言書」には、「後日お勝相果候はば、此墓地へ葬可レ申候」とある。また、「空送」であることは、「本人遺言」として事前に樹敬寺の了解を得ておくようにとも注意している。

また、山室山の墓所については、

> 一、墓地七尺四方計、真中少後へ寄せて、塚を築候而、其上へ桜之木を植可レ申候、扨、塚之前に石碑を建可レ申候、……植候桜は、山桜之随分花之宜キ木を致二吟味一植可レ申候、勿論後々もし枯候はは、植替可レ申候

とし、石碑には「本居宣長之奥津紀」とだけ記して、脇や裏にも何を書いてもならないと指示している。「おくつき」は、上代語で墓のことである。

続いて墓参について、祥月命日には山室山の妙楽寺へ、月命日には樹敬寺へと指示した上で、

一、毎年祥月には、前夜より座敷床へ像掛物を掛ケ、平生用候我等机を置キ、掛物ノ前正面へ霊牌を立テ、時節之花を立テ、灯をともし、〈香を焼候事は無用〉膳を備ヘ可レ被レ申候

と述べ、さらに膳の内容にも及んでいる。霊牌には、「秋津彦美豆桜根大人（アキヅヒコミヅサクラネノウシ）」という後諡（のちのな）が記されなければならない。

また毎年祥月には、門弟を集めて歌会を催し、同じように「像掛物」を飾るようにと言われる。仏壇は「世間並之通り」にすべきで、「毎月之忌日霊膳等も、是迄致来候御先祖達之通り」にせよと宣長は命じている。

そしてこの「遺言書」は、

一、家相続跡々惣体之事は、一々不レ及ニ申置一候、親族中随分むつましく致し、家業出精、家門断絶無レ之様、永く相続之所肝要に而候、御先祖父母へ之孝行、不レ過レ之候、以上

と結ばれている。

この「遺言書」を認めた約二ヶ月の後、寛政十二年（一八〇〇）九月、宣長は門人たちを供にして山室山を訪ね、次のように詠んでいる（「山室行詠草」）。

山むろの山に墓をさためたるころよめる
今よりははかなき身とはなけかしよ千世のすみかをもとめえつれは

「山桜之随分花之宜キ木」が植えられた「おくつき」を、宣長は自らの「千世のすみか」と呼んだのである。

## 人情という価値

よく話題にされるこの「遺言書」をめぐって、少し考察を加えてみたい。ここから、私たちは宣長の何を読み取れるのだろうか。

まず、世俗に従った葬儀とその前夜に秘めやかになされる山室山への送葬、町中の檀那寺に建てられた墓と山中の「奥津紀」、「高岳院石上道啓居士」という仏式の戒名と「秋津彦美豆桜根大人」という後謚、この二重性をどう考えるのかという問題である。宣長が、世俗を驚かすことなく穏やかな日々を送りながら、心の底で求めたものは、雅びやかな美的共感に満ちた世界であり、宣長にとってそれは、歌の世界、また、「古言」の解明によって導かれる神代・上代の世界であった。そこまではよいとして、それを宣長にとって、俗的生活は表向きのもの、低位のもの、歌や神話の世界を真実の世界というように捉えてしまうと、宣長から離れてしまうだろう。宣長は、日々の俗的生活、そこでの喜怒哀楽を、雅びやかな世界より劣ったもの、偽わりのもの、神代・上代の世界から堕落したものと見ることはなかったと思われる。

もう一つは、死者の霊魂は汚く穢れた黄泉国へ赴くという思想をもつ宣長が、なぜ山室山の墓に執着し、それを「千世のすみか」と歌い、また毎年祥月に、まるで自分を囲むかのようにして門人たちに歌会を開かせるのかという問題である。宣長の霊魂は、地上に留まり、桜を愛で、歌会を楽しむのだろうか。宣長は、死後直ちに霊魂の全体が黄泉国に行ってしまうとは限らず、しばらくはその分霊のようなものが地上に残ることもあるとも述べているから、そこからこの問題を理解していくことも可能かもしれない。オホクニヌシやヤマトタケの霊魂（分霊）が地上に残って大きな力を発揮していることは、既に見た通りである。それだけではない。「凡人といへども、ほど〳〵に霊ありて、其は死ぬれば夜見国に去るといへども、なほ此世にも留まりて、福をも、禍をもなすこと、神に同じ」と宣長は述べて、「数百千年を経ても、いちじろく盛にて、まことに神なる者もあるなり」と説明を繋いでいる（『古事記伝』三十之巻）。しかし基本的には、人情というものに対する宣長の姿勢から、この問題は考えられるべきだろう。死者の側から言えば、たとえ身体こそ失ったものの、好きな景物を楽しみ、有縁の人々との交流を保ち、自分を忘れずにいて欲しいと願うのが人情であり、宣長もまた自らの人情に従い、それを表明したとすべきではないだろうか。客観的な命題として言えば、善人も悪人も、貴人も庶民も、例外なしに黄泉国へ行く、それは悲しく辛いことであるが誰もが引き受けなければならない。しかし、にもかかわらず、かつて宣長自身も「千代常登波尓許能余尓母賀母」（『玉鉾百首』）と歌ったように、死を忌まわしいものとし、死にたくないと叫ぶのが人情であり、そこにもまた、客観的な命題の次元とは違った人間的な真実がある。そういう人情の在り方に価値を認めず、例えば追慕の歌会など開いても、死者の霊魂は地上世界には存在しないのだから意味がない云々と言い立てるとしたら、それこそ紛れもない「漢意」なのではないだろうか。

　こういう意味で、宣長は、人情という価値に重きを置いていたものと考えたい。俗的生活こそは、そういう人情によって事が円滑に運ばれる。時には、仮構と知りつつも、人々がそこに托すものを守り崩さないために、自らもその習俗や慣習の中に身を委ねる、自らも人情に従う、そういう生き方を宣長は尊いものと見ていたように思われる。

### 死

　享和元年（一八〇一）九月二十五日、宣長は門人の植松有信にこう書き送った。これが、現存する最後の書簡になる。

愚老儀、去ル十七八日頃より風邪ニ而、痰気強さし起り、大ニ脳(悩)申候、食甚少、大ニよわり、一向何事も出来不レ申候

ちなみに、この月の十三夜に詠まれた「見るまゝに猶長かれと長月の夜をさへをしむ影のさやけさ」が残された最後の歌詠である。「日記」は九月十四日まで記され、十六日には『源氏物語』の講義を行ない――十九日は「風邪」で休講――既に述べたように十九日まで診療の場に臨んでいる。そして二十九日、大平の手記では「二十八日九ッ半時」、宣長は没した。「大平翁御手記之写」によれば、「ねふり給ふことく」に息を引きとったという。

最後に、宣長の葬送の実際について、松坂の門人である青木茂房が書き残した「なげきの下露」と植松有信の「山むろ日記」によって最小限のことを記しておこう。十月二日に葬送の行列は出発した。向かったのは樹敬寺であり、ここで「なへてのよのさまの式」を行ない、その後、春庭が白衣と麻の十徳に着がえ、行列は山室山に向かった。かねて作っておいた墓に到着すると、春庭はじめ一同が「秋津比古美豆桜禰乃大人」という「後の御名」を唱えて、宣長を葬ったという。行列は総数で二百五十人ばかりになり、山室の村では、村長が麻の上下で出迎えたということである。樹敬寺への葬送は空送にして、前夜密かに山室山に亡骸を運べという「遺言書」の指示通りには実行されなかったのは、それが藩庁から問題視された時の厄介を恐れてのことだろうと言われている。しかし、亡骸は山室山の墓所に無事に納められ、そこを「千代のすみか」にという宣長の希望はかなえられた。

# むすび――「物」と本居宣長

今回、本居宣長の主な著作や日記・書簡などを読み返してみて、最も印象に残った言葉は、「天地万物、皆吾ガ賞楽ノ具ナルノミ」という、京都で漢学生として一緒に学んだ友人に送られた書簡の一節である（原文は「天地万物、皆吾賞楽之具已」）。青春時代の気の置けない交わりの中で記された一節であるから、そういうものとして受け取るべき言葉であろうが、私には、何か啻ならぬ力を持って迫ってくるように感じられた。そこで本書のむすびとして、あえてこの一節を手掛かりにしながら、思想家としての宣長の一面に接近してみたい。

「物」と「名」の乖離・分裂という危機意識をもって、「物」とは何か、「物」を正しく捉えるとはどういうことかという主題に向き合った江戸の思想家は、徂徠であった。「程朱ノ諸公ハ……今文ヲ以テ古文ヲ見、シカウシテソノ物ニ昧ク、物ト名ト離レ、シカルノチ義理孤行ス」「物ナル者ハ衆理ノ聚ル所ナリ」そして「六経ハソノ物ナリ」（『弁道』、原漢文）などと述べられたように、徂徠の眼には、朱子学の唱える「格物窮理」的な「物」への対し方は「物ニ昧ク」、つまり「物」そのものを見ることがなく、「物」から離れて「義理孤行」、観念的に「義理」を空談するだけのものとして映った。こうして宣長の前には、朱子学を鋭く批判して、「古文」（古文辞）の体得によって「物」そのものを明らかにし、「衆理ノ聚ル所」としての「物」、その典型としての「六経」の世界を蘇らせようとする徂徠の学問があった。なぜ「六経」かと言えば、「ケダシ先王ノ教ヘハ、物ヲ以テシテ理ヲ以テセズ」（同前）とされたように、徂徠の場合、常に「先王ノ教ヘ」という枠組みの中で「物」が論じられたからである。

京都時代の宣長が深く徂徠から学んだことはよく知られた事実であり、本書中にも不十分ながら紹介したところである。従って「天地万物、皆吾ガ賞楽ノ具ナルノミ」という一節も、徂徠の「物」の思想との関連において検討されなければならない。まず徂徠は、「義理孤行」や「衆理ノ聚ル所」といった文言が示すように、「物」と「理」との関係という次元で問題を構成するから、その限りで、朱子学の設定した舞台の上の人である。また、「先王ノ教ヘ」という枠組みの中で「物」が論じられることは右に述べたとおりである。それに対して宣長は、そうした「理」や「教ヘ」には一点の顧慮も払わずに、即物的に「天地万物」を取り上げる。天体や動植物をはじめとする一切の自然物・自然現象、人間世界の出来事、人々の振る舞い、言語や思想・宗教……あらゆる事物事象を包括して、宣長の言う「天地万物」はある。それら「天地万物」は、「理」や「教ヘ」からの裏支えなしに、「物」が「物」としてあること自体に意味をもつ、そういう「物」である。

その「物」それ自体がもつ意味は、人間によって「賞楽」されることで、つまり褒められ愛でられ楽しまれることでもって開示され、その真価を認められる。人間の側からすれば、「物」を「賞楽」して、より豊かな生を享受するというのである。宣長はここで、「賞楽」するに値する「物」だけが意味をもつのであり、「賞楽」できない「物」は棄ててしまえと言っているのではない。「天地万物」が、それぞれ固有の意味や味わいをもっているのであり、各々に「賞楽」されるべき「物」なのである。「皆」吾が賞楽の具だというのは、そういう含意だろう。

それにしても、宣長はなぜ「賞楽」という言葉を選んだのだろうか。その後の宣長の著作においても、ほとんどこの語を見ることはない。ただし「楽シム」という言葉は、京都時代の学友たちと交わした書簡に何度も顔を出すから、「賞楽」の語は、やや享楽主義的な色彩を帯びた青春時代の客気(かっき)がもたらした表現だったと理解するのが穏当なのかもしれない。確かに「天地万物、皆吾ガ賞楽ノ具ナルノミ」には、不安や動揺を底に隠した、青春時代に特有の自尊自負のエネルギーがあって、それは傲岸不遜として受け取られかねないほどである。その高揚は、「吾ガ」賞楽の具という言い方にも表れている。「物」をどのように味わい楽しむのか、それを決めるのは、常識でも伝統でも権威でもなく、ひたすら「吾ガ」感性であり価値観だというのであり、それを「ノミ」という強い断定の助詞が受けている。この時の宣長にとって「天地万物」は、一般的に人間による「賞楽」を待つのではなく、「吾(われ)」の「賞楽」のために意味をもつ、それに尽きると宣言されている。

しかし、こうした高ぶりだけを見て宣長のこの発言を片づけてしまうことを、私は躊躇する。京都時代の宣長の学問と思索の結晶が『排蘆小船』の歌論にあることは言う迄もないが、私は、「天地万物、皆吾ガ賞楽ノ具ナルノミ」と言い切った宣長の中の何者かが、歌論に、そしてその延長上において「物のあはれをしる」という文芸論に洗練され昇華されたというように受け止めてみたい。

宣長の生涯を通じての楽しみは、歌を詠むことだった。詠歌によって宣長は、時空や身分差・性差を超越して「物」を味わい、「物」と一つになる愉悦に耽(ふけ)った。『排蘆小船』には、「天下万物ミナ歌ニモル、事ナシ」と述べられている。「天下万物」は、それを歌うことで単に外在的な事物事象であることをやめ、自己と心情的に深く繋がったものになる。「天下万物」は、それを待っていると宣長は実感したのだろう。

「物」と一つになる愉悦といったが、宣長自身はそれを、「物ノコヽロ」を知る、あるいは「物」に感じて慨嘆するというように捉えている。褒め愛でるという意味での「賞楽」という言葉がもつ狭さを脱して、「物ノコヽロ」を味わい、そこに共感するもの、心打たれるものを感じ取るのである。ここには、大きな飛躍がある。「天地万物、皆吾ガ賞楽ノ具ナルノミ」には、「物」に対して「吾」が強く押し出されて、やや極端な言い方をすれば、「吾」が上位に立っているが、それを「物ノコヽロ」を知ると言い換えた時、そこには「物」そのものの「コヽロ」に自分の感性はどこまで届いているのかを顧みる視線が伏在しているように思われる。さらに、「物ノコヽロ」を知るとはどういうことなのか、そういうことが果たして可能なのだろうか、こういう問い返しも孕まれているのではないだろうか。「吾」を疑わない「賞楽」という単純な「物」への姿勢は、もはや宣長のものではない。

「天地万物、皆吾ガ賞楽ノ具ナルノミ」は、「物」と「吾」の問題として語られているが、歌を詠むという行為は、自己の感動を他者に伝えることである。とすれば、受け手の共感を得るという問題がそこに考えられなければならない。「物」と「吾」、詠み手としての「吾」と受け手としての他者という複線的な関わりにおいて、よい歌、すなわち受け手に「吾」の感動が伝わり、その心情に響くような歌を詠むという問題に宣長は入っていくのであるが、その内容については本文に譲る。

「物のあはれをしる」については、どうだろうか。「物のあはれをしる」は、「物の心をしる」「事の心をしる」とも言い換えられ、「ものの味をしる」とも言われた。歌の発生もまた、「物のあはれをしる」ところに求められたことは、既に見た通りである。「賞楽」すべき「物」は、ここで大きく脱皮して、「あはれ」を内包する「物」に変わっている。「あはれ」な「物」があるのではなく、「物」はすべて、それぞれの「あはれ」を内包し、その本質としているというのが宣長の立場であろう。

歌を通しての感動の共有という問題を温めた宣長は、他者との交感の根拠を「人情」にかなうという点に据えて、「人情」とは何かを問う。そこから宣長が導き出した人間観は、人間の弱さやしどけなさを根底に置いて、お互いにそういうものと認め合ったうえでの理解と共感――「物のあはれをしる」――に人間らしい美しさを見出すというものだったように思う。歌や物語を味わうとは、そういう体験を積むことであり、宣長の言う「雅び」もまた、そういう審美感と一体のものだろう。こういう人間観、審美感に立つ宣長は、笑いの文学や隠逸の文学には冷淡である。人間は誰しも滑稽なものであり、その滑稽さの中に悲しさや寂しさがあるとは考えないし、隠者の生き方に対しては作為的なポーズの卑しさを認め、また侘(わ)び寂(さ)び的な美意識にも与しない。さらにまた、人情の真実、つまり人間の弱さやしどけなさに目を塞いでいるものとして中国の文芸を忌避し、そこから尊大と偽善の体系として中国の文明を批判していくことになる。

話を進めよう。大きな問題は、「神」を「物」として捉える宣長の理解をどう考えるべきかにある。「何にまれ、尋常ならずすぐれたる徳(コト)のありて、可畏き物」はすべて「神」だという周知の「神」の定義について、それが「神」を「物」として捉えるものであることは、本文中でも強調しておいた。では、例えばアマテラスが太陽そのものであることを繰り返して主張するように、「神」を「物」として捉える視点は、宣長に何をもたらしただろうか。その一つは、通俗的なものであれ衒学的なものであれ、心の言説として「神」を語ることの否定であり、他の一つは、観念的・道徳的な教理や古代史の展開の仮託・寓言として「神」を解釈することの否定である。この二つの枠組みを打倒することが、宣長の「神」をめぐる議論の中心課題だったことは間違いない。

宣長は、「物ノコヽロ」を知ることを説いた。では「神」を「物」として捉えるなら、「神」の「コヽロ」を知らねばならないのだろうか。しかし「神」が「神」であるのは、宣長によれば、その不可知性にあったはずである。この点をどう考えたらよいのだろうか。私はここに、宣長の「物」の捉え方の深まりを見たい。それは、「物」の中に不思議さ・霊妙さを感じ、その背後に、根源的にはムスビの神に由来する「神」の力を認めるということである。「物」は、一見してなんでもない「物」、例えば石一つ、紙一枚にしても、その成り立ちを考えれば常人の思い及ばない不思議さ・霊妙さに満ちている。宣長はよく動物の異能ぶりを話題にするが、人体・人間の生もまた「妙に奇しく、霊しき物」（『古事記伝』）と言うべきで、医師としての宣長は、日々にその思いを新たにしていたことだろう。その人間が、おなじように不思議で霊妙な「物」と関わり、「物」に囲まれ包まれるようにしてその生を営む。こう考えれば、「物ノコヽロ」を知るというのも、単に「物」それぞれの真面目（しんめんもく）を味わうというに止どまらず、「物」が「物」としてあることの不思議さ・霊妙さに心打たれ、不可知なる「神」の力に思いを到すというような性格をもってくるのだろう。

「天地万物、皆吾ガ賞楽ノ具ナルノミ」を起点として、ずいぶん遠い所まで宣長は歩んできたのである。私は、青春時代の強い思いをもって、宣長が生涯の思索を貫き通したなどということを言いたいのではない。「物」の思想が宣長の土台にあった、そういうことを言いたいのでもない。宣長の思想は、何が土台をなしていたかを簡単に喋喋できるような、そういう平板なものではないだろう。ただ、「春の日も早くくれぬと嘆く哉ふみ見る道のいそがるゝ身は」（『鈴屋集』八）、こう自ら詠んだ宣長の「ふみ見る道」の歩みを、「物」をキーワードとして大づかみに辿（たど）ってみれば、こういう風に了解できるのではないかということである。

# 参考文献

（一）このリストは、本書を執筆するにあたってとくに啓発を受けた業績に限定して、それらを列挙したものである。
（二）旧版を改めて新版が刊行されたり、新たに文庫などに収められたりしたものについては、入手の便を考慮してそちらを採用した。


青木健『江戸尾張文人交流録――芭蕉・宣長・馬琴・北斎・一九』ゆまに書房、二〇一一年
足立巻一『やちまた』中公文庫、二〇一五年
岩田隆『本居宣長の生涯――その学の軌跡』以文社、一九九九年
上杉和央『江戸知識人と地図』京都大学学術出版会、二〇一〇年
榎本恵理『本居宣長から教育を考える――声・文学・和歌』ぺりかん社、二〇二三年
大野晋『語学と文学の間』岩波現代文庫、二〇〇六年
金沢英之『宣長と『三大考』――近世日本の神話的世界像』笠間書房、二〇〇五年
菅野覚明『本居宣長――言葉と雅び』ぺりかん社、一九九一年
釘貫亨『日本語の発音はどう変わってきたか――「てふてふ」から「ちょうちょう」へ、音声史の旅』中公新書、二〇二三年
子安宣邦『宣長と篤胤の世界』中公叢書、一九七七年
子安宣邦『本居宣長』岩波新書、一九九二年

子安宣邦『「宣長問題」とは何か』ちくま学芸文庫、二〇〇〇年
子安宣邦『宣長学講義』岩波書店、二〇〇六年
相良亨『本居宣長』講談社学術文庫、二〇一一年
城福勇『本居宣長』吉川弘文館、一九八〇年
田中康二『本居宣長――文学と思想の巨人』中公新書、二〇一四年
田原嗣郎『本居宣長』講談社現代新書、一九六八年
中尾謙二『本居宣長が見た江戸時代の京都――『在京日記』を読む』ブイツーソリューション、二〇二二年
長島弘明ほか『本居宣長の世界――和歌・注釈・思想』森話社、二〇〇五年
板東洋介『徂徠学から国学へ――表現する人』ぺりかん社、二〇〇二年
東より子『宣長神学の構造――仮構された「神代」』ぺりかん社、一九九九年
日野龍夫『宣長・秋成・蕪村』ぺりかん社、二〇〇五年
藤田覚『近世天皇論』清文堂、二〇一一年
前田勉『近世神道と国学』ぺりかん社、二〇〇二年
前田勉『兵学と朱子学・蘭学・国学――近世日本思想史の構図』平凡社選書、二〇〇六年
丸山真男『日本政治思想史研究』東京大学出版会、一九八三年
村岡典嗣『本居宣長』平凡社東洋文庫、二〇〇四年
百川敬仁『内なる宣長』東京大学出版会、一九八七年
吉川幸次郎『本居宣長』筑摩書房、一九七七年
渡辺浩「「道」と「雅び」」(一)～(四)、『国家学会雑誌』八七―九・十、八七―十一・十二、八八―三・四、八八―五・六、一九七四～五年

※先崎彰容『本居宣長――「もののあはれ」と「日本」の発見』(新潮選書、二〇二四年)が、本書の校正中

に刊行された。折口信夫の古代学までを射程に入れた雄編で多くの刺激を得ることができる。

※名古屋の宣長門人である鈴木朖については、拙稿「鈴木朖『論語参解』私注（一）〜（三十五）」（「東海大学紀要文学部」第七十五輯〜第一〇九輯、二〇〇一年〜二〇一九年）を参照されたい。

# あとがき

本居宣長について一書を仕上げることは長年の夢であったが、それは初めから宣長に魅せられるものがあり、興味を懐いていたからというよりも、儒学を中心に江戸の思想史を学んでいた私にとって、宣長が捉え所のない不思議な存在で、しかも強力な儒学批判の思想家として聳え立っていたから、いつか何とかして「物にしてやろう」というような思いによるものであった。捉え所のないというのは、「物のあはれ」をめぐる議論が示す通りの人情のよき理解者であり、かつ微温的な体制擁護の経世論者であり、徹底した「漢意」否定の論争家であり、死後の魂の行方についてはニヒリストのような風貌を見せるという、多面性のことでもあるが、こと私にとっては、王朝文学の美意識をもって江戸時代の日常生活を生きるという面妖さが最大の問題で、それが不可解でならなかったのである。とはいえ宣長の文章は、中年までの私にとってはまったく体質に合わないもので、『古事記伝』の世界は堅牢で容易に入り込めるものではなく、『源氏物語』や『古今集』『新古今集』などは、私には縁遠い存在であり続けた。研究の必要に迫られて読むというスタンスでは、これらの文芸作品は何も語ってくれなかった。要するに、宣長に取り掛かる資格のないままに空しく時日が過ぎていったのである。

ミネルヴァ書房の田引勝二さんから、日本評伝選で宣長を書かないかというお誘いを受けたのは二〇〇八年の秋で、私は「十年かけて書きます」とお答えした。勤務先であった東海大学の大学院で数年間『古事記』を取り上げて、西郷信綱の『古事記注釈』（ちくま学芸文庫）を学生と一緒に読んだ。学生も面白がってくれ、他専攻の先生の参加もあって楽しい会読であった。かたわら私は、円地文子の『源氏物語』現代語訳を何度か通読して、宣長を書く準備に当てた。原文で『源氏物語』を味わう能力は私にはないが、円地訳の文学的な品格の高さに心打たれ、『源氏物語』を愛してやまなかった宣長に少し近づけたように感じられた。そして、二〇二〇年三月末をもって定年退職し、宣長の執筆にかかったものの、その作業は難航した。それはまさに、新型コロナウィルスによる世界的なパンデミックの時期にぴったり重なり、落ち着いて机に向かえる状況ではなく、私自身の老いも（予想通り、あるいはそれ以上に）進み、心身の不安も募った。恩師である源了圓先生とのお別れも、コロナ禍のもとでの出来事（二〇二〇年九月）であった。勿論、筆が滞った主な原因は、私の宣長理解の混乱と不徹底にあったことは言う迄もない。そういう中で、日に一枚、二枚と原稿用紙の升目を埋める仕事が三年半続いた。

今、何とか書き上げてみて、やはり足りない所だけが目につく。社会史的アプローチの不在、事実の細部への詰めの甘さ、国語学や医学史についての無知、そして上代文学や王朝文学の素養の貧弱さ……挙げ出したら切りがない。私自身としては、宣長の内面に入っての共感的な叙述を目指したつもりであり、それが私なりの思想史の方法（らしきもの）であるが、それぞれの専門分野のプロから見れは、所詮は素人の作文だと言われるだけかもしれない。

とはいえこの際だから、今回の執筆を通じて得られた収穫についても一言しておこう。それは全く個人的なたわいない話であるが、宣長が好きになったということなのである。どうしても抵抗があったあの文体も、本文に自注を差し挟んでいく構成も、宣長の思考のリズムとでも言うべきものに慣れるにつれて、不思議に受け容れられるものになった。論争の時の宣長の攻撃的な文章も、かつてほど嫌いではないし、「漢意」批判に対してもそれほど不快感をもたなくなり、いつの間にか共鳴していることも多くなった。この収穫の核には、畏敬と愛情をもって対象（古典）と対決していくところに人文学の醍醐味があることを、『古事記伝』によって身に染みて教えられたという得難い体験がある。宣長が好きになった——などと言えば、何をウブなことをと一笑に付されそうであるが、私はこの収穫に小さな満足を感じている。

最後に、写真の提供などで便宜をはかってくださった公益財団法人鈴屋遺蹟保存会本居宣長記念館をはじめとする諸機関や個人の方に、また歴代の編集担当者である田引勝二、水野安奈、天野葉子の皆さんに感謝したい。とりわけ、手数のかかる仕事をお引き受けいただいた天野さんには心からお礼を申し上げます。

二〇二四年の春

田尻　祐一郎

# 本居宣長略年譜

| 和暦 | 西暦 | 齢 | 関係事項 | 一般事項 |
|---|---|---|---|---|
| 享保一五 | 一七三〇 | 1 | 5・7松坂本町にて誕生。幼名富之助。父は小津三四右衛門定利、母は勝。 | |
| 元文　二 | 一七三七 | 8 | 手習いを始める。 | |
| 五 | 一七四〇 | 11 | 閏7・23父定利、江戸で死去（四六歳）。通称を弥四郎とする。 | |
| 寛保　元 | 一七四一 | 12 | 実名を栄貞（ヨシサダ）とする（訓みは後にナガサダ）。母、弟妹と共に魚町に移居。 | |
| 二 | 一七四二 | 13 | 7・14松坂を発って吉野行。水分神社などを参詣。7・22松坂帰着。 | |
| 延享　二 | 一七四五 | 16 | 2・21松坂を発って上京。北野天満宮などを参詣。3・3松坂帰着。4・17松坂を発って江戸行。約一年叔父の店に寄居。 | |
| 三 | 一七四六 | 17 | 4・9松坂帰着。 | 富永仲基没（三二歳）。 |
| 四 | 一七四七 | 18 | | 太宰春台没（六八歳）。 |
| 寛延元年 | 一七四八 | 19 | 4・5松坂を発って上京。石山寺や三井寺を参詣して入京。京見物、のち大坂へ。再び入京、5・6松 | |

| | | | | |
|---|---|---|---|---|
| | | | 坂帰着。閏10月諦誉上人から血脈を授かり伝誉英笑道与居士の道号を受ける。11月養子として伊勢の今井田家に入る。 | |
| 三 | 一七五〇 | 21 | 12月今井田家を離縁される。 | |
| 宝暦元 | 一七五一 | 22 | 2月義兄定治江戸で死去。3・10江戸行。7・20松坂帰着。 | 荷田在満没（四六歳）。 |
| 二 | 一七五二 | 23 | 1・22松坂を発って上京。御忌参詣。2・4松坂帰着。3・5松坂を発って京都遊学へ。3・7入京。3・16堀景山に入門。3・19景山塾に移居。小津姓から本居姓に改める。9月新玉津嶋神社の森河章尹に入門。 | |
| 三 | 一七五三 | 24 | 3月～4月松坂帰省。7月堀元厚に入門。9月通称を健蔵に改める。 | |
| 四 | 一七五四 | 25 | 5・1武川幸順に入門。10月幸順塾に移居。 | 1・24堀元厚没（六九歳）。 |
| 五 | 一七五五 | 26 | 3・3稚髪して名を宣長、号を春庵とする。 | |
| 六 | 一七五六 | 27 | 2月有賀長川の歌会に初出席。4月松坂帰省。亡父十七回忌。津の草深氏を訪ねる。5月帰京。 | |
| 七 | 一七五七 | 28 | 10・3遊学を終えて京都出立。奈良を経て10・6松坂帰着。 | 9・19堀景山没（七〇歳）。 |
| 八 | 一七五八 | 29 | 2月嶺松院歌会に出詠。5月養子縁組の話で上京。夏、『源氏物語』開講。 | 宝暦事件。 |
| 九 | 一七五九 | 30 | この年『排蘆小船』成稿か。 | |

| | | | | | |
|---|---|---|---|---|---|
| | 一〇 | 一七六〇 | 31 | 9月村田氏女美可と結婚。12月美可と離縁。 | 吉見幸和没（八九歳）。 |
| | 一一 | 一七六一 | 32 | | |
| | 一二 | 一七六二 | 33 | 1月草深氏女多美（たみ）と結婚。多美、名を勝に改める。4月母善光寺に参詣、剃髪。 | |
| | 一三 | 一七六三 | 34 | 2月勝、男子出生（春庭）。5・25賀茂真淵と対面。6・7『紫文要領』成稿。この年、『石上私淑言』巻一〜三成稿か。 | |
| 明和 | 元 | 一七六四 | 35 | 1月賀茂真淵に入門。 | |
| | 二 | 一七六五 | 36 | 8月谷川士清に書簡「与谷川淡斎」を送る。 | |
| | 四 | 一七六七 | 38 | 1月勝、男子出生（春村）。 | |
| | 五 | 一七六八 | 39 | 1・1母死去（六四歳）。『草菴集玉箒』前篇刊。 | |
| | 六 | 一七六九 | 40 | | 10・30賀茂真淵没（七三歳） |
| | 七 | 一七七〇 | 41 | 1月勝、女子出生（飛驒） | |
| | 八 | 一七七一 | 42 | 10・9「直霊」成稿。『てにをは紐鏡』刊。 | |
| 安永 | 元 | 一七七二 | 43 | 3・5吉野の花見に出立。3・14松坂帰着。間をおかず『菅笠日記』を浄書。 | |
| | 二 | 一七七三 | 44 | 1月勝、女子出生（美濃）。 | |
| | 五 | 一七七六 | 47 | 1月勝、女子出生（能登）。『字音仮字用格』刊 | |
| | 七 | 一七七八 | 49 | 2・30『馭戎慨言』成稿。 | |
| | 九 | 一七八〇 | 51 | 11・22『くず花』成稿。 | |
| 天明 | 元 | 一七八一 | 52 | 11月賀茂真淵十三回忌追善の歌会を催す。 | |
| | 二 | 一七八二 | 53 | 7月瘧を病む。9・12「真暦考」成稿。12月書斎鈴 | |

| | | | | |
|---|---|---|---|---|
| | | | 屋が成る。秋以降体調不良。天明四年正月まで講義などを休む。 | |
| 三 | 一七八三 | 54 | | 7月浅間山噴火。諸国大飢饉。 |
| 四 | 一七八四 | 55 | 6月春村養子として津の小西家に入る。6・29『漢字三音考』成稿。 | |
| 五 | 一七八五 | 56 | 12月「鉗狂人」成稿。この年、横井千秋の求めで『玉くしげ』を執筆か。『漢字三音考』刊。『詞の玉緒』刊。 | |
| 六 | 一七八六 | 57 | 5月上旬～10月中旬、体調不良で講義などを休む。『草菴集玉箒』後篇・続篇刊。この年、「鉗狂人上田秋成評之弁」成稿か。 | |
| 七 | 一七八七 | 58 | 12月『秘本玉くしげ』『玉くしげ別巻』を和歌山藩に提出。『玉鉾百首』刊。『国号考』刊。 | 江戸・大坂などで打こわし。松平定信、老中首座となる。 |
| 八 | 一七八八 | 59 | 4月末～5月末体調不良。 | 1月京都大火、内裏焼失。 |
| 寛政元 | 一七八九 | 60 | 3・19松坂を発って名古屋行。4・2松坂帰着。『真暦考』刊。『玉くしげ』刊。 | |
| 二 | 一七九〇 | 61 | 11・14松坂を発って上京。11・22御還幸拝見。11・28松坂帰着。『古事記伝』初帙（巻一～巻五）刊。 | |
| 三 | 一七九一 | 62 | 8月春庭眼病治療のため尾張の明眼院へ。 | |
| 四 | 一七九二 | 63 | 閏2・11『出雲国造神寿後釈』成稿。3・5松坂を発って名古屋行。3・27松坂帰着。12・3和歌山藩に召し抱えられる（五人扶持）。『古事記伝』第二帙 | 9月ラクスマン根室に来航し通商を求める。 |

| | | | |
|---|---|---|---|
| | | | （巻六〜巻十一）刊。 |
| 五 | 一七九三 | 64 | 3・10松坂を発って上京。4・8妙法院宮に拝謁。近江・美濃・尾張を回って、4・29松坂帰着。この年『古今集遠鏡』成稿か。 |
| 六 | 一七九四 | 65 | 3・29松坂を発って名古屋行。4・26松坂帰着。10・10松坂を発って和歌山行。11・3登城、御前講義。閏11・12清信院への講義。閏11・13加増されて十人扶持、御針医格になる。大坂・京都を経て、12・4松坂帰着。この年、春庭失明か。 |
| 七 | 一七九五 | 66 | 2月通称を中衛に改める。『玉勝間』初篇刊。『菅笠日記』刊。『新古今集美濃の家つと』刊。 |
| 八 | 一七九六 | 67 | 『大祓詞後釈』刊。『馭戎慨言』刊。『出雲国造神寿後釈』刊。 |
| 九 | 一七九七 | 68 | 『古今集遠鏡』刊。『古事記伝』第三帙（巻十二〜巻十七）刊。 |
| 一〇 | 一七九八 | 69 | 6・13『古事記伝』全四十四巻終業。7・20『家のむかし物語』成稿。10・13『うひ山ぶみ』成稿。『鈴屋集』刊。この年、『伊勢二宮さき竹の弁』成稿。 |
| 一一 | 一七九九 | 70 | 1・21松坂を発って和歌山行。帰途水分神社参詣。2・28松坂帰着。2月大平を養子に迎える。『うひ山ぶみ』刊。『源氏物語玉の小櫛』刊。 |
| 一二 | 一八〇〇 | 71 | 4・23『続記歴朝詔詞解』成稿。7月春庭・春村宛 |

| | | | | |
|---|---|---|---|---|
| | | | に「遺言書」を認める。9月山室山妙楽寺に墓所を定める。10・18「枕の山」詠。11・20松坂を発って和歌山行。 | |
| 享和元 | 一八〇一 | 72 | 2・23和歌山出立。大坂へ回り、円珠庵を訪れる。3・1松坂帰着。3・28松坂を発って上京。4月・5月に中山忠尹邸で講義。5・7から三日間発熱のため休講。6・12松坂帰着。9・19風邪のため『源氏物語』講義を休む。9・26病状悪化。9・29死去。 | 小沢蘆庵没（七九歳）。 |

## さ　行



## た　行



## な　行



## は　行

# 作品名索引

## な　行



## は　行



## ま　行



## や　行



## ら　行



## わ　行

## さ　行



## た　行

# 人名索引

## あ 行



## か 行

《著者紹介》

田尻祐一郎（たじり・ゆういちろう）

1954年　茨城県生まれ。
1978年　東北大学文学部日本思想史学科卒業。
1984年　東北大学大学院文学研究科博士課程単位取得退学。
現　在　東海大学名誉教授。
主　書　『山崎闇斎の世界』成均館大学校出版部・ぺりかん社，2006年。
『荻生徂徠』明徳出版社，2008年。
『江戸の思想史——人物・方法・連環』中央公論新社，2011年
『こころはどう捉えられてきたか——江戸思想史散策』平凡社，2016年，
ほか。

ミネルヴァ日本評伝選

本居宣長（もとおりのりなが）

——天地万物，皆吾ガ賞楽ノ具ナルノミ——

2024年11月10日　初版第1刷発行　〈検印省略〉

定価はカバーに
表示しています

著　者　田　尻　祐一郎
発行者　杉　田　啓　三
印刷者　江　戸　孝　典

発行所　株式会社　ミネルヴァ書房

607-8494 京都市山科区日ノ岡堤谷町1
電話代表（075）581-5191
振替口座 01020-0-8076



共同印刷工業・新生製本

ISBN978-4-623-09801-9

Printed in Japan

# 刊行のことば

歴史を動かすものは人間であり、興趣に富んだ人間の動きを通じて、世の移り変わりを考えるのは、歴史に接する醍醐味である。

しかし過去の歴史学を顧みるとき、人間不在という批判さえ見られたように、歴史における人間のすがたが、必ずしも十分に描かれてきたとはいえない。二十一世紀を迎えた今、歴史の中の人物像を蘇生させようとの要請はいよいよ強く、またそのための条件もしだいに熟してきている。

この「ミネルヴァ日本評伝選」は、正確な史実に基づいて書かれるのはいうまでもないが、単に経歴の羅列にとどまらず、歴史を動かしてきたすぐれた個性をいきいきとよみがえらせたいと考える。そのためには、対象とした人物とじっくりと対話し、ときにはきびしく対決していくことも必要になるだろう。

今日の歴史学が直面している困難の一つに、研究の過度の細分化、瑣末化が挙げられる。それは緻密さを求めるが故に陥った弊害といえるが、その結果として、歴史の大きな見通しが失われ、歴史学を通しての社会への働きかけの途が閉ざされ、人々の歴史への関心を弱める危険性がある。今こそ歴史が何のためにあるのかという、基本的な課題に応える必要があろう。評伝という興味ある方法を通じて、解決の手がかりを見出せないだろうかというのも、この企画の一つのねらいである。

狭義の歴史学の研究者だけでなく、多くの分野ですぐれた業績をあげている著者たちを迎えて、従来見られなかった規模の大きな人物史の叢書として、「ミネルヴァ日本評伝選」の刊行を開始したい。

平成十五年（二〇〇三）九月

ミネルヴァ書房

# ミネルヴァ日本評伝選

企画推薦
- 梅原猛
- ドナルド・キーン
- 佐伯彰一
- 角田文衞

監修委員
- 上横手雅敬
- 芳賀徹

編集委員
- 石川九楊
- 伊藤之雄
- 猪木武徳
- 今谷明
- 今橋映子
- 熊倉功夫
- 佐伯順子
- 坂本多加雄
- 武田佐知子
- 竹西寛子
- 西口順子
- 兵藤裕己
- 御厨貴

## 上代

- ＊俾弥呼　古田武彦
- ＊日本武尊　西宮秀紀
- ＊仁徳天皇　若井敏明
- 雄略天皇　吉村武彦
- 継体天皇　若井敏明
- ＊蘇我氏四代　遠山美都男
- ＊推古天皇　義江明子
- 聖徳太子　仁藤敦史
- 斉明天皇　武田佐知子
- ＊小野妹子・毛人・毛野　大橋信弥
- ＊額田王　梶川信行
- 弘文天皇　遠山美都男
- 持統天皇　丸山裕美子
- 阿倍比羅夫　熊田亮介
- ＊藤原四子　木本好信
- 役小角　脊古真哉
- ＊柿本人麿　古橋信孝
- ＊元明天皇・元正天皇　渡部育子
- 聖武天皇　本郷真紹
- 光明皇后　寺崎保広
- ＊孝謙・称徳天皇　勝浦令子

## 平安

- 藤原不比等　荒木敏夫
- 橘諸兄・奈良麻呂　遠山美都男
- 吉備真備　今津勝紀
- ＊藤原仲麻呂　木本好信
- 道鏡　吉川真司
- ＊藤原種継　木本好信
- ＊行基　吉田靖雄
- ＊桓武天皇　井上満郎
- 嵯峨天皇　西別府元日
- 宇多天皇　古藤真平
- 醍醐天皇　石上英一
- 村上天皇　京樂真帆子
- 花山天皇　上島享
- ＊三条天皇　倉本一宏
- 藤原薬子　中野渡俊治
- ＊藤原良房・基経　瀧浪貞子
- ＊紀貫之　神田龍身
- ＊安倍晴明　斎藤英喜
- ＊藤原道長　朧谷寿
- ＊藤原伊周・隆家　倉本一宏
- 藤原定子　山本淳子
- ＊藤原彰子　朧谷寿
- 藤原頼通　末松剛
- 藤原師通　中島和歌子
- 紫式部　高木和子
- 清少納言　三田村雅子
- 和泉式部　ツベタナ・クリステワ
- 大江匡房　小峯和明
- ＊阿弖流為　樋口知志
- 坂上田村麻呂　熊谷公男
- ＊源満仲・頼光　元木泰雄
- 平将門　西山良平
- ＊藤原純友　寺内浩
- 源義家　大津雄一
- 最澄　吉田一彦
- 空海　武内孝善
- 円珍　岡野浩二
- ＊空也　石井義長
- 奝然　上川通夫
- ＊源信　小原仁
- 慶滋保胤　吉原浩人
- 安倍貞任　野中哲照
- ＊後白河天皇　美川圭
- ＊式子内親王　奥野陽子
- 建礼門院　生形貴重

## 鎌倉

- ＊藤原頼長・師長　樋口健太郎
- ＊藤原秀衡　入間田宣夫
- 平維盛　根井浄
- 木曾義仲　樋口州男
- 守覚法親王　阿部泰郎
- 藤原隆信・信実　山本陽子
- ＊源頼朝　川合康
- ＊源義経　近藤好和
- 源実朝　神田龍身
- ＊九条兼実　加納重文
- 九条道家　上横手雅敬
- ＊北条時政　野口実
- ＊熊谷直実　佐伯真一
- ＊北条政子　関幸彦
- ＊北条義時　岡田清一
- 曾我十郎・五郎　杉橋隆夫
- 後鳥羽天皇　兵藤裕己
- ＊北条時頼　山本隆志
- 北条時宗　近藤成一
- 平頼綱　細川重男
- 竹崎季長　堀本一繁
- 西行　西澤美仁
- 鴨長明　浅見和彦
- 藤原定家　赤瀬信吾
- ＊京極為兼　今谷明
- ＊兼好　島内裕子
- 重源　横内裕人
- ＊運慶　根立研介
- 快慶　井上一稔
- 法然　今堀太逸
- ＊栄西　中尾良信
- 明恵　西山厚
- ＊親鸞　末木文美士
- 恵信尼・覚信尼　西口順子
- 覚如　今井雅晴
- ＊道元　船岡誠
- 叡尊　細川涼一
- ＊忍性　松尾剛次
- ＊日蓮　佐藤弘夫
- 一遍　蒲池勢至
- 夢窓疎石　原田正俊
- ＊宗峰妙超　竹貫元勝

## 南北朝・室町

- 後醍醐天皇　上横手雅敬
- ＊護良親王　新井孝重
- ＊懐良親王　森茂暁

*赤松氏五代　渡邊大門
*北畠親房　岡野友彦
楠正成　兵藤裕己
*楠木正行・正儀　生駒孝臣
*新田義貞　山本隆志
*光厳天皇　深津睦夫
足利尊氏　市沢哲
*足利直義　亀田俊和
佐々木道誉　下坂守
細川頼之　亀田俊和
円観・文観　田中貴子
足利義詮　早島大祐
*足利義持　吉田賢司
足利義教　秦野裕介
足利持氏　植田真平
足利義政　木下昌規
三条西実隆　前田雅之
*日野富子　田端泰子
*大内義弘　平瀬直樹
伏見宮貞成親王　松薗斉
*山名宗全　山本隆志
細川勝元・政元　古野貢
畠山義就　呉座勇一
足利成氏　阿部能久
*世阿弥　西野春雄
雪舟等楊　河合正朝
宗祇　鶴崎裕雄
一条兼良　田村航
*満済　森茂暁
一休宗純　原田正俊
蓮如　岡村喜史

## 戦国・織豊

北条早雲　家永遵嗣
*北条氏綱　黒田基樹
*北条氏政　黒田基樹
大内政弘　山田貴司
*大内義隆　藤井崇
*斎藤氏四代　木下聡
*毛利元就　岸田裕之
*毛利輝元　光成準治
*小早川隆景・秀秋　光成準治
*六角定頼　村井祐樹
*今川義元　小和田哲男
*武田信玄　笹本正治
*武田勝頼　笹本正治
*真田氏三代　笹本正治
*三好長慶　天野忠幸
松永久秀　天野忠幸
*宇喜多直家・秀家　渡邊大門
*上杉謙信　矢田俊文
*大友義鎮　鹿毛敏夫
龍造寺隆信　中村知裕
島津義久・義弘　福島金治
村上武吉・元吉　藤田達生
細川幽斎　鈴木元
*長宗我部元親・盛親　平井上総
*最上氏三代　松尾剛次
浅井長政　長谷川裕子
蠣崎・松前氏五代　新藤透

吉田兼倶　西山克
山科言継　松薗斉
正親町天皇・後陽成天皇　神田裕理
*雪村周継　赤澤英二
*足利義輝・義昭　山田康弘
織田信長　三鬼清一郎
織田長益　八尾嘉男
織田信雄　柴裕之
*明智光秀・秀満　小和田哲男
豊臣秀吉　藤井譲治
豊臣秀次　矢部健太郎
*北政所おね　田端泰子
*淀殿　福田千鶴
筒井氏三代　片山正彦
蜂須賀正勝・家政　三宅正浩
前田利家　東四柳史明
*山内一豊・忠義　長屋隆幸
*黒田如水　小和田哲男
*蒲生氏郷　藤田達生
大谷吉継　石畑匡基
石田三成　堀越祐一
*細川ガラシャ　田端泰子
*支倉常長　田中英道
千利休　熊倉功夫
*長谷川等伯　宮島新一
*顕如　神田千里
教如　安藤弥

## 江戸

*徳川家康　笠谷和比古
板倉勝重　谷徹也
本多忠勝　柴裕之
本多正純　小川雄
柳生宗矩　福田千鶴
*徳川家光　野村玄
柳沢吉保　福留真紀
徳川吉宗　横田冬彦
*後水尾天皇　久保貴子
*光格天皇　藤田覚
*春日局　福田千鶴
宮本武蔵　渡邊大門
*上杉鷹山　小関悠一郎
池田光政　倉地克直
保科正之　八木清治
シャクシャイン　岩崎奈緒子
天草四郎　菊池庸介
*田沼意次　藤田覚
細川重賢　安高啓明
松平治郷　小林准士
*二宮尊徳　小林惟司
末次平蔵　岡美穂子
*高田屋嘉兵衛　生田美智子
沢庵宗彭　芳澤元
*林羅山　鈴木健一
吉野太夫　渡辺憲司
*熊沢蕃山　川口浩
*山崎闇斎　澤井啓一
山鹿素行　前田勉
*北村季吟　島内景二
*伊藤仁斎　澤井啓一

貝原益軒　辻本雅史
関孝和　佐藤賢一
*ケンペル　B・M・ボダルト＝ベイリー
新井白石　大川真
*雨森芳洲　上田正昭
*石田梅岩　高野秀晴
賀茂真淵　盛田帝子
白隠慧鶴　芳澤勝弘
前野良沢　松田清
平賀源内　石上敏
*本居宣長　田尻祐一郎
杉田玄白　吉田忠
木村蒹葭堂　有坂道子
*大田南畝　沓掛良彦
菅江真澄　赤坂憲雄
*鶴屋南北　諏訪春雄
*山東京伝　佐藤至子
*滝沢馬琴　高田衛
平田篤胤　山下久夫
国友一貫斎　太田浩司
シーボルト　宮坂正英
本阿弥光悦　岡佳子
*狩野探幽・山雪　山下善也
尾形光琳　仲町啓子
尾形乾山　河野元昭
*二代目市川團十郎　田口章子
伊藤若冲　狩野博幸
*浦上玉堂　高橋博巳
*佐竹曙山　成瀬不二雄
葛飾北斎　岸文和
酒井抱一　玉蟲敏子
孝明天皇　青山忠正

＊和宮　辻ミチ子
徳川慶喜　大庭邦彦
島津斉彬　原口　泉
鍋島直正　伊藤昭弘
＊横井小楠　沖田行司
＊古賀謹一郎　小野寺龍太
＊永井尚志　高村直助
＊岩瀬忠震　小野寺龍太
＊栗本鋤雲　小野寺龍太
＊大村益次郎　竹本知行
岩倉具視　斎藤紅葉
河井継之助　小川和也
松平春嶽　大石　学
＊西郷隆盛　家近良樹
＊由利公正　角鹿尚計
＊橋本左内　角鹿尚計
＊塚本明毅　塚本　学
松平容保　白石　烈
＊山岡鉄舟・高橋泥舟　岩下哲典
三条実美　奈良勝司
毛利敬親　三宅紹宣
＊月性　海原　徹
＊吉田松陰　海原　徹
＊高杉晋作　海原　徹
＊久坂玄瑞　一坂太郎
ペリー　遠藤泰生
ハリス　福岡万里子
オールコック　佐野真由子
アーネスト・サトウ　奈良岡聰智

# 近代

＊明治天皇　伊藤之雄
＊大正天皇　F・R・ディキンソン
＊昭憲皇太后・貞明皇后　小田部雄次
大久保利通　三谷太一郎
木戸孝允　落合弘樹
井上　馨　伊藤之雄
＊松方正義　室山義正
榎本武揚　醍醐龍馬
北垣国道　小林丈広
板垣退助　小川原正道
長与専斎　笠原英彦
大隈重信　五百旗頭薫
伊藤博文　坂本一登
井上　毅　大石　眞
＊井上　勝　老川慶喜
三浦悟楼　大澤博明
＊桂　太郎　小林道彦
東郷平八郎　金澤裕之
＊渡邉洪基　瀧井一博
＊乃木希典　佐々木英昭
星　亨　小林道彦
林　董　奈良岡聰智
＊児玉源太郎　小林道彦
＊高宗・閔妃　木村　幹
山本権兵衛　室山義正
＊金子堅太郎　松村正義
＊高橋是清　鈴木俊夫
小村寿太郎　簑原俊洋
＊犬養　毅　小林惟司
原　敬　季武嘉也

＊加藤高明　櫻井良樹
牧野伸顕　小宮一夫
田中義一　黒沢文貴
内田康哉　高橋勝浩
平沼騏一郎　堀田慎一郎
＊鈴木貫太郎　小堀桂一郎
宇垣一成　北岡伸一
＊宮崎滔天　榎本泰子
＊浜口雄幸　川田　稔
幣原喜重郎　西田敏宏
関　一　玉井金五
水野広徳　片山慶隆
＊広田弘毅　井上寿一
安重根　上垣外憲一
＊グルー　廣部　泉
＊永田鉄山　森　靖夫
東條英機　牛村　圭
今村　均　前田雅之
蒋介石　劉　岸偉
近衛文麿　庄司潤一郎
＊岩崎弥太郎　武田晴人
伊藤忠兵衛　末永國紀
＊五代友厚　田付茉莉子
大倉喜八郎　村上勝彦
＊安田善次郎　由井常彦
＊渋沢栄一　武田晴人
中野武営　佐賀香織
山辺丈夫　宮本又郎
＊大川平三郎　四方田雅史
武藤山治　阿部武司・桑原哲也
池田成彬　松浦正孝

西原亀三　森川正則
小林一三　橋爪紳也
大倉恒吉　石川健次郎
大原孫三郎　猪木武徳
＊河竹黙阿弥　今尾哲也
イザベラ・バード　加納孝代
小泉八雲　斎藤英喜
＊林　忠正　木々康子
＊森　鷗外　小堀桂一郎
＊二葉亭四迷　ヨコタ村上孝之
＊正岡子規　井上泰至
＊夏目漱石　佐々木英昭
＊徳冨蘆花　半藤英明
巌谷小波　千葉信胤
樋口一葉　佐伯順子
＊島崎藤村　十川信介
上田　敏　小林　茂
＊有島武郎　亀井俊介
志賀直哉　小林幸夫
北原白秋　平石典子
菊池　寛　山本芳明
＊芥川龍之介　髙橋龍夫
＊宮沢賢治　千葉一幹
高浜虚子　坪内稔典
与謝野晶子　佐伯順子
＊種田山頭火　村上　護
＊斎藤茂吉　品田悦一
＊高村光太郎　湯原かの子
石川啄木　先崎彰容
萩原朔太郎　坪井秀人
＊原阿佐緒　秋山佐和子

＊狩野芳崖・高橋由一　古田　亮
川村清雄　落合則子
＊小堀鞆音　小堀桂一郎
竹内栖鳳　北澤憲昭
黒田清輝　高階秀爾
中村不折　石川九楊
横山大観　高階秀爾
＊橋本関雪　西原大輔
土田麦僊　天野一夫
岸田劉生　北澤憲昭
濱田庄司　濱田琢司
＊山田耕筰　後藤暢子
松旭斎天勝　川添　裕
中山みき　鎌田東二
佐田介石　谷川　穣
＊ニコライ　中村健之介
＊出口なお・王仁三郎　川村邦光
＊新島　襄　太田雄三
新島八重　佐伯順子
木下広次　冨岡　勝
山川健次郎　小宮京・中澤俊輔
嘉納治五郎　クリストファー・スピルマン
＊柏木義円　片野真佐子
津田梅子　田中智子
＊澤柳政太郎　新田義之
＊河口慧海　高山龍三
＊山室軍平　室田保夫
大谷光瑞　白須淨眞
＊久米邦武　髙田誠二
フェノロサ　伊藤　豊

井上哲次郎　井ノ口哲也
三宅雪嶺　長妻三佐雄
＊岡倉天心　木下長宏
志賀重昂　中野目徹
徳富蘇峰　杉原志啓
＊竹越与三郎　西田毅
内藤湖南・桑原隲蔵　礪波護
＊廣池千九郎　橋本富太郎
岩村透　今橋映子
＊西田幾多郎　大橋良介
＊金沢庄三郎　石川遼子
＊柳田国男　鶴見太郎
厨川白村　張競
＊村岡典嗣　水野雄司
大川周明　山内昌之
西田直二郎　林淳
＊折口信夫　斎藤英喜
九鬼周造　古川雄嗣
三木清　杉山直樹
シュタイン　瀧井一博
＊西周　清水多吉
＊福澤諭吉　平山洋
加藤弘之　田中由香里
成島柳北　山田俊治
＊福地桜痴　山田俊治
＊村山龍平　早房長治
＊島田三郎　武藤秀太郎
田口卯吉　鈴木栄樹
＊陸羯南　松田宏一郎
有賀長雄　森田吉彦
＊黒岩涙香　奥武則
幸徳秋水　馬渕浩二

長谷川如是閑　織田健志
＊上杉慎吉　今野元
＊吉野作造　田澤晴子
＊山川均　米原謙
＊岩波茂雄　十重田裕一
＊北一輝　岡本幸治
＊穂積重遠　大村敦志
中野正剛　吉田則昭
＊荒畑寒村　川村邦光
＊満川亀太郎　福家崇洋
＊エドモンド・モレル　林田治男
＊北里柴三郎　福田眞人
高峰譲吉　木村昌人
田辺朔郎　秋元せき
＊南方熊楠　飯倉照平
＊辰野金吾　河上眞理・清水重敦
＊七代目小川治兵衛　尼崎博正
本多静六　岡本貴久子
＊ブルーノ・タウト　北村昌史
＊ウィリアム・メレル・ヴォーリズ　山形政昭・吉田与志也

## 現代

昭和天皇　御厨貴
高松宮宣仁親王　後藤致人
＊李方子　小田部雄次
芦田均　矢嶋光
吉田茂　中西寛

マッカーサー　柴山太
鳩山一郎　楠綾子
＊石橋湛山　増田弘
重光葵　武田知己
＊市川房枝　村井良太
＊池田勇人　藤井信幸
高野実　篠田徹
和田博雄　庄司俊作
ライシャワー　廣部泉
朴正熙　木村幹
＊全斗煥　木村幹
＊田中角栄　新川敏光
宮沢喜一　村上友章
竹下登　真渕勝
＊松永安左エ門　橘川武郎
鮎川義介　井口治夫
＊出光佐三　橘川武郎
＊松下幸之助　米倉誠一郎
渋沢敬三　井上潤
＊本田宗一郎　伊丹敬之
＊井深大　武田徹
＊佐治敬三　小玉武
幸田家の人々　金井景子
＊正宗白鳥　大嶋仁
＊大佛次郎　福島行一
＊井伏鱒二　滝口明祥
＊川端康成　大久保喬樹
＊薩摩治郎八　小林茂
坂口安吾　千葉一幹
太宰治　安藤宏

松本清張　杉原志啓
司馬遼太郎　山本幸正
＊安部公房　鳥羽耕史
＊三島由紀夫　島内景二
井上ひさし　成田龍一
R・H・ブライス　菅原克也
柳宗悦　熊倉功夫
バーナード・リーチ　鈴木禎宏
＊熊谷守一　古川秀昭
川端龍子　岡部昌幸
藤田嗣治　林洋子
＊井上有一　海上雅臣
＊手塚治虫　竹内オサム
古賀政男　藍川由美
＊吉田正　金子勇
武満徹　船山隆
小津安二郎　宮本明子・松浦完二
＊八代目坂東三津五郎　田口章子
＊力道山　岡村正史
＊西田天香　宮田昌明
安倍能成　中根隆行
サンソム夫妻　平川祐弘・牧野陽子
＊天野貞祐　貝塚茂樹
和辻哲郎　田中久文
＊矢代幸雄　稲賀繁美
石田幹之助　岡本さえ
＊平泉澄　若井敏明
＊早川孝太郎　須藤功
安岡正篤　片山杜秀
＊青山二郎　田野勲

＊島田謹二　小林信行
田中美知太郎　川久保剛
西脇順三郎　加藤孝男
前嶋信次　杉田英明
＊唐木順三　澤村修治
＊亀井勝一郎　山本直人
＊宮本常一　須藤功
知里真志保　モコットゥナシ
竹内好　田澤晴子
＊保田與重郎　谷崎昭男
＊石母田正　磯前順一
＊福田恆存　川久保剛
井筒俊彦　安藤礼二
＊吉田満　貝塚茂樹
＊佐々木惣一　伊藤孝夫
高田保馬　金子勇
小泉信三　都倉武之
＊瀧川幸辰　伊藤孝夫
式場隆三郎　服部正
大宅壮一　有馬学
＊清水幾太郎　庄司武史
＊山本健吉　井上泰至
丸山眞男　河野有理
鶴見俊輔　冨山一郎
＊フランク・ロイド・ライト　大久保美春
＊中谷宇吉郎　杉山滋郎
今西錦司　山極寿一

＊は既刊
二〇二四年十一月現在